A vista de pájaro

A vista de pájaro

La odisea global de las aves migratorias

SCOTT WEIDENSAUL

Traducción de
Gemma Deza Guil

Papel certificado por el Forest Stewardship Council®

Título original: *A World on the Wing. The Global Odyssey of Migratory Birds*

Primera edición: abril de 2024

© 2021, Scott Weidensaul
Todos los derechos reservados
© 2024, Penguin Random House Grupo Editorial, S. A. U.
Travessera de Gràcia, 47-49. 08021 Barcelona
© 2024, Gemma Deza Guil, por la traducción

Todos los mapas son obra del autor, salvo el mapa de radares Doppler del Servicio Meteorológico
Nacional estadounidense y el mapa de abundancia de la piranga roja (esta última imagen
fue proporcionada por eBird, <www.ebird.org>, y creada el 21 de agosto de 2019).
Todas las fotografías son obra del autor, salvo que se especifique lo contrario.

Printed in Spain – Impreso en España

ISBN: 978-84-19642-59-2
Depósito legal: B-1.856-2024

Compuesto en La Nueva Edimac, S. L.

Impreso en Black Print CPI Ibérica
Sant Andreu de la Barca (Barcelona)

C 6 4 2 5 9 2

Para Amy, como siempre (pero incluso más de lo normal)

Índice

PRÓLOGO   11

1. Cucharetas   37
2. Salto cuántico   81
3. Antes se creía que.... 111
4. Macrodatos, macroproblemas 151
5. Vestigios 187
6. Cambios en el calendario 221
7. Aguiluchos, el retorno 261
8. Más allá de la barrera 291
9. A escondidas de Dios 325
10. *Eninum* 363

EPÍLOGO 395
AGRADECIMIENTOS 403
REFERENCIAS 407
ÍNDICE ALFABÉTICO 431

Prólogo

La tundra tal vez sea uno de los colchones más gloriosos y cómodos que existen.

Un poco húmedo, eso sí, por lo que es buena idea vestir pantalones y chaqueta impermeables, incluso en una mañana fría y despejada como aquella. El sol apenas acariciaba las cumbres de la cordillera de Alaska con su luz rosa anaranjada y la masa de glaciares del Denali se erigía como un gigantesco monolito rosado ciento diez kilómetros a nuestro oeste, inusitadamente sin nubes alrededor.

Mis tres compañeros y yo nos tumbamos con las piernas estiradas y las manos entrelazadas tras la nuca sobre el suave y esponjoso colchón de musgo de turbera, arándanos enanos, liquen de reno y otras plantas liliputienses de la tundra, suspirando de felicidad. La pausa nos sentó bien. Nos habíamos despertado a las dos de la madrugada, en medio del luminoso crepúsculo que se corresponde con la plena noche subártica en el interior de Alaska. Hacia las tres, atentos por si detectábamos alces u osos grises, nos encaminamos hacia el oeste por la carretera de grava de ciento cuarenta y cinco kilómetros de longitud que divide los dos millones y medio de hectáreas del Parque Nacional y Reserva del Denali. Desconocíamos qué podíamos encontrarnos. El día anterior, un gran lobo macho había correteado sigiloso alrededor de nuestra camioneta del Servicio de Parques Nacionales, husmeando nerviosamente el parachoques trasero, a apenas un par de metros de mi ventana, que estaba abierta.

En cambio, aquel día no hubo tales interrupciones. Hacia las cuatro de la madrugada, cincuenta kilómetros parque adentro, nos echamos a los hombros las mochilas y fardos de palos de aluminio con malla de red y descendimos una larga y ardua pendiente hasta una tortuosa espesura de sauces que serpenteaba a través de un barranco de un kilómetro y medio de longitud. Por más agradable que pueda ser la mullida tundra para tumbarse, recorrerla a pie resulta agotador: cuando no te hundes hasta las rodillas, das un traspiés con una mata oculta o notas cómo abedules y sauces que te llegan a la altura de las pantorrillas se te aferran a las piernas y los pies.

«¡Eh! ¡Eh!», gritábamos para alertar a los renos y a los osos grises que pudiera haber escondidos en la densa maleza de tres metros de altura que se extendía ante nosotros. «¡Blablablá!», exclamaba yo, por decir algo, pues poco importan las palabras; de lo que se trata es de no pillar desprevenida a una protectora hembra de alce con una cría ni de asustar a una osa gris cuya primera reacción podría ser arremeter contra ti. A diferencia de muchos montañeros, lo que no hicimos fue chillar: «¡Eh, oso!». Tales palabras, a decir de los habitantes ancestrales de Alaska, deben reservarse exclusivamente para ese momento de canguelo en el que se te planta un oso delante; y se pronuncian a modo de advertencia al oso, sí, pero, aún más importante, para alertar a cualquiera que pueda oírte.

En nuestro caso, a lo único que alertamos fue a una familia de lagópodos comunes, media docena de rechonchos pichones marrones que salieron en desbandada mientras su galliforme madre cacareaba contrariada. Dejamos en el suelo las bolsas y yo seguí a Laura Phillips, la ecologista aviar del parque, que ya se abría camino entre aquella maraña de sauces de apariencia impenetrable. Para nuestra sorpresa, los alces parecían internarse allí sin dificultad alguna, a juzgar por las huellas del tamaño de un platillo y por los montones de excrementos alargados que había en la húmeda tierra. Y allí, en medio de los matorrales, hallamos un estrecho prado de forma romboidal y apenas unos metros de anchura, teñido del azul de las majestuosas flores de los acónitos y las espuelas del caballero, así como del lila de las espigas de las adelfillas en los márgenes.

Pero no habíamos acudido allí en busca de lagópodos ni de flores silvestres, sino de zorzales, y no para contemplarlos, sino para cazarlos. Después de más de tres décadas visitando el Denali, yo estaba contribuyendo a poner en marcha un nuevo proyecto de investigación que pretendía conocer mejor la vida de las aves del parque, que cada año se dispersan por tres cuartas partes de la superficie terrestre durante sus migraciones.

Al poco teníamos tres redes de niebla de doce metros de largo extendidas en medio de la maleza. David Tomeo, de Alaska Geographic, y el biólogo de aves marinas Iain Stenhouse, un escocés expatriado afincado en Maine que en otro tiempo había sido director de conservación de avifauna en Audubon Alaska, fijaron los palos de las redes con cuerdas tensoras de paracaídas de un rojo vistoso. Yo clavé un largo pasador de madera en la red media del suelo y coloqué en ·el extremo un zorzal de madera pintada de tamaño real, a modo de señuelo. Entonces accioné los controles de un maltrecho reproductor de MP3, que emitió el canto bullicioso y etéreo de un zorzalito carigrís. Por el momento, nuestro trabajo había concluido. Los cuatro ascendimos a pie unos diez o quince metros por la ladera, salimos de entre los sauces y regresamos de nuevo a la tundra abierta, y allí nos sentamos a descansar unos minutos. Nuestra esperanza era que un zorzal macho, al interpretar el reclamo como el sonido de un intruso en su territorio, defendido con celo, descendiera como una flecha por entre los matorrales y colisionara sin lastimarse con nuestras delicadas redes. Entonces podríamos colocarle en el lomo un dispositivo diminuto de apenas medio gramo de peso llamado «geolocalizador». Durante el año siguiente, dicho geolocalizador registraría la ubicación del zorzal en su viaje de ida y vuelta hasta Sudamérica y nos permitiría conocer por primera vez las especificidades de la épica migración de estas aves.

Durante la mayor parte del pasado siglo, los únicos medios de que disponían los científicos para determinar adónde viajaban estas aves eran unas livianas anillas numeradas que les colocaban en las patas con la esperanza de volver a encontrar a esos mismos ejemplares. El anillamiento sigue siendo un método fundamental para la investigación de las migraciones. A título de ejemplo, en el siglo XX se anillaron unos siete millones de ánades reales y 1,2 millones de ellos fueron recuperados (la mayoría por cazadores), gracias a lo cual se obtuvieron datos que ayudaron a apuntalar la exitosa gestión de las poblaciones de aves acuáticas. Pero el proceso de estudiar a un ave que rara vez se anilla en una zona remota es largo y muy lento; un ave, además, cuya caza es ilegal, a diferencia de lo que ocurre con los ánades comunes. En el siglo pasado se anillaron en toda Norteamérica en torno a 82.000 zorzalitos carigrises, pero solo 4.312 de ellos en Alaska, de los cuales solo tres han vuelto a localizarse. Uno fue atrapado cerca de donde se anilló, otro durante su migración primaveral hacia el norte a través de Illinois y el tercero dirigiéndose al sur en otoño, en Georgia. Y eso no es suficiente como para seguir avanzando.

Los datos y las observaciones que hemos recopilado mediante el anillamiento demuestran que los zorzalitos carigrises son aves migratorias que recorren distancias excepcionalmente largas. Con sus apenas treinta gramos de peso, efectúan un viaje de ida y vuelta desde matorrales y bosques de coníferas del norte de Alaska y la zona subártica del Canadá hasta Sudamérica cada año. Al menos algunos de ellos cruzan el golfo de México, en un salto sin paradas de casi mil kilómetros, mientras que otros siguen la larga y estrecha península de Florida y luego sobrevuelan el Caribe. En invierno, desaparecen en las selvas pluviales del norte de Sudamérica, pero únicamente poseemos una idea muy vaga de adónde viajan en el interior de ese inmenso continente.

Ahora bien, en todos los aspectos cuyos vacíos cuesta rellenar mediante el anillamiento, la reciente tecnología miniaturizada está despejando horizontes emocionantes en el estudio de la migración de las aves. Los geolocalizadores que usábamos nosotros aquel día son solo un ejemplo de los dispositivos de rastreo diminutos y relativamente baratos que están revolucionando el estudio de las migraciones. En lugar de depender de transmisores por satélite que cuestan entre 4.000 y 5.000 dólares por unidad (y que, además, son demasiado pesados para aves cantoras pequeñas), nuestros geolocalizadores pesan una fracción de un gramo y solo cuestan unos cuantos cientos de dólares cada uno. Nuestro equipo, encabezado por la ecóloga del Servicio de Parques Nacionales de Estados Unidos Carol McIntyre, estaba acometiendo un proyecto de varios años de duración destinado a averiguar cuáles eran las rutas migratorias entre el Denali y los rincones remotos del planeta a los que vuelan las aves del parque. Los geolocalizadores nos brindarían la primera oportunidad que había tenido el ser humano de rastrear la ruta real y los destinos de los zorzales del parque.

Pero primero debíamos atrapar algunos ejemplares. La semana anterior habíamos tenido bastante éxito anillando zorzalitos de Swainson, abundantes en los bosques de abetos del Denali. Sin embargo, sus parientes cercanos, los zorzalitos carigrises, estaban resultando un poco más esquivos y aquella mañana, con el uso de unas cuantas redes adicionales, esperábamos tener más éxito.

La tundra era incluso demasiado cómoda y, tras quince minutos de esperar y dormitar, me levanté del suelo y bajé corriendo por la ladera hasta los sauces para comprobar qué habíamos atrapado. En una de nuestras mullidas redes había un ejemplar macho de reinita estriada colgado bocabajo, otra ave que efectúa una migración extraordinaria, desde Alaska hasta la costa atlántica de Canadá y el nordeste de Estados Unidos y luego rumbo al sur, en un vuelo sin paradas de noventa horas de duración sobre el Atlántico occidental, hasta Sudamérica. En la red contigua había un ejemplar macho de reinita gorrinegra, más diminuta incluso que la estriada, de apenas nueve gramos de peso. Estas reinitas gorrinegras, también llamadas «reinitas de Wilson», crían en Alaska central y emigran (o eso creemos) hasta la costa del golfo de Texas y el este de México y después hacia el sur, en dirección a Centroamérica. Muchas de ellas podrían efectuar trayectos de ida y vuelta a la península del Yucatán por el gofo de México, pero nadie lo sabe con certeza. Únicamente se ha recuperado una reinita gorrinegra anillada en el interior de Alaska, lejos de sus zonas de reproducción, y se la halló en Idaho, de camino al sur.

En otra ocasión ya anillaríamos reinitas estriadas y gorrinegras, pero, por el momento, el misterio tendría que esperar; me apresuré a liberarlas. Nuestro objetivo aquella mañana eran los zorzales y, para mi decepción, no había ninguno en nuestras redes. Volví a ascender penosamente la pendiente y, en aquel momento, la quietud de la mañana dio paso a un caos espeluznante.

«¡Eh, oso! ¡EH, OSO!», gritaban las voces de Laura y David con la aspereza del pánico, mientras sus brazos elevados se agitaban salvajemente recortados contra el pálido cielo del amanecer. No veía a Iain, pues los sauces me lo ocultaban.

Escuché un rugido jadeante y entrecortado, seguido por un sonido de estallido de madera, como si alguien estuviera golpeando maderos entre sí, pero enseguida entendí que se trataba del chasquido de las mandíbulas de un oso gris que castañeteaba los dientes encolerizado. El tiempo, como suele ocurrir en los momentos extremos, pareció ralentizarse. No veía al oso atacante, pero supuse que saldría de los sauces donde yo mismo me encontraba. Me quedé petrificado.

«¡EH, OSO!». El rugido y los chasquidos sonaban mucho más cercanos ahora, y la espesura resonaba con los destrozos provocados por un animal de gran tamaño que estaba muy cerca y se movía muy rápido. David gritó: «Scott, ¡lárgate ahora mismo de ahí!».

Salí corriendo del bosque mientras el oso pasaba a escasos metros de mí, tan cerca que oía sus jadeos, graves y entrecortados, y podía percibir su penetrante olor, aunque la pantalla de maleza lo hacía invisible a mis ojos. En cuestión de segundos trepé por la colina hasta llegar junto a mis amigos. Al girarnos, vimos al oso (que en realidad era una gran osa con un oscuro osezno de un año a remolque) salir de repente por el otro lado de los sauces y alejarse de nosotros con esa velocidad equina por la que los osos pardos son conocidos. El pelaje rubio paja de la hembra se ondulaba mientras ascendían por la distante pendiente de tundra hasta desaparecer sobre la cima.

Fuimos recomponiendo la historia en fragmentos vacilantes, inconexos. Todo el mundo estaba aún tumbado cuando la osa había salido de un barranco oculto, a apenas unos quince o veinte metros de distancia, y con una cría tras ella. «Miré hacia allí para decirle algo a Iain —dijo Laura— y vi la cabeza de la osa detrás de él. "¡Hostia!", exclamé. Empezamos a ponernos en pie y la osa arremetió sin más».

Iain era quien más cerca estaba. «Os oí a ti y a David gritar, pero no podía moverme —comentó con su acento de Glasgow, sacudiendo la cabeza a lado y lado—. Me quedé… Me quedé de piedra». La osa salvó la distancia en segundos. Cuando se hallaba a escasos pasos del escocés, cambió de opinión; tanto Laura como Iain aseguraban haber visto la fracción de segundo exacta en que la osa decidió no despedazarlos y, en lugar de ello, corrió montaña abajo, en dirección adonde yo me encontraba.

«Es irónico que la única persona que no veía a la osa acercarse probablemente fuera la que mayor riesgo corría de ser atacada», comentó David. Tardé un segundo en entender que se refería a mí. Incluso a una osa gris enfadada le puede resultar difícil atacar a tres personas de golpe. En cambio, solo y cercado por los sauces, yo habría estado indefenso si me hubiera detectado a solo unos metros de ella en la maleza y hubiera decidido desahogar conmigo su frustración y su miedo.

Entonces Laura respiró de forma larga e irregular y miró a su alrededor. «Chicos, ¿creéis que habrá quedado alguna red en pie?».

La ruta de los osos había pasado justo por el medio de nuestro tenderete, pero, milagrosamente, aquella osa de casi doscientos kilos y su osezno no lo habían derribado. Y ya fuera por la barahúnda o porque se habían sentido atraídos por el canto grabado, incluso a pesar del ruido, había tres zorzalitos carigrises colgados en la malla. Conscientes de que los osos se habían marchado definitivamente y con la sensación de alivio de que teníamos otra cosa en la que pensar, nos pusimos manos a la obra.

Metimos a los pájaros en bolsas de tela ligera, extendimos una pequeña lona sobre el terreno húmedo y dispusimos sobre ella nuestras herramientas: las pinzas de anillamiento, un portapapeles, una balanza de resorte, una pequeña cámara y el primer geolocalizador. El dispositivo no debía de medir ni un centímetro de largo y estaba rematado, en su parte posterior, por un pequeño tallo de plástico con un sensor de luz. Por ambos lados sobresalían unas menudas abrazaderas elásticas parecidas a las orejas de un conejo. Laura agarró el primer zorzalito, atrapándolo con cuidado en su mano, con la cabeza entre el pulgar y el índice. Los zorzalitos carigrises miden una tercera parte menos que un petirrojo y son de una sutileza encantadora. Por arriba son de color gris oliva frío y su pecho, de color blanco roto, presenta manchitas marrones que parecen borrones de acuarela filtrándose suavemente a través de un papel grueso. Colocarle el geolocalizador nos llevó menos de un minuto. Iain pasó una de aquellas abrazaderas elásticas por una de sus patas y se la subió hasta la parte superior del muslo. Con el pulgar, Laura estabilizó el geolocalizador en la parte baja del lomo del pájaro mientras Iain le colocaba la otra abrazadera por la otra pata; una vez fijado, el dispositivo rastreador se deslizó cómodamente hasta la rabadilla del ave y, salvo por su fino tallo, quedó oculto bajo sus plumas caudales.

Con movimientos expertos, Laura anilló al zorzalito, colocándole una anilla metálica estándar en la pata derecha y dos anillas de plástico de colores, la amarilla por encima de la naranja, en la izquierda. Cuando las aves migratorias del Denali regresaran la próxima primavera, aquellas anillas de colores nos facilitarían reubicar a ese zorzalito y a los demás anillados que consiguiéramos recapturar para poder retirar sus geolocalizadores y descargar los datos. Uno a uno, procedimos del mismo modo y liberamos a los pájaros, que regresaron volando al refugio que les ofrecían los sauces emitiendo unas notas nasales que sonaban a rapapolvo. Recogimos el material y, cuando nos levantábamos para ponernos en marcha, vi a Iain mirando hacia las montañas, en la dirección por la que se habían marchado los osos.

«¿Queréis que os diga algo? —preguntó, con una sonrisa radiante que transmitía una sensación de jubilosa constatación—. ¡No sabía que tenía el músculo del esfínter tan fuerte!».

Pasé casi seis años de la década de 1990 persiguiendo a pájaros de un lado para otro del hemisferio occidental, explorando el fenómeno de la migración para un libro titulado *Living on the Wind*. Había hecho incursión en aquel tema en gran medida como un mero observador con un profundo interés, una persona que se había pasado la vida mirando a las aves y que una década antes se había obsesionado con anillar rapaces. Confieso que, en un principio, el atractivo de anillar respondía en gran medida a la emoción y a la descarga de adrenalina que sentía al tentar a un azor o a un águila real. Hacerlos descender del cielo y atraparlos en mis redes era como cazar al vuelo en el aire, a una escala épica, presas con garras y con un dominio magistral del viento. Pero con cada halcón o gavilán en cuya pata colocaba una anilla —y cada vez que una de esas aves marcadas era recapturada o hallada muerta en algún lugar remoto y aportaba algunos conocimientos a nuestro entendimiento de las migraciones—, sentía una fascinación creciente por las fuerzas naturales que espolean no solo a las imponentes aves rapaces, sino incluso a la reinita más frágil a atravesar un espacio inmenso a una velocidad y con una tenacidad física que resulta inconcebible para la imaginación humana.

En las últimas dos décadas se ha disparado la comprensión científica de la migración, de esa mecánica que permite a un ave, sola y en su primer viaje, hallar su ruta a través del planeta haciendo frente a vientos cruzados, a tormentas y al agotamiento. Por poner solo un ejemplo especialmente alucinante, desde la década de 1950 sabemos que las aves utilizan el campo magnético de la Tierra para orientarse. En el pasado, los ornitólogos presuponían que esta habilidad se debía a la existencia de una especie de brújula biológica, y la presencia de cristales de hierro magnéticos en la cabeza de muchas aves parecía respaldar esta hipótesis. Sin embargo, ahora sabemos que esos depósitos magnéticos en realidad parecen desempeñar un papel muy menor en su orientación. Por sorprendente que resulte, el factor determinante es la visión. Si se expone a un ave a longitudes de onda rojas en lugar de a la luz blanca natural, pierde su capacidad para orientarse magnéticamente, con independencia de cuántos minúsculos cúmulos de hierro albergue su cráneo. La pregunta que se formulan ahora los desconcertados ornitólogos, al menos desde la década de 1970, es por qué ocurre esto.

Por lo que sabemos en la actualidad, parece ser que los pájaros podrían visualizar el campo magnético terrestre a través de una forma de entrelazamiento cuántico. Es algo tan extraño como suena. La mecánica cuántica establece que dos partículas creadas en el mismo instante están vinculadas en el nivel más profundo, es decir, que en esencia son una misma cosa y permanecen «entrelazadas» al margen de la distancia que exista entre ellas, de tal manera que lo que afecta a una afecta de manera instantánea también afecta a la otra. De ahí que el término técnico con el cual se conoce en física este efecto sea «acción fantasmagórica». Incluso a Einstein le inquietaban sus implicaciones.

En teoría, el entrelazamiento se da incluso a través de millones de años luz de espacio, pero lo que ocurre dentro del ojo de un ave, a una escala muy inferior, podría explicar esa misteriosa capacidad de utilizar el campo magnético terrestre. En la actualidad, la comunidad científica cree que las longitudes de onda de la luz azul alcanzan los ojos de las aves migratorias y excitan los electrones entrelazados en unos fotorreceptores denominados «criptocromos». La energía del fotón entrante divide un par entrelazado de electrones, uno de los cuales colisiona con la molécula del criptocromo adyacente, si bien ambas partículas permanecen entrelazadas. Por minúscula que sea, la distancia entre ellos hace que los electrones reaccionen al campo magnético del planeta de modos sutilmente distintos y ocasionen reacciones químicas con ligeras diferencias en las moléculas. Microsegundo a microsegundo, al parecer, esta paleta de señales químicas cambiantes, esparcidas en incontables pares entrelazados de electrones, construye en el ojo del ave un mapa de los campos geomagnéticos a través de los cuales viaja.

Y ese no es ni mucho menos el único hallazgo asombroso. Estudios de investigación han revelado que, antes de su vuelo, las aves migratorias son capaces de desarrollar nueva masa muscular sin hacer ejercicio, algo que a los humanos nos encantaría imitar. Dado que el tejido muscular de un ave es casi idéntico al de los seres humanos, el desencadenante tiene que ser bioquímico, pero continúa siendo una incógnita fascinante. Además, acumulan tanta grasa (en muchos casos llegan a duplicar su peso en pocas semanas) que, se mire por donde se mire, se vuelven obscenamente obesas y, en esos momentos, la química de su sangre recuerda a la de los pacientes diabéticos y coronarios, salvo por el hecho de que a las aves no les perjudica. Aquellas que vuelan sin parar durante días tampoco sufren las consecuencias de la privación del sueño, ya que son capaces de desconectar un hemisferio del cerebro (junto con el ojo de ese lado) durante uno o dos segundos e ir alternando entre ambos mientras vuelan de noche; a lo largo del día duermen miles de microsueños de apenas unos segundos de duración. Los investigadores han hallado docenas de estrategias similares que los cuerpos de las aves despliegan para superar el estrés de los viajes a larga distancia.

A medida que la comprensión científica de la mecánica de la migración ha ido mejorando, también lo ha hecho nuestro entendimiento de los descarnados desafíos a vida o muerte que afrontan cada vez más estos viajeros, así como de las hazañas casi inconcebibles que realizan dos veces al año para llegar a sus destinos. En las últimas dos décadas hemos cobrado conciencia de cuánto habíamos subestimado las sencillas capacidades físicas de las aves.

Hasta el pasado reciente, el campeón de la migración a larga distancia era el charrán ártico, una fantasmal ave marina gris del tamaño de una paloma que cría en las latitudes más altas del hemisferio norte y pasa los inviernos en aguas oceánicas meridionales, entre África, Sudamérica y la Antártida. Trace líneas en un mapa entre estos puntos de referencia y haga unos cálculos rápidos en una servilleta de papel y llegará a la conclusión a la que han llegado generaciones y generaciones de ornitólogos: que los charranes árticos recorren entre treinta y cinco mil y cuarenta mil kilómetros al año. Hasta ahora era mera especulación, porque la tecnología de seguimiento era demasiado voluminosa para que la portara una criatura tan delicada como un charrán. Pero a medida que los transmisores y registradores de datos fueron reduciéndose de tamaño, pudieron desplegarse en otras aves marinas algo más grandes, que no tardaron en superar el supuesto récord del charrán ártico.

En 2006, utilizando geolocalizadores, un equipo de científicos anunció que había realizado con éxito el seguimiento de diecinueve pardelas sombrías desde sus colonias de reproducción en Nueva Zelanda. Una mera excursión «local» en busca de comida en temporada de cría, durante la cual los padres van a pescar calamares y peces para alimentar a sus polluelos en los nidos, llevó a estos regordetes pájaros de color gris oscuro desde Nueva Zelanda hasta gélidas aguas subantárticas situadas a miles de kilómetros de distancia, en un viaje de ida y vuelta. Una vez que los polluelos echaron plumas, tanto ellos como los adultos pusieron rumbo al norte, atravesando el ecuador para llegar a las zonas de alimentación «invernales» en el verano boreal frente a las costas de Japón, Alaska y California. Siguiendo las corrientes de aire y oceánicas, y describiendo florituras sobre las aguas del Pacífico, estas aves (en palabras de los investigadores) disfrutaban de «un verano infinito». Se trata de una excursión espectacular, si tenemos en cuenta que las rutas que recorren algunas pardelas superan los setenta y cinco mil kilómetros anuales.

Finalmente, en 2007 existían ya geolocalizadores lo bastante pequeños como para que mi amigo escocés Iain y varios de sus colegas pudieran colocárselos en las patas a charranes árticos en Groenlandia e Islandia. Un año más tarde, a su regreso, recapturaron las aves y la historia que revelaron los datos almacenados los dejó sin palabras.

La primera sorpresa fue descubrir que los charranes tomaban una de dos rutas completamente distintas hacia el sur, al margen de su colonia de origen. Algunos se desviaban hacia el este, hasta la masa noroeste de África, y luego regresaban en ángulo atravesando la parte más estrecha del Atlántico hasta la costa de Brasil antes de continuar hacia el sur, hasta el mar de Weddell a lo largo de la península antártica. En primavera migraban hasta las aguas situadas frente a la costa meridional de África y luego otra vez a través del Atlántico hasta Sudamérica, hasta llegar finalmente al Atlántico Norte, describiendo una silueta de ocho rotulada sobre el planeta por alas que baten incansables. Por algún motivo, otros charranes de las mismas colonias cubrían con sus sombras la costa de África casi hasta el cabo de Buena Esperanza y luego o bien atravesaban el océano Austral hasta la costa de la Antártida, o bien seguían los fuertes vientos de estas altas latitudes tormentosas durante miles de kilómetros hacia el este, al sur del océano Índico.

En suma, Iain y sus colegas averiguaron que incluso los menos ambiciosos de entre sus charranes migraban al menos sesenta mil kilómetros al año, si bien había algunos ejemplares que recorrían casi ochenta y dos mil, un nuevo récord de larga distancia y más del doble de lo que los científicos habían creído posible en el pasado en el caso de esta especie. Y para ponerle la guinda a eso, tres años después, el equipo de investigación que había anillado charranes árticos en los Países Bajos descubrió que aquellas aves estaban recorriendo la friolera de noventa y dos mil kilómetros al año, llegando hasta aguas frente a la costa de Australia y utilizando zonas de parada en el océano Índico (donde resulta que también se concentran los charranes anillados procedentes de la costa de Maine). Cualquier biólogo de aves marinas confiesa, sobre todo después de un par de cervezas, que en verdad nadie tiene ni idea de cuáles podrían ser los auténticos límites de la migración de los charranes.

Otras muchas suposiciones acerca de la migración se han puesto patas arriba en años recientes. Es la naturaleza de la bestia: la ecología es un tema tan enrevesado que raya en lo perverso y cada capa de la cebolla que pelamos revela nuevas complejidades.

Hace veinte años, ornitólogos norteamericanos que habían asumido que el mayor desafío de las aves cantoras migratorias era la pérdida de su hábitat invernal debido a la deforestación tropical empezaron a abordar un problema mucho más cercano a sus hogares. Un corpus creciente de estudios de investigación demostraba que la fragmentación de los bosques, la división infinita de grandes extensiones forestales intactas en pedazos cada vez más pequeños atravesados por carreteras, corredores de servicios públicos, urbanizaciones y campos, representaba un serio peligro para muchos de los pájaros cantores migrantes más preciados y maravillosos, como las tangaras y los zorzales, que evolucionaron para anidar en bosques vírgenes. Resulta que la fragmentación comporta un sinfín de males, entre los cuales se incluyen los llamados «depredadores apicales», que prosperan en los hábitats perturbados, animales como mapaches, mofetas, zarigüeyas, mirlos, cuervos, arrendajos y serpientes ratoneras, todos ellos expertos depredadores de nidos que o bien no tienen presencia o la tienen en cantidades exiguas en la espesura de los bosques. La fragmentación también es una invitación para los tordos cabecicafés, aves de pastizales que parasitan los nidos de otros pájaros cantores (y cuya existencia se circunscribía en un principio a las Grandes Llanuras). Más aún, la fragmentación seca el bosque y, en consecuencia, reduce la abundancia de insectos y crea otros desafíos medioambientales para las aves que anidan en él.

Los científicos han llevado un seguimiento del éxito de nidificación de las denominadas «aves cantoras forestales», como los zorzales mustelinos, supervisando sus nidos para comprobar cuáles producen más huevos y cuántos de esos huevos dan polluelos que acaban volando por sí solos y constituyendo la siguiente generación. Décadas de estudios en esta línea confirman que cuando las grandes extensiones forestales se dividen, el éxito de nidificación desciende en paralelo a la fragmentación del bosque.

De manera que, para salvar al pájaro, hay que salvar el bosque. Y aunque evitar la fragmentación puede representar un desafío en la práctica, se trata de un objetivo fácil de articular y al cual aspirar, además de ser uno de los aspectos que ha guiado importantes estrategias de conservación de aves desde la década de 1980. Pero —porque en ecología siempre suele haber un «pero» acechando en el sotobosque— estudios de investigación más recientes han revelado una auténtica sorpresa. Y esta se produjo cuando los científicos dieron un paso más. En lugar de supervisar solo el éxito reproductivo en estos bosques seguros e intactos, acometieron la labor mucho más ardua de hacer un seguimiento de polluelos de zorzales después de abandonar el nido y volar a los cuatro vientos. Colocando diminutos radiotransmisores en estos zorzales adolescentes, los siguieron hasta que estuvieron listos para migrar y descubrieron que muchos de estos alevines abandonan los bosques maduros y extensos donde sus padres anidaban, los bosques intactos a los cuales habíamos atribuido una importancia capital para su supervivencia y cuya preservación ha sido uno de los ejes principales para la conservación de las aves migratorias.

Aproximadamente en el mes previo a la migración, cuando estas aves jóvenes deben ganar peso rápidamente para poder acometer los extenuantes vuelos hasta Latinoamérica y el Caribe que les aguardan, los polluelos se congregan en bosquecillos cubiertos de maleza y espinos de sucesión temprana, el tipo de hábitat que surge, por ejemplo, después de que una zona donde se ha llevado a cabo una tala a matarrasa haya empezado a regenerarse, una tala que normalmente se habría considerado que destruye el hábitat de estas aves de espesura.

No pretendo con ello decir que estas aves no necesiten bosques contiguos. Los necesitan. Pero no es lo único que les urge. La ciencia ha subestimado una y otra vez la complejidad de la ecología migratoria.

Ahora bien, no lo ha hecho por desatención deliberada. Estudiar a estos pequeños seres activos cuyas migraciones anuales cubren decenas de miles de kilómetros comporta una dificultad inherente extraordinaria. Pero, como no es extraño que suceda en ciencia, la ornitología siempre ha sido víctima de una visión estrecha de miras y de una inclinación a avanzar por el camino más fácil. Durante una gran parte de dos siglos, la inmensa mayoría de los ornitólogos eran norteamericanos o europeos, y como es más fácil estudiar algo cerca de donde se vive y se trabaja que en otras latitudes, durante mucho tiempo prácticamente todo lo que sabíamos de la vida de las aves migratorias se reducía a los pocos meses en los que se hallaban en sus zonas de reproducción templadas. En las décadas de 1970 y 1980, la situación empezó a cambiar y las nuevas investigaciones en los territorios de invernada tropicales trastocaron muchas acomodadas suposiciones acerca de la ecología migratoria. Muchos pájaros migratorios que antaño se creía que se adaptaban a cualquier parcela vacante en los trópicos demostraron presentar una especialización similar a la de las aves autóctonas con las cuales compartían el paisaje, con unos nichos ecológicos muy específicos y a menudo reducidos. Incluso en el seno de una misma especie, los científicos averiguaron que las aves de distinto género y edad a menudo presentaban necesidades radicalmente distintas y utilizaban regiones o hábitats muy dispares, de tal manera que, por ejemplo, los machos adultos preferían densos bosques pluviales mientras que las hembras jóvenes se decantaban por un hábitat más seco y cubierto de maleza.

Este nuevo hallazgo se produjo cuando resonaban todas las alarmas por la deforestación tropical descontrolada, que enseguida pasó a considerarse la mayor amenaza para las aves cantoras neotropicales. En un curioso giro de guion, en ese momento algunas aves migratorias neotropicales como los carriceros y las tangaras pasaron a protagonizar las campañas de las décadas de 1980 y 1990 para salvar la selva tropical, el vínculo más directo (y con más implicaciones emocionales) entre un ecosistema distante y amenazado y los hogares estadounidenses.

La pérdida de hábitat tropical era y sigue siendo una realidad, pero no era en absoluto la única amenaza. También está la degradación del hábitat en los territorios de cría templados y la pérdida de puntos de escala que posibilitan estos viajes a larga distancia. No se puede dividir la vida de las criaturas salvajes, sobre todo de las que dependen del viento, en porciones estacionales o segmentos geográficos concretos. Por fin podíamos contemplar las aves migratorias como deberíamos haberlas visto siempre: no como habitantes de un único lugar, sino del conjunto. Son animales cuyos ciclos vitales integrales debemos entender si queremos conservarlos contra el embate que afrontan en cada momento y en cada paso de su periplo migratorio.

Todavía nos queda mucho por aprender. Por ejemplo, aún no sabemos apenas nada acerca de las rutas precisas que toman la mayoría de las aves migratorias, y solo tenemos una ligera idea de qué puntos a lo largo de su recorrido son esenciales para su reposo y recarga de energía. Hemos entendido tarde, aunque no debería habernos sorprendido, que las poblaciones reproductoras regionales dentro de una misma especie, incluso cuando están bastante próximas entre sí, a menudo adoptan rutas migratorias y zonas de invernada radicalmente distintas. La mayoría de los zorzales mustelinos procedentes de Nueva York y de Nueva Inglaterra, por ejemplo, se dirigen a una estrecha franja de territorio situada en el este de Honduras y el norte de Nicaragua para pasar el invierno, mientras que los que provienen de la zona media del Atlántico se concentran en las junglas de la península del Yucatán. Los geolocalizadores y los registros de anillamiento revelan que las reinitas horneras originarias de las zonas residenciales de Filadelfia migran, en su gran mayoría, al Caribe, sobre todo a la isla La Española, mientras que las que proceden del otro lado de los montes de Allegheny, cerca de Pittsburgh, sobrevuelan el golfo de México para dirigirse a Centroamérica.

El interés de esto trasciende el ámbito académico. Si perdemos una parte de la zona de invernada o un punto de descanso intermedio crítico, puede perderse toda una población regional. Si queremos conservar a los zorzales mustelinos o a las reinitas horneras (o a cualquiera de los centenares de especies de aves migratorias adicionales que existen) con salud y en números abundantes en toda su área de distribución, tal vez convenga adoptar un enfoque mucho más amplio y vigoroso sobre la protección de las tierras que el aplicado hasta el momento.

El primer paso es el conocimiento, y una nueva generación de investigadores está llevando a cabo el arduo y extenuante trabajo de campo necesario para desentrañar todos los aspectos del ciclo de vida completo de un ave, que se extiende durante los doce meses del año y, a menudo, a lo largo de miles de kilómetros entre rincones lejanos del mundo. Este campo se conoce con el nombre de «conectividad migratoria» y, en cierto sentido, es la maduración de un proceso que dio comienzo hace más de doscientos años, cuando John James Audubon ató un alambre de plata a las patas de sayornis de su estado, Pennsylvania, para determinar si eran los mismos ejemplares los que regresaban a anidar cada año. Por suerte, ahora disponemos de herramientas más sofisticadas que el alambre de plata de Audubon. El interés en cartografiar esa conectividad migratoria explica por qué mis compañeros y yo nos arriesgamos a toparnos con osos pardos en el interior de Alaska: nuestro objetivo era entender con más exactitud dónde invernan las aves del parque. Ya no basta con decir que los zorzalitos carigrises viajan «al norte de Sudamérica». A medida que el planeta cambia y se calienta, los obstáculos que afrontan las aves migratorias se acentúan cada vez más y los conservacionistas necesitan recabar esta información para pastorear a las aves a través de lo que ya se está convirtiendo en un cuello de botella cada vez más estrecho.

Para mí esto se ha vuelto una cruzada personal, como les ocurre a muchos de los hombres y mujeres que estudian y protegen a las aves migratorias. La idea de contemplar un mundo sin migraciones épicas sencillamente resulta demasiado triste y melancólica. Como les pasa a muchos de esos otros hombres y mujeres, las migraciones me han cautivado toda la vida: es una obsesión que dio comienzo en mi infancia, que cristalizó en la ventosa cresta de una cordillera en Pennsylvania y que me ha llevado de ser un observador entusiasta a transformarme en un participante cada vez más apasionado, de ser un observador de aves recreativo a meterme en las trincheras de la ciencia de la migración.

No crecí entre ornitólogos, pero a mis padres les encantaba la naturaleza y alentaban (a veces no sin algo de desconcierto) al raro de su hijo. En concreto, mi madre prestaba atención a los ritmos de las estaciones del año, y la migración de aves era central en este aspecto. Anotaba en su diario del jardín cuándo aparecían los primeros juncos y chingolos gorgiblancos del otoño en los comederos, y cuándo regresaban las primeras aves migratorias a nuestro huerto en las montañas del este de Pennsylvania. Prestábamos especial atención al paso, en otoño y primavera, de las barnaclas canadienses, que en la década de 1960 y principios de la de 1970 (antes de que las bandadas no migratorias se extendieran por todos los campus de oficinas de las zonas residenciales, lagos urbanos y estanques piscícolas en el este de Norteamérica) seguían siendo una referencia electrizante del cambio de las estaciones.

La mayoría de los años había una única mañana, la fecha exacta de la cual dependía de la crudeza del invierno, aunque normalmente caía a principios de marzo, en la que el sonido de las barnaclas nos despertaba. Nos echábamos rápidamente el abrigo por encima, nos calzábamos las botas y, sin atárnoslas siquiera, salíamos corriendo a la primera mañana verdaderamente suave del año, alargando el pescuezo para contemplar un cielo cubierto de escuadras de gansos que avanzaban hacia el norte recortados contra una bóveda de color azul vaquero desteñido. Era y sigue siendo uno de los momentos más emocionantes del año natural para mí. Cada invierno, a medida que los días se alargaban y la nieve se fundía, esperábamos anhelantes el «Gran Día de los Gansos», que para nosotros era el eje singular de la rueda de las estaciones. Y aun hoy seguimos haciéndolo; el teléfono suena temprano, cuando el sol apenas despunta y mi esposa paladea su primera taza de té, y mi madre pregunta: «¿Los habéis oído? ¿Habéis salido a verlos? ¡Es el Gran Día de los Gansos!». Y entonces salimos, con los cordones de las botas arrastrando, a empaparnos de ese espectáculo una vez más. (Hace muchos años escribí acerca de nuestra extraña tradición familiar en una revista de fauna estatal y un lector le preguntó a una de mis hermanas, que no siente ningún interés especial por los pájaros, si era verdad. «¡Venga ya! —le dijo aquel tipo—. Seguro que no celebrabais el día ese de los gansos, ¿a que no?». «Pues sí —le contestó Jill con un suspiro de exasperación—, pero no es que preparemos un pastel ni nada de eso»).

De manera que, en cierto sentido, yo estaba condicionado para pasarme la vida persiguiendo migraciones, pero el momento definitivo se produjo cuando tenía doce años. Un día de octubre con vientos borrascosos y densos nubarrones ascendimos a la cresta de la cordillera de Kittatinny, el borde sur del sistema de montes y valles de los

Apalaches, situada a una hora más o menos de nuestro hogar, una auténtica autopista de aves rapaces migratorias que cabalgan las corrientes ascendentes mientras descienden bordeando la larga y sinuosa cordillera en su emigración al sur.

Por pura casualidad, se daban las condiciones óptimas para ver una gran bandada: un potente frente frío la noche previa había arrastrado fuertes vientos del noroeste a través del estado y los cielos sobre el mirador norte del santuario de Hawk Mountain estaban salpicados de elegantes formas depredadoras. Olvidándome de mi familia, me acurruqué entre las grises rocas, cobijándome del viento lo mejor que pude, con los ojos como platos y desbordado de emoción. Las siluetas en el aire no se parecían en nada a los diminutos dibujos que había estudiado en mi guía de campo. Pero eso no importaba. Centenares de aves rapaces sobrevolaron la cordillera ese día, surfeando olas de aire invisibles, mientras yo las observaba con avidez a través de mis prismáticos baratos y perseguía con la mirada a cada halcón que veía.

Los adultos que me rodeaban las identificaban e indicaban puntos de referencia a voz en grito: «¡Gavilán en la ladera a las cinco!», «Dos ratoneros de cola roja a la izquierda del campo del Cazador». Un halcón que se precipitaba sobre un señuelo de búho de plástico (colocado con esta única finalidad sobre un retoño sin ramas en unas rocas cerca de donde yo me hallaba) pareció, durante unos dilatados segundos en los que se me aceleró el corazón, ir a atravesar volando mis prismáticos. El espectáculo fue fácilmente lo más embriagador que he presenciado nunca y el recuerdo pervive con una intensidad casi dolorosa en mí incluso hoy.

En aquel momento no tuve palabras para articular por qué me conmovió tanto, por qué aquella visión me hechizó de tal manera. Los halcones y gavilanes eran bellos, por descontado, y su vuelo majestuoso; era apasionante contemplar cómo, con sutiles correcciones de sus alas y cola, contrarrestaban el fuerte viento y enjaezaban su energía. Pero aquella noche, al llegar a casa y sacar mis libros de aves y un viejo mapa de *National Geographic*, tuve otra reacción, incluso más potente. Mientras repasaba con el dedo la curva espina dorsal de los montes Apalaches me planteé por primera vez de dónde procedían aquellos halcones y adónde se dirigían. Hasta entonces solo manejaba datos vagos, pero leí que algunas de aquellas aves, las mismas que yo había visto, podían proceder de lugares tan remotos como Groenlandia y Labrador y que se dirigían a destinos como México, Colombia o la Patagonia, lugares que a un niño como yo, que vivía en los confines de la región minera de Pennsylvania, le sonaban exóticos hasta lo indecible.

Esa noche apenas pegué ojo y mis sueños estuvieron repletos de alas. Medio siglo después sigue fascinándome la migración.

Lo que ha cambiado es mi implicación. Aquel día apasionante en Hawk Mountain cimentó mi afición a la observación de aves y, en especial, al avistamiento de halcones, pues, aunque en la adolescencia mi pasión por los pájaros bordeó la obsesión, solo lo hacía por diversión. Contemplar aves era un pasatiempo. Y, entonces, un curso universitario de ornitología que no tenía previsto hacer, y en el que ocupé la única plaza que quedaba vacante en la clase de un profesor sabio y generoso que impartía su último semestre antes de jubilarse, me abrió definitivamente los ojos a la fascinante «ciencia» de las aves.

La vida gira en torno a tales casualidades y felices accidentes. Convertido ya en un joven periodista, le propuse un artículo a mi editor: Hawk Mountain había contratado a su primer director de investigación, un hombre recientemente doctorado llamado Jim Bednarz que estaba colocando radiotransmisores diminutos en halcones migratorios. El editor picó el anzuelo y yo removí cielo y tierra hasta conseguir una invitación para pasar un día con Jim en el escondite donde los atrapaba, cuaderno en mano. La primera vez que un ratonero de cola roja descendió del cielo a toda velocidad sobre nuestras redes, con las alas plegadas y las garras flexionadas, cual mensajero de un dios pagano, supe con un destello de claridad similar a cuando tenía doce años que el mundo acababa de cambiar de nuevo bajo mis pies. Transformado en aprendiz de Jim, al cabo de pocos años conseguí un permiso federal para anillar y, cuando él dejo la organización, me encargué de gestionar el programa de anillamiento de Hawk Mountain durante un tiempo, antes de asumir en persona la gestión de una de las zonas. Al poco estaba también anillando aves cantoras, luego búhos y más tarde colibríes, siempre movido por una curiosidad por la migración rayana en la locura.

Sin pretenderlo realmente, fui deslizándome cada vez más del papel de observador hacia el de participante. Si bien mi trabajo diario consistía (y sigue consistiendo) en escribir acerca del mundo natural, la investigación sobre el terreno ha ocupado una parte cada vez mayor y más satisfactoria de mi vida, aunque carezco de un título académico en ciencia. Por suerte, por tradición, la ornitología ha aceptado con los brazos abiertos a aficionados experimentados como yo en su rebaño.

Cuando escribí *Living on the Wind*, era en gran medida alguien ajeno al tema pero interesado en el mundo de la ciencia de las migraciones y en la conservación. Sin embargo, en el tiempo transcurrido desde entonces me he visto cada vez más inmerso en la investigación, y no me he limitado a interpretar el trabajo de otros, sino que además he aportado mi propio granito de arena. Quizá si la investigación fuera mi empleo habitual, habría perdido parte del brillo, pero hoy me resulta más gratificante que nunca. Por ejemplo, durante más de veinte años he supervisado lo que ha acabado por convertirse en uno de los estudios más amplios que existen en todo el mundo sobre los movimientos del tecolote afilador o lechuza norteña, una bonita y pequeña ave de rapiña más o menos del tamaño de un petirrojo, con la cabeza redonda y unos encantadores ojazos. A lo largo de los años, con un equipo de unos cien voluntarios, hemos anillado más de doce mil ejemplares de estas aves élficas en las montañas de Pennsylvania y hemos empleado diversas tecnologías, como geolocalizadores, radiotransmisores, cámaras con detectores de infrarrojos y radares marinos, para rastrear sus desplazamientos. Asimismo, coordino una red continental de más de ciento veinticinco estaciones de anillamiento de búhos y lechuzas, que colaboran todas en el mismo tipo de investigación.

Intrigado por la evidencia de que los colibríes occidentales estaban adoptando una nueva ruta migratoria hacia el este de Estados Unidos, en lugar de dirigirse a México, pasé varios años aprendiendo a atraparlos y anillarlos de manera segura, hasta obtener la titulación y convertirme en uno de los escasos doscientos anilladores de colibríes con licencia que existen en el mundo. Ahora, cada otoño persigo robustos colibríes errantes procedentes de Alaska o del noroeste pacífico, que aparecen en medio del Atlántico y en Nueva Inglaterra con los fríos vientos otoñales y que a menudo permanecen en esas tierras durante las tormentas de nieve y las gélidas temperaturas de enero, lo cual desbarata todas nuestras expectativas sobre la fragilidad que atribuimos a estos diminutos pájaros.

Esos mismos vientos invernales traen búhos nivales desde el Ártico y hace unos pocos años, cuando el este de Estados Unidos sufrió la mayor invasión de estas aves en cerca de un siglo, varios colegas y yo pusimos en marcha el proyecto SNOWstorm. Trabajando con nieve y un frío penetrante, tendemos redes para atrapar grandes aves raptoras y luego les colocamos transmisores que registran cada pocos minutos localizaciones GPS con una precisión increíble y nos envían los datos a través de la red de telefonía móvil, una combinación de dos tecnologías punteras que nos permite rastrear los movimientos de los búhos con un detalle tridimensional pasmoso. Con solo accionar unas cuantas teclas, podemos seguir a nuestros búhos anillados mientras cazan aves acuáticas por la noche en pleno Atlántico, mientras sobrevuelan las tierras de labranza en Míchigan u Ontario en busca de roedores, o viajan sobre icebergs de verano empujados por los vientos y las mareas en la bahía de Hudson. Junto con algunos de esos colegas hemos instalado por el nordeste de Estados Unidos más de cien estaciones receptoras automatizadas que detectan las señales de unos radiotransmisores tan minúsculos que nos permiten rastrear incluso a las aves más pequeñas, amén de insectos migratorios como libélulas y mariposas monarca.

El proyecto que me llevó al Denali y a nuestro espeluznante tropiezo con aquella osa gris fue otro trabajo colaborativo, en este caso, surgido de un encuentro casual años antes. Carol McIntyre lleva treinta años estudiando la vida de la fauna avícola de los parques nacionales de Alaska y es ampliamente conocida por sus pioneros estudios sobre las águilas reales en el Denali, un lugar que atesoro en el corazón y al cual he regresado casi anualmente durante más de tres décadas. El plan que concebimos en una conferencia sobre aves rapaces celebrada en Minnesota hace unos años era un tanto abrumador (y quizá un poco alocado) por su audacia. Decidimos lanzar un programa de investigación abierto con el fin de cartografiar la conecti-

vidad migratoria del conjunto, en cambio perpetuo, de aves del Denali, alternando a lo largo del tiempo entre aves cantoras, rapaces,
costeras, aves marinas que anidan en el interior y otros grupos. Mientras demostramos su éxito en el Denali, junto con otros colegas estamos comenzando a ampliar el estudio a otros parques, con el objetivo último de abarcar gran parte de los casi veintidós millones de
hectáreas de territorio de los parques nacionales de Alaska. Cuando
se estudia un fenómeno global como la migración, conviene pensar
a lo grande.

Por el mismo motivo, este libro adopta una perspectiva amplia al
explorar el fascinante estado de la investigación sobre las migraciones
y la conservación en la actualidad. Como los pájaros, este exigió recorrer muchos kilómetros y algo más que un poco de energía. Nave-
gué con expertos en aves marinas por las aguas tormentosas del mar
de Bering y hasta el borde de la plataforma continental frente a Outer
Banks, para entender mejor una de las fronteras más desconocidas de
la migración. Hablé con científicos de bata blanca en laboratorios
de tecnología puntera, personas que investigan a escala subatómica
con el fin de comprender la mecánica de la navegación, y con ornitólogos que trabajan en la polvorienta y peligrosa linde meridional
del Sáhara con un ojo puesto en las aves que estudian y el otro avizor
a posibles insurgentes islamistas que los matarían o secuestrarían de
buen grado. Esquivé a cazadores y tramperos en el Mediterráneo, donde se libra una guerra de guerrillas en gran medida oculta para detener
la matanza ilegal de millones de aves cantoras, y visité China, donde la
desenfrenada urbanización en las costas y la codiciada cocina de aves
silvestres están teniendo consecuencias catastróficas para la conservación, pero donde todavía existen destellos imprevistos de esperanza.
Asimismo, viajé a una de las regiones más remotas de Asia, a un rincón olvidado de la India donde antiguos cazatalentos transformaron
una de las historias más siniestras de la crisis migratoria en un éxito
conservacionista sin precedentes.

Los científicos y conservacionistas que pueblan estas páginas no
son desconocidos; muchos de ellos se han convertido en mis amigos
y colegas en el transcurso de los años, parte de una comunidad global
con lazos estrechos que se esfuerza por conocer y salvar las migracio-

nes. Algunos han sido mentores míos; otros, colaboradores, y unos cuantos son antiguos protegidos que han acabado haciendo una labor destacable por su cuenta. Es un privilegio trabajar con ellos y compartir las historias de sus hallazgos y sus conocimientos.

Y así me dispuse una vez más a seguir la miríada de rutas migratorias de aves para este libro, cuando me encontré abordando el tema desde una perspectiva muy distinta y, en muchos sentidos, mucho más íntima que hace veinte años; ya no como alguien ajeno a la materia que sentía un interés entusiasta por ella, sino como alguien implicado directamente en la ardua y emocionante tarea de descifrar cómo y por qué las aves atraviesan de punta a punta el planeta y cómo se encargan de hacerlo siempre.

No obstante, por mucho que me gustara pensar lo contrario, en realidad sigo siendo en gran medida un intruso, como cualquier humano que intente adentrarse en los entresijos de este fenómeno. Lo máximo que podemos hacer es rascar la superficie de este majestuoso espectáculo mundial, pretender asimilar la proeza física que requieren las hazañas migratorias que tienen lugar a nuestro alrededor y entender los sistemas naturales de los que dependen. El mundo cambia en torno a nosotros de modos que escapan a nuestra comprensión y control, y las aves, sobre todo las migratorias, son nuestra mejor y más atractiva ventana para contemplar dichos cambios. Las noticias suelen ser desalentadoras. Según una medición, Norteamérica ha perdido un tercio de sus aves, unos tres mil millones de ejemplares, desde el día en que tuve aquella epifanía infantil en Hawk Mountain. Eso nos revela, con una claridad espantosa, el grave destrozo que hemos causado al planeta que compartimos. Las aves son centinelas y barómetros, las víctimas de nuestras locuras, pero, si estamos atentos a sus necesidades, pueden ser guías para un futuro más sostenible también para nosotros.

Y están por todas partes, seamos o no conscientes de ello. Anoche, antes de irme a la cama, amplié una imagen de un radar Doppler del nordeste del país, no para comprobar si había previsión de lluvias, sino si había aves. En la pantalla del ordenador, la región al completo estaba ocluida por inmensas manchas azul y verde claro, la indicación en el radar de millones de aves cantoras surcando el despejado cielo nocturno en su trayecto hacia el sur. Noche tras noche, desde las profundidades bochornosas de agosto hasta las semanas gélidas previas a Acción de Gracias, se dirigen hacia el sur en números que, si pudiéramos verlas, nos dejarían estupefactos a aquellos de nosotros cuyos hogares sobrevuelan.

En tales noches (como descubrí a partir de los estudios que realizamos hace unos cuantos años en Pennsylvania, utilizando un radar especializado), pueden pasar aves migratorias a un ritmo de un par de millones por hora. Podría decirse que se trata del espectáculo natural más maravilloso del mundo, prácticamente universal, y tiene lugar dos veces al año sobre todas las masas terrestres salvo la Antártida (donde los pingüinos migratorios se desplazan arrastrando los pies), si bien queda oculto a nuestra vista por el manto de anonimato que brinda la oscuridad. Dormimos ajenos a la maravilla que tiene lugar sobre nuestras cabezas.

Esta mañana he salido a la calle justo después de amanecer, con cuidado de no despertar a Amy. El aire era vigorizante; durante la noche, el otoño había tomado claramente las riendas y he metido las manos bien adentro en los cálidos bolsillos de mi chaqueta de felpa. Los árboles y matorrales temblaban con el movimiento y el aleteo de las aves. Cansadas tras una noche de vuelo, tomaban unos bocados rápidos antes de continuar en busca de un lugar seguro donde dormir unas horas. Pájaros gato, esbeltos y de color gris hollín, engullían las bayas de color negro azulado de un cornejo florido. Un amarillito de Virginia común, pequeño, rechoncho y con su corta cola elevada como la de un reyezuelo, me ha mirado desde un tallo de vara de oro del mismo color que su pecho. Varios vireos ojirrojos se desplazaban metódicamente por las ramas frondosas de un manzano silvestre, arrancando de sus escondites a insectos adormecidos por el frío.

Bajo la tenue sombra de los pinos, donde la noche parecía prolongarse, he detectado un movimiento cauto cerca del suelo y he levantado mis binóculos. El pecho como una acuarela húmeda y el plumaje pardo oscuro de un zorzalito carigrís ha quedado a mi vista. El pájaro me ha mirado con recelo desde unos metros de distancia y ha emitido una calmada llamada de aviso, pero la necesidad ha podido con él. Al parecer, ha decidido que yo era el menor de los males, porque me ha dado la espalda para rebuscar entre las agujas su primer bocado tras doce horas de extenuante vuelo. Las puntas pálidas de las plumas coberteras de sus alas me han revelado que era un ejemplar joven en su primera migración. Probablemente hubiera nacido en los bosques de píceas de Terranova o en el norte de Labrador, a un continente de distancia de los que anillamos nosotros en Alaska. Pero he sentido el mismo impulso apremiante de conocerlo como conoceríamos a los zorzalitos del Denali, no como una distracción momentánea, como otra más entre una multitud de aves migratorias una mañana ajetreada, sino como un individuo, como un ser singular con una vida singular y extraordinaria.

Era un pájaro común absolutamente fuera de lo común, como los son todas las aves migratorias que se lanzan al vacío, guiadas por su instinto y conformadas por millones de generaciones de esfuerzo y brutal selección, para atravesar bóvedas espaciales afrontando peligros que escapan a nuestra comprensión y que sortean por mera casualidad, con gran resistencia y bordeando la calamidad, con la fuerza de sus propios músculos y sus alas. Durante innumerables eones, con eso ha bastado. Pero ya no. Ahora su futuro, para bien o para mal, está en nuestras manos.

1

Cucharetas

La línea plana del horizonte dividía el mundo en dos mitades exactas de gris: el plateado ahumado de un cielo nublado, liso y homogéneo, y los tonos granito y carbón más oscuros y moteados de un barrizal que se extendía en todas direcciones, con láminas superficiales de agua, finas como el papel, que ora reflejaban las nubes, ora se erizaban por efecto de la brisa. El aire tenía una nitidez salada, pero el océano resultaba invisible a muchos muchos kilómetros a nuestro este. Cuando la marea cambiara, el agua anegaría de nuevo aquellas llanuras, avanzando a más velocidad de la que alguien puede moverse fácilmente. Pero, por ahora, el mar Amarillo era solo un rumor transportado por un viento húmedo y frío.

Pensaba que mis botas de agua se hundirían, pero el barro parecía hormigón; el nombre local, aquí en la costa de la provincia china de Jiangsu, se traduce como «placa de acero», y es apropiado tanto por la firmeza como por el tono gris plomo del sedimento. Incluso el gran tractor con remolque que nos arrastró fuera de allí, mucho más allá del rompeolas, apenas dejó huella. Allí no crecía nada, nada interrumpía la vasta extensión de barro ondulado por la marea, más allá de unas cuantas maderas flotantes y algún que otro trocito de plástico roto. Costaba imaginar un paisaje más inerte. Salvo por la media docena de acompañantes con los que viajaba, todos arrebujados con nuestras prendas para la lluvia, haciendo frente a la brisa y a la creciente bruma, los únicos indicios de vida allí eran unos pocos caminillos sinuosos que algunos moluscos o gusanos habían garabateado cuando la última marea en rápida retirada se había alejado una hora antes.

Jing Li se deslizó el telescopio del hombro, abrió las patas del trípode con un gesto rápido y empezó a escudriñar el horizonte con un solo movimiento ensayado. Zhang Lin hizo lo mismo con su catalejo, apuntando en dirección opuesta, mientras que el resto de nosotros nos dedicábamos a elegir puntos aleatorios en el horizonte y oteábamos a través de nuestros prismáticos, sin ver prácticamente nada. Sin embargo, cuando ya bajaba los binóculos y barría con la vista mi lado izquierdo, escuché un nítido silbido vibrante a mi espalda y, al volverme, descubrí que las aves nos engullían.

Las bandadas procedían del sur, densas capas de pequeños cuerpos que se ondulaban y plegaban sobre sí mismas, creando mantos, separándose en tentáculos, formando afluentes separados que confluían en grandes ríos de alas, todos ellos avanzando a una velocidad tremenda. La primera nos barrió como una ola en cuestión de segundos, miles de cuerpecitos en escuadra surcando el aire con un silbido fino, susurrante, más agudo y urgente que el viento. Los seguí con la vista, girando sobre mis talones como una veleta azotada por una ráfaga cambiante, pero ya me habían pasado de largo, huidizos, incluso mientras las oleadas siguientes destellaban a mi izquierda y derecha. La mayoría de ellos eran correlimos cuellirrojos, los habituales andarríos del tamaño de un gorrión que habitan en Asia. Estos se parecen en dimensión y forma a los correlimos semipalmeados habituales en mi tierra, con los que estoy familiarizado. Y se diferencian de ellos por el plumaje de apareamiento, de color castaño oscuro, que les recubre cabeza y cuello. Algunas de las aves eran correlimos comunes, con picos curvos y vientres oscuros, o vuelvepiedras comunes, moteados con parches rojizos, blancos y negros, como un arlequín italiano. No es que alcanzara a verlos con tal grado de detalle mientras volaban: no eran más que una masa en movimiento de formas y alas borrosas, ahora marrón grisácea, ahora con destellos blancos, en la que miles de pájaros a toda velocidad viraban al instante, con una coordinación sobrecogedora, y se volteaban dejando a la vista sus pálidas caras inferiores.

Al volverme hacia atrás vislumbré, a kilómetros de distancia, densas nubes de aves que alzaban el vuelo de dondequiera que hubieran estado posadas, invisibles bajo la sutil curva del horizonte, formando masas amebianas que se hinchaban y contraían, que se juntaban y luego se separaban como dedos bulbosos en su avance hacia nosotros. Para entonces, la vanguardia inicial había invertido el curso describiendo un semicírculo y regresaba pasando en ángulo recto bajo el torrente continuo de aves procedentes del sur, hasta posarse a todo nuestro alrededor cual alfombras de cuerpos parduzcos que se extendían centenares de metros en todas direcciones. Sin más preámbulo, nada más aterrizar, los pequeños correlimos hincaron sus picos en el fango, generando pulsaciones de movimientos alimenticios frenéticos, como si no tuvieran un segundo que perder.

Y lo cierto es que no lo tenían. La mayoría de estas aves ya habían recorrido miles de kilómetros, procedentes de lugares tan remotos en el sur como la Eighty Mile Beach, en el noroeste de Australia, o el estuario de Thames, en Nueva Zelanda. Al cabo de una o dos semanas reemprenderían su viaje rumbo a Kamchatka, en el extremo oriental de Rusia, o al delta del Yukón, en el oeste de Alaska, o a las islas Anzhú, en el Ártico siberiano. Cada año, alrededor de ochenta millones de aves costeras atraviesan en sus migraciones el mar Amarillo, sobrevolando marismas y ciénagas como aquella en Dongling, que utilizan para descansar y reponer energías. Lo que a mí me parecía fango vacío era, justo bajo la superficie, un estofado biológico de gusanos, almejas, caracoles, crustáceos diminutos e infinidad de otros invertebrados marinos, todo un banquete para pájaros hambrientos. Los científicos que estudian las migraciones denominan estas estaciones de paso esenciales «puntos de parada» o «escalas»,* lugares donde las aves cansadas y hambrientas pueden reposar y reponer energías. La importancia fundamental de conservar estas escalas quedó meridianamente clara para los conservacionistas hace solo unas décadas, pese a que debería haber resultado evidente para cualquiera que haya pla-

---

* Algunos biólogos, en particular los especialistas en aves costeras, reservan el término «escala» para los lugares o periodos en los que las aves migratorias se limitan a hacer una pausa, y denominan «parada de reposo» a aquellos que proporcionan a las aves tanto descanso como alimento en abundancia. Para facilitar la lectura (y dado que otros científicos que estudian otros grupos, como las aves cantoras, no hacen necesariamente esta distinción), utilizo «punto de parada» o «escala» para referirme a ambos.

nificado alguna vez un viaje por carretera a campo traviesa e intentara determinar dónde y cuándo detenerse a repostar combustible, conseguir alimento y dormir.

Estos puntos de parada varían en tamaño y calidad. De forma un tanto socarrona, los ornitólogos los han categorizado como «salidas de incendios», «tiendas de conveniencia» y «hoteles de cinco estrellas», aunque su importancia para las aves migratorias es muy seria. Como una abarrotada área de servicio para camiones que ofrece comida de la mejor calidad, las escalas principales, las que proveen los alimentos más suculentos en abundancia en la estación indicada, lugares a salvo de peligros y que garantizan suficiente margen de maniobra, están atestadas de aves migratorias que han acabado por depender de estos emplazamientos, a menudo muy dispersos. Suelen ubicarse en los confines de formidables barreras geográficas que ponen a prueba los límites físicos de un ave migratoria, como la franja sur del Sáhara, por ejemplo. Esta es la última parada en *boxes* para las aves rumbo al norte que deben atravesar primero ese inmenso desierto y luego el Mediterráneo de camino a Europa. O las espesuras y humedales costeros de Nueva Inglaterra para las aves cantoras y las aves costeras que recorrerán mil seiscientos kilómetros aguas adentro del Atlántico occidental hasta que los vientos alisios del noroeste las empujen otros mil seiscientos kilómetros hasta su punto de aterrizaje en las costas de Venezuela o Surinam. Cada corredor aéreo, cada ruta migratoria, presenta cuellos de botella y puntos críticos, pero podría afirmarse que no existe ninguna escala tan crítica —esto es, de una importancia tan trascendental a nivel mundial para más aves y más especies— como el mar Amarillo.

Saque un mapa del hemisferio oriental y clave la punta de un lápiz cerca de Nueva Zelanda. Trace una línea hacia el oeste, por debajo de Tasmania, y luego ocho mil kilómetros hacia el noroeste hasta atrapar ambas caras del golfo de Bengala, en India y Birmania. A continuación, prolongue la línea hacia el este, atravesando el sur de China hasta Taiwán, y luego siga hacia el sudeste, rodeando las Filipinas, Indonesia, la isla de Nueva Guinea y los archipiélagos del Pacífico sudoccidental, como las islas Salomón y las Fiyi. Aquí es donde las aves costeras del mar Amarillo pasan su temporada baja, su «invierno» solo en un sentido septentrional, motivo por el cual los ornitólogos prefieren hablar de temporada «no reproductiva». Ahora trace otra línea, en esta ocasión partiendo de la desembocadura del río canadiense de Mackenzie en el mar de Beaufort, en los Territorios del Noroeste. Extienda la línea por el oeste, a lo largo de la región de Alaska de North Slope, a través del mar de Bering, para englobar toda Siberia, que queda al oeste hasta la península de Taimyr, y luego hacia el sur, a través de Rusia, Mongolia y la China occidental, hasta la meseta del Tíbet. Gire el lápiz hacia el este, rodeando Corea del Norte y Japón, y luego hacia el nordeste, para incluir Kamchatka, el arco volcánico de las islas Aleutianas y la mayor parte del oeste de Alaska. Este es el vasto terreno que recorren en su regreso las aves migratorias para aparearse y criar.

Estas dos magníficas masas cartográficas cubren aproximadamente setenta millones de kilómetros cuadrados y, en el punto en el que se solapan, solo un poco, se halla el mar Amarillo, que separa el este de China de las Coreas del Norte y del Sur. Es la cintura extraordinariamente delgada de un sistema de migraciones hemisféricas con forma de reloj de arena conocido como la Ruta Migratoria de Asia Oriental-Australasia (EAAF, por sus siglas en inglés) y su importancia no es un mero asunto de azar geográfico. El mar Amarillo, en especial en su cara china y en el norte septentrional, conocido como la bahía de Bohai o el mar de Bohai, es excepcionalmente poco profundo. Durante la última glaciación, cuando los niveles mundiales del mar eran varios cientos de metros inferiores, esta era una tierra en gran medida árida por cuyo centro discurría el canal del río Yangtsé. La combinación de un litoral poco profundo y una amplitud de mareas que, durante determinadas fases lunares, puede superar los siete o nueve metros implica que cuando la marea baja, retrocede kilómetros, kilómetros y más kilómetros, dejando a la vista las marismas naturales más extensas del mundo. Las nutre la prodigiosa carga de sedimentos arrastrados al mar Amarillo (a los cuales debe su nombre) por el Yangtsé, el río Amarillo (Huang He) y otros grandes ríos que fluyen desde la China oriental. El río Amarillo transporta hasta 25 kilos de cieno por cada 0,75 metro cúbico de agua, aunque «agua» probablemente no sea la palabra más adecuada para describir ese lodo arenoso.

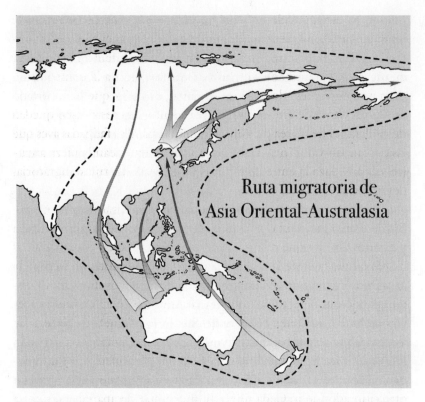

Ruta migratoria de Asia Oriental-Australasia

Se calcula que ocho millones de aves costeras e incontables centenares de millones de aves cantoras, rapaces y de otras especies utilizan la Ruta Migratoria de Asia Oriental-Australasia cada año.

Históricamente, las marismas cubrían cerca de once mil kilómetros cuadrados de la costa del río Amarillo y proporcionaban el alojamiento de cinco estrellas más lujoso a las aves costeras migratorias. Pero en los pasados cincuenta años, y con la velocidad acelerada de la última década, más de dos tercios de esos humedales del litoral han sido destruidos, en su mayoría mediante un proceso eufemísticamente denominado «reclamación». Este consiste en dragar enormes murallas de barro para impedir la entrada de las mareas y, a continuación, bombear toneladas de sedimento del lecho marino en embalses artificiales para crear terrenos destinados a la industria, a la agricultura u a otros fines. La corriente de lodo fresco en el cauce de los ríos también se ha estrangulado. En la actualidad, el Yangtsé solo cuenta con unas cincuenta mil presas a lo largo de su cauce principal y sus afluentes, las cuales habían reducido el arrastre de sedimento hasta el mar en un 90 por ciento antes incluso de que se iniciara la construcción de la polémica presa de las Tres Gargantas, en 2003, que ha recortado el flujo restante de cieno otro 70 por ciento. Los restos que quedan de las llanuras de marea del Amarillo tienen, para las fatigadas aves que las buscan, un valor inenarrable, y probablemente sean la pieza angular más amenazada entre las muchas y enmarañadas rutas migratorias del mundo.

Llevaba varias semanas viajando por el mar Amarillo en compañía de conservacionistas e investigadores de China, Europa, Australia y Estados Unidos que reconocen todos la importancia mundial de las marismas litorales de la región para las aves migratorias, así como la crisis existencial que afronta este ecosistema. Pocos días antes, contemplando estupefacto un gigantesco complejo de cinco nuevas acerías de varios kilómetros de longitud y un kilómetro y medio de anchura que se estaba construyendo en lo que antaño habían sido marismas, uno de mis acompañantes había comentado: «Ya no quedan reservas alternativas. Estas aves migratorias ya no tienen ningún otro sitio adonde ir. Cada nueva hectárea que desaparece comporta la pérdida de pájaros». La Unión Internacional para la Conservación de la Naturaleza (UICN) asegura que la destrucción del litoral del mar Amarillo y el acusado descenso de aves costeras que dependen de él (junto con la catástrofe que representa para millones de seres humanos que, como los pescadores y los marisqueros, dependen de un mar sano) figuran entre las peores crisis medioambientales del planeta. Ciertamente, se trata de una situación tan desalentadora como la que enfrenta la fauna en otros puntos del mundo, pero podría decirse que por casualidad yo me encontraba en la costa china en el que podía ser un momento de transformación para estas aves en peligro de extinción y para su maltrecho ecosistema. Poco antes de mi visita, el Gobierno chino había hecho lo que suelen hacer los gobiernos autoritarios: emitir un edicto general, sin disentimiento ni demora, que prohibía de un plumazo el tipo de destrucción litoral desenfrenada y guiada por intereses locales que ha caracterizado al mar Amarillo durante décadas. Una conservacionista describió su reacción a dicha medida como una «alegría perpleja»[1] y, si bien muchos otros han rebajado la esperanza con cierto cinismo aprendido por las malas, en aquel triste último momento existían en realidad razones sólidas para albergar un optimismo cauto. Se estaban preseleccionando zonas esenciales para garantizar su protección internacional y la marea de aniquilación que se había antojado implacable hacía solo unos meses parecía estar debilitándose. Por extraño que resulte, aquella posible salvación se debía, en gran medida, a un pequeño y regordete correlimos con un curioso pico, carisma de estrella de rock y una patita en el otro barrio.

La niebla se había levantado y el creciente viento había deshilachado las nubes en largos jirones. «Sobre todo, correlimos cuellirrojos», anunció Jing Li, alejándose de su telescopio y metiéndose largos mechones de cabello negro bajo la gorra mientras se enderezaba. La mochila de color verde amarillento de Jing era la única nota de color vivo en kilómetros a la redonda. «Quizá un tercio de ellos sean correlimos comunes, algún chorlito gris, unos cuantos correlimos gordos y limosas, pero casi todos son correlimos menudos y correlimos comunes». Zhang Lin seguía encorvado sobre su catalejo, con un contador en la mano que su pulgar accionaba tan rápido como podía pulsar el botón, contando aves. Era una imagen impresionante, pero Jing buscaba un pájaro en concreto, el paradigma de las campañas de conservación del mar Amarillo: el correlimos cuchareta. Estas aves parecen dibujitos animados; vistos de lado, se antojan un correlimos normal y corriente, regordete y con la misma cabeza bermeja que el correlimos cuellirrojo. Pero, visto de cara, se aprecia que tiene el pico aplanado en la punta, con forma de espátula ancha, como si se lo hubieran aplastado con un martillo mientras lo tenía blandito. Nadie sabe por qué este cuchareta (como lo llaman los ornitólogos) ha evolucionado para tener un pico tan absurdo y ridículo; debe de guardar relación con su manera de alimentarse, pero su función exacta es un enigma, como muchos otros aspectos de este pájaro. La apariencia que le da, no obstante, es la de un simpático peluche.

Y está en grave peligro de extinción: el otro factor que confiere su prestigio al correlimos cuchareta es su extrema rareza. Estos pájaros, que probablemente nunca hayan sido comunes, crían en unas pocas ubicaciones en la estrecha franja que se extiende a lo largo de la costa nordeste rusa de los mares de Bering y Siberiano del Este, nunca a más de tres kilómetros del océano y, a menudo, en lenguas de tundra desarboladas y cubiertas de camarina negra que se proyectan hacia las gélidas aguas. En 1977, científicos soviéticos supervisaron su área de reproducción y calcularon que la población mundial oscilaba entre dos mil y dos mil ochocientas parejas. Nadie volvió a comprobarlo durante casi un cuarto de siglo y, cuando se hizo, la mitad de los cucharetas habían desaparecido. Con mayor apremio entonces, se organizaron búsquedas intensivas durante los nueve años siguientes, y en zonas donde los investigadores esperaban encontrar hasta sesenta y cinco parejas, localizaron solo ocho. Los expertos llegaron a la triste conclusión de que la población se situaba entre trescientos y seiscientos individuos, «si bien se cree que se trata de un cálculo optimista»,[2] admitía la UICN a la sazón. Evaluaciones más serias sitúan el límite superior en unos cuatrocientos pájaros, incluyendo solo ciento veinte parejas de cría. Los gráficos de las tendencias de población realizados en bastiones (si dicho término puede aplicarse a especies tan poco comunes) como Meinypil'gyno, en el distrito del extremo oriente de Chukotka, revelan una caída prácticamente vertical, de noventa parejas a mediados de la década de los 2000 hasta menos de diez unos años después.

En un principio no estaban claros los motivos de esta zambullida hacia la extinción de los correlimos cuchareta, pero enseguida se entendió que el problema no estaba en el Ártico. Los pájaros sí tenían crías, unas bolas de pelo parduzco con el característico pico de sus padres que son una monada de proporciones rayanas en lo cósmico, pero casi todas ellas desaparecían cada año tras dejar Rusia. Nadie sabía exactamente adónde se dirigían los cucharetas, de manera que los observadores de aves y los ornitólogos empezaron a peinar el Sudeste Asiático, donde descubrieron pequeñas concentraciones en Birmania y Tailandia, así como en Bangladesh, Vietnam y la China meridional. Es allí donde las aves juveniles, todavía no lo bastante maduras para reproducirse, permanecen durante todo su segundo año de vida, y es también allí donde lidian con los dos mayores riesgos

para las aves costeras en el frente asiático: la abundancia de redes ilegales y la caza como alimento por un lado y la pérdida de hábitat
esencial, sobre todo en el mar Amarillo, por el otro.

Jing Li y Zhang Lin dirigen una pequeña organización no gubernamental llamada Spoon-billed Sandpiper in China,* enmarcada
en un desesperado esfuerzo internacional por salvar al correlimos
cuchareta y, a través del efecto paraguas de proteger su hábitat litoral,
a los millones de aves adicionales que dependen del mar Amarillo.
Aunque el cuchareta es el más famoso del grupo, otros pájaros también bordean la extinción. El archibebe moteado, del que apenas quedan mil individuos en todo el mundo, solo está un paso más lejos de
la extinción, y muchas otras aves costeras que utilizan el mar Amarillo,
como los correlimos gordos y los correlimos grandes, las agujas colinegras y colipintas, los correlimos zarapitines y los andarríos del Terek,
registran algunos años una reducción de hasta un 25 por ciento. «¿Qué
se supone que deberíamos buscar?», pregunté, intentando extraer algún sentido visual a la barahúnda de aves que se habían posado allí
para alimentarse, pero sin tener una idea clara (más allá de las ilustra-
ciones de la guía de campo que había estudiado con detenimiento) de
qué imagen de un cuchareta debía tener en mente para buscarlo.

«Busca un pájaro más pálido que el correlimos menudo», me
aclaró Wendy Paulson. Ella y su marido, Henry M. Paulson Jr., antiguo director ejecutivo y presidente de Goldman Sachs y secretario
del Tesoro de Estados Unidos, formaron el Paulson Institute en 2011.
Lo describen como un «grupo de expertos que actúan», centrado en el
desarrollo sostenible y en la protección del medioambiente en China.
Yo había conocido a los Paulson años antes, a través de su labor conservacionista. Hank, de hecho, había presidido la Asociación Nacional
para la Conservación de la Naturaleza. Ambos han utilizado sus contactos en China, así como los recursos del instituto, para alentar al
Gobierno a proteger los humedales litorales, sobre todo a lo largo del
mar Amarillo. En 2015, el Paulson Institute publicó un influyente
proyecto de conservación de las costas en China en el que identifica-
ba las marismas a lo largo del litoral de la provincia de Jiangsu, inclui-

* «Correlimos cuchareta en China». *(N. de la T.)*

das aquellas de Dongling, entre los lugares que precisaban una protección más apremiante y, algo tal vez igual de significativo, destacaba la importancia económica de los humedales costeros tanto para la subsistencia de elementos locales, como las marisquerías, como para la protección frente al aumento del nivel de los mares y por su papel en la purificación de aguas, entre otros servicios ecológicos.

«Los cucharetas son un poco más grandes y claros que los correlimos menudos, pero tienes que buscar un comportamiento distinto», me instruyó Jing. Los correlimos menudos, según añadió, sondean el terreno como veloces minimáquinas de coser, subiendo y bajando el pico, mientras que los cucharetas tienden a alimentarse en círculos reducidos. «Y hacen una especie de barrido adelante y atrás, arrastrando el pico por el barro», añadió Wendy. El año anterior, ella y Hank habían visto varios correlimos cuchareta allí, incluso bajo el azote de la lluvia y el viento.

«Allí hay un pájaro más claro —anunció Jing—. Creo que podría ser un...». En aquel preciso instante, todas las aves que nos rodeaban, y habría en torno a cinco mil, alzaron el vuelo con un rugido, revoloteando muy juntas como un denso escuadrón. Como el momento en el que las aguas del mar Rojo se abrieron para granjear el paso a Moisés, se dividieron formando una U gigante para dejar vía libre a un halcón peregrino que atravesó como un destello la bandada por el medio. El halcón no estaba de caza, solo holgazaneaba planeando, pero incluso después de haber desaparecido costa arriba, las aves más pequeñas seguían nerviosas y apenas se posaban unos breves instantes antes de alzar el vuelo de nuevo, una y otra vez, provocando un suspiro de frustración por parte de Jing cada vez que lo hacían.

En años recientes, el número de correlimos cuchareta, a pesar de no haber aumentado de manera detectable, al menos sí ha cesado su demoledor desplome. La historia vital de los cucharetas, que era en gran medida un enigma hace solo una década, ha empezado a cobrar forma. Zhang Lin, Jing Li y otros conservacionistas hallaron la mayor concentración de correlimos cuchareta aquí, en la costa de Jiangsu, donde en ocasiones acuden más de cien ejemplares a reposar y alimentarse durante dos meses en otoño, mientras mudan sus plumas viejas tras la cría. Otros investigadores y aficionados igual de consagrados a la causa han peinado los deltas dominados por la acción de las mareas en Asia meridional en busca de zonas de invernada hasta ahora desconocidas y con la voluntad de detener la caza desenfrenada de aves costeras en general en tales ubicaciones. Para hacer frente a una calamidad natural, se ha establecido una pequeña población cautiva, que todavía lucha por su supervivencia, y los científicos han puesto en marcha, con gran éxito, un abordaje de último recurso para aumentar el número de crías en las zonas de reproducción.

La prohibición del Gobierno chino a la urbanización sin límite de las costas, si se traduce en acciones reales, podría llegar justo a tiempo para los correlimos cuchareta y otras aves migratorias. Pero las buenas noticias aún no se detectan sobre el terreno. De hecho, es casi imposible exagerar la gravedad —la desesperación más pura— de la crisis que afrontan las aves costeras migratorias en todo el mundo. El desplome en su número es equiparable al de la paloma migratoria hace más de un siglo; de hecho, las nubes de limícolas que otrora cubrieron los cielos solían compararse con las riadas voladoras de palomas salvajes. La diferencia estriba en que, mientras que la extinción de la paloma migratoria implicaba a un solo tipo de ave en un continente, en el presente el mundo afronta la pérdida de conjuntos enteros de especies, a medida que decenas de tipos de aves costeras se precipitan hacia el abismo. A escala mundial, la mayoría de estas especies se hallan en declive, algunas de ellas a una velocidad aterradora. En Norteamérica, estudios de larga duración han revelado que los números de aves costeras en general se han reducido a la mitad desde 1974, con los descensos más pronunciados entre las especies que realizan migraciones a larga distancia y anidan en el Ártico, como los vuelvepiedras comunes, los correlimos gordos y las agujas café. Los recuentos a lo largo de la costa central del Atlántico de zarapitos trinadores, una de las aves costeras de mayor tamaño, parecidas a patos pequeños con largos picos curvados hacia abajo y con un plumaje con motas muy finas de color nuez y blanco, han descendido un 4 por ciento en los últimos treinta y cinco años, una velocidad de erosión deprimente. Un estudio de las aves costeras mundiales realizado en

2006, en el que se las comparaba con los números registrados en la
década de 1980, detectó que solo 12 de 66 poblaciones regionales
eran estables o se hallaban en aumento, y la situación no ha hecho
más que deteriorarse desde entonces. Y no se debe a que los conservacionistas no estén poniendo todo su empeño; han realizado esfuerzos ingentes por proteger redes de hábitats fundamentales. La Red
Hemisférica de Reservas para Aves Costeras (WHSRN, por sus siglas
en inglés), por ejemplo, abarca ahora más de cien ubicaciones, con
una superficie total de unos quince millones de hectáreas en dieciséis
países, que van desde Canadá hasta Argentina. Ahora bien, aunque la
designación como reserva WHSRN llama la atención sobre la importancia del emplazamiento, no confiere protección; el control continúa
en manos de los gobiernos locales y nacionales, que no siempre adoptan las mejores decisiones de gestión para las aves. Por ejemplo, el
estuario del río Fraser en Vancouver, en la Columbia Británica, donde el 95 por ciento de los correlimos de Alaska del mundo hacen
parada cada año (junto con más de cien mil correlimos comunes y
grandes concentraciones de chorlitos grises), está designado como
una reserva WHSRN a escala hemisférica, una significativa Área Importante para las Aves (IBA, por sus siglas en inglés), y aparece listado
como una marisma de relevancia internacional de acuerdo con el
convenio relativo a los humedales de importancia internacional conocido como Convenio de Ramsar. Y, pese a ello, está amenazado
por los planes de duplicar el tamaño de un puerto extraterritorial y por
un complejo de carreteras elevadas existentes que ya han alterado la
ecología del estuario.

La migración es la época más peligrosa del año para la mayoría
de las aves, pero se ha convertido en un reto especialmente letal para
muchas aves costeras. Afrontan tanto la caza furtiva como la caza de
subsistencia en gran parte de Asia, África, el Caribe, el norte de Sudamérica y zonas del Mediterráneo. En los litorales, los humedales están desapareciendo, y los humanos, frente al incremento del nivel de
los mares, han blindado gran parte de lo que queda con roca y hormigón, lo cual deja muy pocas costas de marea blandas donde las aves
limícolas puedan alimentarse. La pérdida de lugares seguros y con
abundantes recursos en los que reposar, reponer energías e invernar

conlleva que un número creciente de aves costeras en edad de reproducirse sencillamente no sobrevivan al viaje o lleguen a las zonas de nidificación con retraso y en unas condiciones tan lamentables que no tienen tiempo ni energía para criar. Una vez allí pueden hallar que la agricultura intensiva ha creado paisajes donde sus polluelos no pueden emplumar o bien descubrir que están tan desincronizadas con el rápido cambio climático que sus intentos de nidificación fracasan año tras año. Aquellas con unas migraciones más largas y espectaculares, migraciones que ya de por sí exigen un delicado equilibrio entre tiempo, distancia, clima, alimento y capacidades físicas, son las que corren un peligro mayor y más inmediato. Los riesgos son mundiales, pero existen pocos lugares donde converjan todas las amenazas existenciales para las aves costeras a un nivel tan extremo como en el mar Amarillo.

Una semana antes me hallaba en un malecón en Nanpu, unos ciento sesenta kilómetros al sudeste de Pekín. Cuesta imaginar un paisaje más alterado y manipulado que aquel, que se extiende hacia el sur desde la ciudad industrial de Tangshan hasta el mar Amarillo. Casi doscientos sesenta kilómetros cuadrados de antiguas llanuras de marea se han transformado en una extensión infinita de estanques salineros, denominada las Salinas de Nanpu, una industria con un arraigo que retrotrae a la antigüedad, pero que solo adquirió una escala tan inmensa (la mayor de Asia, según dicen) en el pasado reciente. Una zona equivalente de terreno «reclamado» al mar alberga una mezcla caótica de humeantes fábricas de productos químicos, torres de refrigeración de centrales eléctricas, complejos manufactureros, media docena de prisiones y unas instalaciones de extracción y almacenamiento de petróleo intercaladas con inmensas montañas de sal de color blanco grisáceo, todo ello parte de un colosal complejo portuario e industrial a medio edificar conocido como el distrito de Caofeidian. Una autopista parcialmente construida, con seis carriles de grava y una pavimentación incompleta, lo atraviesa por la mitad. Aunque apenas eran las cinco de la madrugada, ya retumbaba el ruido de la maquinaria pesada.

El sol despuntaba a través de una baja cortina de niebla y polvo que me penetró en la garganta y me provocaba escozor en los ojos, pero Theunis Piersma no miraba en dirección a Nanpu, sino a la bahía de Bohai, donde la pleamar había empezado a alejarse del malecón. Al retroceder, el agua dejaba a la vista grises marismas donde las aves costeras empezaban a congregarse, en un principio por cientos, luego por miles y al poco por decenas de miles, oleada tras oleada. Nubes de correlimos gordos y menudos, de andarríos del Terek y correlimos zarapitines, de agujas y vuelvepiedras volaban hasta aquí desde sus refugios durante la marea alta, entre los estanques salineros a espaldas de Piersma, para alimentarse y pavonearse.

Aquellas llanuras y las multitudes de aves costeras que atraen sedujeron a mi colega hace más de una década. Este científico holandés de sesenta años, licenciado por la Universidad de Groninga, con una aureola de cabello rizado gris ondeándole al viento, es una leyenda en el mundo de las aves costeras; de hecho, algunos de los correlimos gordos que se alimentaban en el fango a nuestros pies pertenecían a una colorida especie bautizada en su honor, *Calidris canutus piersmai*, que pasa los inviernos en Australia y anida en unas pocas islas en el Ártico ruso.

Los estudios de investigación de Piersma han contribuido a demostrar que las aves costeras son, en muchos sentidos, los atletas por antonomasia, no solo entre las aves migratorias, sino entre todas las clases de vertebrados. Las aves marinas como los albatros y los petreles vuelan más lejos, atravesando decenas de miles de kilómetros de aguas oceánicas abiertas, pero a ellas las olas no las asustan. Pueden descansar o dormir en su superficie cuando están agotadas, beber agua salada cuando tienen sed (ya que filtran la sal con unas glándulas especiales que tienen entre los ojos) y alimentarse de calamares o de pescados cuando están hambrientas. En cambio, para un correlimos cuellirrojo, de aproximadamente quince centímetros de largo, que no puede descansar en el agua y que debe realizar un viaje de varios días sin interrupciones a través de Indonesia, Filipinas y el mar de la China Oriental para luego seguir hasta el confín del Ártico, lugares como Dongling o Nanpu son, sencillamente, irreemplazables, paradas críticas en su periplo.

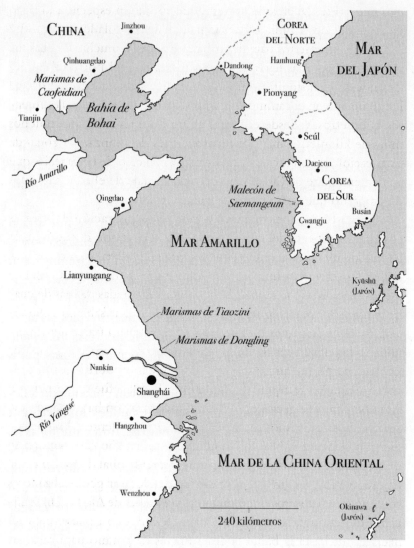

El mar Amarillo, entre China y las dos Coreas, es una de las paradas esenciales para las aves costeras migratorias.

La escala global y los extremos fisiológicos que implica la migración de aves costeras escapan a nuestra comprensión. Incluso los pájaros más pequeños de las llanuras del mar Amarillo realizan viajes épicos. Si los correlimos menudos que yo vi habían invernado en el extremo norte del área de no reproducción de su especie, a lo largo de las costas de la India o de Vietnam, habrían volado casi tres mil seiscientos kilómetros para llegar hasta Nanpu. Y muchas de ellas invernan incluso más lejos, al sur, en Tasmania y el norte de Nueva Zelanda, lo cual significa que solo para llegar a esta estación donde hacen un alto en el camino han volado ya más de nueve mil quinientos kilómetros. Y desde el litoral chino les quedarían aún muchos miles de kilómetros más por recorrer antes de alcanzar sus zonas de nidificación, hasta cinco mil quinientos en el caso de las especies que anidan en el este de Siberia, un gran porcentaje de ellas. Y hablamos de un pájaro que pesa menos de treinta gramos.

Ahora bien, en el extraño mundo de la migración de las aves costeras, las proezas del correlimos a menudo no son destacables; de las más de trescientas veinte especies que existen en todo el planeta, la mayoría efectúan migraciones a larga distancia, y se sabe que al menos diecinueve de ellas realizan vuelos sin paradas de más de cuatro mil ochocientos kilómetros. Y eso es solo lo que sabemos. Durante años, las limitaciones de la tecnología telemétrica únicamente permitían a los científicos hacer un seguimiento de las especies de mayor tamaño, como las limosas, que son lo bastante fuertes como para portar pequeños transmisores vía satélite. Piersma fue un pionero en este tipo de investigaciones. Pero la miniaturización ha cambiado ese aspecto. Los correlimos semipalmeados, el equivalente a los correlimos menudos en el Nuevo Mundo, con un tamaño casi idéntico, se desplazan entre el Ártico alto y la zona septentrional de Sudamérica, una migración finalmente revelada en detalle por geolocalizadores como los que nosotros utilizamos en los zorzales de Alaska. Un semipalmeado etiquetado en la isla Coats, en el Ártico canadiense, voló hacia el sur hasta la bahía James a finales de verano para recargar energías durante varias semanas y luego realizó un vuelo sin paradas hasta el delta del río Orinoco, en Venezuela, una distancia de cinco mil trescientos kilómetros, antes de continuar bordeando la costa hasta la desembocadura del Amazonas, en Brasil, donde pasó el invierno boreal. El agotamiento de un viaje de estas características estresa prácticamente todos los sistemas físicos del cuerpo de un ave costera. Theunis y varios colegas que estudian los correlimos grandes —unas aves costeras del tamaño de un petirrojo, parientes de los correlimos gordos, aunque algo más menudos— han detectado que los que realizan su vuelo hacia el norte agotan sus depósitos metabólicos por completo. Al dejar el noroeste de Australia, los correlimos efectúan sin paradas un único vuelo de más de cinco mil kilómetros hasta China y las dos Coreas, durante el cual queman por completo sus reservas de grasas, al tiempo que canibalizan el tejido de sus propios músculos y órganos para alimentar las enormes exigencias energéticas de bombear de manera continua su musculatura para volar. Cuando llegan al mar Amarillo, casi todos sus órganos internos se han atrofiado debido al agotamiento mientras el cuerpo se cataboliza; solo el cerebro y los pulmones parecen no verse afectados por el maratón, mientras que órganos como los intestinos y las glándulas salinas, cuyo uso durante el largo vuelo es limitado, son los que más se reducen.

En realidad, referirse a su vuelo como un maratón hace un considerable flaco favor a las aves. Theunis ha indicado que cuando un deportista humano de élite desempeña su mayor esfuerzo, por ejemplo un ciclista durante el Tour de Francia a mitad de carrera, su metabolismo prácticamente quintuplica su metabolismo basal. Ese parece ser el límite superior de ejercicio sostenido incluso para el ser humano en mejores condiciones físicas y mejor entrenado. Un ave costera multiplica entre ocho y nueve veces su metabolismo basal, y lo hace durante días de manera ininterrumpida, sin comida, agua ni descanso. Cuando en 2019 un atleta etíope batió el récord corriendo un maratón en menos de dos horas, se lo calificó repetidas veces de «sobrehumano». Y es probable que lo fuera, pero también era subaviar. Aquel correlimos semipalmeado que voló desde el Canadá subártico hasta el delta selvático del Orinoco logró el equivalente a correr ciento veintiséis maratones consecutivas, y a una tasa metabólica varias veces superior a la que ni siquiera un corredor humano de élite puede aspirar. Y recordemos: solo mide quince centímetros de largo y ni siquiera pesa treinta gramos.

Y seguían llegando aves a Nanpu. Me estaba costando hacer un cálculo mental de cuántas eran. En cambio, Piersma miró hacia la orilla, hasta donde alcanzaba su vista, entornó un poco los ojos y dijo:

«Quince o dieciséis mil, eso contando solo los correlimos». Correlimos gordos y correlimos grandes formaban una densa línea justo a orillas del agua en retirada, los primeros de color naranja oxidado y los últimos con multitud de motas blancas y negras y pinceladas pardas en los lomos. Señaló hacia un archibebe moteado de color gris pálido, literalmente uno del millar de individuos que quedaban en el mundo, que hacía piruetas y pescaba invertebrados en las aguas poco profundas a estocadas, como las garzas, ensartándolos con su largo y delgado pico. «Todo el mundo se queda maravillado al ver un correlimos cuchareta, lógicamente, pero el archibebe moteado es casi igual de raro», me recordó. Descendió entonces una bandada de agujas colipintas, altas y zancudas, del color de ladrillos desteñidos por el sol. El otoño anterior, algunas de aquellas aves del tamaño de palomas habrían realizado el vuelo sin paradas más largo de entre todas las aves terrestres conocidas: más de once mil quinientos kilómetros a través de la parte más ancha del océano Pacífico, desde sus zonas de nidificación en el oeste de Alaska hasta Nueva Zelanda, un vuelo ininterrumpido que exige un esfuerzo de alta intensidad continuo durante sus entre siete y nueve días de duración.

No obstante, por asombrosas que sean estas hazañas, que lo son, estas aves migratorias a larga distancia caminan sobre el filo de una espada fisiológica aún más delgado. Como la mayoría de estas aves costeras, los correlimos gordos que estábamos observando llegarían al Ártico entre finales de mayo y principios de junio, cuando la tierra estuviera aún cubierta de hielo y nieve, de manera que, además de la energía que necesitaban para realizar un vuelo esencialmente ininterrumpido de casi cinco mil kilómetros desde China, debían acumular grasa y proteínas suficientes en Nanpu para sobrevivir a las primeras semanas de defensa del territorio, búsqueda de una pareja e inicio de la nidificación (y, en el caso de las hembras, también para producir los huevos), hasta que la tundra se derrite y pueden encontrar los primeros insectos y las últimas bayas marchitas del otoño anterior. Si se merma su capacidad de aprovisionarse en ruta mediante la destrucción de su hábitat, no solo es poco probable que se reproduzcan, sino también que sobrevivan. El término habitual para lo que está sucediendo en la costa del mar Amarillo es «reclamación», que sugiere que la humanidad está recuperando algo que le han robado, cuando, en realidad, lo que ocurre es justo lo contrario. En 2006, Corea del Sur completó en Saemangeum un rompeolas de casi treinta y cuatro kilómetros de longitud que corta la marea de dos importantes estuarios que abarcaban casi cuatrocientos kilómetros cuadrados de humedales otrora fértiles. Veinte mil personas que vivían de coger marisco y centenares de miles de aves costeras migratorias dependían de dichos humedales para su supervivencia. El resultado: más de setenta mil correlimos grandes, una quinta parte de la población mundial, desaparecieron de un plumazo, y no es ninguna coincidencia que tal número fuera justamente el equivalente a los ejemplares que hacían parada cada año en Saemangeum.

«A estas alturas, prácticamente hablamos de pérdida de aves por hectárea», apuntó Theunis mientras miraba a través de su telescopio. No se limitaba a admirar el espectáculo; escudriñaba el panorama en busca de los puntos de datos que le permitieran hacer una afirmación tan contundente con voz de autoridad. «Allí hay una de las aves de tu ciudad natal, Chris, con la bandera amarilla de ZHT grabada». Se lo decía a Chris Hassell, un británico expatriado canoso que años antes se había mudado a Australia y había caído en la Global Flyway Network de Piersma, una red de colaboración mundial de investigadores de las aves costeras. Cada año, Hassell y su equipo atrapan a miles de aves costeras que invernan en las playas remotas del noroeste de Australia, las marcan con combinaciones únicas de anillas de plástico de colores en las patas, incluidas «banderas» (unas bandas con unas pestañas que sobresalen, en las que graban códigos alfanuméricos). Estos marcadores permiten a los equipos de control detectar las aves posteriormente e identificarlas a lo lejos a lo largo de toda la ruta migratoria. Gracias a ello no solo perfeccionamos nuestro conocimiento sobre sus rutas y tiempos de viaje, sino que, lo que es más importante, los investigadores (mediante una serie de análisis estadísticos sofisticados) consiguen calcular el tamaño de las poblaciones y sus tasas de supervivencia anuales. Aquel correlimos en concreto era uno que el equipo de Hassell había marcado cerca del hogar del científico en Broome, Australia.

«Y ahí hay otro: bandera en posición tres, azul/amarillo, rojo/blanco, 75 *rog*», indicó Piersma, leyendo el código de color de la pata izquierda a la derecha y de arriba abajo, al tiempo que señalaba que el ave había mudado el 75 por ciento de su plumaje reproductivo y pertenecía a la subespecie *C. c. rogersi*, que cría en el este de Siberia y tiene el manto un poco más gris que los correlimos *piersmai*, que anidan en las islas siberianas situadas más al oeste.

Como si respondieran a una orden, todas las aves costeras que teníamos ante los ojos alzaron el vuelo, con un aleteo como un suspiro explosivo que fue muriendo lentamente hasta dejar en su estela un silencio sibilante mientras se alejaban a nuestra derecha, por la costa. Hassell y Piersma agarraron sus telescopios y echaron a correr tras ellas, persiguiéndolas; me advirtieron de que, como en Nanpu la marea retrocede en ángulo con respecto al rompeolas, el equipo de investigación debe ir saltando etapas a medida que el agua se retira y recorrer entre siete y ocho kilómetros en el transcurso de varias horas, sin alejarse nunca demasiado de las bandadas que descienden a alimentarse para leer sus anillas. A un par de cientos de metros de allí nos reunimos con Katherine Leung, Matt Slaymaker y Adrian Boyle, que ya observaban las aves posadas; yo permanecí con ellos, mientras Piersma y Hassell seguían avanzando, listos para el siguiente turno en las zonas de alimentación.

Leung, que en el pasado había trabajado para el Fondo Mundial para la Naturaleza (WWF, por sus siglas en inglés) en Hong Kong, es china, Slaymaker es británico y Boyle, australiano. Junto con Hassell, forman el núcleo duro del equipo de Global Flyway Network en Nanpu, donde trabajan con un amplio grupo de estudiantes de posgrado chinos, supervisado por el profesor Zhengwang Zhang, antiguo vicedecano de la facultad de Ciencias de la Vida de la Universidad Normal de Pekín y vicepresidente de la Sociedad Ornitológica de China. Slaymaker y Boyle viajan a China desde hace diez años para efectuar estos estudios anuales entre principios de abril y finales de junio, mientras que Leung estaba echando una mano durante una semana antes de viajar a Estados Unidos para incorporarse a un equipo internacional de control de aves costeras en la bahía de Delaware. Como los animales que estudian, los expertos en aves costeras acumulan muchos kilómetros viajados.

Slaymaker, muy alto y esbelto, con una barba morena descuidada que le recubre el estrecho rostro y con el largo cabello recogido en un moño, se afanaba en anotar las combinaciones de anillas de color en su cuaderno mientras yo escudriñaba, miraba y toqueteaba los botones de enfoque y zoom de mi telescopio hasta que, a regañadientes, me vi obligado a admitir que no veía nada de nada. «Ya le cogerás el truco —me dijo Boyle, más bajo y rubicundo que su colega, con el cabello corto y oculto bajo una gorra con visera—. Espera a que el pájaro se gire y quede de cara, y así podrás verle las dos patas y divisar todas las anillas de golpe». Entonces caí en la cuenta de que no me había entendido; a aquella distancia, de unos trescientos metros, y bajo una luz nebulosa, no había divisado aún ni una sola anilla, pero decidí mantener el pico cerrado, porque las distancias a las que ellos tres estaban leyendo los colores y los códigos grabados superaban con creces mis habilidades y sospechaba que sería de poca ayuda.

En el horizonte se vislumbraban unos cuantos petroleros a través de la bruma; algunos días, según me explicó Hassell más tarde, más de cien hacen cola en la instalación petrolera en alta mar de Jidong-Nanpu, que domina el horizonte en este punto, parte de un inmenso yacimiento petrolífero descubierto en 2005 y una causa crónica de nerviosismo para los conservacionistas, ya que un vertido durante la migración podría tener consecuencias catastróficas. (Ya se han producido varios vertidos importantes y reventones de pozos en el mar Amarillo, así como otras filtraciones menos dramáticas a la par que más habituales). Cuando cambió el viento, el olor a refinería del yacimiento fue reemplazado por un hedor a purines de las granjas porcinas construidas en tierra reclamada a nuestro norte, que vertían sus residuos en algunas de las albuferas. Solo ocasionalmente la brisa traía una ráfaga más fresca y salada procedente del mar. Avanzábamos aprisa para atrapar la marea en retroceso; y a las aves que acudían a posarse, las estudiábamos lo más rápido posible hasta que se movían y teníamos que apresurarnos a seguir descendiendo por el dique, dejando atrás a pescadores chinos con botas de pesca, que arrastraban tras de sí cestas que flotaban en cámaras de aire, y chapoteaban en las marismas para recoger almejas. A media mañana llegamos al final del rompeolas, donde pesados muros de barro endurecido de unos tres metros de altura encerraban varios embalses grandes y rodeados de redes en los que se criaban medusas con fines alimentarios. Las aves quedaron entonces incluso fuera del alcance de Piersma y de su equipo, que ya no atinaban a ver sus anillas, de manera que pusimos rumbo a Nanpu para ir a comer. De regreso dejamos atrás el paisaje lunar de las albuferas y los canales, donde unas cuantas lanchas tiraban de largos trenes de barcazas tipo esquife, cargadas con grandes pilas de sal.

Las marismas son un hábitat transitorio, como no podría ser de otra manera; dos veces al día quedan sepultadas bajo la marea, que las cubre a una velocidad asombrosa hasta inundarlas. En algún momento, el agua se vuelve demasiado profunda, primero para los pájaros de patas cortas, como los correlimos menudos, y al final incluso para las zancudas, como las agujas y los zarapitos. Antaño, las aves habrían volado una corta distancia tierra adentro, hasta los humedales salobres y las llanuras anegadas que abrazan la costa, pero esos lugares hace tiempo que desaparecieron, sepultados bajo la urbanización. De manera que, irónicamente, las albuferas, pese a haberse creado de manera artificial encima de lo que en el pasado fue un rico limo, han adquirido una importancia vital para las aves costeras como refugios durante la pleamar. En el proceso de elaboración de sal, una solución salina de densidad creciente se traslada desde los estanques de evaporación iniciales hasta la fase final de cristalización, y los estanques salinos poco profundos utilizados en dicho proceso, con superficies que oscilan entre varios centenares y varios miles de hectáreas, proporcionan un puerto seguro donde las aves pueden descansar, desparasitarse y dormir. Las cifras de pájaros que utilizan estos refugios son apabullantes; unos años atrás, Chris Hassell me dijo que habían contado que unas noventa y cinco mil aves descansaban en una única albufera, sesenta y dos mil de ellas eran correlimos zarapitines, un tercio del total de ejemplares de dicha especie que se desplaza por la Ruta Migratoria de Asia Oriental-Australasia. Unos días más tarde, la albariza vecina albergaba treinta y cuatro mil correlimos gordos, de nuevo un tercio de toda la población que realiza esa ruta migratoria y más de la mitad de toda la subespecie *piersmai*.

Nosotros no vimos tales multitudes: las lagunas fueron, en general, mucho más profundas de lo habitual durante mi visita, aunque nadie sabía exactamente el porqué. La mayoría de los embalses parecían estar destinados al cultivo de camarones, un negocio lucrativo en la costa, si bien uno de los estudiantes de posgrado chinos aseguró haber oído que el agua se estaba almacenando para su uso final en el masivo complejo de acerías que se erigía en el horizonte, a kilómetros de distancia. Fuera cual fuese la razón, en lugar de reunirse en bandadas gigantescas en medio de lagunas poco profundas, las aves se veían obligadas a hacinarse en los bordes de diques con muros de barro esparcidos por una zona mucho más extensa.

Una tarde, Theunis y yo nos unimos a Bingrun Zhu, un hombre alto y delgado que trabajaba en un doctorado centrado en las agujas colinegras, una especie muy querida por Piersma, ya que anidan en los prados y pastizales cerca de su hogar en Frisia. Zhu (que ha adoptado el nombre anglicanizado de Drew con el equipo de investigación) había viajado a los Países Bajos los años previos para estudiar las agujas con Theunis. La población que estaba investigando en aquel momento, sin embargo, cría en las verdes llanuras de la Mongolia exterior tras detenerse a lo largo del mar Amarillo. De camino dejamos atrás centenares de hectáreas de estanques piscícolas de interior cubiertos con placas solares que tapaban hasta el último metro cuadrado de su superficie al tiempo que permitían que la acuicultura se desarrollara bajo ellas. Me pareció una manera inteligente de sacar un doble partido al uso del territorio, pero la reacción de Theunis fue muy distinta.

«Es un paisaje terrorífico —comentó—. Es muy limpio e inteligente, sí, y eficiente en términos energéticos, pero no si eres un ave costera. Estas lagunas de agua dulce las utilizan andarríos grandes y andarríos bastardos, combatientes, correlimos acuminados, agujas colinegras y otras muchas aves. A lo largo de la costa, en las albuferas, hay agujas, correlimos y zarapitos. Si esas aves pierden las lagunas como refugios durante la marea alta, sobre todo las albuferas, proteger las marismas para que se alimenten carecerá de sentido».

El área de estudio principal de Zhu se hallaba cerca de Hangu, en el extremo noroeste de la bahía de Bohai. Llegar hasta allí fue un proceso desalentador que nos obligó a describir círculos sobre nuestros pasos, a través de una maraña de carreteras de peaje abarrotadas, para evitar el tráfico y luego a conducir por distritos comerciales infinitos erigidos junto a trigales, complejos de viviendas y lagunas salobres que en otro tiempo fueron marismas. Atravesamos los vestigios de la población de Dashentang, demolida por el Gobierno local cinco o seis años antes para hacer hueco a una atracción turística antes de quedarse sin fondos y dejar los escombros cubiertos por hectáreas y más hectáreas de la malla de plástico verde azulada ubicua en esta región de China, con la cual se contienen la basura y los ladrillos como si fueran malas hierbas resistentes que se arrastran en busca de un nuevo asidero. A lo que más recordaba era a una zona de guerra bombardeada o a un escenario cinematográfico postapocalíptico.

En el océano, tuvimos que gritar para oírnos por encima del barullo de una autopista de seis carriles repleta de camiones que avanzaban a gran velocidad solo unos metros por delante de nosotros y sobre los cuales giraban docenas de turbinas eólicas que enmarcaban las torres de refrigeración de una colosal central eléctrica alimentada con carbón a un kilómetro y medio de distancia, con el horizonte de las afueras de Tianjín en lontananza. La marea no era propicia para las aves limícolas, de manera que Zhu condujo tierra adentro entre miles de pequeñas albuferas donde encontramos bandadas congregadas a lo largo de costas a sotavento, muchas de ellas con el plumaje erizado y durmiendo, si bien la mayoría picoteando en la superficie del agua. «Moscas de salmuera —aclaró Zhu—. Billones de ellas». Aprecié un movimiento furioso en el agua a orillas de la laguna provocado por enjambres de pequeñas moscas negras del tamaño de granos de arroz; cuando salimos del coche, zumbaron perezosamente alrededor de nuestro cuerpo, para aterrizar de manera inofensiva en nuestros brazos y piernas. Junto con los diminutos camarones de salmuera que se cultivan en algunos estanques, las moscas son el principal alimento para las aves costeras. La mezcla de especies en este punto era bastante distinta de la de las llanuras; no había allí correlimos, sino agujas colinegras, vuelvepiedras comunes, archibebes claros, archibebes oscuros y archibebes finos, entre otras. Avocetas comunes, unas elegantes y encantadoras aves blancas con una corona de color negro tinta y pinceladas a juego en las alas, vadeaban sobre sus patas, gris azulado, con un pico que se estrecha como una aguja y se curva suavemente hacia arriba como la sonrisa de la Mona Lisa.

Theunis seguía empeñado en buscar agujas. Los científicos siempre han clasificado las agujas colinegras que utilizan la Ruta Migratoria de Asia Oriental-Australasia como una única especie panasiática, la *Limosa limosa melanuroides*, pero incluso a mi poco avezado ojo le quedaba claro que nos hallábamos ante todo un abanico de formas, tamaños y coloraciones solo en aquella laguna. Tal variedad responde en parte a las diferencias sexuales, ya que las hembras son más grandes y los machos presentan unos tonos más oscuros; aparte de eso, la mayoría de las agujas eran grandes y voluminosas, con un pico visiblemente largo y un plumaje bastante claro. Pero Theunis señaló a un macho que apenas medía dos tercios del tamaño de las otras aves y presentaba unas manchas muy oscuras, con la cabeza y el pecho saturados de intensos tonos castaños y el pico más corto, el cual se mantenía más recto que las demás agujas mientras cazaba delicadamente moscas de salmuera. «Ese es una de las *melanuroides*», comentó Theunis sobre la aguja oscura y escuálida. En cuanto a las otras agujas más grandes, él y Zhu están convencidos de que son un misterio: probablemente representen al menos a una subespecie no descrita de agujas colinegras que utilizan el mar Amarillo, seguro que con sus propias zonas de invernada y reproducción, un ejemplo más de lo poco que sabemos sobre la complejidad de esta red migratoria. Por ejemplo, si bien las agujas colinegras que Chris Hassell y su equipo anillan en el noroeste de Australia también son pequeñas y presentan colores vivos, con la típica firma genética de las *melanuroides*, en una década de investigación el equipo no ha divisado ni a una sola de sus aves anilladas en los alrededores de Nanpu; parecen contar con una ruta migratoria alternativa, lo cual sugiere que se trata de otra población críptica más. A Zhu le ha resultado endiabladamente difícil atrapar, medir y anillar agujas para recopilar el conjunto de datos que necesitará para argumentar su hipótesis, pero, si está en lo cierto, las implicaciones para la conservación son graves. Los expertos calculan que la población de agujas colinegras en la Ruta Migratoria de Asia Oriental-Australasia se sitúa en unos ciento sesenta mil individuos y se halla en declive, y que hasta la mitad de ellas utilizan la costa del mar Amarillo durante la migración. Si estas aves representan de verdad múltiples poblaciones diferenciadas, cada una con sus propias rutas de viaje y conjuntos de amenazas y peligros, cualquiera de ellas podría hallarse al borde de la extinción sin que nadie lo supiera.

Mientras hablábamos acerca de la taxonomía de las agujas, un Audi muy negro y resplandeciente apareció rebotando por la carretera, llena de baches, que conecta las dos lagunas y aparcó a escasa distancia de nosotros. De él bajó un joven musculoso con un polo y gafas de sol, seguido por una joven igual de moderna, ambos con aspecto de estar completamente fuera de lugar. Mientras ella esperaba junto al coche, el joven echó a andar por el barro seco e irregular que formaba un muro del dique, ahuyentando a los pájaros, y ajustó una válvula de entrada de la estructura de control del agua que sobresalía en el margen. A su regreso, la joven tomó un par de selfis de ambos posando juntos, luego volvieron a subirse al vehículo y nos pasaron de largo. Zhu sonrió y les saludó con la mano y, desde el otro lado de la ventanilla tintada, atisbé a ver que una mano le devolvía el saludo.

«Es uno de los empleados del dueño; dentro de un rato llenarán esta laguna de camarones. El dueño es un gánster, pero me llevo bastante bien con él», aclaró Zhu.

«Cuando dices "gánster", ¿a qué te refieres exactamente?», le pregunté.

«Me refiero a "gánster". A un gánster capaz de matar a gente y hacerla picadillo. Cada año muere gente por el control de estas granjas de camarones: valen muchísimo dinero y hay una lucha encarnizada por adueñarse de ellas —aclaró Zhu—. Pero este tipo me cae bien. Le gustan de verdad las aves y los animales. No utiliza petardos para ahuyentar a los pájaros, como hacen en muchas otras granjas de camarones. Y me tiene aprecio».

«Procura que siga siendo así —dijo Theunis, con expresión de leve sobresalto—. No queremos que te descuarticen».

A la mañana siguiente, como de costumbre, esperé en la fría madrugada en Nanpu a que el equipo me recogiera, evitando respirar profundamente; había una neblina perpetua de color arena provocada por la contaminación atmosférica y, desde mi llegada a China, tenía carraspera crónica. A las 4.30 horas de la mañana, la tenue luz del alba iluminaba las calles y los primeros trabajadores se dirigían a sus puestos con mascarilla y en moto; algunas mujeres iban cubiertas con un sobretodo, con mangas y manoplas incluidas, parecido a un mono integral para motociclistas, con el fin de proteger su ropa de trabajo de la mugre y del hollín de la carretera. Al pasar por delante de mí, más de una se quedó boquiabierta, sin disimulo, al ver a un corpulento occidental con una mochila y un telescopio a un lado. Nanpu no forma parte del circuito turístico y los estadounidenses son una novedad que provoca curiosidad. De hecho, el único hotel en la población autorizado a hospedar a extranjeros estaba cerrado por obras durante mi visita, pero el profesor Zhang había movido algunos hilos y a mi llegada, hacía una semana, descubrí que era el único huésped en toda aquella inmensa instalación vacía. La primera mañana me sirvieron el desayuno a mí solo, en una sala de banquetes donde resonaba el eco, con mesas inmensas protegidas por guardapolvos. Desde entonces, cada mañana me iba antes de que el esquelético personal se levantara y me vi obligado a trepar y saltar el muro perimetral para salir, como un caco dándose a la fuga, ya que el amplio patio delantero estaba cercado y por la noche se cerraba con llave.

Oí una bocina y subí a una pequeña furgoneta con el resto del equipo de Global Flyway Network. Katherine me pasó una bolsa de *dumplings* de cerdo, con la masa aún caliente y ligeramente pegajosa en los dedos, mientras conducíamos rumbo al sur, hacia la bahía, con el nerviosismo de no llegar tarde, porque esperábamos visita. Al poco de arribar al dique, y justo cuando la luz baja y naranja se extendía tiñendo el agua, un pequeño convoy de vehículos apareció traqueteando por la carretera de grava y de su interior desembarcaron dos docenas de personas: el profesor Zhang y un puñado de alumnos, Wendy y Hank Paulson con varios miembros del personal del Paulson Institute, y un observador de aves y abogado medioambiental británico llamado Terry Townsen, que vive en Pekín y mantiene una estrecha colaboración con conservacionistas chinos. Mientras se hacían las debidas presentaciones y se intercambiaban apretones de manos, la marea empezó a retroceder del rompeolas y dejó a la vista el primer fango. Entonces Adrian gritó y señaló detrás de nosotros. Miles de aves, correlimos gordos que resplandecían con su intenso color cobrizo bajo la luz matinal y correlimos grandes que se antojaban más negros recortados contra el pálido cielo, se acercaban desde sus refugios de pleamar en las albuferas, esquivando los postes de servicio a lo largo del rompeolas mientras descendían planeando para alimentarse.

Katherine, Adrian y Matt se acercaron corriendo hasta la costa, con los telescopios cargados al hombro, dispuestos a ponerse manos a la obra; a pesar de la presencia de personas VIP, tenían trabajo que hacer y, con el punto álgido de la migración sobre nosotros, cada pájaro anillado que pudieran registrar era fundamental. Fueron el profesor Zhang y Theunis quienes se ocuparon de la multitud y agradecieron a los Paulson la presión ejercida por el instituto en defensa de la conservación costera, que ambos consideraban un factor relevante en el reciente anuncio gubernamental de prohibición de la reclamación de tierras. Wendy, que de la pareja es quien más en serio se toma la observación de aves, andaba detectando correlimos falcinelos y algunas de las otras especies menos comunes entre las filas cada vez más infladas de aves en la playa. Hank, alto y esbelto, con gafas de sol de aviador y una gorra de béisbol verde, mantenía una intensa conversación política con Theunis, Terry y Zhang, pero Wendy lo atraía hacia el telescopio de vez en cuando para asegurarse de que no se perdiera las aves que habían ido a avistar. «Hank, tienes que ver esto: un archibebe moteado», dijo, rescatándolo por un momento.

En 2016, armados con los datos de toda una década, obtenidos mediante los estudios de la Global Flyway Network y por los alumnos de doctorado de Zhang, el Paulson Institute y el Fondo Mundial para la Naturaleza habían negociado un acuerdo quinquenal con el Departamento de Silvicultura provincial de Hebei y el Gobierno del condado de Luannan para proteger estas llanuras de Nanpu estableciendo en ellas una reserva natural. Pero al revisar el último mapa de la propuesta y cotejarlo con el paisaje azotado por los vientos que los rodeaba, los Paulson, Theunis y Zhang manifestaron su frustración. No solo quedaban porciones importantes de las marismas fuera del núcleo de la reserva principal, sino que, además, casi ninguna de las albuferas, desde cuyos refugios seguían llegando más y más aves cada minuto que pasaba, tendría ningún tipo de protección. Su control estaba en manos del Gobierno local, que no quería que nada interfiriera en su capacidad de urbanizar los terrenos para destinarlos a la industria y a la acuicultura. Hank tenía esperanzas de que las reuniones que había programado con el responsable de la Administración Nacional de Silvicultura y Praderas de China pudieran decantar la balanza.

Desde hacía algún tiempo, las buenas noticias para las aves costeras con relación al mar Amarillo habían sido más teóricas que concretas. A principios de 2017, el Gobierno chino añadió catorce emplazamientos en el mar Amarillo y la bahía de Bohai (incluidas las marismas cercanas a Nanpu y partes de la costa de Jiangsu, donde a los pocos días yo andaría en busca de correlimos cuchareta) a una lista provisional para su potencial reconocimiento como Patrimonio Mundial de la Unesco. Se trataba de una potente victoria simbólica para los conservacionistas, pero sin consecuencias por el momento, ya que, si bien cualquier lugar que es declarado Patrimonio Universal mediante un tratado internacional recibe una protección bastante estricta por parte de su país natal, aquella medida preliminar no comportaba garantía alguna de protección. Aun así, era un importante paso adelante, y el asombroso anuncio de la Administración Oceánica Estatal (SOA, por sus siglas en inglés) realizado unos meses antes de mi visita, mediante el cual se prohibía en gran medida la reclamación a lo largo de la costa del mar Amarillo, era una noticia aún más trascendente si cabe.

«Hace doce meses habría costado imaginar estos progresos —me dijo Terry Townsend mientras nos hallábamos frente a la bahía observando emberizas, bisbitas y tarabillas revolotear en las altísimas hierbas que bordeaban el dique, parte de una densa nube de paseriformes que también migraban por la costa aquella fría mañana primaveral—. Pero falta ver cómo se pone en práctica. El decreto de la SOA prohíbe lo que denomina urbanización "relacionada con negocios" y sitúa la toma de decisiones acerca de la reclamación en el ámbito nacional, en lugar de local, y eso debería representar un cambio inmenso. Casi toda la reclamación costera ha estado impulsada por proyectos comerciales aprobados por las autoridades locales, a menudo sin permisos. En Yancheng ya se están restaurando algunas tierras reclamadas de manera ilegal, lugares donde las zonas amuralladas no llegaron a rellenarse con sedimento. Están abriendo los diques y dejando paso a la marea». Por otra parte, la prohibición deja un vacío legal para los proyectos en consonancia con «la economía nacional y los medios de vida de la población» y aquella mañana nadie sabía exactamente qué significaba eso. En las semanas siguientes, averiguarían que uno de esos proyectos sería una inmensa ampliación del puerto para abastecer el complejo de cinco acerías ya en construcción en tierra previamente reclamada, a medio camino entre Nanpu y el emplazamiento de las agujas de Zhu en Hangu. El puerto engulliría otros cincuenta y cuatro kilómetros cuadrados de las marismas restantes, supuestamente «en consonancia con la economía nacional y los medios de vida de la población».

Aun así, la cascada de buenas noticias, junto con el magnífico espectáculo que estaban desplegando para nuestros invitados las aves costeras, que por entonces se contaban ya por decenas de miles, explicaba el buen humor generalizado aquella mañana. Y en el mar Amarillo, durante la migración, eso por sí solo ya podía considerarse un pequeño milagro.

Nanpu no es el único emplazamiento crítico en el mar Amarillo donde la protección es muy inferior a la que debería haber. Tres días después me encontraba ochocientos kilómetros al sur, justo por encima de la desembocadura del río Yangtsé, en el extremo sur del mar Amarillo. Mientras que Hank Paulson se había quedado en Pekín para asistir a unas reuniones, Wendy y yo nos unimos a la experta en correlimos cuchareta Jing Li y a sus acompañantes para visitar Tiaozini, parte del complejo de marismas que hay a lo largo del litoral de la provincia de Jiangsu, considerado una de las zonas más importantes en toda la Ruta Migratoria de Asia Oriental-Australasia.

«Son las marismas más grandes que quedan en el mar Amarillo —nos informó Jing mientras descendíamos con cautela por la cara en fuerte pendiente del dique, dispersando a los aviones zapadores y las golondrinas dáuricas que había posados sobre el hormigón—. Durante la marea baja, en línea recta, hay veinte kilómetros hasta el mar».

Estaba seguro de haberla entendido mal. «Perdona, ¿cuánto has dicho?».

«Sí, sí, veinte kilómetros», corroboró ella.

Aunque podría pensarse que una zona tan extensa de llanuras debería proporcionar espacio y alimento más que suficiente para tantas aves costeras como puedan utilizarla, no todo el barro presenta la misma composición, nos explicó Jing. Como ocurre en la tierra, los recursos marinos no se distribuyen de manera uniforme y muchas partes de las marismas pueden no contener el alimento necesario para las aves hambrientas. Las condiciones cambian con las estaciones del año y una zona fértil en primavera puede no serlo tanto en otoño, o viceversa. Además, las diferentes especies de aves costeras se especializan en distintos alimentos, que capturan de modos diversos en hábitats variados. Una aguja, con sus zancudas patas y su pico de casi diez centímetros, puede vadear en aguas más profundas y llegar mucho más abajo de la superficie, utilizando el tacto para localizar moluscos y lombrices, mientras que un correlimos cuellirrojo, con sus rechonchas patas y su diminuto pico, debe alimentarse en los puntos en los que la marea está retrocediendo y detectar visualmente a presas que todavía no se hayan escabullido bajo tierra. Los correlimos gordos, tal como descubrieron hace diez años Theunis Piersma y sus colegas, utilizan un sexto sentido único (hasta donde se sabe) en el mundo animal para localizar almejas bajo la superficie. El rápido pico sonda del correlimos genera ondas de compresión en el agua entre los granos de arena, las cuales devuelven el «eco» del duro caparazón de los moluscos, que es captado por una red de abundantes órganos sensoriales en el pico del pájaro. Así pues, cada especie tiene su propio nicho en las llanuras de marea y, a medida que progresara la mañana, contemplaríamos con nuestros propios ojos la «partición de recursos», como los científicos denominan este fenómeno. El kilómetro y medio aproximadamente de orilla que podíamos recorrer a pie estaba repleto de correlimos menudos y otras aves costeras pequeñas, mientras que las especies de mayor tamaño que habían dominado la escena en Nanpu, como otros correlimos y agujas, apenas se divisaban esporádicamente, mucho más lejos y en pleno vuelo, ya que en Tiaozini se alimentan muchos kilómetros mar adentro, en las llanuras, donde el entorno estuarino es adecuado para sus presas.

Cerca de la orilla había docenas de rombos de borraza del tamaño de una habitación. La borraza o *Spartina alterniflora* es una planta
norteamericana de las zonas intermareales que ha acabado convir-
tiéndose en un enorme problema a lo largo del mar Amarillo, donde
se plantó (y en algunos lugares sigue plantándose) para «estabilizar»
las marismas naturales. Si bien constituye la base de saladares fértiles
y biodiversos en lugares como Maryland o Georgia, en China asfixia
las llanuras naturales con monocultivos estériles en los que pocas
plantas consiguen sobrevivir. El Paulson Institute lucha por que los
chinos adopten medidas contra la borraza en lugares como Tiaozini
y Nanpu, donde aún es posible hacerlo, poniendo en contacto a científicos gubernamentales con estadounidenses que bregan con plagas
de *Spartina* en la Costa Oeste norteamericana, donde también es una
grave invasora.

Cerca de allí escuché una dilatada y aguda nota sibilante que se
apagaba y volvía a sonar. Chen Tengyi, un joven corpulento vestido
con chaqueta de camuflaje marrón, soplaba uno de los diversos reclamos de bambú de pequeño formato que llevaba colgados alrededor
del cuello, con los ojos fijos en la bandada de correlimos menudos
que se avecinaba. Volvió a silbar, y las aves alteraron al instante su ruta
de vuelo y se encaminaron velozmente hacia nosotros, como una
tormenta rápida. Tengteng, como se le conoce, creció en la isla de
Chongming, en aquella misma costa, y aprendió a utilizar los reclamos artesanales con los que los cazadores lugareños imitan el canto
de las aves costeras para atraer a las bandadas a sus redes. Apasionado
conservacionista y fotógrafo, Tengteng utiliza estas habilidades tradicionales para ayudar a científicos y visitantes por igual a avistar las aves
migratorias que se congregan en esta zona por decenas de miles.
Cambió entonces a un trino ondulante, mientras más aves pasaban
sobre nosotros, separándose y enroscándose como si interpretaran una
danza tradicional china con cintas, como si torrentes de pájaros se
arremolinaran en la punta de unas varillas invisibles.

Entremezclado en las multitudes de correlimos cuellirrojos había
un popurrí de otras aves limícolas pequeñas, correlimos acuminados y
falcinelos, correlimos comunes, unos cuantos andarríos del Terek con
su peculiar pico levantado hacia arriba y chorlitejos mongoles chicos.

Estos últimos eran de lejos las aves más vistosas de las llanuras, de unos veinte centímetros de largo, con un tono canela intenso en la corona, que se funde con el marrón del manto, su antifaz de caco de bancos, la garganta blanca con dos líneas negras finísimas alrededor y dos manchas blancas en la frente, como un par de faros. Las únicas aves costeras de mayor tamaño que vi allí fueron unos cuantos playeros siberianos, una especie endémica de la Ruta Migratoria de Asia Oriental-Australasia en rápido declive que abraza los bordes de los estuarios y ocasionalmente pesca su alimento entre las turbias aguas. Mirara donde mirase, aquel lodazal, con las ondas dibujadas por la marea en retroceso, estaba bordado con las delicadas huellas de aves costeras, filigranas entretejidas y ramificadas intercaladas con los diminutos agujeros en los que las aves, en un gesto repetitivo infinito y esperanzado, sondeaban la superficie en busca de un bocado. En Nanpu, las bandadas se alimentaban sobre todo de diminutas almejas; aquí, en cambio, Jing sospecha que comen gusanos y unos cangrejos minúsculos casi transparentes, pero nadie lo sabe con certeza.

Nos encontrábamos aproximadamente a ochocientos metros de la orilla, abriéndonos paso por un laberinto capilar de estuarios. Un gran barco pesquero abandonado permanecía varado con las regalas en el barro y la proa encarada hacia el mar desvanecido. Cuanto más adentro nos aventurábamos, más cuidadosos teníamos que ser con nuestras pisadas, ya que el barro se volvía cada vez menos denso y más viscoso. Estuve a punto de perder una bota en dos ocasiones, pero seguíamos a un amigo de Jing, Dongming Li, un ávido fotógrafo de aves lugareño que transitaba con frecuencia aquellas llanuras y las conocía bien... aunque, al parecer, no lo suficiente, ya que poco después se hundió hasta la cintura en un sumidero y su cámara siguió seca de milagro. Salió de allí en calcetines, sus botas perdidas para la eternidad.

«Tiene que haber un cuchareta por aquí, en alguna parte», musitó Wendy, encorvada sobre su telescopio mientras tamizábamos metódicamente las masas de aves costeras que nos rodeaban. Tiaozini es uno de los mejores puntos en el litoral del mar Amarillo para avistar correlimos cuchareta. En otoño, en temporada alta, Jing y su equipo han llegado a contar cien individuos de esta especie en peligro de extinción aquí —aproximadamente un cuarto de la población mundial—, lo cual, en sí, sería ya motivo suficiente para exigir la protección urgente de este lugar. Una fracción importante de los humedales de Tiaozini ya se ha perdido con la reclamación, pero parte de esta costa se declaró reserva natural, pese a que las autoridades locales posteriormente extirparon el resto de las marismas de sus fronteras, salvo una lejana isla frente al mar, esgrimiendo el argumento irrisorio de que ningún ave utiliza este emplazamiento. «Los funcionarios realizaron sus estudios en agosto, sin tener en cuenta las mareas, y algunos de sus informes incluían estudios llevados a cabo en invierno, cuando las aves migratorias no están aquí. Trabajaban desde un despacho, no sobre el terreno —explicaba Jing con evidente disgusto—. Me pidieron que priorizara [qué salvar]. Les dije que todo lo que quedaba era una prioridad, pero que las aves ya estaban apiñadas en lo que quedaba y cualquier pérdida les comportaría múltiples presiones. Toda la costa de Jiangsu debería ser una reserva natural».

Salvar la costa para las aves también comportaría salvarla para los humanos. En casi todos los puntos donde quedan marismas naturales en Asia, las aves costeras las comparten con las personas, millones de las cuales dependen solo en China de estas llanuras para recoger cangrejos o mariscos, o bien se usan como viveros para rorcuales que maduran en aguas mar adentro. El resto de las llanuras en Tiaozini, en su día designadas para reclamación, se han reintegrado al control local y los pescadores de la población cercana las siembran cada primavera con almejas de cáscara dura (uno de ellos, que desconfiaba de nuestra presencia y estaba enfadado porque anduviéramos caminando cerca de sus lechos de moluscos, se nos acercó hecho una furia, gritándonos y blandiendo un palo, hasta que Dongming lo interceptó). Tales usos humanos no son enteramente incompatibles con la función de las marismas como lugar de parada hemisférico y, aunque el cultivo comercial de marisco ha reducido la diversidad de los moluscos en la costa del mar Amarillo, probablemente sea mejor que cualquier otro proyecto de reclamación. Tiaozini tal vez hubiera quedado fuera de la reserva natural, pero era uno de los catorce emplazamientos propuestos como Patrimonio Universal de la Unesco, una designación que, si llega a materializarse, preservaría la zona tanto para los pescadores de almejas como para las aves.

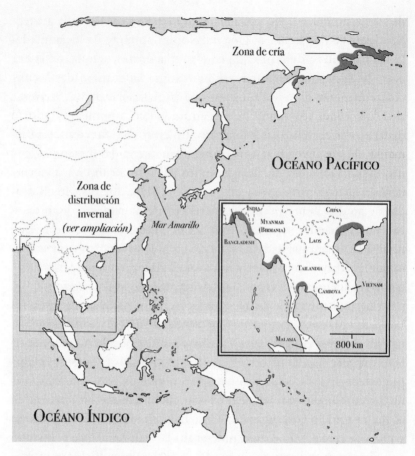

Recientemente se han localizado unas cuantas zonas de invernada de los correlimos cuchareta (una especie en grave peligro de extinción) en el sur de Asia, pero los estudios sobre las migraciones sugieren que todavía puede quedar alguna por descubrir.

Para los correlimos cuchareta, no hay ningún lugar más importante que Tiaozini; no existe zona alguna en la que se tenga constancia de que tantos ejemplares se reúnan durante semanas o meses seguidos. Hace solo una década, los correlimos cuchareta parecían condenados a la extinción, pero esfuerzos heroicos los han recuperado de sus garras, ayudados, cabe decirlo, por el magnetismo de este encantador pajarillo tan peculiar y por el entusiasmo y el afecto que suscita en las personas. En general, un mayor control legal ha reducido el riesgo del uso de redes para atraparlos y cazarlos de manera clandestina en las zonas del sur de Asia donde no se reproducen. En la isla bangladesí de Sonadia, por ejemplo, donde, además de haber patrullas contra la caza furtiva, los conservacionistas ofrecieron microcréditos para que los antiguos cazadores se dedicaran a la pesca, abrieran comercios o buscaran un empleo alternativo, han dejado de matarse aves costeras. En 2017, parte del golfo de Martaban, en Birmania, donde inverna la mitad de la población de cucharetas, fue declarado sitio de conservación Ramsar, designación que se propuso también para la otra mitad. El Gobierno de Chukotka, en Rusia, donde anidan la mayoría de los cucharetas, anunció que reservaría cerca de trescientos veinte kilómetros de tundra litoral que se destinaría a crear un nuevo parque natural como «territorio del correlimos cucharreta». Los avances en dispositivos satelitales lo bastante pequeños y ligeros colocados en este pájaro de apenas treinta gramos de peso han permitido a los científicos del Grupo de Trabajo por la Recuperación del Correlimos Cucharreta multinacional rastrear a esta especie por vez primera, gracias a lo cual se ha desvelado qué rutas emplean y se han descubierto lugares que nadie sabía que visitaban. Así, sumando todos los cucharetas recontados cada año en las zonas de invernada, solo se obtiene la mitad de los individuos que se calcula que existen, lo cual sugiere que todavía quedan por descubrir otros puntos de escala e invernada potencialmente desprotegidos.

Gracias al anillamiento con colores y al trabajo de reavistamiento a lo largo de la Ruta Migratoria de Asia Oriental-Australasia, expertos como Jing sospechan ahora que la población de cucharetas podría ser un poco más numerosa de lo que se creía en el pasado, de entre 220 y 340 parejas, en lugar de entre 80 y 120, cifra que no refleja tanto un aumento real como el uso de métodos estadísticos mejores, pero que, de igual modo, aleja a la especie un poco más del abismo al que una vez la creímos abocada. Aun así, con solo unos pocos centenares de ejemplares en el mundo, no puede descartarse el riesgo de una pérdida apocalíptica, por ejemplo, a causa de un ciclón o de una marea negra. Por este motivo, el equipo de trabajo y sus socios establecieron una pequeña población de cría en cautividad en Inglaterra, la cual cosechó más fracasos que éxitos hasta 2019, cuando nacieron dos polluelos. Por otra parte, los biólogos del equipo de trabajo en Chukotka han dado el innovador paso de aplicar la técnica del *headstarting** o cría controlada de correlimos cuchareta: cada verano, retiran unos treinta huevos de nidos salvajes donde la depredación y la pérdida debida a las inundaciones o a un clima adverso constituyen serias amenazas, crían a los polluelos hasta que echan a volar en un gran aviario al aire libre y, a finales de verano, los liberan para que se unan a las bandadas salvajes y emigren con ellas. (Dado que los polluelos de las aves costeras son capaces de correr y alimentarse por sí solos nada más salir del cascarón, este sistema funciona estupendamente, y es habitual que los adultos cuyos huevos se roban pongan una nidada de sustitución, gracias a lo cual aún se aumenta más el número global de polluelos cada año). Esta técnica enseguida ha arrojado resultados, con más de ciento cuarenta polluelos nacidos en solo unos años, algunos de los cuales, además, han regresado para criar a su descendencia. Todos nuestros intentos de búsqueda en Tiaozini fueron en vano: no encontramos a ningún cuchareta. Mi última oportunidad sería al día siguiente, en la gris «chapa de acero» que componían las marismas situadas más hacia el sur de la costa de Dongling, donde se nos unió Zhang Lin, colega de Jing Li, uno de los guías de aves más reputados de China y el hombre que descubrió la importancia de la costa de Rudong para los correlimos cuchareta. A diferencia del sereno aislamiento de Tiaozini, Dongling era un hervidero, el emplazamiento de una concurrida granja comercial de almejas, con centenares de empleados escurridizos y vehículos que avanzaban a trompicones. Inmensas extensiones de llanuras se habían reclamado al mar en años recientes y condujimos durante más de once kilómetros a través de un monótono paisaje de estanques de acuicultura, cada uno de ellos de cerca de una hectárea de extensión. «En el pasado, este era uno de los lugares de descanso favoritos de las aves

---

* El *headstarting* es una técnica de conservación de especies en peligro de extinción consistente en criar de manera artificial a los animales jóvenes y posteriormente liberarlos en la naturaleza. La técnica permite que una mayor proporción de crías alcance la independencia, sin depredación o pérdida por otras causas naturales. *(N. de la T.)*

limícolas», comentó Jing con tristeza, al tiempo que me mostraba una fotografía de aquella misma zona en 2012 en la que se veía a miles de aves posadas tranquilamente en amplias extensiones de aguas poco profundas. Más cerca del rompeolas encontramos estanques piscícolas cubiertos de paneles solares y con una actividad frenética, el «escenario del terror».Theunis nos había advertido de su existencia, que deja inservible este hábitat marginal incluso como lugar de descanso durante la pleamar. (Al regresar a casa, donde mi acceso a Google Earth ya no estaba bloqueado por el Gobierno chino, pude medir la extensión de aquella zona acuícola a partir de imágenes de satélite, en las que los estanques parecen células muy juntas vistas al microscopio: más de cuatro mil ochocientas hectáreas, compartimentadas en miles de embalses, además de uno de cuatrocientas hectáreas que Jing explicó que se destinaría a deportes acuáticos recreativos).

El resto de las llanuras de Dongling están protegidas, técnicamente, como reserva natural local para la pesca de almejas, dirigida por una empresa gestionada por la población lugareña. Cuando la marea se retiró de la orilla, tractores con grandes remolques cargados con abultadas bolsas de malla llenas de almejas de siembra del tamaño de una pelota de golf se dirigieron hacia los criaderos de moluscos frente a la costa. Nos subimos a un remolque vacío, un vehículo utilitario soldado toscamente, e intentamos acomodarnos en dos duros bancos mientras el tractor se ponía en marcha con un traqueteo y avanzaba tambaleándose dique abajo. Una vez se halló a nivel del suelo, se deslizó por profundas hondonadas mientras nosotros dábamos cabezazos y rodábamos, con nuestro trasero rebotando dolorosamente sobre los asientos de acero. Los cientos de hectáreas situadas más cerca del rompeolas estaban atestadas de espartillo invasor, una pérdida tanto para las aves como para los humanos, ya que la densa vegetación de estos pastos acuáticos también expulsa a las almejas.

Una caja de embalaje de cartón blanca me golpeó la espinilla; al moverla, vi que llevaba impreso el nombre y el logotipo de una empresa de marisco de Massachusetts a la cual iban destinadas las almejas cosechadas. Zhang frunció el ceño y apartó la caja con la punta del pie. «Estamos a solo treinta kilómetros de las grandes empresas químicas de la costa, toda esa polución va a parar al mar Amarillo. Pero a estos tipos les trae sin cuidado, porque no son ellos quienes se las van a comer; esas almejas se las comerán en Estados Unidos».

Más o menos a un kilómetro y medio de traqueteo del rompeolas, el tractor finalmente aminoró la marcha y se detuvo por fin, y nosotros desenredamos nuestras extremidades y los trípodes de los telescopios para descender con cuidado por una desvencijada escalera de mano metálica. Pasaron por nuestro lado tractores cargados con trabajadores con chubasqueros y botas de agua encaramados a sacas de almejas que seguían las líneas de estacas de madera rematadas con banderines de plástico que indicaban la ubicación de los lechos de moluscos. A nuestra espalda, en tierra, se alzaban hileras e hileras de altísimas turbinas eólicas que giraban lentamente, movidas por la brisa marina. Pero, al proyectar la vista mar adentro, solo se veía la nítida división gris de la línea del horizonte que separaba el barro del cielo, un telón de fondo monocromo por el que volaban decenas de miles de aves. Jing y Wendy estaban en alerta máxima, intentando localizar un cuchareta para que yo pudiera verlo; mientras tanto, Zhang abrió una pequeña silla plegable, se sentó y empezó a hacer recuentos metódicos, clicando su contador manual, que emitía un ruido similar al de una sierra circular. Cuando intenté hablar con él, me pareció brusco y adusto, probablemente con buen motivo. Él y Jing montaron su ONG, Spoon-billed Sandpiper in China, en 2006, y han dado grandes pasos, sobre todo demostrando la importancia de la costa de Rudong para los correlimos cuchareta y otras aves limícolas. Pero ha sido una batalla bastante desalentadora hasta la fecha; les basta con echar un vistazo a su alrededor para comprobar, por un lado, que gran parte de lo que están intentando salvar ya se ha perdido y, por el otro, la presión implacable de la economía más salvaje a la que se enfrentan. Incluso cuando llegan noticias positivas sin dobleces, como el listado provisional de la Unesco para la costa de Rudong o el decreto gubernamental que promete poner fin a gran parte de la reclamación del mar Amarillo, han aprendido a ser escépticos. Al final me di cuenta de que la cuestión no era tanto por qué Zhang Lin era un cascarrabias, sino cómo demonios es posible que Jing Li conserve su talante alegre. Aun así, incluso a ella le pesa la inmensidad de las fuerzas que están destruyendo el mar Amarillo.

«Cada dos meses más o menos me pregunto si debería dejar este trabajo —confesaba Jing—. Cuando no hacemos ningún progreso, me deprimo, y luego siempre aparece alguna solución estimulante. Las aves siguen aquí. Pero es duro».

Rastreamos las llanuras de Dongling durante horas y nos deleitamos con las grandes nubes de aves costeras que se movían incansables a nuestro alrededor. Sin embargo, rara vez me había parecido un pajar tan grande o una aguja tan esquiva. Al final, la marea se alejó lo suficiente de nosotros para llevarse a las últimas bandadas fuera de nuestro alcance y caí en la cuenta de que me iría de China sin haber logrado ver el ave que, más que ninguna otra, esperaba encontrar allí. Pero tal vez fuera lo más apropiado, porque ¿qué mejor manera de enfatizar el filo por el que transita el cuchareta (de hecho, todas las aves migratorias de aquella ruta), suspendido entre un legado de pérdida e incipiente esperanza?

El día anterior nos habíamos detenido a las afueras de la ciudad de Rudong, donde bloques de apartamentos y las ubicuas grúas de construcción en China formaban un sólido muro que avanzaba sobre los trigales y las marismas arrebatadas al mar años antes. Zhang quería comprobar si había habido cazadores furtivos; unos cuantos lugareños cazan bisbitas y emberizas para venderlas con fines alimentarios. En lugar de ello, lo que encontramos fue avefrías ceniza volando molestas y bulliciosas en círculos a nuestro alrededor, protestando por nuestra presencia cerca de sus nidos, y docenas de críos de entre diez y once años con americanas azul marino idénticas —los niños con corbata y las niñas con faldas plisadas rojas y negras—, todos ellos con prismáticos y siguiendo como un rebaño al director de su escuela en aquella excursión de avistamiento de aves sobre el terreno. Aunque la presencia de un par de estadounidenses eclipsó a las aves para algunos de los niños, la mayoría de ellos parecían verdaderamente entusiasmados admirando a las ruidosas avefrías, al colaborador alcaudón schach que posó para ellos en nuestros telescopios y a las canasteras orientales, parecidas a grandes golondrinas, del tamaño de halcones. Al día siguiente, nos dejamos caer por su escuela y encontramos a todo su curso, incluidos nuestros amigos de la excursión, en su campo de atletismo al aire libre, dibujando correlimos cuchareta coloridos y muy creativos sobre rollos de ciento cincuenta metros de lino blanco. En el interior, los alumnos de una clase de Imprenta estaban cortando bloques de madera con sus propios diseños de cucharetas, todo ello enmarcado en la campaña de concienciación pública que la ONG de Jing y Lin había organizado en la comunidad local en defensa de las aves.

Me vino a la mente una pregunta que plantean algunos científicos que se esfuerzan con denuedo en proteger al correlimos cuchareta y reconocen que la repercusión en la opinión pública y la preocupación gubernamental creada por este pequeño pajarillo ha tenido mucho más impacto de lo que nadie habría previsto hace solo unos años, un impacto que podría (solo podría) haber inclinado la balanza a tiempo. «El correlimos cuchareta es uno de los mejores ejemplos de una especie que aúna a ONG especializadas en conservación, organizaciones científicas, organismos que conceden becas, donantes corporativos […] y voluntarios conservacionistas apasionados de todo el mundo, que trabajan en armonía y por una causa común —escribían—. ¿Puede una especie salvar una ruta migratoria? Todavía no lo sabemos, pero muy pronto conoceremos el veredicto».[3] No obstante, incluso aquellos a quienes la muerte de la ruta migratoria del mar Amarillo se les antojaba no hace mucho un final ineludible empiezan a albergar una emoción nueva con la que no están familiarizados: la esperanza. Tras mantener reuniones con Hank Paulson poco después de que pasáramos la mañana juntos en las marismas de Nanpu, el director de la Administración Nacional de Silvicultura y Praderas de China alcanzó un consenso con el Gobierno provincial para designar aquellas llanuras parque nacional, una de las categorías protegidas en el país. Y en julio de 2019, la Unesco aprobó las primeras designaciones de Patrimonio Mundial en la costa del mar Amarillo, lo cual vincula a China por tratado a proteger más de ciento ochenta y ocho mil hectáreas de hábitat litoral como santuario de aves costeras, incluidas las esenciales pero vulnerables marismas de Tiaozini, que China añadió a las zonas nominadas en las postrimerías del proceso. Bajo supervisión de la Unesco, algunos estanques artificiales para peces de Tiaozini se restaurarán como dormideros durante la pleamar para los cucharetas y otras aves costeras, y el control de la espartina será una prioridad. Otras ubicaciones fundamentales en el mar Amarillo, como la zona de granjas de moluscos cerca de Dongling y las marismas de Nanpu, con un total de doscientas sesenta mil hectáreas adicionales, estaban siendo consideradas por la Unesco para una segunda fase de designaciones como Patrimonio Mundial.

En uno de mis últimos días en Nanpu, Theunis Piersma y yo paseamos por el rompeolas. Hacía frío, el sol resplandecía entre altos cirros y el viento procedente del mar había despejado la neblina. Theunis se acomodó entre las rocas, ajustó su telescopio y oteó el horizonte durante un rato, anotando las aves anilladas que avistaba. Pero, transcurrido un tiempo, se enderezó y suspiró alegremente. «Ay, qué agradable —exclamó con una satisfacción evidente—. Está mucho más tranquilo que en los últimos años. Entonces esto era una costa infernal. Hace solo un par de años había dragas por todas partes, se bombeaban enormes columnas de sedimentos en el interior de los diques y el aire olía a petróleo. Y ahora todo eso ha desaparecido. Antes, en la autopista, grandes vallas publicitarias anunciaban el desarrollo industrial, y sigue habiéndolas, pero ahora están ilustradas con aves. Menudo cambio. Aun así, en aquel entonces también había más aves en las marismas». Las bandadas estaban a varios centenares de metros de distancia, pero a través del viento nos llegó un largo y nítido gemido en dos notas, *puuu-güii*, repetido al cabo de unos pocos segundos, un sonido muy distinto al parloteo que habíamos estado oyendo toda la mañana mientras las aves comían. «¿Has oído eso? —preguntó Theunis emocionado—. Es el canto de exhibición ártico del correlimos gordo. Hace unos años escribí un artículo titulado "Cantos árticos en orillas templadas" en el que explicaba que, en los Países Bajos y en Islandia, los correlimos a veces cantan durante la migración. Y aquí también lo hacen». Para aquellos acostumbrados a que las aves costeras se alimenten con eficiencia silenciosa en playas y marismas, la idea de que un correlimos cante resulta desconcertante, como ver a un colega formal y vestido con traje de franela gris perder de repente los papeles en un karaoke. Pero muchas especies cantan al llegar al Ártico. El correlimos gordo macho se eleva rápidamente decenas de metros en el aire y luego planea de un lado para otro, dibujando grandes ochos sobre su territorio, y lo hace mientras emite el extraño lamento de dos o tres notas que escuchamos en aquel rompeolas: *puuu-güii, puuurogüiii, puuurogüiii*. Su vuelo acostumbra a provocar exhibiciones similares de machos vecinos, hasta que la tundra entera resuena con aquellos cantos lastimeros, casi conmovedores, mientras las aves se entrecruzan en el cielo.

El correlimos volvió a emitir su canto, y un segundo le respondió. El Ártico los llamaba y sus trinos me recordaron que aquella era solo una parada en el camino, que la conclusión de su viaje a vida o muerte, la posibilidad de reproducirse que es la clave de su existencia, seguía estando a miles de kilómetros de distancia. *Puuurogüiii, puurogüiii*. A mis oídos, aquellas sílabas arrastradas transmitían tanto melancolía como esperanza.

Theunis volvió a suspirar. «Los primeros dos años fueron muy difíciles, ¿sabes? Yo era muy pesimista; pensaba que nuestra labor aquí era documentar la extinción de estas aves. Y también habría tenido cierto valor, cierta importancia. Pero ahora... —Dejó la frase en suspenso por un instante, mientras escuchaba el canto del correlimos—. Ahora espero vivir lo suficiente para ver indicios de recuperación».

2

Salto cuántico

Los correlimos gordos que Theunis y yo escuchamos cantar en el mar Amarillo eran machos, y sus cantos eran un reflejo auditivo de cambios internos. Durante el invierno boreal, cuando los correlimos habían estado en Australia, sus testículos estaban contraídos y prácticamente eran inservibles. En cambio, ahora, a medida que avanzaban hacia el norte, hacia sus zonas de reproducción, los órganos empezaban a hincharse. Cuando el correlimos macho llegara a Siberia, sus testículos habrían multiplicado casi por mil su diminuto tamaño invernal y bombearían testosterona al torrente sanguíneo del ave. Lo que había sido una leve inquietud esporádica —cantar en China— se convertiría en una compulsión hormonal constante en el Ártico.

Algo similar estaba sucediendo en el interior de los correlimos hembra, cuyo único ovario desarrollado (normalmente, el izquierdo) crecía, aunque no de manera tan espectacular como los testículos de los machos, preparándose para la reproducción. La expansión y contracción estacionales de las gónadas es una estrategia evolutiva inteligente y habitual para disminuir peso entre las aves. Sin embargo, cuanto más estudian los científicos las aves migratorias, sobre todo las que recorren largas distancias, como las costeras, más constatan que estas criaturas han desarrollado capacidades fisiológicas extraordinarias que influyen en casi todos los aspectos de la migración, desde la velocidad y la resistencia hasta la memoria y la función cerebral, el metabolismo, la inmunidad a las enfermedades o la química sanguínea, entre muchos otros. Algunos de estos hallazgos, fascinantes ya de por sí, encierran, además, la promesa de futuros avances para la salud humana.

Las aves migratorias pueden agrandar y deshacerse de sus órganos internos en función de sus necesidades, potenciar su rendimiento en vuelo dopándose con medicamentos naturales que lo mejoran y disfrutar de una salud perfecta pese a exhibir estacionalmente todos los síntomas de la obesidad mórbida, la diabetes y una cardiopatía inminente. Un ave migratoria puede poner a dormir mitades alternas del cerebro mientras vuela durante días, semanas o incluso meses sin parar, y, cuando se ve obligada a permanecer completamente despierta, ha desarrollado defensas frente a los efectos de la privación del sueño; de hecho, las aves parecen volverse mentalmente más agudas en tales condiciones, la envidia de cualquier humano que se arrastra durante el día tras una noche de insomnio. Por si todos estos no fueran elementos suficientes que parecieran propios de la ciencia ficción, ahora sabemos que las aves se orientan empleando una forma de mecánica cuántica que marearía incluso a Einstein.

Tal como las distintas especies de aves emplean multitud de estrategias migratorias (a larga distancia o corta distancia, vuelos diurnos o nocturnos, por tierra o sobre el agua), los investigadores están hallando un caleidoscopio de métodos aparentemente contradictorios que estos animales utilizan para lograr los mismos fines. A título de ejemplo, entre las que dependen del mar Amarillo figuran las agujas colipintas, unas aves costeras del tamaño de las palomas, con largas patas y un pico delgado y ligeramente elevado hacia arriba, parientes cercanas de las agujas colinegras que Zhu estudiaba en aquellas granjas de camarones propiedad de un gánster. Esta especie es, en gran medida, un ave del Viejo Continente que anida en la tundra húmeda desde el norte de Escandinavia, pasando por toda la región septentrional de Asia, hasta el extremo oriental de Rusia, así como en el oeste y el norte de Alaska. Los ejemplares procedentes de las regiones europeas y eurasiáticas centrales de esta zona de distribución invernan a lo largo de las costas fangosas y las lagunas de manglares de África, Oriente Próximo y el océano Índico, además de en todo el Sudeste Asiático. No se trata de migraciones en absoluto insignificantes, pero las agujas que crían en el este de Asia y, sobre todo, en Alaska realizan un viaje que, a simple vista, se antoja francamente inconcebible y que solo es posible debido a unos cambios fisiológicos que parecen diseñados en el laboratorio de un genio loco.

Hace veinte años, científicos que empleaban algunos de los primeros transmisores por satélite miniaturizados quedaron estupefactos al averiguar que muchas agujas efectúan un vuelo sin paradas de más de once mil quinientos kilómetros cada otoño, desde el oeste de Alaska hasta Nueva Zelanda, un viaje que les lleva entre ocho y nueve días de vuelo ininterrumpido, la migración sin escalas más larga que se conoce, durante la cual se ejercitan a la misma tasa metabólica que un humano que corriera infinitas carreras de «millas en cuatro minutos».* Y realizan esta asombrosa hazaña forrándose primero con gruesas capas de grasa, alimentándose con una energía demente en las fecundas llanuras de marea de la península de Alaska, comiendo lombrices marinas y otros invertebrados. En unas dos semanas duplican con creces su peso, de tal manera que una aguja de 680 gramos lleva más de 280 de grasa bajo la piel y en el interior de su cavidad corporal. Se vuelven tan obesas que se menean al caminar, y, a continuación, registran una rápida reorganización de su anatomía interna. Los órganos digestivos, como la molleja y los intestinos, que ya no necesitan, se encogen y se atrofian, mientras que los músculos pectorales con que baten sus largas y esbeltas alas duplican su masa, como también ocurre con el miocardio, y sus pulmones aumentan de capacidad. (Como tantos descubrimientos relacionados con las aves costeras, este fue realizado por Theunis Piersma, trabajando en colaboración con el científico estadounidense Robert Gill Jr., de US Geological Survey). Las agujas cronometran su partida de Alaska con el paso de los vendavales huracanados de otoño, que les proporcionan un fuerte impulso como viento de cola y les permiten alcanzar grandes velocidades entre los primeros ochocientos y mil seiscientos kilómetros de recorrido sobrevolando el Pacífico. En el camino afrontan una deshidratación y una privación del sueño extremas, por no hablar del agotamiento físico que debe de ocasionar batir las alas

---

* Se conoce como «milla en cuatro minutos» la carrera consistente en completar una milla (1.609 m) en cuatro minutos o menos. El primero en conseguirlo fue Roger Bannister, en 1954. Desde entonces y hasta 2022, la «barrera de los cuatro minutos» había sido superada por 1.755 atletas. En la actualidad, es un estándar de los corredores de media distancia en varias culturas. *(N. de la T.)*

millones de veces sin la más mínima pausa. Sin embargo, más adelante vuelven a quedar a merced de otros vientos de cola, los vientos australes del oeste, que las aceleran durante los últimos 965 kilómetros de su viaje. Una vez en Australasia, las agujas vuelven a desarrollar rápidamente los órganos digestivos y se pasan el verano austral (o del hemisferio sur) alimentándose con normalidad, pero, a medida que los días se acortan, cambios hormonales desencadenan un nuevo episodio de alimentación compulsiva (llamada «hiperfagia») y una ganancia explosiva de peso, seguido por una atrofia similar, si bien no tan extrema, de los órganos digestivos. En esta ocasión, las agujas parten rumbo al noroeste, alzando el vuelo de Nueva Zelanda a principios de abril para atravesar más de nueve mil seiscientos kilómetros del Pacífico oeste en dirección a China y las dos Coreas, en otro vuelo ininterrumpido de entre ocho y nueve días de duración. Al aterrizar, repiten el ciclo de restauración de sus órganos y glotonería por tercera vez antes de atravesar una última vez el océano, durante aproximadamente cinco días, para recorrer los apenas (¡apenas!) seis mil quinientos kilómetros de regreso a Alaska. Periplos como este han espoleado a un especialista en la fisiología de las aves migratorias a afirmar: «La metáfora de un maratón no capta plenamente la magnitud del vuelo migratorio a larga distancia de las aves. En ciertos aspectos, un viaje a la Luna parecería más adecuado».[4]

He visto a agujas colipintas recién llegadas a orillas del río Keoklevik, en una zona remota al oeste de Alaska, una tierra llana, desarbolada y anegada a escasa distancia del mar de Bering que forma parte de los más de siete millones y medio de hectáreas del Refugio Nacional de Vida Silvestre del Delta del Yukón. Allí el viento incesante azota lechos de pastos y juncos exuberantes a lo largo de canales fluviales serpenteantes y recorre los bancales y las crestas ligeramente más elevadas de esponjosa tundra salpicada de flores. Justo después de haber completado un viaje de ida y vuelta de veintinueve mil kilómetros, periplo que una aguja puede repetir entre veinticinco y treinta veces en su larga vida, las aves apenas pierden tiempo. El macho describe círculos a gran altura, en un cortejo que los biólogos han bautizado como «vuelo renqueante», un ritmo entrecortado en el que la plateada cara interior de sus alas destella bajo el sol, en contraste

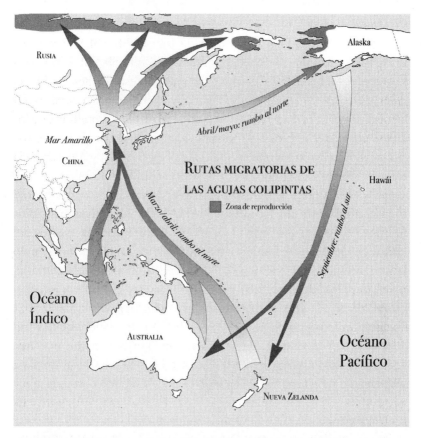

El viaje transpacífico de las agujas colipintas de Alaska, que comporta entre siete y nueve días de vuelo ininterrumpido para llegar a Nueva Zelanda y el este de Australia, es la migración más larga sin paradas que se conoce entre las aves terrestres. Las poblaciones asiáticas, que invernan en el oeste de Australia y crían en el norte de Rusia, también afrontan un viaje formidable.

con el plumaje rojo óxido de su cuerpo, mientras el ave emite un canto estridente repitiendo hasta el infinito *eigüic, eigüic, eigüic, eigüic*. Después de aparearse, la hembra construye un nido pequeño y cómodo con forma de copa en el musgo de turbera, forrado con hebras de líquenes para sus cuatro huevos bien camuflados. Los polluelos, si el nido consigue salvarse de los zorros, los págalos parásitos, las comadrejas, los cuervos y otros depredadores, caminarán y se alimentarán por sí solos casi desde su nacimiento. En cuanto alcancen la edad necesaria para volar, con apenas un mes, sus padres los abandonarán para unirse a las primeras olas de aves migratorias que regresen a Nueva Zelanda. Guiados solo por sus genes, los juveniles formarán una bandada y también se desplazarán hacia la costa, donde se rendirán a una orden innata de comer sin descanso y luego alzarán el vuelo hacia el ancho y hostil océano.

Sentado en el suelo húmedo en la ribera del Keoklevik, contemplando cómo se despliega este ciclo anual, he intentado meterme en la cabeza de una aguja juvenil a medida que va dejando atrás tierra firme por primera vez y el Pacífico, inmenso y letal, se extiende durante días bajo sus ajetreadas alas. ¿Tendrán alguna duda, sumidas en las largas noches, mientras las estrellas desconocidas del hemisferio sur ruedan sobre sus cabezas? ¿Sentirán miedo? ¿Hay alguna emoción capaz de penetrar en lo que solo puedo concebir como un agotamiento absoluto y entumecedor? ¿O la joven aguja solo siente certeza, la sensación de estar haciendo exactamente lo que tiene que hacer en ese momento, atraída hacia un lugar fuera de la vista por un magnetismo biológico? No hay respuesta para mí en los ojos pardos oscuros de la hembra posada tranquilamente en su nido.

Las agujas de Alaska son solo el ejemplo más extremo de aves migratorias que reordenan su organismo interno. Tal flexibilidad interior es, en realidad, un rasgo habitual entre aves migratorias de muchos tipos; cualquier zorzal o pájaro gato que se alimente de bayas de cornejo en un rinconcito del jardín de casa ha experimentado una expansión de sus intestinos a finales de verano para almacenar en ellos hasta la última caloría de esa fruta rica en lípidos. Incluso en una misma especie, pueden darse variaciones espectaculares con respecto a este asunto de hincharse a atracones y luego encoger. La población de correlimos gordos que inverna en el noroeste de Europa y cría en Groenlandia y en la zona este del Ártico canadiense, por ejemplo, hace un alto en Islandia durante unas tres semanas y media en su trayecto hacia el norte. Durante la primera semana apenas gana peso en general, pero su corazón, buche e hígado aumentan de masa. En los diez días siguientes, sus intestinos, riñones y músculos de las patas también se agrandan. Llegados a este punto, los correlimos se forran de grasa atiborrándose de moluscos pequeños, pero, curiosamente, dado su ritmo de alimentación, sus buches empiezan en este momento a encogerse de nuevo y habrán reducido su peso en una cuarta parte cuando las aves por fin partan. En cambio, su hígado crece con rapidez, hasta duplicar con creces su peso antes de la partida.

En colaboración con colegas chinos, Theunis (quien, no es de sorprender, también formó parte del equipo que estudiaba los correlimos islandeses) analizó asimismo la fisiología durante las paradas en la subespecie de correlimos gordos bautizada en su honor, *Calidris canutus piersmai*, mientras se preparaban para volar desde el mar Amarillo hasta el Ártico ruso. Curiosamente, hallaron diferencias significativas en la respuesta del correlimos a la migración en Islandia. Para empezar, tal como se esperaba, nada más llegar al mar Amarillo procedentes de Australia, tras un vuelo de cerca de seis mil quinientos kilómetros, las aves, delgadas y agotadas, reconstruían sus órganos y tejidos. Ello incluía no solo su tracto digestivo, atrofiado antes de alzar el vuelo, sino también la masa muscular consumida para obtener energía durante el largo periplo. Tras esa fase inicial de acumulación proteica, las aves parecían accionar un interruptor metabólico y hacían acopio de grasas, multiplicando sus reservas lipídicas casi por diecisiete, hasta que, como las agujas, duplicaban con creces su magro peso, incluso más de lo necesario para completar su viaje hasta el Ártico. En este punto, el metabolismo volvía a cambiar y desarrollaban rápidamente sus músculos para el vuelo, pero en lugar de encogerse, como ocurre en el caso de las agujas e incluso en el de sus parientes cercanos en Islandia, los órganos digestivos de los correlimos del mar Amarillo aumentaban de tamaño a la par que sus músculos pectorales, un cambio especialmente acusado en las hembras.

¿Por qué? Theunis y sus colegas suponen que las aves acumulaban grasas y proteínas adicionales en sus órganos porque las condiciones en el Ártico, en los días y las semanas posteriores a su llegada, las privarían de sustento. Para empezar, no disponen de mucho tiempo: la ventana para alimentarse en el norte es tan breve que las aves no pueden permitirse descansar y reponer sus depósitos energéticos si esperan aparearse, establecerse en un territorio, nidificar y criar a sus polluelos antes de que regrese el invierno. Y lo que es aún peor, cuando llegan al Ártico, este sigue sepultado bajo el hielo y la nieve del invierno precedente, así que, sencillamente, no hay comida con la que alimentarse. La única manera de criar con éxito, por consiguiente, es portar amplias reservas de grasa y proteína desde las lejanas orillas del mar Amarillo, sobre todo en el caso de las hembras, que deben transformar esas reservas energéticas en huevos.

Tener musculatura y masa orgánica de sobra plantea otra ventaja, y guarda relación con los complejos procesos químicos mediante los cuales las aves queman con eficacia grasas para obtener combustible, una labor que, basada en la fisiología de los mamíferos, debería ser casi imposible. Aporta agua. Uno de los obstáculos más difíciles para cualquier ave migratoria a larga distancia debería ser la deshidratación. Aunque los pájaros no sudan, sí pierden mucha humedad a través de la respiración, uno de los motivos, quizá, por los cuales muchas aves migratorias vuelan de noche, cuando el aire es más frío y húmedo. Además, deben excretar los residuos y, por concentrados que estos sean, también invierten en ello agua adicional. Sobre todo en el caso de las que atraviesan grandes barreras, como océanos o desiertos, en vuelos de varios días de duración, la deshidratación debería representar una seria amenaza. Sin embargo, no parece serlo. Los estudios demostraron que los mosquiteros musicales que atravesaban el Sáhara procedentes de África presentaban un equilibrio de agua interno normal, incluso los que estaban a punto de morir de inanición tras agotar sus reservas energéticas. Theunis formó parte de un equipo que analizó las tasas de hidratación de las agujas colipintas que migraban entre el África occidental y los Países Bajos, un viaje sin paradas de cuatro mil trescientos kilómetros. Atrayendo a agujas recién llegadas a sus redes, inyectaban a las aves capturadas una pequeñísima cantidad de óxido de deuterio, una forma no radioactiva de agua que se utiliza desde hace tiempo para calcular el agua corporal total. Y no detectaron diferencias entre el equilibrio hídrico de las agujas que acababan de efectuar una migración de varios días seguidos y las que llevaban un tiempo similar descansando y alimentándose.

Si bien la grasa es un combustible maravillosamente denso y potente, capaz de proporcionar ocho veces la energía almacenada de proteínas y carbohidratos, también es difícil de quemar, motivo por el cual los mamíferos dependen sobre todo de los carbohidratos. Las aves presentan adaptaciones que les permiten quemar grasas con una eficacia aproximadamente diez veces superior a la de los humanos, pero esta apenas contiene agua libre que se libere al descomponerse. En cambio, el tejido muscular y orgánico sí la tiene: la proteína libera hasta cinco veces más agua que la grasa cuando un ave la metaboliza. El interior engrosado que el correlimos gordo desarrolla durante su escala en el mar Amarillo, por ende, tal vez no solo sea un banco energético al cual recurrir en el Ártico, sino también un depósito que las células puedan usar para hidratarse en el trayecto, por decirlo de algún modo. Alex Gerson, que estudia la fisiología de las aves migratorias en la Universidad de Massachusetts, explora desde hace un tiempo este aspecto de la migración sometiendo a zorzalitos de Swainson a un gigantesco túnel de viento con control climático y empleando una máquina de generación de imágenes por resonancia magnética (MRI) cuantitativa y portátil para calcular de manera rápida e indolora la masa muscular, la grasa y el agua corporal de las aves antes y después de hacer ejercicio. Y ha descubierto que, canibalizando sus músculos y órganos, además de quemar grasa, un ave puede ajustar de manera constante su producción de agua metabólica para compensar la pérdida derivada de la respiración y de la excreción. En el proceso, un zorzalito, que pesa poco menos de treinta gramos, puede ampliar su distancia de vuelo casi un 30 por ciento, más de tres mil doscientos kilómetros, punto a partir del cual podría volar alimentado solo por grasa, un cojín esencial para aves que, como el zorzalito de Swainson, recorren largas distancias sobre las aguas del mar.

Los científicos apenas acaban de empezar a explorar cómo la fisiología de las aves migratorias ha evolucionado para hacer frente a las duras presiones selectivas. Han revelado importantes adaptaciones a escala celular, incluidos modos de procesamiento rápido de lípidos que incrementan las proteínas encargadas de acelerar el transporte de los mismos y alimentan la maquinaria celular que las descompone en glicerol y ácidos grasos. Las aves migratorias presentan, por naturaleza, elevados niveles de enzimas mitocondriales que oxidan los ácidos grasos, y dichos niveles aumentan incluso más a medida que se aproxima la estación de la migración y cuando descansan en sus puntos de parada.

Asimismo, las aves pueden mejorar su eficiencia y su rendimiento musculares seleccionando los alimentos adecuados. Los correlimos semipalmeados que se congregan en la bahía de Fundy en otoño, antes de realizar un vuelo sin paradas de tres mil doscientos kilómetros hasta la costa nordeste de Sudamérica, pasan varias semanas alimentándose de manera selectiva de un diminuto anfípodo marino llamado *Corophium*, que habita por billones bajo tierra en las marismas que quedan expuestas por las inmensas mareas de la ensenada. Resulta que el *Corophium* es tremendamente rico en ácidos grasos polinsaturados como el omega-3, tan pregonado como beneficioso para la salud humana; de hecho, ningún otro invertebrado marino presenta unos niveles de este ácido graso ni siquiera comparables a los del *Corophium*. En las aves, el omega-3 no solo sirve de combustible, sino que prepara la musculatura para el vuelo e incrementa la capacidad aeróbica, algo que algunos fisiólogos aviares han descrito como un «dopaje natural». Algunos experimentos han demostrado que aves terrestres como los chingolos gorgiblancos, que no tienen acceso a crustáceos ricos en omega-3, son capaces de generar el ácido graso omega-6, que también mejora el desempeño muscular, incluso cuando se los somete a una dieta controlada en cautividad.* Como es sabido, hace tiempo que se advierte a las personas de los peligros de las dietas yoyó o, lo que es lo mismo, de ganar, perder y volver a ganar peso en ciclos repetitivos. En cambio, aves como las agujas oscilan

---

* Cabe destacar que el hecho de que un ave se autosuministre una medicina natural que mejora su rendimiento puede ser una relativa novedad. Las evidencias genéticas recopiladas apuntan ahora con fuerza a que el *Corophium* en el noroeste del Atlántico llegó allí procedente de Europa, probablemente sobre rocas fangosas de lastre, transportadas en las bodegas de buques europeos durante los siglos XVII y XVIII. Dado que este pequeño anfípodo excava y rastrilla enérgicamente el barro en busca de alimento, empleando dos largas antenas similares a patas, y debido a los incontables billones de ejemplares que existen, se lo considera un «ingeniero del ecosistema», una especie que, como los humanos y los castores, es capaz de modificar de manera radical su entorno. Se desconoce si el *Corophium* desplazó a otros invertebrados de los cuales dependieron en otro tiempo los correlimos, o si tal vez las aves han modificado su estrategia migratoria, así como el acondicionamiento fisiológico de su cuerpo previo a la migración, para aprovechar esta nueva situación.

entre extremos de una gordura obscena y una delgadez famélica a los que ningún humano puede llegar siquiera a aproximarse, y lo hacen varias veces al año, en ocasiones durante décadas, pese a lo cual parecen no sufrir las consecuencias que atormentarían a cualquier ser humano, incluido un mayor riesgo de hipertensión, cardiopatía y derrame cerebral. La química de la sangre de las aves durante la estación migratoria muestra muchas de las señales de advertencia apreciables en una persona con diabetes o con una enfermedad coronaria, pero sin las consecuencias negativas asociadas a estas. Por cualquier baremo típico, un ave migratoria lista para viajar debería poner rumbo a urgencias, no al cielo. «Medido por los estándares humanos, las aves premigratorias están obesas, diabéticas y podrían caer fulminadas por un ataque al corazón en cualquier momento»,[5] en palabras de dos investigadores que estudian este fenómeno. Sigue siendo un misterio cómo se protegen las aves, pero los especialistas esperan que el conocimiento de la fisiología aviaria contribuya a hallar nuevos tratamientos y enfoques preventivos en los seres humanos.

Dotarse de suficiente energía y agua son solo dos de las trabas que debe superar toda ave que emigra a larga distancia. El aleteo también requiere inmensas cantidades de oxígeno, y las aves más rápidas y enérgicas vuelan a casi el 90 por ciento de su tasa máxima de consumo de oxígeno, más del doble de la de un mamífero de un tamaño comparable. Las agujas incrementan el número de glóbulos rojos en su sistema circulatorio antes de la migración, lo cual les permite obtener más oxígeno con cada respiración (y, a diferencia de los corredores humanos que entrenan a altas altitudes para lograr ese mismo resultado, este cambio se produce a nivel del mar, sin esfuerzo por parte del ave). Esto también ayuda a compensar la atmósfera, más fina, presente a entre los dos mil setecientos y tres mil metros de altura a que suelen volar las agujas, donde cuentan con la ventaja de unas temperaturas más bajas (y, por consiguiente, de una menor deshidratación). Pero ¿qué ocurre con las aves que vuelan a una altura muy superior a esa? Se ha documentado que los ánsares indios y los tarros canelos sobrevuelan el Himalaya a altitudes de más de siete mil doscientos metros, donde el nivel de oxígeno efectivo es de entre la mitad y un tercio del presente a nivel del mar. (El porcentaje de oxígeno en la atmósfera en realidad es constante, al margen de la altitud, pero el descenso de la presión atmosférica a medida que se asciende dificulta el intercambio de gases en los pulmones). Sin suplemento de oxígeno, los humanos pueden sufrir confusión a causa de la hipoxia, y parecen padecer también daños cognitivos a largo plazo, incluso después de regresar a alturas inferiores; y lo que es peor aún, la altitud puede provocar edema cerebral si el cerebro se inflama o edema pulmonar si los pulmones se llenan de líquido, alteraciones que pueden devenir letales rápidamente. Incluso a los escaladores de élite que se tambalean en los flancos del Everest les resulta agotador dar un solo paso y, sin embargo, si alzan la vista, pueden contemplar gansos, grullas o patos sobrevolándolos.

Los ánsares indios, las aves migratorias del Himalaya que se han estudiado con más detenimiento, afrontan una serie de desafíos desalentadores. Aunque intenten abrirse camino a través de los valles a menor altura siempre que pueden, incluso dichas rutas se encuentran en lo que, en cualquier otro lugar del mundo, se consideraría altitudes ridículamente elevadas. Allí no solo escasea el oxígeno disponible, sino que la baja presión atmosférica los obliga a realizar un mayor esfuerzo con cada aleteo solo para permanecer en el aire. Y esta especie, que cruza la cordillera más alta del mundo, realiza un ascenso propulsado más pronunciado que cualquier otra ave conocida. En primavera, mientras las bandadas se elevan desde las planicies indias y se enfrentan al Himalaya, ascienden una media de más de novecientos metros por hora (y, en un caso destacable, casi dos mil doscientos metros por hora) durante más de tres horas. Este dato resulta aún más asombroso si tenemos en cuenta que los escaladores humanos tardan semanas o meses en aclimatarse a tales altitudes.

Las aves en general, y los ánsares indios en particular, tienen ventajas de las que incluso los escaladores de élite carecen. El sistema respiratorio aviar es mucho más eficiente que los pulmones humanos. En lugar de absorber aire y expulsarlo con un sistema de circuito cerrado como el nuestro, donde el intercambio entre aire viejo y aire nuevo es de solo un 5 por ciento, las aves cuentan con una serie de sacos aéreos distribuidos por toda la cavidad corporal, e incluso en los huesos de las patas y las alas, conectados con los pulmones. Al inspirar, el aire fresco de la tráquea no entra directamente en los pulmones, sino en los sacos aéreos situados en la parte posterior del cuerpo. La espiración siguiente desplaza ese aire a los pulmones, que son mucho más densos que los de los mamíferos y tienen una mayor superficie para el intercambio de gases. La siguiente inspiración, que lleva una nueva bocanada de aire fresco a los sacos posteriores, desplaza el aire consumido de los pulmones hacia los sacos aéreos frontales, mientras que la última espiración de esta secuencia de cuatro tiempos expele el aire consumido de los sacos frontales al tiempo que lleva aire nuevo a los pulmones. Esta configuración respiratoria unidireccional no solo es muchísimo más eficiente para procesar oxígeno que el modelo mamífero, sino que es, de manera inherente, más resistente al edema pulmonar, uno de los peligros de la práctica de ejercicio a altitudes elevadas. En proporción, el corazón de un pájaro también es más grande y sus músculos tienen una mayor densidad capilar que los nuestros e intercambian oxígeno a escala celular de manera más eficiente; además, sus células cerebrales parecen tolerar la falta de oxígeno mejor que las de los mamíferos, si bien se desconoce si son más resistentes al edema cerebral o no.

Recientemente, la ciencia ha descubierto que, además de estas ventajas generales de las aves, los ánsares indios han desarrollado un conjunto de adaptaciones específicas que los ayudan a superar su extraordinario viaje. Incluso en comparación con otras aves, estos gansos toleran niveles de oxígeno en sangre sumamente bajos; en reposo, son capaces de funcionar a niveles equivalentes a los de una atmósfera de más de doce mil metros. Sus pulmones son incluso más grandes que los de otras aves acuáticas de un tamaño equivalente, respiran más profundamente y con menos frecuencia (lo cual aumenta y mejora el intercambio de gases) y su hemoglobina transporta mejor el oxígeno. Todo ello comporta que el cuerpo de un ánsar migratorio pueda aportar más oxígeno disuelto a la sangre para sus mitocondrias, su fuente de energía celular.

Es comprensible pensar que la evolución ha hecho que las aves migratorias se vuelvan más duras y resistentes que las no migratorias, pero, sorprendentemente, lo contrario también es cierto. Dado que las aves migratorias que recorren largas distancias, atravesando muchos hábitats, presumiblemente lidian con una inusitada variedad de enfermedades (sobre todo durante el tiempo que pasan en los trópicos), sería lógico pensar que contaran con sistemas inmunitarios especialmente robustos. Pero, comparando la diversidad de genes que reconocen patógenos entre aves cantoras estrechamente relacionadas, algunas de ellas residentes en los trópicos africanos, como el bisbita africano, aves noreuropeas no migratorias como los bisbitas pratenses y otras que migran entre ambas regiones, como los bisbitas arbóreos, Emily O'Connor y su equipo de la Universidad de Lund, en Suecia, descubrieron justo lo contrario. La diversidad de los genes de la respuesta inmunitaria era bastante limitada en las aves migratorias (aunque no tan baja como entre las aves que residen durante todo el año en el norte). Los científicos especulan con que el coste de acarrear con un potente sistema inmunitario, inclusive el mayor riesgo de desarrollar enfermedades autoinmunes, como inflamación crónica, podría no compensar sus ventajas para las aves migratorias. La investigación de este equipo también sustenta lo que se conoce como la hipótesis del «escape de patógenos», que sugiere que la migración de las aves evolucionó en parte a causa de la presión de alejarse de las regiones tropicales, con elevadas tasas de enfermedad, para reducir el riesgo para los vulnerables polluelos. O'Connor y sus colegas reforzaron esa línea de argumentación comparando la genética de más de mil trescientas especies de aves cantoras en Eurasia y África, de nuevo estudiando con detenimiento grupos de especies estrechamente relacionados. Así averiguaron que los orígenes africanos eran dieciséis veces más habituales que al contrario y que solo unas pocas de las actuales especies residentes en África son originarias del norte. (Se cree que la llamada «hipótesis del origen norteño» se da también en el hemisferio occidental, aunque modelos recientes, basados en un nuevo árbol genealógico detallado con más de ochocientas especies de aves cantoras del Nuevo Mundo, sugieren que las migraciones a larga distancia en las dos Américas probablemente tengan el doble de posibilidades de haberse iniciado cuando las aves del norte fueron ampliando sus zonas de invernada hacia el sur, en lugar de a la inversa. Una vez en los trópicos, sostiene esta teoría, estas aves se diversificaron en las especies tropicales residentes que en la actualidad encontramos allí).

La isla Genovesa es la más septentrional de las Galápagos, situada novecientos sesenta kilómetros frente a la costa pacífica de Ecuador. Como el resto del archipiélago, es de origen volcánico y, como la mayoría, presenta una naturaleza bastante implacable, con vegetación escasa y baja, aferrada a la superficie agrietada de rocas de lava. Está bordeada por acantilados escarpados y azotada por potentes olas en todo su perímetro con forma de herradura, salvo por una caldera hundida, vestigio de una antigua erupción. Atravesada por el océano por un flanco, la caldera forma la bahía de Darwin, un fondeadero protegido de un kilómetro y medio de anchura con una pequeña playa escondida tras un afloramiento de roca negra que se adentra en el mar formando un rompeolas natural.

La Genovesa se conoce con el sobrenombre de la Isla de los Pájaros porque alberga algunas de las colonias reproductivas más numerosas de aves marinas de las Galápagos, centenares de miles de piqueros de patas rojas, piqueros de patas azules y piqueros de Nazcas; miles de rabijuncos etéreos con sus largas y elegantes plumas caudales que se retuercen y tiemblan en el aire; e inmensas colonias de paíños de las Galápagos grandes como golondrinas regordetas, que anidan entre las hendeduras de la roca volcánica y que, a diferencia de la mayoría de los paíños del mundo, vienen y se van de día, porque sus principales depredadores en esta isla son los búhos campestres, aves nocturnas tan oscuras y tiznadas como los afloramientos en los que se posan. Tuvimos un primer contacto con los encantos de la Genovesa incluso antes de llegar, mientras las olas de la bahía agitaban nuestra lancha al acercarnos a la orilla. Un solo piquero de patas rojas se nos acercó volando, describió un círculo a nuestro alrededor y plegó sus largas y negras alas para posarse sobre la cabeza de una de las mujeres del grupo, con sus garras escarlata extendidas sobre su sombrero. La blanca ave se quedó contemplando la brisa con una despreocupación que la turista, con los ojos como platos y la boca abierta de estupefacción y deleite, no compartía. Era el primer día del grupo en las Galápagos y enseguida constatamos que la fama de la cadena insular como un edén de fauna no era ningún ardid publicitario.

Durante las dos horas siguientes, todo el mundo vagó sumido en un feliz aturdimiento, observando iguanas marinas negras como el carbón trepar desde las olas como Godzillas en miniatura y a parejas de piqueros alimentar a sus aterciopelados polluelos blancos. Pinzones de Darwin de los cactus, endémicos y una de las trece especies de famosos pinzones de Darwin, se alimentaban en chumberas. No obstante, pese a encandilarme con todas ellas, las aves que más me embelesaron aquella mañana fueron las fragatas comunes, que protegían a sus polluelos en sus nidos de ramas construidos en arbustos y árboles de baja altura o colgados sin mayor esfuerzo al azote de las fuertes brisas marinas que barrían la isla.

En la fragata todo es largo, como si alguien hubiera estirado un ave marina normal más allá de sus proporciones lógicas. En vuelo, el rasgo más cautivador son sus asombrosas alas, con una envergadura de más de dos metros y apenas un palmo de ancho, oblicuas, torcidas y endiabladamente afiladas. La cola es larga y presenta una profunda bifurcación, el cuello (que en vuelo esconde entre los hombros) tiene el mismo alcance que el de una garza cuando se lanza a por comida y la ensarta con su esbelto pico en forma de garfio, nuevamente más largo que su cabeza. El macho es negro, con un velo verde aceitoso brillante y una franja de piel carmesí en la mitad del cuello, un cuello que, durante el cortejo, puede inflar hasta convertirlo en un saco del tamaño de un balón de fútbol. La hembra tiene el cuello y el pecho blancos, y los juveniles tienen la cabeza íntegramente blanca. Pero, con independencia de la edad, las fragatas presentan la proporción más baja de masa corporal en relación con la superficie de las alas —lo que se conoce como carga alar— de todas las aves; están tan depuradas para volar que su esqueleto pesa menos que sus plumas. La evolución las ha convertido en acróbatas consumadas, sin rival en su capacidad para atrapar las corrientes térmicas ascendentes del aire y planear sin un solo aleteo.

Una fragata macho planeó hasta posarse en un nido, reemplazando a la hembra, que aleteó con fuerza en el aire, pivotó en la brisa y desapareció de nuestra vista. El polluelo, de unas tres semanas de edad, a juzgar por el manto de plumas negras oscuras que destacaban en su desaliñado plumaje blanco, hizo movimientos suplicantes. Cuando el macho abrió la boca y se inclinó hacia delante, la cría le metió la cabeza hasta la mitad de la garganta y tragó mientras el adulto regurgitaba una y otra vez, bombeando la presa que transportaba en el buche. Una vez concluido el atracón alimenticio, polluelo y padre se acurrucaron muy juntos y al poco ambos cayeron dormidos.

Un pájaro dormido puede no sonar estimulante, pero hacía solo unas semanas un equipo internacional de científicos había publicado un destacado artículo acerca de aquellas mismísimas aves, las fragatas que nidificaban en la Genovesa, que había llegado a los titulares de todo el mundo. A pesar de que las fragatas no son aves migratorias, las excursiones en busca de alimento como la que había realizado aquel macho recién llegado (o en la que acababa de embarcarse su pareja) pueden prolongarse más de una semana y cubrir miles de kilómetros en mar abierto, tiempo durante el cual la fragata, que no se sumerge, no puede aterrizar. Resulta que la técnica que emplean estas aves para combatir el sueño no solo es una ciencia entretenida de por sí, sino que además proyecta una luz emocionante sobre una de las principales incógnitas de las migraciones aviares a larga distancia: la capacidad de las aves de privarse de sueño y remodelarlo o de evitar las consecuencias de dicha privación en respuesta a las demandas de vuelos muy largos sin paradas.

El estudio sobre las fragatas estaba encabezado por Neils Rattenborg, un científico estadounidense que dirige un programa de investigación en el Instituto Max Planck de Alemania cuya finalidad es entender el sueño a través del estudio de las aves. Rattenborg y su equipo capturaron quince fragatas hembra que estaban anidando en la Genovesa y las anestesiaron para acoplarles sensores de EEG con el fin de supervisar su actividad cerebral. Se pegó temporalmente un pequeño registrador de datos equipado con un minúsculo acelerómetro a la cabeza de cada individuo para recopilar información y se les enganchó un localizador GPS en el plumaje del dorso. Se seleccionaron hembras por su mayor tamaño, aunque el peso total de los dispositivos era inferior al 1 por ciento de la masa total del espécimen. Tras un periodo de recuperación (durante el cual se mantuvo a los polluelos calientes y seguros), se devolvió a las aves adultas a sus nidos.

Una vez regresaron sus parejas del mar, las fragatas marcadas partieron en un viaje en busca de alimento.

A su regreso, al retirarles los dispositivos, el equipo descubrió que estas excursiones en busca de sustento duraban, de media, seis días, si bien podían prolongarse hasta diez, durante los cuales las fragatas recorrían unos tres mil kilómetros, trazando un círculo en el sentido de las agujas del reloj hacia el nordeste de las Galápagos. Durante su ausencia, las fragatas dormían una media de solo cuarenta y dos minutos cada veinticuatro horas, normalmente dormitando justo después de la puesta de sol y atrapando una corriente térmica aguas adentro que las elevaba a mayor altura aún. Tales eran las definiciones de aquellas siestas vigorizantes que duraban solo doce segundos y, aunque las lecturas del EEG indicaban que en ocasiones todo el cerebro del ave dormía, a menudo solo lo hacía la mitad. La otra mitad permanecía despierta, normalmente el hemisferio conectado con el ojo orientado en la dirección en la cual avanzaba el ave describiendo un suave círculo. Rattenborg constató que se trataba de una estrategia muy similar a la que había documentado en los ánades reales durante su investigación doctoral. Los patos que viajan en los bordes de la bandada mantienen un ojo abierto y el hemisferio cerebral asociado con este activo, es decir, el ojo que no mira hacia la bandada, sino que se mantiene avizor para detectar posibles peligros. En las fragatas, probablemente dicho peligro no fuera un depredador, ni siquiera la posibilidad de colisionar con otra ave. Las fragatas comunes siguen de manera escrupulosa los remolinos oceánicos, las mejores zonas para pescar peces voladores y calamares. Rattenborg y su equipo especulan con que estas minisiestas les permiten rastrear dichos remolinos durante la noche con el objetivo de encontrarse en el lugar más propicio para pescar por la mañana.

El sueño unihemisférico, como se lo conoce, se ha documentado también en mamíferos marinos como los delfines y los manatíes, que toman y expelen cada respiración de manera consciente. En el pasado reciente se ha detectado una condición análoga también en los seres humanos. La mayoría de nosotros ha experimentado una noche de sueño inquieto cuando se aloja por primera vez en un lugar nuevo: los científicos del sueño suelen referirse a este fenómeno como «el efecto de la primera noche». Científicos de la Universidad de Brown y del Georgia Institute of Technology averiguaron que, en tales circunstancias, un hemisferio cerebral permanece no exactamente despierto, pero sí «menos dormido», en sus palabras, y más sensible a los estímulos; de manera que no se trata de un sueño completamente unihemisférico como el de las aves, pero sí se asemeja más a este de lo que se creía.

Las fragatas voladoras exhibían, principalmente, lo que se conoce como sueño profundo o de onda lenta, pero en ocasiones entraban en un sueño con movimientos oculares rápidos o REM: la fase en la que los humanos soñamos y durante la cual los mamíferos terrestres pierden el tono y el control de la musculatura. Esto último tendría consecuencias nefastas para un ave en vuelo, y las fragatas marcadas lograron mantenerse planeando de forma controlada durante el sueño REM, quizá porque en las aves este solo dura unos segundos, en comparación con los veinte minutos o más que dura en los humanos. Al margen de cómo lo controlen, este sistema funciona para las fragatas, y no solo durante sus excursiones de una semana en busca de alimento. Frente a la costa de Madagascar, fragatas comunes equipadas con transmisores satélite han pasado hasta dos meses de vuelo continuo atrapando corrientes ascendentes turbulentas dentro de nubes cúmulos que las han elevado a hasta cuatro kilómetros de altura en el cielo, lo cual les permite planear durante horas en busca de la siguiente corriente ascendente. Una vez que los individuos del estudio de Rattenborg regresaran a sus nidos en la isla Genovesa, pasarían hasta trece horas al día durmiendo, según se cree para recuperarse; sigue desconociéndose cuánto tarda una fragata en reponerse de la privación de sueño tras un vuelo de dos meses; de hecho, ni siquiera sabemos si necesita hacerlo.

Las fragatas son lo bastante grandes para llevar registradores de datos, pero no ocurre lo mismo con la mayoría de las aves migratorias. De ahí que conozcamos tan poco acerca de cómo otras especies gestionan las exigencias contrapuestas del vuelo y el sueño, si bien sí sabemos que parecen asombrosamente resistentes a los problemas que comporta un sueño limitado. Los correlimos pectorales, que migran desde el sur y el oeste de Sudamérica hacia regiones del Ártico que se extienden desde el oeste de Canadá hasta Rusia, deben de acusar la privación del sueño ya cuando llegan a sus zonas de nidificación. Pero ello no es óbice para que los machos emprendan un maratón día y noche de cortejo y defensa del territorio y que se apareen con tantas hembras como les permitan el tiempo y su energía. Un equipo del cual también formaba parte Rattenborg halló un macho especialmente ambicioso que estuvo despierto el 95 por ciento del tiempo durante diecinueve días seguidos. Lejos de sufrir las consecuencias, el éxito reproductivo de un correlimos macho es un reflejo perfecto de su capacidad para eludir el sueño: cuanto menos duerme, más descendencia tiene. Para las aves cantoras migratorias, como los chingolos gorgiblancos y los zorzalitos colirrufos, el inicio de la temporada migratoria conlleva una agitación (conocida con el término alemán de *Zugunruhe*) durante la cual reducen el tiempo que duermen a dos tercios, incluso en cautividad, y bastante antes de migrar. Pueden compensarlo haciendo minisiestas durante el día, y las aves que sobrevuelan tierra pueden hallar un equilibrio más fácil entre su necesidad de volar, comer y dormir que las que salvan grandes barreras como océanos o desiertos. Incluso cuando se priva de sueño a tales especímenes de manera experimental, no presentan la pérdida de funciones cognitivas que normalmente se asocia con la privación del sueño. Ahora bien, esto solo es así en el momento indicado del año. Privados de sueño fuera de la temporada migratoria, gorriones coroniblancos adiestrados para accionar con el pico una tecla iluminada a cambio de recibir alimento se mostraron tan confusos y torpes como cualquier ser humano que se haya pasado en vela toda la noche. Por contra, en primavera y en otoño, esos mismos gorriones no solo conservaban su capacidad para picotear correctamente a cambio de comida, sino que su tiempo de respuesta reflejaba una mejora espectacular. Como otros varios aspectos de la fisiología aviar durante la migración, este presenta asombrosas semejanzas con la manía en los seres humanos, lo cual alumbra vías de investigación para nuestra fisiología.

La ciencia todavía no entiende los mecanismos biológicos que protegen a las aves de las consecuencias debilitantes de la privación del sueño (si más no durante determinadas épocas del año), pero el hecho de que el cerebro aviar se engrose antes de emigrar o, al menos, que genere más neuronas en las cuales almacenar información espacial podría ser una explicación. De hecho, el crecimiento cerebral es un fenómeno bastante común en las aves. Entre los pájaros cantores macho, de la misma manera que sus testículos se engrosan en primavera, también lo hacen las partes del cerebro que producen el canto y reaccionan a él. Los carboneros —cuyas vidas dependen de su capacidad para almacenar alimento y recuperarlo más adelante, durante el invierno— experimentan en otoño un aumento del 30 por ciento del tamaño del hipocampo, la parte del cerebro que procesa la información espacial y la memoria. Un cerebro más grande podría parecer una ventaja para un ave migratoria que debe recorrer distancias inmensas; de ahí que sorprenda que, por el contrario, estas aves tengan un cerebro proporcional al tamaño de su cuerpo, más pequeño que las especies residentes que permanecen en los climas fríos durante todo el invierno. La explicación podría ser que cuesta mucho cargar con un cerebro grande y pesado durante miles de kilómetros, o tal vez se deba a que este órgano es exigente a nivel metabólico y consume mucha energía que resulta más práctico destinar a impulsar la musculatura de vuelo. No obstante, las investigaciones sugieren que la disparidad entre el cerebro de las aves migratorias y sedentarias guarda relación con que las últimas desarrollan un cerebro de mayor tamaño para afrontar los desafíos radicalmente distintos de las diferentes estaciones, mientras que las que migran presentan un cerebro más pequeño.

Ahora bien, aunque el cerebro de un ave migratoria sea más pequeño, tiene más potencia allá donde la precisa: en el hipocampo, la sede de la conciencia espacial. El hipocampo de un junco pizarroso que migra desde el sur de Canadá hasta el sudeste de Estados Unidos contiene más neuronas que el de cualquier junco sedentario que pase toda la vida en un pico de los Apalaches meridionales, y el primero obtiene mejores resultados en los test de memoria espacial. Las aves migratorias generan neuronas nuevas antes del desplazamiento otoñal; al comparar el cerebro de carriceros comunes con el de carriceros estentóreos no migratorios, los científicos averiguaron que los primeros tenían muchas más neuronas nuevas. (Por cierto, la producción de neuronas no solo se da en las aves; por mucho que en las clases de biología del instituto le explicaran lo contrario, los humanos también producimos neuronas nuevas). Ese mismo equipo internacional, con Shay Barkan, de la Universidad de Tel Aviv, Israel, al frente, también reveló que la densidad de las neuronas guardaba relación con la distancia a la que migra la especie: entre los carriceros comunes y las tórtolas europeas que estudiaron, los individuos que migraban más lejos (según se determinó gracias a las sutiles firmas químicas de isótopos en su plumaje) también presentaban el mayor crecimiento neuronal. Ahora bien, había diferencias en los puntos en los que aparecían las nuevas neuronas. Como era previsible, los carriceros, que migran solos y sobre todo de noche, generaban la mayoría de sus neuronas nuevas en el hipocampo. En las tórtolas, en cambio, gran parte del crecimiento se producía en una región cerebral distinta, el *nidopallium* caudolateral, que se ocupa del pensamiento ejecutivo y puede ser más importante para las aves migratorias sociales y principalmente diurnas, como las tórtolas europeas, ya que deben observar e interpretar las acciones de sus compañeras.

Plantéeselo así. El carricero puede contar con más neuronas para procesar los datos espaciales y de navegación, pero la tórtola tiene acompañantes y, en cierto sentido, docenas o centenares de tórtolas que viajan juntas en una bandada pueden actuar como células individuales de un único cerebro que procesa datos de navegación. Cada tórtola posee una brújula de a bordo que la orienta y la orientación de cada ave es, en mayor o menor grado, imprecisa. Nadie es perfecto, pero, al volar juntas, las tórtolas compensan su imprecisión y llegan a una decisión colectiva mejor y más exacta que la que cualquiera de ellas podría tomar a título individual. Esto recibe el nombre de «teoría de los errores múltiples» (de la misma manera que en lógica se dice que «dos errores hacen un acierto») y equivale al tipo de sabiduría popular que, tal como se señaló por primera vez en 1906, puede hacer que centenares de feriantes ingleses adivinen el peso de un buey con un margen de error de un 1 por ciento cuando se calcula la media de todas sus conjeturas.

Esto nos lleva a la ciencia emergente de la orientación, responsable del que podría ser el hallazgo más asombroso relativo a la migración aviar. Tal vez haya sido bueno que Einstein no fuera un observador de aves, porque este descubrimiento no le habría gustado nada.

La capacidad de un ave migratoria de atravesar miles de kilómetros tal vez sea la mayor hazaña fisiológica que existe, sobre todo porque casi todas ellas lo hacen guiadas exclusivamente por su instinto, sin la ayuda de sus padres ni de otros adultos. Solo unos pocos grupos de aves migratorias, entre las cuales se cuentan las aves acuáticas y las grullas, viajan en bandadas multigeneracionales. El resto de ellas nacen con un mapa de carreteras genético que las espolea a volar en una dirección determinada durante un tiempo determinado en un momento determinado del año. Sabemos que utilizan diversas pistas, incluidos elementos paisajísticos como cordilleras y líneas litorales, además de indicadores estelares, como las estrellas (no su posición ni su disposición en el cielo nocturno, sino su aparente falta de rotación con relación a la estrella polar, que señala el norte), el desplazamiento del sol en el cielo y el movimiento simultáneo de las bandas de luz polarizada, invisibles a los ojos humanos pero no a los de las aves. Incluso se guían por «paisajes olfativos» de moléculas volátiles que mantienen una estabilidad considerable a lo largo de centenares de kilómetros cuadrados a pesar del viento y las condiciones climáticas y perduran estación tras estación, a modo de señales viales olfativas en la autopista migratoria.

Quizá la pista migratoria más importante de todas, y durante muchas décadas también la más misteriosa, sea la orientación magnética. Desde la década de 1850, los investigadores sospechaban, tal como confirmaron en los años sesenta del siglo XX, que las aves poseen un sentido magnético. Si quiere hacerse el interesante, puede demostrarlo pegando una bobina electromagnética diminuta a la cabeza de una paloma mensajera, un chisme que recuerda a unas orejas de burro, y crear un campo magnético que anule los efectos menos potentes del campo de la Tierra, lo cual desorientará a la paloma, que será incapaz de hallar el camino de regreso a casa. (Y si no tiene acceso a una de estas bobinas de Helmholtz en miniatura, como se las conoce, puede usar una sencilla varilla magnética enganchada al lomo de la paloma). Antiguamente se creía que los responsables de este sentido magnético eran minúsculos depósitos de magnetita, una forma magnética y cristalina de óxido ferroso que se había detectado en los picos superiores de distintas aves. Sentado en mi clase de ornitología de pregrado, hace cuarenta años, leyendo sobre la magnetita en el pico de un tordo charlatán, me resultaba fácil imaginar que aquellos cristales ferrosos funcionaban como una brújula de a bordo y atraían el pico del ave hacia el norte. Era una imagen coherente, pero aquella explicación presentaba un par de obstáculos importantes. Para empezar, los experimentos demostraban que las aves no reaccionaban a la polaridad, como ocurre con la aguja de una brújula, es decir, al alineamiento norte-sur del campo magnético planetario. En lugar de eso, parecían detectar la inclinación, el ángulo al que las líneas del campo magnético que emanaban del núcleo terrestre intersecan su superficie, cambiante cuanto más cerca de los polos o del ecuador se está. En la década de 1990, los científicos comprobaron que la explicación de la magnetita presentaba un problema aún más inexplicable. Por motivos que nadie comprendía, la brújula magnética de las aves funcionaba bien, salvo cuando se la exponía a luz amarilla o (especialmente) roja. Y no era un fenómeno que ocurriera solo en las aves; casi todos los animales con sentido magnético, como los tritones y las moscas de la fruta, parecían perder la capacidad de orientarse cuando se los bañaba en luz roja.

En realidad, no es del todo cierto que nadie tuviera una explicación para este fenómeno; lo que sucedía era que la explicación se antojaba tan extravagante que, cuando se planteó (por cierto, el mismo año que yo estudiaba ese texto de ornitología), nadie se la tomó en serio. Los editores de la destacada publicación a la que el autor envió el manuscrito le sugirieron que lo tirara a la papelera. Y, aunque no lo hizo, transcurrieron otras cuatro décadas antes de que mucha gente prestara atención a la idea de Klaus Schulten.

En 1975, Schulten era un joven físico que cursaba su doctorado en el Instituto Max Planck de Química Biofísica en Gotinga, Alemania, donde estudiaba las reacciones químicas influidas por cambios magnéticos. Apreció que la reacción que veía en sus tubos de ensayo

—en la que los llamados «pares radicales», dos moléculas vinculadas a nivel cuántico, se veían influidas por una barra magnética común— podía desempeñar algún papel en la por entonces enigmática capacidad de las aves de orientarse magnéticamente. La molécula correcta en el lugar correcto del cuerpo de un ave y activada por la luz o por la oscuridad (no estaba seguro) podía crear una brújula química sensible al debilísimo campo magnético de la Tierra. De manera que, junto con dos colegas, Schulten escribió un sesudo artículo cargado de datos matemáticos en el que exponía su hipótesis y, en 1978, lo envió a la prestigiosa revista *Science*.

«Me devolvieron el artículo con una nota de rechazo que decía: "Un científico menos osado habría destinado esta idea a la papelera" —explicó Schulten a un entrevistador en 2010—. Me rasqué la cabeza y me dije:"O bien es una idea magnífica o una estupidez absoluta". ¡Decidí que era una idea magnífica y me apresuré a publicarla en una revista alemana!».[6] Pero su artículo, por decirlo suavemente, pasó sin pena ni gloria. Algunos de los expertos actuales en este ámbito atribuyen el bostezo general que causó en su momento a la espesura de ecuaciones que exponían Schulten y sus colegas y que tal vez desalentaron a los biólogos de llegar al meollo de la cuestión. Pero también pudo deberse al hecho de que nadie, ni siquiera Schulten, conocía ninguna molécula que tuviera las propiedades necesarias para que se diera este tipo de percepción magnética inducida por la luz. De manera que Schulten se volcó en forjarse una carrera asombrosamente fecunda y variada combinando un abanico de disciplinas en la biofísica computacional y empleando superordenadores para simular los sesenta y cuatro millones de átomos en la cubierta proteica del virus del VIH, por ejemplo. Con todo, no abandonó su idea acerca de la orientación magnética. En el 2000, fecha en la cual ya dirigía varios grupos de investigación destacados en la Universidad de Illinois, Schulten retomó la cuestión, porque, para entonces, alguien había señalado que una proteína fotorreceptora llamada criptocromo podría ser su misteriosa molécula. Schulten coescribió un artículo en el que exponía su argumento de manera más detallada a la par que más accesible para las personas sin conocimientos de física. En esta ocasión, el mundo científico sí prestó atención, y una catarata reciente y prolífica de estudios de investigación publicados ha llevado a la mayoría de los expertos a estar convencidos de que Schulten, en efecto, había encontrado el santo grial de la magnetorrecepción. Es un grial un poco raro, pero es lo que suele ocurrir con casi todos los descubrimientos relativos a la física cuántica. Este es el marco tal como se entiende en la actualidad. Un ave migratoria que aletea a través del cielo nocturno alza la vista hacia las estrellas. Un fotón que dejó una de esas estrellas millones o incluso miles de millones de años antes entra en el ojo del ave y golpea una molécula de una forma de criptocromo, casi con toda seguridad una variante específica conocida como criptocromo 1a o Cry1a. Esta colisión tiene lugar en la retina, probablemente dentro de un conjunto de células de la visión especializadas llamadas «células de doble cono», cuya función hasta ahora había sido una incógnita. El fotón libera uno de los electrones de la Cry1a, que impacta con la célula Cry1a vecina y, dado que ahora cada una de dichas células tiene un número irregular de electrones, las dos moléculas se conocen como par radical y quedan vinculadas, entrelazadas, en la jerga de la mecánica cuántica. Además, son magnéticas, porque los electrones tienen una propiedad conocida como «espín», del inglés *spin*, «giro» (que en realidad no es un giro asociado a movimiento, como podría imaginarse, sino un estado conocido como momento angular, pero da igual, mejor no escarbar en demasiadas madrigueras cuánticas ahora mismo). Estas partículas entrelazadas continúan unidas independientemente de la distancia, desafiando con ello la física clásica y el sentido común. De hecho, se han convertido en una misma cosa; si se miden las propiedades de una, aunque estén separadas por millones de años luz, pueden inferirse las propiedades de la otra.

Einstein, cuyas investigaciones contribuyeron a engendrar este concepto, es célebre por haberse rebelado en contra de esta idea del entrelazamiento, que en la década de 1930 desdeñó calificándola como una «acción fantasmal a distancia». Sin embargo, los experimentos la han confirmado. En el ojo de un ave migratoria, el efecto de innumerables pares radicales probablemente crea una forma tenue o una mancha —visible cuando el ave mueve la cabeza, pero no lo bastante opaca como para interferir en su visión normal— que cambia con la posición relativa del pájaro con respecto al suelo y a la inclinación de las líneas del campo magnético que se comban alrededor del planeta. Aun así, si ha oído hablar del entrelazamiento, probablemente sea por los extravagantes usos que se le han dado. En 2017, por ejemplo, científicos chinos lo usaron para «teletransportar» dos fotones entrelazados o, al menos, la información de esos fotones, desde un satélite en órbita hasta estaciones terrestres situadas a más de mil cien kilómetros de distancia. Y en 2020, el mismo equipo chino aseguró haber empleado el entrelazamiento cuántico para transmitir un código de encriptación indescifrable a un satélite. Estamos aún a un largo trecho de teletransportar a nadie como en *Star Trek*, pero estos ejemplos se aplauden como los primeros pasos de una internet cuántica a prueba de *hackers* y, posiblemente, de una comunicación que supere la velocidad de la luz. (Lo irónico del caso es que el entrelazamiento en sí podría no ser esencial en el proceso que permite a las aves ver un campo magnético. Esta extraña rama de la teoría cuántica podría ser, en palabras de dos investigadores destacados, «algo que uno obtiene "gratis" en un criptocromo»,[7] pero no ser esencial para que la molécula actúe como una brújula magnética).

Me moría de ganas de visitar a Klaus Schulten en sus laboratorios en el Instituto Beckman de Ciencia y Tecnología Avanzadas de la Universidad de Illinois Urbana-Champaign. Tras haber contactado con él a finales del año 2016, le envié un correo electrónico de seguimiento para plantear posibles fechas… y la respuesta automática que recibí me pilló con la guardia baja: Schulten había fallecido hacía unas semanas, a los sesenta y nueve años. Sus obituarios alababan con justicia su profunda repercusión en la biología computacional, como pionero de técnicas que permiten a los científicos modelar sistemas de vida de una complejidad pasmosa, pero, para un amante de las aves como yo, su mayor descubrimiento bate las alas por los cielos nocturnos dos veces al año.

Ahora parece casi seguro que los pares radicales, el Cry1a y el entrelazamiento cuántico proporcionan a las aves en vuelo una brújula magnética. Pero estas poseen una segunda habilidad magnética, una especie de mapa incorporado que les permite orientarse, y la teoría de los pares radicales no la explica. ¿Qué pasa con esos pequeños depósitos de magnetita presentes en el pico de un ave, las estruc-

A VISTA DE PÁJARO

turas que yo, mientras soñaba despierto con mi texto de ornitología entre las manos, imaginé en su día como una brújula nasal? Un equipo de investigadores llegó a la conclusión de que, en realidad, no son de magnetita; en su opinión, estas estructuras son macrófagos ricos en hierro, un tipo de glóbulo blanco presente en el sistema inmunitario aviar que parecía magnetita debido al proceso de tinción empleado para preparar los portaobjetos de muestras. Los macrófagos no desempeñan ninguna función conocida en la orientación. Otros científicos rechazan dicha conclusión señalando que el nervio trigeminal recorre la parte superior del pico y, de alguna manera, parece proporcionar a las aves su sentido de la orientación. Carriceros comunes atrapados cerca de Kaliningrado y expuestos a un campo magnético idéntico al hallado mil kilómetros al este, al otro lado de Rusia, se reorientan correctamente e intentan migrar en la dirección adecuada hacia sus zonas de reproducción en Escandinavia, pero, si se las anestesia y cercena quirúrgicamente parte del nervio trigeminal, las aves no tienen en cuenta el desplazamiento y se orientan como si siguieran en las orillas del mar Báltico. Estos experimentos invasivos, por más incómoda que resulte su lectura, demuestran lo poco que sabemos aún acerca de los fundamentos de la orientación aviar. Tal como concluyeron los científicos que llevaron a cabo este estudio en Rusia, las aves migratorias poseen «un segundo sentido magnético con una función biológica desconocida».[8] Cada misterio encierra otro a la espera de ser desvelado.

En ocasiones, o quizá la mayor parte del tiempo, los descubrimientos más asombrosos son completamente inesperados. Así ocurrió en 2011, cuando unos ornitólogos colocaron diminutos registradores de datos en vencejos reales en una colonia de cría en Baden, Suiza. Los vencejos son las aves más aéreas de todas, parecidas a cigarros romos con alas cimitarras y unas patas tan pequeñas que apenas son un vestigio y solo les sirven para aferrarse a superficies verticales como acantilados, cuevas y el interior de árboles huecos; no pueden posarse, no caminan e incluso se aparean en vuelo. Los vencejos reales son una especie inusitadamente grande con una característica mancha blanca en la garganta y una envergadura de cincuenta y seis centímetros, más que capaces de transportar dichos dispositivos, que pesaban poco más de un gramo y estaban integrados por dos componentes: un geolocalizador que, cuando se recuperara al año siguiente, permitiría a los científicos reconstruir la ruta migratoria de estas aves a África en los meses intermedios, y un sensor que grababa la actividad de aleteo de cada ave y el ángulo en el que mantenía el cuerpo. De ese modo, el equipo podría determinar el uso diario del tiempo de los vencejos: cuántas horas pasaban volando y alimentándose y cuántas posados o dormidos.

La primavera siguiente, tres de los vencejos marcados regresaron a Baden... y los datos que contenían sus registradores causaron estupefacción. Durante su estancia en Suiza, se registraba un claro patrón diurno/nocturno, con vuelos de día y descanso de noche. En cambio, una vez que empezaban a migrar hacia el sur, sobrevolando el Mediterráneo y el Sáhara para dirigirse al oeste de África, dicho patrón desaparecía. Durante doscientos días, más de seis meses, los vencejos no parecían haberse posado en ningún momento, ni de día ni de noche. Y aunque podríamos interpretarla como una de las proezas físicas más extraordinarias e inesperadas del mundo natural, si no ya la principal, el vencejo real pronto fue destronado de su pedestal. Tres años más tarde, un grupo de científicos anunció que los vencejos comunes, marcados de manera similar en Suecia, se pasaban diez meses completos volando en sus zonas de invernada en el oeste de África, lo cual confirmaba la sospecha acerca de esa especie que algunos naturalistas habían expresado hacía ya casi un siglo. Más recientemente, otro equipo corroboró el mismo comportamiento en los vencejos pálidos que crían en el Mediterráneo. (Las especies norteamericanas, como el vencejo de chimenea de la zona este, así como los vencejos negros y los vencejos de Vaux del oeste, al parecer sí se posan y descansan durante la temporada en que no crían).

¿Cómo lo hacen? Al ser insectívoros aéreos, encontrar alimento en el aire no representa ningún problema para ellos y, dado lo que sabemos de las fragatas, es probable que también practiquen el sueño unihemisférico. Además, los vencejos superan incluso a las fragatas, expertas en planear y en dejarse llevar por las corrientes, en lo tocante a la conservación extrema de la energía en vuelo. Un estudio reciente sobre vencejos comunes reveló que planeaban casi tres cuartas partes del tiempo y que eran tan duchos aprovechando los cambios en las corrientes de aire causados por, entre otras, las corrientes térmicas ascendentes que su gasto energético global «no era significativamente superior a cero».[9] Cenando sentado con tranquilidad, un ser humano pierde más energía neta que un vencejo que revolotea a trescientos metros de altura sobre las llanuras africanas. Incluso tratándose de aves migratorias, que ya nos tienen acostumbrados a hacer saltar por los aires nuestras expectativas, tales revelaciones marcan un nuevo hito que escapa del todo a nuestra comprensión. La mayoría de los vencejos comunes viven entre cinco y seis años, pero uno anillado sobrevivió dieciocho, lo cual significa que, en el transcurso de su vida, voló unos seis mil quinientos millones de kilómetros, la mayoría de ellos sin aterrizar en ningún momento. Pocos ornitólogos creen que estos hallazgos previamente inimaginables hayan tocado a su fin. Como veremos, a medida que las tecnologías de rastreo se van miniaturizando, los datos masivos se vuelven cada vez más descomunales, y las funciones de ambos están convergiendo en modos que influyen sobremanera en nuestra capacidad de estudiar las migraciones y de quedar continuamente anonadados por los nuevos descubrimientos.

3

Antes se creía que...

El descubrimiento de que los vencejos comunes vuelan sin parar durante hasta diez meses no habría sorprendido a Ronald Lockley. El ornitólogo galés (quizá más famoso en la actualidad por sus estudios de los conejos silvestres en los que se inspiró la novela *La colina de Watership*) así lo había sugerido ya en 1969, basándose en parte en sus observaciones de grandes bandadas de vencejos desde su hogar en Devon, que ascendían en vertical al anochecer, hasta desaparecer de su vista. Lockley sabía que un piloto francés de la Primera Guerra Mundial, un día en que volaba con los motores apagados de noche a casi tres mil metros de altura, se había visto rodeado de vencejos, y que naturalistas del pasado, hasta Gilbert White en el siglo XVIII, sospechaban que los vencejos descendían a tierra con muy poca frecuencia. «Quizá otros observadores que también hayan sospechado esta existencia aérea continua no se hayan mostrado tan dispuestos a arriesgarse a hacer una generalización tan radical como la que puede parecer que estoy planteando yo», había dicho Lockley a su público en un congreso ornitológico en Sudáfrica.[10] El galán no tenía reparos en adoptar una posición osada. Por descontado, una cosa es sospechar algo y otra confirmarlo, y Lockley, que falleció en el 2000 a los noventa y seis años, no vivió lo suficiente para ver su predicción corroborada. En 1969 no existían medios prácticos para rastrear a un pájaro tan pequeño como un vencejo, de tan solo 37 gramos. Sí existían radiotransmisores, algunos lo bastante reducidos como para cumplir esta función, pero requerían que una persona mantuviera contacto visual constante con la señal usando un receptor de mano. Y si eso ya es complicado con un sujeto relativamente estático, con un ave migratoria se precisa un avión o, siendo realistas, unos cuantos. Incluso así resulta increíblemente espinoso mantener contacto con un objetivo en movimiento constante.

La miniaturización de la electrónica, sobre todo de la fuente de alimentación de las baterías y las placas solares, ha conllevado una revolución en el campo de la investigación de las migraciones, y no es más que uno de los múltiples avances que están remodelándolo. Yo he tenido la fortuna de haber visto con mis propios ojos cómo muchas de estas innovaciones han transformado nuestra comprensión de las migraciones, y además he tenido la suerte de haber participado directamente en el uso revolucionario de algunas de estas novedosas tecnologías. Es una época apasionante, sobre todo para quienes estudian los movimientos de aves que hasta ahora se consideraban demasiado pequeñas para colocarles un transmisor tradicional. Por primera vez tenemos la capacidad de seguir a individuos concretos, incluso de algunas de las especies más pequeñas, durante sus ciclos anuales de reproducción, migración e invernada. Esta nueva capacidad ha desvelado amenazas de las cuales no se tenía constancia y, en determinados casos, ha permitido hallar por fin una explicación a descensos de poblaciones que venían produciéndose desde hacía mucho tiempo y que hasta ahora eran un misterio, gracias a lo cual los conservacionistas han podido trazar una hoja de ruta para revertir el daño. Hemos averiguado que lugares situados a miles de kilómetros de distancia entre sí están vinculados de manera estrecha e inextricable por conexiones migratorias muy específicas y locales, y ello nos ha hecho cobrar conciencia de lo fragmentarios que eran nuestros conocimientos sobre estas etapas vitales esenciales, así como de que los esfuerzos conservacionistas han sido, en el mejor de los casos, incompletos, cuando no contraproducentes. Es un momento emocionante, pero, en el caso de muchas especies al borde de la extinción, falta por ver si esta oleada de información nueva llega a tiempo.

«¿Estás listo, Todd?», gritó Dave Brinker, apantallándose los ojos con la mano para mirar hacia el cielo, con el sol filtrándose a través de su barba cana. A unos doce metros de altura, por encima de nuestra cabeza, desde una plataforma elevadora, una figura le respondió alzando los pulgares.

«Vale, con mucho cuidado, ¿eh?», dijo Dave, mientras ambos agarrábamos el extremo de una larga cuerda que colgaba desde la plataforma y empezábamos a tirar de ella. Un brazo de antena metálico de dos metros de longitud, con cortas piezas transversales metálicas cada treinta centímetros a todo lo largo, empezó a elevarse lentamente, balanceándose bajo la cálida brisa de agosto, ascendiendo centímetro a centímetro hacia el extremo superior de un viejo poste de electricidad, donde Todd Alleger lo agarró y lo desató con cautela. Con movimientos expertos, el joven deslizó el soporte central de la antena sobre un mástil metálico que se elevaba otros dos metros en lo alto del viejo poste, la colocó de manera que el brazo señalara hacia el norte y luego la atornilló para fijarla en su sitio.

Durante la hora siguiente, subimos otros tres brazos largos de la antena hasta la punta del poste, que se erigía tras una sucursal de la Comisión de Caza de Pennsylvania, situada a un par de horas al noroeste de Filadelfia y rodeada de maizales y cercas. Si nos veía alguno de los conductores que circulaba a toda velocidad por la concurrida autopista estatal, a un tiro de piedra, tal vez se preguntara por qué alguien, en la época de la retransmisión digital de alta definición en la que vivimos, se molestaba en colocar una antena de televisión como las de antes. Y, ciertamente, era ese el aspecto que tenía, pero aquel montaje de metal resplandeciente en realidad se enmarcaba en un proyecto revolucionario que pretendía aprovechar una tecnología antigua de un modo innovador y permitiría por primera vez a los científicos rastrear incluso a las aves migratorias más pequeñas a lo largo de distancias increíbles.

La radiotelemetría existe desde hace muchísimo tiempo; la primera tecnología de transmisión que se empleó para estudiar los movimientos de la fauna consistió en colocarles emisores de radio VHF a animales. Cualquiera que haya visto un documental de naturaleza entiende el principio: la pequeña radio transmite una señal, que capta un biólogo con un receptor y una antena direccional manual llamada Yagi. (Las antenas de televisión que poblaban los tejados de todas las casas en las zonas residenciales antiguamente son colecciones de Yagis de gran tamaño). Si se apunta la antena hacia la radio, el pitido suena más alto; si se gira hacia otro lado, más bajo; y *voilà*, así sabe uno en qué dirección se encuentra el transmisor. Y funciona bien, pero requiere un esfuerzo inmenso. La antena receptora y la radio deben estar dentro del mismo campo visual (porque las montañas, los edificios, la espesura del bosque y elementos por el estilo bloquean la señal), y el rastreo exige la implicación minuto a minuto de un trabajador experimentado.

Y si resulta ya bastante difícil rastrear a un ciervo o a un oso, seguir a un ave migratoria por el paisaje añade otras complicaciones, a menos que se disponga de toda una fuerza aérea... e incluso así supondría todo un reto. A finales de la década de 1980 formé parte de un equipo de investigación que seguía a ratoneros de cola roja en su migración otoñal. Mi labor consistía en atrapar gavilanes y fijarles un transmisor a las plumas centrales de la cola, y confieso que no envidiaba a los equipos de seguimiento, que a menudo se pasaban diez u once días seguidos en la carretera, alimentándose de comida rápida, durmiendo a ratos y quedándose continuamente rezagados con respecto a sus objetivos aéreos, mucho más veloces y móviles, mientras ellos gruñían atascados en el tráfico o conducían por carreteras con las que no estaban familiarizados. Muchos días, el equipo de seguimiento perdía la señal de un gavilán marcado y pedía el apoyo de nuestra fuerza aérea personal, un ingeniero jubilado y piloto privado llamado Frank Masters, que a la mínima saltaba en su avión monomotor en la Pennsylvania central para poner rumbo a, pongamos por caso, el oeste de Virginia o el este de Carolina del Norte. Con la ayuda de antenas Yagi colocadas en los montantes de las alas de su avión, Frank volvía a localizar la señal en el aire, aterrizaba, contactaba con el equipo de seguimiento para facilitarle las coordenadas y regresaba a casa antes del amanecer. Y había muchas posibilidades de que tuviera que repetir la misma operación a la noche siguiente.

La radiotelemetría sigue siendo útil en muchos estudios de fauna; mi equipo de investigación la empleó con resultados fantásticos durante muchos años para analizar la ecología de escala de las lechuzas norteñas en los Apalaches centrales, localizar a esas aves del tamaño de una lata de refresco en sus dormideros diurnos o trabajar coordinadamente para triangular sus movimientos nocturnos en un territorio delimitado. No obstante, para rastrear las migraciones de las aves, los científicos han apostado cada vez más por tecnologías como los transmisores por satélite, que se comunican con el sistema satelital Argos y proporcionan la ubicación de un transmisor en cualquier parte del mundo. Aun así, todas estas tecnologías presentan también inconvenientes. En el caso de las radios VHF, que son baratas y pequeñas, el principal problema son las horas de trabajo; en el de los satélites, el peso y el coste. Durante muchos años, los transmisores por satélite pesaban demasiado para utilizarlos en aves más pequeñas que una rapaz mediana, e incluso hoy las unidades más miniaturizadas suelen pesar alrededor de cinco gramos, lo cual implica que no pueden colocarse en aves de menos de 155 gramos, el tamaño de un chorlitejo mongol chico o de un correlimos grande. Y eso deja a muchos miles de especies de pájaros pequeños, la inmensa mayoría de las aves migratorias del mundo, fuera del panorama. Además, las etiquetas satelitales son caras, con precios unitarios de miles de dólares, más miles adicionales en tasas anuales por el tiempo de uso del satélite.

En el pasado reciente, la miniaturización y la automatización han convergido para insuflar una nueva y emocionante vida a la radiotelemetría VHF. Dotados con baterías de alta eficiencia, ahora es posible montar radiotransmisores que pesan una diminuta fracción de un gramo, tan pequeños que incluso pueden colocarse en un colibrí y en insectos migratorios grandes, como las mariposas monarca y algunas libélulas. En combinación con estaciones receptoras automatizadas, es posible crear una red de seguimiento mundial que, por primera vez, nos permite rastrear los movimientos hemisféricos incluso de las aves migratorias de menor tamaño. Esta red, conocida como el Sistema de Monitoreo de Vida Silvestre Motus (término latino para «movimiento»), fue un invento de Birds Canada (la antigua Bird Studies Canada), la mayor organización de conservación aviar de dicho país. El biólogo Stu Mackenzie y sus colegas comenzaron a experimentar con unos transmisores minúsculos llamados «nanoetiquetas» y con receptores automatizados en 2012, el mismo año en que, por casualidad, Dave Brinker, un biólogo perteneciente al Departamento de Recursos Naturales de Maryland, y yo andábamos trasteando con ellos en las montañas de Pennsylvania para hacer un seguimiento de la migración de las lechuzas. Bird Studies Canada entendió enseguida el enorme potencial que presentaba aquella nueva tecnología para revolucionar la investigación sobre las migraciones. Las etiquetas son baratas, apenas cuestan unos centenares de dólares por unidad (frente a unos cuantos miles), y todas ellas utilizan una misma frecuencia y transmiten un código de identificación único, lo cual permite detectarlas con cualquier receptor. A ello cabe añadir que cada estación receptora —una serie de antenas direccionales como la que estábamos instalando, conectada a un ordenador muy básico, un receptor de GPS y unos cuantos instrumentos más, con alimentación solar si se encuentra en una zona remota— cuesta menos de cinco mil dólares y funciona sola. Los científicos también han entendido su potencial y, en menos de una década, Motus ha explosionado y se ha convertido en una red con casi mil estaciones receptoras distribuidas desde el Ártico hasta el sur de Sudamérica, con un número creciente de ellas en Europa, África, Asia y Australia, las cuales permiten rastrear decenas de miles de aves, murciélagos e insectos con un nivel de detalle con el que jamás habíamos soñado.

Muchas de estas estaciones receptoras las han montado científicos que llevan a cabo proyectos locales específicos, como seguir los desplazamientos de los charranes que se alimentan a lo largo de la costa de Nueva Inglaterra, por ejemplo, o estudiar el comportamiento de las riparias durante sus descansos en el sur de Ontario. Sin embargo, dado que los receptores detectan a cualquier animal etiquetado dentro de su alcance (que, dependiendo de la topografía y de las condiciones climáticas, puede oscilar entre veinticinco y treinta kilómetros), cualquier estación nueva, al margen de su finalidad más inmediata, contribuye al esfuerzo general. Si un correlimos semipalmeado etiquetado en el Ártico canadiense atraviesa volando Ontario, las torres de las riparias pueden detectar su señal, tal como puede hacer una torre en la costa de Georgia erigida específicamente para estudiar la migración de los carriceros.

Dave, Todd y yo formamos parte de un colectivo llamado Northeast Motus Collaboration, que está enfocando el uso de la red desde otra perspectiva. Si bien nos interesa utilizar el sistema Motus para nuestras propias investigaciones (que engloban desde estudiar la migración de las lechuzas hasta la ecología durante las paradas de las aves cantoras o si los pájaros que han sobrevivido a la colisión con una ventana sufren algún deterioro en su capacidad de orientación), también entendemos el valor de generar redes paralelas para el beneficio generalizado de la ciencia de las migraciones. De manera que, desde 2015, hemos recaudado fondos privados y de fundaciones, además de obtener financiación mediante becas estatales y federales, para construir conjuntos de receptores regionales cada vez más extensos en el interior de la región nordeste de Estados Unidos. Aquella torre que estábamos instalando en la punta de un antiguo poste eléctrico formaba parte de nuestra primera fase en 2017, durante la cual erigimos veinte estaciones en diagonal a lo ancho de Pennsylvania, una cada cincuenta kilómetros más o menos, desde cerca de Filadelfia hasta el lago Erie. Desde entonces hemos seguido ampliándola, primero a través de la región del Atlántico Medio y Nueva York y, en fechas más recientes, en todo el territorio de Nueva Inglaterra.

Siento una emoción parecida a la de un niño en Navidad cada vez que visito una de las estaciones para descargar los datos acumulados. A principios de diciembre regresé al receptor recién instalado, abrí una caja de plástico verde resistente a la intemperie, conecté mi portátil al pequeño ordenador que había dentro para comprobar su estatus (todo normal) y me descargué el paquete de datos almacenados en su tarjeta de memoria. Subí la información al sitio web de Motus y poco después recibí los datos procesados, un atisbo de lo que había estado pasando sobre nuestra cabeza durante la migración otoñal anterior sin que los humanos que dormíamos en tierra fuéramos conscientes de ello.

Para empezar, pasaron montones de zorzalitos (varios científicos del este de Canadá estaban utilizando la tecnología Motus para estudiar a este grupo de aves migratorias). Un equipo estaba etiquetando zorzalitos de Swainson en Nueva Escocia para conocer en detalle los grandes desplazamientos regionales que efectúan estas aves tras finalizar la época de cría y antes de emigrar a Sudamérica, y el receptor había detectado a más de una docena de ellas que habían pasado por allí en el transcurso de varias semanas. Otro investigador, en este caso de Quebec, estaba empleando la red Motus para comprobar si varias especies de zorzalitos, después de criar, se desplazaban a zonas más arbustivas, ricas en frutas, para engordar antes de emigrar; habíamos detectado a tres de sus zorzalitos carigrises pasando por allí, así como a media docena de zorzalitos de Swainson y una reinita de Tennessee de un proyecto distinto en Montreal, que investigaba la importancia de las pequeñas zonas de hábitat en un paisaje urbano. En todos estos casos, el foco principal de la investigación era muy local, pero, dado que la red es hemisférica, la mayoría de estas aves etiquetadas serían detectadas por otras estaciones a medida que migraran hacia el sur y, si las baterías duraban lo suficiente, de nuevo cuando regresaran al norte en primavera.

Veamos, qué más... También había varias golondrinas tijerita y golondrinas de rabadilla canela de colonias del sur de Ontario; correlimos de rabadilla blanca y correlimos menudillos, y archibebes patigualdos chicos, marcados por un proyecto de investigación de aves costeras en la bahía James, en la zona subártica canadiense; murciélagos canosos y una mariposa monarca etiquetada a lo largo de la costa septentrional del lago Erie; así como una agachadiza americana marcada el invierno previo en la orilla este de Virginia y que regresaba al sur, a su zona de invernada, tras pasar el verano en el este de Canadá. También había un rascón de Virginia (una especie increíblemente misteriosa de la que apenas se sabe nada) que había sido marcado la primavera anterior en el oeste de Ohio de camino al norte y que ahora se dirigía al sur siguiendo una ruta muy distinta por el este, amén de dos añaperos boreales etiquetados en el sur de Canadá, cuyo rastro hasta Florida y el norte de Sudamérica fue detectado por una sucesión de torres después de pasar por la nuestra. Por cierto, conocí estas detecciones y estos movimientos remotos subsiguientes porque los datos que recopila Motus están disponibles en gran medida para el público a través de la web del proyecto, www.motus.org. Como yo, cualquiera puede hacer clic en la ubicación de un receptor, consultar qué ha detectado y rastrear los movimientos de cualquiera de los animales de la lista.

La repercusión de Motus, en un brevísimo lapso, ha sido asombrosa. Gran parte de lo que conocemos acerca de las migraciones ha sido gracias al anillamiento de aves, que (tal como me revelan treinta y cinco años de experiencia) es gratificante, pero laborioso. Desde 1960, se han anillado en Norteamérica más de sesenta y cuatro millones de aves, de las cuales solo un pequeño porcentaje ha vuelto a encontrarse. En el caso de las aves acuáticas, la proporción es elevada; por ejemplo, unos 4,6 millones de ánades reales han sido anillados desde 1960 y casi un cuarto de ellos han sido reencontrados, la mayoría por cazadores. En lo tocante a los zorzalitos de Swainson, la tasa de reavistamiento del más de medio millón que se han anillado es residual, de solo un 0,4 por ciento, mientras que en el caso de las reinitas dorsiverdes, una de las aves más comunes en los bosques del norte, dicho porcentaje es incluso inferior, de solo un 0,08 por ciento. En contraste, en apenas unos años, Motus ha generado más de mil quinientos millones de detecciones de más de diecisiete mil animales marcados, la mayoría de ellos aves, un registro con un grado de detalle asombroso, rico tanto en términos de tiempo como de espacio, que complementa los datos del anillamiento a la vez que revela rutas migratorias y puntos de escala hasta ahora desconocidos y que nos obligan a ser conscientes de lo que durante tanto tiempo hemos ignorado. Por ejemplo, nuestra línea de estaciones a lo ancho de Pennsylvania, un estado funcionalmente sin acceso al mar con pocas zonas de humedales, ha revelado que entre mayo y principios de junio grandes números de aves costeras migratorias que abandonan la costa atlántica atraviesan los cielos de Pennsylvania, incluidos muchos correlimos gordos amenazados a nivel federal y etiquetados en la bahía de Delaware. Nadie había tenido en consideración este hecho antes, lo cual, por poner un ejemplo, comporta que se haya tomado la decisión de ubicar parques eólicos industriales a lo largo de cordilleras altas sin tener en cuenta el riesgo que entrañan para las aves migratorias.

Motus también abre una ventana a aspectos de la vida aviar ocultos hasta ahora, además de aportar pistas sobre cuáles son sus principales amenazas. A los científicos les preocupan especialmente los pájaros insectívoros aéreos, el gremio de aves que engloba a las golondrinas y los vencejos, cuyos números se han desplomado en todo el planeta. En el sur de Ontario, donde Birds Canada ha creado una densa retícula uniforme de receptores Motus con forma de tablero de ajedrez en unos sesenta mil kilómetros cuadrados de terreno, los investigadores utilizaron transmisores con un peso unitario de solo dos décimas de gramo para marcar a más de doscientas golondrinas tijerita jóvenes y luego las rastrearon durante meses tras abandonar el nido, una labor que habría resultado complejísima incluso con una sola golondrina antes de la existencia de Motus. Como era casi imposible, nadie había intentado averiguar cómo se las apañaban las golondrinas juveniles una vez dejaban el nido, así que nadie sabía, como averiguaron estos biólogos, que la independencia es letal. Incluso antes de empezar la peligrosa migración de las aves a Argentina, el 60 por ciento de las crías había fallecido, un porcentaje de pérdida insostenible y que, además, explica fácilmente la población menguante de golondrinas tijeritas. E igual de importante es que este hecho demuestra que al menos algunos de los problemas subyacentes a esta especie se dan en su lugar de origen, no en partes remotas del planeta, lo cual insta a acometer nuevos estudios para descubrir cuáles son y cómo corregirlos.

El estudio de la golondrina tijerita también revela la importancia de entender el conjunto del ciclo de vida de un ave migratoria, cosa que hasta ahora apenas habíamos podido hacer. La mayor parte de lo que sabemos acerca de las aves migratorias lo hemos extraído de instantáneas limitadas, de los pocos lugares y momentos en los que sus vuelos se entrecruzaron con humanos que se tomaron la molestia de prestarles atención, cosa que nos obligaba a imaginar el amplio panorama de su vida asomándonos a diminutas mirillas diseminadas por el mundo. Solo en el caso de unas pocas especies tenemos una idea real de cuál es su ciclo anual completo, de sus rutas, tiempos, hábitats y de los recursos subyacentes que posibilitan estos viajes por el planeta y que las sustentan incluso cuando permanecen ocultas de la visión humana. Parece que, cuando observamos más detenidamente, realizamos descubrimientos que ponen en entredicho nuestras presunciones y que incluso nos hacen darnos cuenta de que nuestros intentos de ayudar podrían haber empeorado la situación.

«¿Sabes lo que me preocupa de los científicos? —me interpeló mi madre hace unos años—. Que siempre dicen "antes se creía que..., pero ahora *sabemos* que..."». Si no recuerdo mal, estaba enojada por un estudio de investigación sobre la dieta y la salud que reflejaba un cambio de paradigma, quizá el enésimo debate sobre si los huevos son buenos o malos para la salud. Aunque debo admitir que tenía razón. La ciencia es un proceso en el que se plantean hipótesis que se comprueban y se descartan si las nuevas evidencias así lo exigen. Cualquier investigador que se precie (si aplica debidamente el método científico) debería decir: «Antes se creía que..., pero ahora pensamos que...». Sin embargo, es algo que no está en la naturaleza humana. Incluso los científicos tienden a buscar certezas y a menudo depositan su confianza en las investigaciones más novedosas y estimulantes que se publican, asumiendo de manera tácita que son la última palabra sobre un tema.

En las cuatro últimas décadas, el campo de la conservación de aves migratorias ha experimentado varias epifanías del estilo «antes se creía que...». Durante más de un siglo, la ornitología, que como ciencia tiene su génesis en los núcleos urbanos de la Europa nórdica y Norteamérica, se centró específicamente en la temporada de cría en climas templados. El estudio de las aves resulta más fácil cuando están ligadas a un nido, y la época de reproducción es cuando tienden a ser más coloridas, cuando se dejan ver más y cuando más cantan. De hecho, fue en 1977 cuando la Smithsonian Institution patrocinó un simposio sobre aves migratorias en los trópicos que hizo que la atención del hemisferio occidental se desviara por primera vez y, en lugar de mantener el estrecho foco puesto en las zonas de reproducción, abriera los ojos al hecho de que las aves migratorias pasan la mayor parte de su vida en tránsito o en las zonas de invernada. Fue también entonces cuando el alarmante grado de deforestación tropical quedó claro. Entre finales de la década de 1980 y principios de la de 1990, a los conservacionistas norteamericanos les empezó a inquietar cada vez más el descenso en picado de algunos grupos de aves migratorias, sobre todo de las neotropicales que crían en el norte, pero que invernan en Latinoamérica y el Caribe. Como es comprensible, muchos conservacionistas dieron por sentado que el problema se debía al asedio a esas zonas de invernada en los trópicos. Las neotropicales (como se las conoce) solían figurar como iconos del movimiento «¡Salvemos las selvas tropicales!», que imploraba a la opinión pública que salvara la jungla para socorrer a las encantadoras aves que anidan en sus jardines. (De hecho, la pérdida de muchos tipos de hábitats tropicales además de los bosques húmedos de tierras bajas —como los manglares, los bosques nublados, las sabanas, los humedales cubiertos de hierba y, en especial, los bosques de pinos y robles a alta altitud donde invernaban la mayoría de las aves migratorias neotropicales— ya estaba afectando a los pájaros).

Entre tanto, un creciente corpus de estudios de investigación sugería ya en la década de 1990 que al menos parte de la culpa se situaba más cerca de sus lugares de origen. Muchas de las aves tropicales que registraban un descenso más acusado parecían pertenecer a las llamadas «especies de bosque», aves como los zorzales mustelinos, los candelos oliváceos y muchos carriceros que crían en el interior de zonas boscosas amplias y continuas, donde anidan en el suelo o cerca de este, un lugar arriesgado si hay depredadores, aunque en la espesura de esos bosques no son frecuentes. El problema era que quedaban pocas selvas vírgenes, sobre todo en el este de Norteamérica. Incluso las regiones más densamente arboladas se habían convertido en deteriorados mantos de bosque comidos por las polillas y fraccionados en millones de trozos por carreteras, tendidos eléctricos, poblaciones, talas a matarrasa y el desarrollo urbanístico. En tales fragmentos abundaban los llamados «depredadores de borde», especies como los mapaches, las mofetas, las zarigüeyas, los gatos domésticos, los cuervos, las serpientes negras, los arrendajos azules y los estorninos, que no suelen tener presencia en los bosques contiguos. Y lo mismo sucedía con los tordos cabecicafés, una especie que habita en campo abierto y parasita los nidos de otras aves, expulsando los huevos del anfitrión y sustituyéndolos por los suyos.

Otra epifanía: antes se creía que…, pero ahora sabemos que… Durante la década siguiente se publicaron centenares de trabajos y artículos que cataloganban las múltiples facetas del problema de la fragmentación; por ejemplo, cotejaban el éxito de nidificación de las reinitas horneras o los zorzales en pequeños espacios frente a zonas boscosas más amplias; examinaban cómo se infiltra el aire más seco y cálido en los confines de los bosques abiertos y reduce la cantidad y la diversidad de invertebrados de hojarasca de los que algunos pájaros se alimentan, y demostraban que incluso una pequeña intrusión, como una carretera de tierra, puede permitir a los tordos cabecicafés penetrar en el boscaje y parasitar nidos. Los investigadores instalaron cámaras automáticas apuntando hacia nidos falsos con huevos de codorniz para averiguar qué tipos de depredadores eran los que más se aprovechaban de ellos. (Y hubo sorpresa: las ardillas, tan pequeñas y monas, figuraban entre los depredadores de nidos más generalizados en el este de Norteamérica.) Más allá del impacto en las especies boscosas orientales, los científicos indagaron en los efectos de la fragmentación a escala global y lo que averiguaron les horrorizó: a escala mundial, el 70 por ciento de los bosques restantes se hallan a menos de un kilómetro de un borde, una rotura de hábitats que reduce la biodiversidad total en hasta tres cuartas partes. Estas investigaciones derivaron en una retahíla de recomendaciones de gestión destinadas a proteger los bosques intactos existentes, como reservar zonas de recuperación fustales donde se permitiera a los bosques de mediana edad madurar sin perturbaciones, así como normativas que restringían (y en determinados casos prohibían) la tala a matarrasa o, cuando menos, la concentraban en menos zonas, pero más amplias, para minimizar el impacto en el bosque general.

Nadie insinuaba que la pérdida de hábitats tropicales no fuera un factor importante en el declive de las aves migratorias, pero había dejado de considerarse la causa principal. Este conocimiento se adquirió a las duras; cuando estaba escribiendo mi libro *Living on the Wind*, a mediados de la década de 1990, en un momento en el que el foco en la fragmentación estaba cerca de alcanzar el punto álgido, pasé un tiempo en las montañas de Pennsylvania con un equipo de científicos encabezado por mi amiga Laurie Goodrich, el cual intentaba calcular el impacto de la fragmentación en la nidificación de las reinitas horneras. Una reinita hornera es un carricero que ha abandonado las copas de los árboles por el lecho forestal, donde su cabeza, de color marrón oliváceo, y un vientre rayado le permiten ocultarse entre las sombras y hacerse invisible, aunque no inaudible, ya que su

explosivo canto *tii-chur tecc-CHUR tii-CHUR TII-CHUR* es uno de los
sonidos emblemáticos de los bosques de árboles caducos del este
del país. Laurie y su equipo se hallaban sobre el terreno mucho antes
de despuntar el alba, cada día desde finales de abril hasta mediados de
julio, arrastrando el equipamiento por extensos bosques encumbra-
dos, situados a kilómetros de los vehículos, hasta pequeñas arboledas
a lo largo de pastizales cruzados por arroyos; once emplazamientos de
estudio en total que englobaban un amplio espectro de fragmentos
forestales de varias dimensiones. En cada uno de aquellos lugares
instalaban redes, reproducían grabaciones de cantos de reinitas horneras, anillaban con colores a las aves que apresaban, buscaban ejemplares marcados con colores de años previos y luego seguían a los
pájaros etiquetados para localizar sus nidos. No era una labor fácil,
porque la reinita hornera es célebre por construir nidos endiabladamente bien camuflados, con la forma de antiguos hornos de tipo
colmena, entre y debajo de la hojarasca del lecho forestal. (Un año, el
equipo de Laurie reclutó a un voluntario para adquirir un perro detec-
tor de aves, un animal caro, y adiestrarlo para localizar los nidos de
reinitas horneras mediante el olfato; en lugar de eso, el perro demostró
dársele de maravilla encontrar tortugas). De las docenas de territorios
que hallaron, cada uno tenía que visitarse cada cuatro días para localizar primero los nidos y luego comprobar su estado. Era un trabajo
minucioso y extenuante que desempeñaban con el objetivo de determinar cuántas crías de cada nido conseguían abandonarlo, es decir:
cuántas echaban a volar, la medida típica del éxito reproductivo.

Una vez que los últimos polluelos emplumaban, Laurie y sus
colegas podían suspirar tranquilos, rascarse las picaduras de insectos y
empezar a trabajar con los datos de la estación; aunque los padres de
las reinitas horneras cuidarían de sus crías durante varias semanas más,
lo harían sin biólogos entrometidos metiendo las narices en su vida.
De hecho, entre aquel pequeño ejército de biólogos que estudiaba
las repercusiones de la fragmentación y el éxito de la nidificación de las
aves cantoras en los bosques, casi todo el mundo hacía lo mismo:
invertían un esfuerzo ingente en estudiar el periodo de anidación;
hacían el recuento estadístico del éxito del emplumamiento y daban
la temporada por concluida cuando las crías salían disparadas en todas

direcciones y quedaban al cuidado de sus cada vez más agobiados padres. Ahora bien, esto nos lleva de nuevo a la biología del ciclo de vida completo, la necesidad de conocer todos los aspectos destacados de la vida de un ave para entender qué necesita, para identificar cuáles son las amenazas y adoptar medidas para proteger a las especies. Antes se creía que..., pero ahora sabemos que... Otra epifanía más aguardaba a salir a la luz después de que los polluelos echaran pluma.

Pocos biólogos habían reflexionado demasiado sobre el periodo de un par de meses que transcurre entre el final de la anidación y el principio de la migración. Sabíamos que era un momento de preparación en el que muchas aves cantoras acumulan grasa, además de iniciar el largo y agotador proceso de la muda, de reemplazar el viejo plumaje por uno nuevo. (Muchas aves cantoras cambian todas las plumas del cuerpo, así como de las alas y la cola a finales de verano). Se antojaba un momento del año bastante aburrido, una especie de intermedio, aunque algunas pistas apuntaban a que distaba mucho de serlo. Por ejemplo, los ornitólogos hace mucho tiempo que saben que muchas especies de aves marinas efectúan «migraciones de muda» después de anidar, en las que recorren centenares de kilómetros para llegar a refugios seguros donde despojarse de las principales plumas de sus alas de golpe, un hábito casi exclusivo de patos, gansos y cisnes, y quedar impedidas para el vuelo durante muchas semanas mientras les crece el nuevo plumaje. Pero en el caso de los pájaros cantores, estas migraciones eran prácticamente desconocidas hasta principios de la década de 1990, cuando varios estudios demostraron que diversas aves del oeste de Norteamérica, como los turpiales de ojo rayado, los colorines aliblancos y de siete colores, los vireos gorjeadores y los tangaras carirrojas, efectúan largas migraciones hacia el sudoeste y el norte de México. No pierden la capacidad de volar, pero las lluvias monzónicas de las postrimerías del verano que azotan esa región les proporcionan abundancia de alimento en forma de insectos para acelerar su muda. Y lo que es aún más sorprendente, en 2005 averiguamos que algunas aves, incluidos los cuclillos piquigualdos, los vireos de Cassin, las reinitas grandes y los turpiales enmascarados y castaños, no solo efectúan una migración al sur a finales de la estación —hacia el oeste de México, nuevamente a la zona monzónica—, sino que hacen allí una segunda puesta ese mismo verano, justo después de haber criado a una nidada en el norte. Era evidente que sucedían muchas más cosas en temporada baja de las que habíamos imaginado.

Ahora bien, seguía siendo una incógnita qué ocurría con exactitud con los juveniles que acababan de abandonar el nido, en parte porque era endiabladamente difícil llevar un seguimiento de las crías que se diseminaban en todas direcciones en las ciénagas y entre los densos bosques estivales. (Y a ello hay que sumar que, puesto que añadir incluso el peso más imperceptible de un transmisor minúsculo reduce, al menos un poco, las ya de por sí escasas probabilidades de supervivencia de un polluelo, muchos investigadores eran reacios a correr ese riesgo). La mayoría de las personas daban por sentado que las aves juveniles permanecían cerca de su lugar de nacimiento hasta el momento de migrar, mientras que algunos expertos defendían que iniciaban una lenta migración al sur bastante antes que sus padres. Mediada la década de 1990, varios investigadores sintieron la curiosidad de abordar el peliagudo desafío de radioetiquetar nidadas, sobre todo de zorzales mustelinos, una especie modélica para la investigación de la fragmentación y lo bastante grande y fuerte como para soportar bien el peso de un transmisor minúsculo. Y así fue como los siguieron cuando dejaron el nido.

Para sorpresa de los científicos, estos supuestos especialistas en la espesura del bosque se movían hacia el polo opuesto de los hábitats: densos matorrales y maleza enmarañada en antiguas zonas de tala a matarrasa, lindes de campos, granjas abandonadas y lugares por el estilo. Los juveniles se atiborraban allí de moras maduras, en espinos tan densos que costaba imaginar incluso al halcón más ágil colándose a través de ellos; frecuentaban junglas de hiedra venenosa, matorrales de vides silvestres y zumaques tan tupidos que costaba ver a través de ellos. Y mientras seguían a las crías de zorzales mustelinos, a los investigadores les sorprendió descubrir también a un gran número de juveniles de otras aves que antaño vivían en bosques profundos, como vireos ojirrojos, reinitas carboneras, reinitas de Kentucky, reinitas encapuchadas y reinitas gusaneras. ¿Qué sucedía? Si los extensos bosques sin fragmentar eran vitales para estas especies, ¿por qué sus crías gravitaban hacia zonas taladas a matarrasa y ahora recubiertas de maleza, la antítesis por excelencia de un bosque maduro? Parecía una rebelión de aves adolescentes que daban la espalda al hábitat de sus padres.

El alimento y la protección parecían ser las respuestas. Los hábitats de sucesión temprana, los matorrales, bosquecillos de arbustos y otras formas de bosques jóvenes y maleza densa que crecen temprano en zonas recientemente clareadas, son colosos fotosintéticos que producen inmensas cantidades de insectos y, a finales de verano, frutas y bayas muy nutritivas, ideales como combustible antes de las migraciones. A ello se suma la dificultad de moverse por ellos —tal como podían atestiguar los investigadores, cubiertos de arañazos de espinos, picaduras de garrapatas y ácaros y sarpullidos provocados por la hiedra venenosa— y, por ende, proporcionan a estos juveniles alados refugio de los depredadores durante una de las etapas más peligrosas de la vida de un ave inmadura. Posteriores estudios de investigación han confirmado la importancia del hábitat de bosques jóvenes y las zonas arbustivas para especies para las cuales, en su día, se pensó que estos lugares eran anatema. Más aún, los biólogos han averiguado que existe una vía de doble sentido aún más sorprendente en este cruce de hábitats: mientras que las especies de las profundidades de los bosques se están desplazando a los matorrales a finales de verano, las que anidan en estos, como las reinitas alidoradas, están recorriendo el camino inverso, trasladando a sus polluelos hacia el interior o a través de bosques maduros.

En la actualidad, algunos biólogos especializados en pájaros cantores están reevaluando sus suposiciones acerca de qué constituye un buen hábitat para las aves forestales migratorias. Uno de ellos es Ron Rohrbaugh, que trabajó en el Cornell Lab of Ornithology y actualmente gestiona el programa forestal de Audubon, en Pennsylvania; también preside una alianza internacional dedicada a la conservación del zorzal mustelino y ha investigado durante años temas relacionados con las reinitas alidoradas, una especie cada vez más rara con un antifaz negro y la coronilla y el manto de color amarillo limón. Pero incluso él tardó un tiempo en abrirse paso a través de la maleza.

«Estamos descubriendo que allí donde hay bosques jóvenes, estos son utilizados por pájaros como el zorzal mustelino —me dijo

Ron—. Los adultos están trasladando sus polluelos a estas zonas para aprovechar toda la energía que pueden obtener aquí, durante la fase previa a la migración». El problema es que no quedan demasiados hábitats de matorrales y que la mayoría de ellos no se encuentran en zonas útiles para las aves cantoras que anidan en los bosques. En determinadas regiones del este de Estados Unidos, solo entre el 1 y el 2 por ciento de los bosques son jóvenes, en su gran mayoría en forma de campos revertidos y zonas con derecho de paso; las especies que dependen de hábitats de sucesión temprana, como los cuitlacoches rojizos, algunas tortugas de caja, las reinitas alidoradas y los rascadores zarceros, han menguado drásticamente. Ese desequilibrio tiene hondas raíces. Los estadounidenses invadieron bosques de una gran complejidad estructural en la zona este y en la región de los Grandes Lagos, una complejidad que había ido acumulándose a lo largo de miles de años, y los arrasaron por completo, hasta reducirlos prácticamente a astillas, en el marco de una orgía maderera que tuvo lugar entre las postrimerías del siglo xix y comienzos del xx. (Tal destrucción prosiguió durante gran parte del último siglo en el oeste del país, donde incluso hoy seguimos talando bosques fustales de un valor incalculable).Ya han desaparecido los árboles de diferentes edades, las llamadas «etapas serales», desde las plántulas más jóvenes hasta ejemplares más viejos que Matusalén; y también han desaparecido los estrechos pasos de luz que abrían los inmensos árboles caídos, los prados arbustivos que crecían en estanques abandonados y secos de castores, los subdoseles con múltiples estratos y sotobosques bajo las enormes copas de los árboles, los incendios forestales regeneradores y las zonas de madera muerta a causa de los insectos, todo lo cual formaba mosaicos intricados y cambiantes sobre la tierra. Lo que ha crecido en el último centenar de años es un bosque de una uniformidad pasmosa, conformado por árboles de mediana edad con escasísima complejidad estructural y una merma considerable de los recursos que necesitan las aves.

«Este bosque ya no produce el alimento, las calorías ni la energía necesaria para que las aves migratorias obtengan lo que necesitan, porque no queda sotobosque: cuando paran aquí, lo único que hallan es el dosel arbóreo. Descienden volando al estrato medio y al bosque bajo, y no encuentran nada allí. La estructura natural del bosque se ha perdido», añadió Ron.

No es que poner el foco en la fragmentación fuera erróneo, como en el caso de la preocupación anterior por la deforestación tropical; lo que sucedía era que se trataba de un enfoque incompleto. Los administradores de la vida silvestre, sobre todo los que trabajan con especies de caza, consideraban por tradición que estos hábitats de borde eran buenos y fomentaban la diversidad, pero acabaron por no atreverse siquiera a mencionarlos cuando empezó a investigarse a fondo la fragmentación. El mensaje se invirtió: las lindes de los bosques se convirtieron en el enemigo y, en un sentido general, la idea de talar árboles se consideró un ultraje. «Creo que nos descarrilamos cuando empezamos a hablar de las repercusiones de la fragmentación forestal —afirma Ron—. Las lindes forestales pueden volverse nocivas cuando proliferan en exceso, cuando derivan en la fragmentación de bosques, en el parasitismo de nidos y en unos niveles de depredación más elevados por parte de depredadores específicos de estas zonas, como los mapaches, las mofetas y los cuervos. Pero la pieza que nos faltaba en las décadas de 1980 y 1990 era esa idea de que puede existir un bosque de borde beneficioso para un amplio conjunto de especies que no impacte negativamente en las aves que necesitan bosques interiores de espesura. Y eso se consigue creando un paisaje con etapas serales cambiantes y asegurándose de que no estamos creando solo cuadrados gigantes de clareo». Así que todo depende de la ubicación, de la distancia y (lo que tal vez no sorprenda, si se piensa bien en ello) de crear paisajes que imiten lo que antes acaecía de manera natural, quizá con un 10 por ciento del bosque en etapas de sucesión temprana, no como inmensas zonas de clareo geométricas, sino generando un caleidoscopio de tipos de hábitat y de edades de árboles, y no con líneas rectas y esquinas en ángulo recto, sino con muchas lindes serpenteantes y con florituras, con formas como manchas de tinta; creando también pequeños matorrales cerca del bosque profundo, porque los polluelos no saben volar bien y les cuesta recorrer más de ochocientos metros por el aire. Ron Rohrbaugh cree que un motivo que explica el descenso del número de zorzales mustelinos es que pocas parejas son capaces de hallar un buen hábitat para anidar que esté lo bastante cerca de matorrales con abundante alimento a los que puedan trasladar a sus polluelos de manera segura. «Eso explicaría en parte por qué estos pájaros están sufriendo —observó—. Sí que se reproducen, sí que tienen crías, pero ¿tienen esas aves jóvenes la energía suficiente para la larga migración que están a punto de emprender?».

Ron no es el único biólogo que piensa así. Conocí a Jeff Larkin mientras cursaba su posgrado, en 1999, en una época en que lo ayudé a atrapar alces en las montañas de Utah para reubicarlos en el este de Kentucky, donde estudiaba la población de estos animales recién establecida. Desde entonces, Larkin se ha doctorado y ahora imparte clases en la Universidad de Indiana en Pennsylvania y se ha especializado en aves cantoras forestales como la reinita alidorada y la reinita cerúlea, con el objetivo concreto de hallar maneras de administrar los bosques en beneficio de estas especies en serios problemas. Al igual que Ron Rohrbaugh, Jeff Larkin piensa que la clave de todo es la variedad y la complejidad de los bosques.

Incluso clases de edades arbóreas que durante largo tiempo los ornitólogos consideraron inservibles para las aves parecen tener un potente atractivo para algunas especies clave en el momento oportuno del año, me señaló. Junto con sus alumnos, han hecho el seguimiento de cerca de cien polluelos de reinita alidorada en Pennsylvania y han averiguado que muchos de ellos se trasladaron de las zonas de sus nidos, en bosques jóvenes, a arboledas de madera de postes, con maleza cuya etapa de crecimiento estaría situada entre los veinte y treinta años. «Hablo de matorrales de plántulas del ancho de un cabello, lo que la mayoría de nosotros denominaría "desiertos aviares" —aclaró—. Pero encontramos reinitas alidoradas en bandadas mixtas con una amplia variedad de pájaros que utilizan esos rodales. Buscan el refugio de esos árboles jóvenes». Como Rohrbaugh, Jeff está convencido de que, en parte, la solución para conservar las aves forestales pasa por aplicar los nuevos conocimientos de esta fase del ciclo anual de las aves anteriormente ignorada, así como por restaurar de manera artificial la complejidad de los bosques coetáneos monótonos que se han creado en la zona oeste y en el Medio Oeste.

«Si no cuentas con una diversidad de todas las clases de edades forestales y condiciones estructurales, ya sea para la reinita alidorada, para la reinita cerúlea, para el zorzal mustelino o para cualquier otra ave, las condiciones no serán óptimas para ninguna de esas especies. Es el paisaje con el que han evolucionado, mucho antes de que nosotros lo arruináramos todo», añadió. En la actualidad, Jeff se centra en saber cómo podemos revertir exactamente ese destrozo del bosque, por ejemplo, designando talas de madera que beneficien específicamente a las reinitas cerúleas y alidoradas, dos especies cuyas poblaciones han disminuido hasta el 98 por ciento en décadas recientes. Para empezar, dijo, la idea es ahuecar un poco del dosel en una zona reducida para permitir que la entrada de luz solar reactive el crecimiento del soto-bosque, y regresar al cabo de un par de años y cortar un poco más, creando un hábitat tupido ideal para que puedan alimentarse las reini-tas cerúleas, una especie cuyo macho presenta el color de unos tejanos desteñidos. Transcurridos entre seis y ocho años, una vez que el hábitat haya dejado de ser útil para las reinitas cerúleas, los leñadores deberán hacer una tala más intensa, manteniendo en torno al 20 o el 30 por ciento del dosel arbóreo, para crear con ello pequeñas zonas irregulares de boscaje para que aniden las reinitas alidoradas durante los siguientes diez o quince años, un hábitat para la reproducción de especies como los zorzales mustelinos y las reinitas horneras.

No se trata de la receta típica de la silvicultura industrial, pero sus defensores, como Jeff, la consideran una alternativa económica para los terratenientes que quieren administrar sus bosques para hacer madera y, al mismo tiempo, crear un magnífico hábitat para las aves. Una amplia coalición que engloba desde ONG dedicadas a la con-servación como National Audubon y Cornell Lab hasta grupos de defensa de la fauna como la Ruffed Grouse Society, además de diver-sos organismos federales y estatales, está decidida a repoblar el paisaje con bosques jóvenes. Ahora mismo, la cantidad de hábitats de suce-sión temprana varía de manera drástica por regiones. En la zona su-perior de los Grandes Lagos, donde la silvicultura sigue teniendo fuerza, puede representar ya entre el 15 y el 25 por ciento del paisaje. (Quizá no sea casualidad que esa sea precisamente la región donde las reinitas alidoradas estén prosperando). En los Apalaches, en cambio, la cifra ronda entre el 2 y el 3 por ciento, muy por debajo del 9 o 10 por ciento que los expertos consideran ideal. Cabe destacar asimismo que no todos los biólogos comulgan con el nuevo mantra de los bosques jóvenes, pues consideran que impiden que bosques de mediana edad maduren de manera natural hasta convertirse en bosques viejos. (Para ser justos, Larkin, Rohrbaugh y otros señalan que ellos también apuestan por crear zonas de restauración fustal y por utilizar técnicas de gestión que imiten la complejidad de los bosques viejos en rodales más jóvenes, con huecos en el dosel, estratos de dosel diversificados, troncos y ramas caídos, etc.). Pero la tala ha tenido tan mala prensa en muchas zonas que puede resultar imposible acometer incluso los proyectos más modestos. Los planes de crear varias hectáreas de hábitat de sucesión temprana en una zona de gestión de la fauna de 1.375 hectáreas en New Jersey quedaron paralizados hace unos años por el zumbido de una oposición pública feroz.

Aun así, el Servicio de Pesca y Vida Silvestre de Estados Unidos ha puesto todo su empeño en tirar adelante este esfuerzo. A finales de 2016 adquirió la primera parcela de tierra de lo que se convertirá en el Gran Refugio Nacional de Vida Silvestre y Matorral, que finalmente está previsto que abarque cerca de cuarenta y siete mil hectáreas distribuidas en seis estados, desde Nueva York hasta Maine, un territorio que se administrará con el fin específico de recrear este hábitat caído en el olvido. La restauración de la cubierta de boscaje en el nordeste de Estados Unidos ya ha sacado a un especialista de la sucesión temprana, el conejo de rabo blanco, de la lista de especies en peligro de extinción a escala federal, en la cual había sido incluido en 2006.

Antes se creía que..., pero ¿sabemos algo ahora? ¿Qué posibilidades hay de que dentro de veinte años nos encontremos dando marcha atrás en esta carrera por crear bosques jóvenes, si constatamos que nos faltaba una pieza de información vital? Es posible que así sea; es probable incluso. Pero con cada «antes se creía que» pelamos otra capa de una cebolla de una complejidad apabullante y entendemos un poco mejor la imagen general. Según parece, cada vez que destinamos el tiempo y el esfuerzo necesarios a entender el ciclo de vida completo de un ave migratoria, descubrimos algo maravilloso, amén de primordial para su supervivencia, como la extraña sinergia entre las aves migratorias árticas, los huracanes en el Atlántico y los cazadores caribeños.

La península Delmarva siempre me ha recordado a una mano, vista de lado, que pende sobre la costa del Atlántico Medio de Estados Unidos apuntando con su largo dedo hacia el sur. Me encontraba siguiendo ese dedo, conduciendo por la Ruta 13 a través de la esbelta punta meridional de Delmarva cerca de Machipongo, Virginia. El paisaje allí es plano y húmedo, a escasa altura por encima del nivel del mar, y está recorrido por canales de drenaje que mantienen los campos moderadamente secos. En aquella época, una tarde de finales de mayo, los campos estaban teñidos de un color verde eléctrico a causa de los brotes de maíz, que llegaban a la altura de los tobillos. En los matorrales que bordeaban los bosques de pino taeda se avistaban destellos de cardenales rojos. Me incorporé a una vía muerta, dejé atrás cenagales cubiertos de heno de marismas de *Spartina patens*, pasé frente a una casa y entré por una verja abierta que conducía a un muelle privado en Boxtree Creek, uno de los múltiples arroyos de marea que serpentean y zigzaguean cual calles de un laberinto por la orilla este de Virginia. El estrecho medía seis metros de ancho y crecía con la marea entrante; al sur y al este, las llanuras mareales se extendían kilómetros y kilómetros.

Gran parte de lo que quedaba a la vista pertenecía a la Reserva de la Costa de Virginia de The Nature Conservancy (TNC). Con dieciséis mil hectáreas de superficie, catorce barreras e islas pantanosas y una extensión de más de ochenta kilómetros, la reserva es, según presume TNC, la zona virgen litoral más extensa que queda en la costa Atlántica. A decir verdad, la reserva nació como maniobra de bloqueo estratégica para evitar la destrucción completa del litoral inferior de la costa este. Cuando, en 1964, se inauguró el puente de la bahía de Chesapeake, que unía esta área antaño aislada con la península, era solo el primero de los múltiples puentes y carreteras elevadas que estaba previsto que enlazaban todas las islas de barrera de las costas de Virginia y Maryland, exponiéndolas con ello al tipo de urbanización aplastante que ha triturado tanta parte de la costa atlántica. Nature Conservancy empezó adquiriendo las islas situadas frente a la punta meridional de la península, comenzando por la de Smith, que les compró a unos constructores que se disponían a erigir el primer puente. (El grupo también adquirió muchas granjas en la línea litoral, las puso bajo servidumbre de conservación permanente y las revendió, ya sin posibilidad de urbanizar, como un baluarte adicional frente a la destrucción de la costa). En la actualidad, entre las tierras administradas por el Servicio de Pesca y Vida Silvestre de Estados Unidos, las del Servicio de Parques Nacionales, las del estado de Virginia y las zonas sometidas a servidumbre de conservación, un tercio del territorio de la costa este de Virginia está protegido. A resultas de ello, la parte inferior del litoral es ahora tanto una joya natural como un lugar de parada de importancia hemisférica para las aves migratorias, sobre todo para las costeras y las acuáticas. Una de las más espectaculares de entre dichas aves me había llevado hasta allí, con la esperanza de presenciar un ritual anual que enlaza los trópicos con el lejano Ártico.

Aparqué el coche y me dirigí a pie hacia un grupo de media docena de personas que estaban reunidas en el muelle alrededor de telescopios sobre trípodes, envueltas en forros polares y cortavientos, con gorro y guantes. La temperatura debía de rondar los 15 °C y por encima de las llanuras soplaba un penetrante viento de levante procedente de las bahías. A nuestro alrededor se alzó un coro de sonidos de aves de las marismas: rascones de manglar cuyos gruñidos tartamudeantes parecían motores testarudos que se niegan a arrancar; el resonante *pill-güill-güilet, pill-güill-güilet* de los territoriales playeros aliblancos persiguiendo a intrusos, y los burbujeantes cantos del cucarachero pantanero, todo ello recortado sobre el telón de fondo continuo de los alaridos y los carcajeos de centenares de gaviotas que pasaban por allí.

Bryan Watts se desmarcó del grupo y me saludó con un apretón de manos. Era un hombre esbelto con una barba entrecana y un viejo y gastado par de binóculos colgado al cuello. Me presentó al grupo. Entre ellos estaban Alexandra (Alex) Wilke, una científica costera que trabajaba con TNC administrando las islas de nidificación de la reserva, y Ned Brinkley, a quien conocía por ser el reputado editor de la revista *North American Birds*. «No da la sensación de que sea el fin de semana del Día de Conmemoración de los Caídos», refunfuñó Barry Truitt, el científico conservacionista en jefe ya jubilado de la reserva litoral, mientras encogía los hombros en su chaqueta, con la coleta y la canosa barba revoloteando por la brisa. Watts dirige el Centro para la Conservación de la Biología (CCB) en el William and Mary College y, junto con Truitt, estudia desde hace años en el litoral de Virginia un ave costera que siempre ha figurado entre mis predilectas.

No estoy seguro de por qué me apasionan tanto los zarapitos trinadores; quizá sea por su contundente presencia física. Esta especie se cuenta entre las aves costeras de mayor tamaño, con un elegante cuerpo afilado más grande y pesado que el de una paloma y un plumaje moteado muy fino de marrones cálidos. Cuando está posado, su rasgo más llamativo es su corona de vistosas rayas y su largo pico ligeramente curvado hacia abajo, que utiliza para pescar cangrejos violinistas, su alimento principal en la costa de Virginia, aunque en el resto de los lugares que visita en sus periplos anuales puede ingerir desde saltamontes hasta escarabajos y otros insectos cuando hace escala en altiplanos, o alimentarse de murtilla, arándanos, camemoro y otras bayas de la tundra a finales de verano. Ese pico también dio su nombre científico tanto al zarapito trinador como a otros del mismo género, *Numenius*, del griego *neos mene*, «luna nueva»; al científico del siglo XVIII que lo bautizó le pareció que recordaba a la forma de medialuna de la luna nueva.

Incluso en el punto culminante de la migración, cuando las llanuras mareales y los saladares bullen con multitudes de aves costeras, rara vez he visto a zarapitos trinadores mezclándose con otras especies; son un poco antisociales y exclusivistas, aunque se dice que en el pasado formaron bandadas mixtas con sus parientes ligeramente más pequeños (y casi sin duda extintos), los zarapitos esquimales. Una vez en el aire, los zarapitos trinadores vuelan con velocidad y autoridad. Tienen las alas largas y ahusadas, como las de un halcón peregrino, otra especie con un dominio del aire sin parangón y el típico referente de las aves que migran a enormes distancias. Si nos encontrábamos aquella fría tarde en Boxtree Creek era precisamente con la esperanza de avistar zarapitos trinadores en medio de su oleada migratoria. Allí, durante diez días cada primavera, científicos y aficionados a la observación de aves lugareñas efectúan un recuento de zarapitos trinadores, computando las aves en su viaje hacia el norte, rumbo al Ártico.

A principios de la década de 1990, el CCB y TNC empezaron a realizar reconocimientos aéreos de zarapitos trinadores a lo largo de la costa de Virginia. Los resultados fueron alarmantes: los números de zarapitos trinadores se habían reducido a la mitad entre 1994 y 2009, cosa que hizo que Bryan, Barry y sus colegas se preguntaran qué sucedía. Sabían que el tiempo que estas aves pasan en Virginia es crucial. Los zarapitos trinadores ganan unos siete gramos y medio de grasa al día, de manera que básicamente duplican su peso corporal en un par de semanas, atiborrándose a base de los billones de cangrejos violinistas que pueblan las marismas de la costa oriental en tal densidad que, con la marea baja, los cenagales parecen moverse. «A medida que avanza la estación, puedes ver que se hinchan como balones de fútbol», comentó Bryan. Estaba bastante seguro de que el problema, fuera cual fuese, se encontraba en otra parte, y no en este lugar aislado, bien protegido y con diversidad biológica. Pero poco se sabía acerca de adónde viajaban exactamente los zarapitos trinadores ni de cómo pasaban la mayor parte de su vida. Bryan y otros científicos presuponían que los que se detenían en primavera en el litoral de Virginia nidificaban en la bahía de Hudson, el área de reproducción más oriental de esta especie, e invernaban en el Caribe o en Sudamérica, pero, como ocurría con la mayoría de las aves migratorias, era poco más que una conjetura. ¿Ocurría algo que durante la migración de varios miles de kilómetros que efectúan estas aves cada año estuviera haciendo declinar la población de zarapitos trinadores?, se preguntaban.

Por suerte para Bryan, cuando detectó que los zarapitos trinadores corrían peligro, el tamaño de los transmisores satélite ya se había reducido lo suficiente para poderlos usar en estas aves de 310 gramos. De manera que, a partir de 2008, empezaron a colocar estos dispositivos a los zarapitos trinadores que él y su equipo atraparon con sus redes a lo largo de la costa de Virginia. La sorpresa no se hizo esperar. Uno de los primeros pájaros que marcaron voló hacia Canadá, al norte, dobló a la izquierda al pasar la bahía de Hudson, su supuesto destino, y continuó ascendiendo hasta el delta del río Mackenzie, por encima del círculo polar ártico, hasta los Territorios del Noroeste, unos cinco mil kilómetros en total. Muchos de los zarapitos trinadores que se detienen en Virginia hacen un recorrido similar, según se ha comprobado. En otoño, Bryan y su equipo observaron, atónitos, cómo sus zarapitos trinadores marcados abandonaban sus territorios de escala en la zona central del Ártico canadiense, volaban hacia el este desde la costa de las provincias marítimas de Canadá y luego se encaminaban directamente hacia los huracanes o tormentas tropicales en aguas abiertas del Atlántico, y no una vez, de manera accidental, sino en repetidas ocasiones y con aparente deliberación, utilizando los vientos de cola de estas borrascas gigantes para catapultarse hacia el sur.

«Hay dos rutas migratorias —me aclaró Bryan—. Un grupo, integrado en su mayoría por las aves de Mackenzie, efectúa ese monstruoso vuelo sin paradas desde las provincias marítimas de Canadá hasta Brasil. Las aves describen un semicírculo hacia el este, aguas adentro, de tal manera que en algunos momentos están más cerca de África que de Sudamérica. Y luego hay otro grupo [el que sale de la bahía de Hudson] que cubre una ruta por el interior, aproximadamente durante un mes, y toma tierra en Venezuela. Parece que las aves que viajan mar adentro sobrevuelan las aguas más frías, lo cual reduce el riesgo de encontrarse con tormentas, mientras que las que vuelan por el interior atraviesan justamente el cinturón de huracanes».* A pesar de las impresionantes distancias que recorren, los zarapitos trinadores han demostrado una lealtad extraordinaria a los cuatro o cinco puntos en total donde se detienen a hacer escala en el camino cada año. Bryan mencionó a un ave a la que habían bautizado con el nombre de Hope, seguramente el zarapito trinador más famoso del CCB, al cual marcaron en 2009 y pudieron rastrear durante casi una década, mientras migraba sus cerca de treinta mil kilómetros anuales. Hope siempre hacía un alto en Boxtree Creek en su trayecto al norte, siempre anidaba en la misma parte del delta del Mackenzie e invernaba invariablemente en el mismo pequeño manglar, conocido como Great Pond, en Santa Cruz, en las islas Vírgenes de Estados Unidos.

«Nos hemos adentrado en la era de la geolocalización y está desvelando todos estos patrones. El rastreo por satélite nos ha abierto los ojos al hecho de que hay una especie que vuela miles de kilóme-

---

* El cinturón de huracanes, conocido en inglés como Hurricane Alley, es una zona de aguas cálidas en el océano Atlántico que se extiende desde la costa oeste del África septentrional hasta la costa este de Centroamérica y la costa del golfo del sur de Estados Unidos. Muchos huracanes se forman en esta zona. *(N. de la T.)*

tros [al año], pero apenas utiliza terreno en su ciclo anual —explicó Bryan—. Es el caso de Hope, que, pese a volar miles de kilómetros, en todo el año solo usa unas doscientas hectáreas. Se la capturó en Boxtree Creek y regresa cada año a Boxtree Creek. Dos ensenadas más al norte encuentras a un grupo distinto de zarapitos trinadores». Descubrirlo los dejó atónitos, me aseguró, porque implica que, si les ocurre algo a esos lugares tan específicos y tan particulares, los zarapitos trinadores que dependen de ellos tal vez no sean capaces de cambiarlos por nuevas ubicaciones. (A Hópe se le retiró el transmisor en 2012, porque había dejado de funcionar, si bien sigue estando marcada con anillas en las patas que permiten identificarla desde la distancia. En septiembre de 2017, varios meses tras mi visita a Boxtree Creek, el huracán María rugió sobre Santa Cruz y aquella viajada hembra de zarapito trinador desapareció en la tormenta y no se la ha vuelto a avistar ni allí ni en Virginia).

«Me cuesta entender que vuelen miles de kilómetros, elijan un pedacito de terreno para hacer escala y luego vuelen tres mil kilómetros más —añadió Barry—. No me cabe en la cabeza».

«A mí me ocurre lo mismo —convino Bryan—. En un espacio muy breve de tiempo, la geolocalización nos ha permitido ampliar enormemente nuestros conocimientos». Pero también ha demostrado lo flagrantes que siguen siendo nuestras lagunas. ¿Por qué seguían descendiendo los números de zarapitos trinadores? En parte, la respuesta se obtuvo en 2011, cuando dos de los individuos marcados por el CCB, apodados Machi y Goshen en honor a puntos de referencia cercanos a Boxtree Creek, sobrevivieron a su paso a través de una tormenta tropical en un caso y de un huracán en el otro. Sus travesías recibieron una intensa cobertura en prensa, tal como ocurrió con sus muertes, cuando, exhaustos, al intentar tomar tierra en la isla Guadalupe de las Antillas Menores, fueron derribados por cazadores deportivos lugareños que salen a cazar cuando se producen tormentas tropicales en el norte porque saben que las aves, extenuadas, se verán obligadas a aterrizar para descansar. Si bien los biólogos norteamericanos eran conscientes de que la caza de aves costeras seguía gozando de popularidad en algunas regiones del Caribe, las muertes de aquellos dos zarapitos trinadores revelaron de manera dramática el grado en que las aves migratorias siguen abatiéndose a tiros en ciertas partes del Caribe y Sudamérica. La caza de aves costeras (con la excepción de la becada y la becasina) hace tiempo que está prohibida en Norteamérica, pero sigue siendo un problema importante en islas caribeñas como Guadalupe, Martinica y Trinidad y Tobago, así como en la península sudamericana, en puntos como Surinam, la Guayana Francesa y la costa norte de Brasil. Solo en las Barbados, se calcula que anualmente se abaten alrededor de treinta y cuatro mil aves, unas diecinueve mil de ellas archibebes patigualdos chicos, la especie más cazada en la región. Pero también se cazan chorlitos dorados americanos, becasas grises y correlimos pectorales, entre otras especies, in-

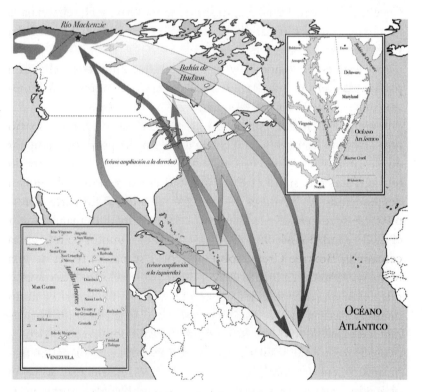

Los zarapitos trinadores que anidan en las riberas del río Mackenzie, en los Territorios del Noroeste, realizan una migración de ida y vuelta cada año, aprovechando los vientos estacionales para atravesar el Atlántico oeste en otoño en dirección a las Antillas Menores y Sudamérica.

139

cluidas algunas mucho más raras, como correlimos gordos y zarapitos trinadores, incluso en los pocos lugares en los que están técnicamente protegidos. En Surinam, en la costa nordeste de Sudamérica, el peaje anual ronda las decenas de miles de aves costeras, con los correlimos semipalmeados como diana habitual. Ni siquiera en las zonas en las que están protegidas están siempre seguras; el tiroteo ilegal de zarapitos trinadores en campos de arándanos cultivados con fines comerciales en las provincias marítimas de Canadá por parte de los agricultores que intentan proteger su cosecha preocupa cada vez más a Watts y a otros conservacionistas.

Brad Andres, el coordinador nacional del Plan de Conservación de Aves Costeras para el Servicio de Pesca y Vida Silvestre de Estados Unidos, afirmó que, en 2011, los conservacionistas estaban empezando ya a evaluar el impacto de la caza de aves costeras. «Pero al abatir a Machi y Goshen, todo se aceleró a la velocidad de la luz», me dijo. Los investigadores se apresuraron a determinar la magnitud del problema; Bryan y sus colegas concluyeron que, en el caso de especies como los zarapitos trinadores, con poblaciones escasas, la mortalidad ocasionada solo por la caza en el Caribe probablemente bastara para causar su decadencia. Desde entonces, gracias a la creciente concienciación pública, algunas jurisdicciones han endurecido la normativa. En Guadalupe, donde hay tres mil cazadores con licencia, ahora se han establecido temporadas de caza y límites de bolsa, mientras que antes apenas los había. En Barbados, donde esos límites los fijan los propios cazadores, Andres aseguraba que cada vez resulta más difícil conseguir armas y munición gracias a que el Gobierno está tomando medidas enérgicas contra el narcotráfico y, en consecuencia, la caza está viéndose reducida. Varias de las «ciénagas de tiro» artificiales mantenidas por cazadores —el único hábitat de humedales disponible para las aves migratorias— son ahora santuarios (como la Reserva de Aves Litorales Woodbourne) o zonas donde ya no se caza. «En realidad existe otra ciénaga de tiro que hace solo tres meses me envió una propuesta para pasar a ser una reserva con prohibición de caza —me explicó Andres—. El gran problema ahora es conseguir dinero para mantener estos emplazamientos año tras año». Sin una gestión intensiva de los niveles de agua y la vegetación invasora, los humedales pierden mucho valor para las aves, y, si la caza se detiene y nadie se ocupa de mantener las ciénagas, la situación para las aves costeras podría ser incluso peor que la actual.

Sin conocer el ciclo anual completo de un ave migratoria (el tipo de información que la tecnología de rastreo mejorada proporciona), resulta fácil pasar por alto un problema tan grande e importante como demostró ser la caza de aves costeras. De ahí que la revolución en este tipo de tecnología llegue justo a tiempo, sobre todo para la inmensa mayoría de las aves migratorias, que son sustancialmente más pequeñas que los grandes y fornidos zarapitos trinadores.

«¡Aquí vienen!», gritó Ned Brinkley, interrumpiendo mi conversación con Bryan y Barry Truitt. Las primeras bandadas de zarapitos trinadores alzaban el vuelo en las ciénagas para dirigirse al sur, formando líneas difusas y formas de galón esporádicas, la mayoría de ellas de dos docenas o incluso menos ejemplares. Alex gritaba números y direcciones, rastreando sus movimientos mientras su técnica estacional, una joven de Oklahoma calzada con unas botas hasta las rodillas y abrigada con un forro polar de color fucsia para protegerse del frío, permanecía sentada en una silla plegable, tomando nota de cada bandada en una ficha técnica.

Un numeroso grupo de más de cien zarapitos trinadores sobrevoló nuestras cabezas, ganando altitud a medida que se acercaban, con sus trinos estentóreos y ondulantes resonando en el aire. En los antiguos tiempos de cacería comercial, los cazadores de aves costeras denominaban a los zarapitos trinadores «siete silbidos» debido a su trino, pero aquí las notas formaban un coro musical indefinido que cortaba el viento, como si alguien agitara con entusiasmo unos cascabeles de latón. «¡Es una llamada a congregarse! —exclamó Bryan—. Están intentando incitar a otras aves a que se les unan. Seguramente veremos bandadas elevarse del pantano para unirse a las que lo sobrevuelan». Los zarapitos trinadores se antojaban elegantes y musculosos en vuelo, rastrillando el viento con sus largas alas mientras ganaban altitud. Volarían durante toda la noche y al alba atravesarían ya el lago Ontario, cerca de Toronto, donde los observadores de aves locales estarían esperándolos y marcarían su travesía con su propio ritual anual de observación. Pero estos pájaros no se detienen ahí, sino que continúan hacia el norte y al oeste, en un viaje sin paradas de cinco días de duración.

«La próxima vez que toquen tierra, estarán en el Ártico», anunció Bryan mientras más y más bandadas alzaban el vuelo y ponían rumbo al norte. Incluso después de todos aquellos años, había un deje de asombro en su voz.

Tal como dijo Bryan Watts, la era del rastreo ha llegado y ha revelado patrones que no teníamos manera de saber antes. Uno de los más interesantes y, en temas de conservación, de los más significativos es un concepto bastante nuevo conocido como «conectividad migratoria».

Para tratarse de un pájaro pequeño, la reinita estriada tiene un área de reproducción inmensa, de unos seis millones y medio de kilómetros cuadrados, que se extiende desde la Columbia Británica y la orilla del mar de Bering hasta Labrador y Terranova. Debido a las extraordinarias distancias que recorre cada año, la reinita estriada también cuenta con un perfil descomunal en la ciencia migratoria, uno de los motivos por los que mis colegas y yo hemos estado estudiando sus viajes a y desde la Alaska central, colocando geolocalizadores en ejemplares que atrapamos en el Parque Nacional del Denali. Sabíamos que las reinitas del parque efectúan un vuelo de oeste a este de más de casi cinco mil kilómetros, hasta la Costa Este del país, y luego describen un arco sobre el Atlántico de unos tres mil kilómetros hasta llegar al norte de Sudamérica, donde invernan en algún punto entre las cuencas del Orinoco y del Amazonas. Pero ¿dónde exactamente? Al combinar nuestros datos de rastreo con los de otros investigadores que etiquetaban reinitas en Nome, en el extremo oeste de Alaska, en Whitehorse, en el Yukón, y en el cabo Churchill, en la bahía de Hudson, afloraron algunos patrones interesantes.

Las aves de Nome tomaban un itinerario septentrional, cruzando el centro de Canadá y dejando la Costa Este en el sur de Nueva Inglaterra. Nuestras reinitas del Denali, así como las del Yukón, seguían una ruta más meridional, algunas de ellas describiendo un ángulo hacia el sur hasta la altura de Florida antes de sobrevolar el océano, mientras que las reinitas del cabo Churchill migraban sobre todo en dirección sudsudeste, cortando en diagonal las otras rutas y atravesando el Atlántico principalmente por encima de las dos Carolinas. (Dado que los datos de geolocalización no son del todo precisos, cuesta conocer las ubicaciones exactas). Una vez en Sudamérica, cada población de cría regional también se segregaba, de tal manera que las reinitas de Nome eran las que viajaban más al sur y al este para invernar cerca de la desembocadura del Amazonas, en el nordeste de Brasil, Surinam y las Guayanas, mientras que las de Churchill se congregaban a unos mil seiscientos kilómetros de distancia, en el oeste del Amazonas, en la confluencia de Brasil, Perú y Colombia. Nuestras reinitas del Denali se emplazaban entre ambas, junto con las del Yukón, si bien estas últimas también parecían utilizar los bosques del Orinoco situados al norte, en Venezuela.

El hecho de que distintas poblaciones tengan sus propias rutas migratorias y zonas de invernada diferenciadas puede parecer un acuerdo de sentido común, pero, durante gran parte de los siglos que los humanos han pasado reflexionando sobre el intríngulis de la migración, nadie había concedido a esta idea excesiva importancia. Era como si las selvas del norte de Sudamérica fueran un gran cuenco en el que Norteamérica vertiera un torrente indiferenciado de reinitas estriadas que chapoteaban, revoloteaban y se extendían de manera uniforme a lo ancho y largo de toda la zona de invernada. Nuestro conocimiento de la conectividad migratoria sigue siendo bastante rudimentario, pero, en el caso de algunas especies, ese parece ser en efecto el modelo. A título de ejemplo, los carriceros tordales procedentes de Europa, cuyas migraciones se estudiaron usando geolocalizadores, muestran solo una modesta conectividad en su zona de invernada africana, donde aves españolas, suecas y checas se mezclan a lo largo del golfo de Guinea, mientras que los carriceros de Bulgaria y Turquía migran al este de África. Estas últimas dos poblaciones hacen una inusitada migración en bucle en el sentido contrario a las agujas del reloj, volando generalmente hacia el sudoeste, hacia el interior de África en otoño, y desviándose hacia el este, hasta Arabia, en primavera; un patrón que también muestran los carriceros comunes, más pequeños, durante su propia migración desde África y que, probablemente, esté vinculado a que en primavera hay mejores recursos alimenticios en Oriente Próximo.

Incluso una distancia de varios centenares de kilómetros entre zonas de cría puede representar una gran diferencia en las ubicaciones de invernada. Pensemos, por ejemplo, en las reinitas horneras, esas reinitas parecidas a zorzales, habituales en el este de Norteamérica. Un estudio con geolocalizadores demostró que los ejemplares de cerca del extremo oeste del área de distribución de la especie, en Saskatchewan, migraban hacia el sur de México, mientras que un puñado de ejemplares anillados recuperados apuntan a que las reinitas de la zona de los Grandes Lagos vuelan hasta Belice. Sin embargo, hasta 2013 se carecía de una información tan detallada; fue entonces cuando científicos del Smithsonian Migratory Bird Center utilizaron un nuevo sistema de rastreo, las llamadas «etiquetas GPS de almacenamiento», para conocer más en profundidad la migración de las reinitas horneras. A diferencia de los geolocalizadores, que usan un sensor lumínico para consignar la longitud diaria y las horas del amanecer y el anochecer, datos a partir de los cuales es posible calcular la latitud y longitud aproximadas, la etiqueta GPS está programada para encenderse en un intervalo predeterminado (en este caso, una vez al mes), recibir una señal bastante precisa del sistema de satélites GPS en órbita, archivar dicha localización en su memoria y volver a desactivarse hasta la próxima vez, gracias a lo cual se consigue un valioso ahorro de la batería. Los investigadores del Smithsonian etiquetaron reinitas horneras en New Hampshire y Maryland, y recapturaron en torno a la mitad un año más tarde, cuando regresaron a criar. Los puntos del GPS indicaban que ambas poblaciones generalmente volaban hacia el sur, pero, mientras que las aves de Nueva Inglaterra se congregaban en la isla de La Española y en el este de Cuba, las reinitas de Maryland optaban por una ruta más occidental e invernaban en el oeste de Cuba y en la Florida peninsular.

Otras aves migratorias demuestran vínculos estrechos similares entre sus zonas de reproducción e invernada. Ruiseñores comunes de tres áreas de Europa —Francia, Italia y Bulgaria— marcados con geolocalizadores mostraron una conectividad muy estrecha con tres zonas de invernada distintas en el oeste y en el centro de África.

En Norteamérica, ejemplares anillados recuperados de picogruesos pechirrosados demuestran que los individuos que anidan en el este del país invernan en Panamá y en el norte de Sudamérica; los procedentes del Medio Oeste americano migran hasta el norte de Centroamérica; y los provenientes de las Grandes Llanuras viajan hasta México central. Sin embargo, con quien los científicos verdaderamente se han volcado de lleno es con los zorzalitos de Swainson, otra especie norteamericana que exhibe patrones fascinantes diferenciados tanto en función de divisiones genéticas como migratorias.

Los zorzalitos de Swainson son más pequeños que los petirrojos, tienen el pecho del color de la piel del ciervo, claro, con manchas negras difuminadas, y parecen tener una expresión sobresaltada debido a los anillos de color beis alrededor de sus ojos. La mayoría de la población continental, cuyas zonas de cría se extienden desde Terranova hasta Alaska y, hacia el sur, a través de los Apalaches y las Rocosas, tienen el lomo de un tono oliva apagado. Incluso los que proceden del extremo oeste de esta vasta región, como los que nosotros estudiamos en el Denali, migran primero un largo trecho hacia el este, antes de virar al sur para pasar el invierno (en función de su población de reproducción local) entre Panamá y la Sudamérica meridional.* La otra población, cuyo lomo presenta un color castaño intenso, abraza la costa del Pacífico durante todo el año, reproduciéndose entre California del Sur y el llamado Mango de Alaska y migrando a México y Centroamérica a través de una ruta en su mayor parte litoral. Pero incluso en estas divisiones generales se dan fuertes vínculos locales de conectividad. Los zorzalitos de Swainson del con-

---

* Se cree que esta curiosa ruta sinuosa es un eco de las postrimerías de la última edad glacial, cuando los zorzalitos de Swainson con el lomo de color oliva quedaron restringidos a los vestigios de bosques de coníferas del sudeste de Estados Unidos, muy por debajo de los glaciales continentales. A medida que el hielo fue retrocediendo y los bosques de abetos fueron extendiéndose hacia el norte y el oeste, los zorzalitos los siguieron, pero cada otoño vuelven a recorrer esa ruta de colonización hacia el este y el sur. Son solo una de las numerosas especies forestales boreales, como los gorriones rascadores, los zorzalitos carigrises y una amplia variedad de reinitas, entre las cuales al menos algunas poblaciones siguen una ruta similar, al parecer por motivos también similares.

dado de Marin, en California, recorren más de cuatro mil kilómetros hasta el estado mexicano de Jalisco, en el Pacífico, mientras que los procedentes de regiones litorales situadas más al norte, cerca de Vancouver, en la Columbia Británica, saltan sobre ellos y migran directamente a Centroamérica. Curiosamente, en el sur de la Columbia Británica hay unos cuantos valles en los que tanto rojizos zorzalitos costeros como los de interior del lomo oliváceo confluyen... e hibridan. Dado que la migración es en gran medida instintiva, es decir, que está inscrita en el ADN de las aves, no sorprende que sus crías híbridas tengan genes en conflicto que parecen arrastrarlas en direcciones contradictorias. Gracias a los geolocalizadores, sabemos que algunos de los individuos híbridos se saltan esta diferencia y recorren una ruta intermedia, una mala elección que les enfrenta al desafío de sobrevolar montañas escarpadas y profundos desiertos con pocas posibilidades de descansar y de alimentarse. En otoño, otros híbridos pueden seguir una ruta por el interior, heredada de un progenitor, alejándose hacia el oeste y el sur, mientras que en la primavera toman una ruta más litoral heredada del otro progenitor y se adentran en el Pacífico antes de poner rumbo al norte. O a la inversa. No sorprende, a tenor de la distancia y de las pruebas adicionales a que los somete su alterada orientación, que los híbridos sigan siendo poco frecuentes, mantengan la división genética entre los grupos de las dos subespecies y refuercen la conectividad migratoria única de cada forma. (Las currucas capirotadas europeas afrontan retos similares; en este caso, una división migratoria en Austria y la República Checa separa a la población, de tal manera que una parte migra hacia el sudoeste, hasta la península Ibérica, mientras que la otra lo hace alrededor del este del Mediterráneo. Los híbridos heredan un mapa malhadado que los envía a través del Mediterráneo y hacia el interior del Sáhara).

Allá donde se da una fuerte conectividad, esta tiene serias implicaciones para la conservación, sobre todo en regiones del mundo que están experimentando cambios rápidos. Un estudio conjunto entre Canadá y Estados Unidos ha etiquetado más de setecientos zorzales mustelinos tanto en las zonas de reproducción del este de Norteamérica como en las zonas de invernada en el sur de México y Centroamérica, un esfuerzo titánico que ha requerido centenares de horas de trabajo para intentar volver a localizar y recapturar a las aves marcadas, pero que ha permitido descubrir una conectividad extraordinariamente estrecha entre poblaciones regionales de zorzales mustelinos. Los procedentes de la zona comprendida entre el sur de Nueva Inglaterra y Pennsylvania y Carolina del Norte invernaban, casi de manera exclusiva, en el este de Centroamérica, una zona que incluye el este de Honduras, Nicaragua y Costa Rica y que sustenta a más de la mitad de toda la especie. Los zorzales mustelinos que anidaban en el sudeste y en el Medio Oeste de Estados Unidos, en cambio, migraban en esencia a la península del Yucatán, El Salvador y el oeste de Honduras, y únicamente una cantidad relativamente reducida de los zorzalitos etiquetados —todos ellos procedentes del Medio Oeste norteamericano— invernaban en el sur de México.

Sobre todo dado el rápido ritmo de deforestación de esta región, la importancia de la zona de invernada en el este de Centroamérica no debe subestimarse, concluyeron los científicos, que alentaron a acometer mayores proyectos de conservación en la región. No obstante, su análisis también demostraba que, al margen de qué zona de México o Centroamérica utilice un zorzal mustelino en invierno, existen unas posibilidades más que notables de que viaje hacia el norte sobrevolando la parte central de la costa estadounidense del golfo de México, un cuello de botella a través del cual casi tres cuartas partes de la especie migra en primavera. Concentrar las labores de conservación en tierra en dicho golfo reportaría enormes beneficios, no solo para los zorzales mustelinos en toda su área de reproducción, sino también para centenares de millones de otras aves cantoras, de centenares de especies, que pasan por esta región cada primavera. El rastreo está revelando muchos de estos populares puntos de parada cuya existencia antes ni siquiera sospechábamos y que son candidatos ideales para adoptar proyectos de conservación específicos. Combinando los resultados de varios estudios de rastreo, por ejemplo, los científicos averiguaron que las carracas europeas, unas llamativas aves del tamaño de una paloma con el plumaje de color turquesa y castaño cuya población se ha reducido hasta un 30 por ciento en décadas recientes y que ha desaparecido por completo de algunas zonas de Europa, convergen en otoño en las sabanas alrededor de la cuenca del lago Chad, en África, en la confluencia de Nigeria, El Chad y Camerún. Se está demostrando que estas sabanas en el Sahel, el borde superior del Sáhara, también son un punto de parada esencial para muchas otras aves insectívoras que migran al sur desde Europa, incluidos los alcaudones, los merópidos y los cucos comunes. Dado que el Sahel es cada vez más proclive a sufrir sequías, tal vez no sea coincidencia que muchas de esas otras especies hayan registrado también un descenso de población.

Incluso en las zonas en las que, en términos estrictos, la conectividad migratoria es débil, los datos desvelados por los estudios de rastreo pueden ser apabullantes. Quizá el mejor ejemplo de ello sean las reinitas protonotarias, aves cantoras de las ciénagas y orillas de los lagos del este (y en especial del sudeste) de Norteamérica, de un amarillo tan escandaloso que un ornitólogo las describió en una ocasión como «mantequilla chorreando de los árboles».[11] La ciencia suponía desde hacía mucho tiempo que las reinitas protonotarias invernaban en los manglares litorales del sur de Centroamérica y el norte de Sudamérica. Sin embargo, un estudio publicado en 2019, gracias a los datos proporcionados por ejemplares de protonotarias de toda su amplia área dotados de geolocalizadores, reveló que, al margen de dónde anidaran, desde Luisiana a Virginia o Wisconsin, la mayoría de ellas gravitaban hacia una pequeña zona a lo largo del río Magdalena, en Colombia, lejos de la costa... y lejos también de la zona en la que los conservacionistas estaban concentrando sus labores de protección del territorio. Técnicamente, este patrón es casi el reverso de la conectividad migratoria, pero las consecuencias para salvar a esta especie, que ya aparece en el listado de las que están en peligro de extinción en Canadá, son inmensas.

Aún queda mucho por aprender acerca de cómo funciona la conectividad migratoria y de cómo usar los conocimientos que vayamos obteniendo para cuidar a las aves migratorias. Sin embargo, en ocasiones, hay que quitarse el sombrero ante la ciencia, porque los resultados son simple y llanamente espectaculares.

En 2018, nuestro equipo atrapó a una serie de zorzalitos de Swainson en los bosques de abetos del Denali y les colocó registradores GPS. Un año más tarde, Emily Williams, la ecologista aviar del parque, y el técnico aviar Tucker Grimsby volvieron a capturar a los primeros tres ejemplares marcados, justo después de su regreso al parque. Uno de los tres geolocalizadores había fallado: es habitual sufrir averías mecánicas cuando se utiliza tecnología miniaturizada que debe recorrer medio mundo sobre un pájaro. Pero los otros dos narraron una historia de conectividad extraordinaria. Ambos zorzalitos dejaron sus territorios de cría, situados a menos de un kilómetro y medio de distancia en el parque, en agosto del año previo, uno de ellos unas dos semanas antes que el otro. Migraron hacia el sudeste a través del Yukón, el norte de la Columbia Británica, Alberta y Saskatchewan. En septiembre habían bordeado ya la orilla oeste del lago Superior y estaban atravesando el Medio Oeste; uno de ellos se detuvo una semana en un jardín de una urbanización en el nordeste de Indianápolis. (El nombre de aquella urbanización era Feather Cove, la «Cala de las Plumas», y no pudimos contener la carcajada al saberlo). A finales de septiembre, los zorzalitos atravesaron la cordillera Azul, cerca del Parque Nacional de las Grandes Montañas Humeantes, viajando a solo unos días de distancia el uno del otro, cruzaron la península de Florida y sobrevolaron el golfo de México y el oeste del Caribe hasta Centroamérica; luego viraron hacia el este, siguiendo el istmo hasta Colombia hacia finales de octubre. Desde allí, los zorzalitos volaron otros tres mil setecientos kilómetros a lo largo del flanco oriental de los Andes. Cuando finalmente se detuvieron, tras un viaje de más de doce mil quinientos kilómetros, se hallaban a menos de treinta kilómetros de distancia el uno del otro, en la frontera entre Bolivia y Argentina.

¿Coincidencia? De hecho, los cuatro siguientes zorzalitos que atraparon Tucker y Emily recorrieron básicamente el mismo itinerario con casi el mismo objetivo. La primera vez que observé las resplandecientes líneas verdes que representaban sus vuelos extenderse sobre el globo terráqueo digital en la pantalla de mi ordenador y converger todas en la misma franja estrecha de bosque en las estribaciones de una montaña, buscando los seis un lugar para pasar el invierno austral a menos de cien kilómetros los unos de los otros, me quedé sin aliento. Era otro ejemplo más del tupido entramado de conexiones asombrosas que se propagan por el planeta y entre los hemisferios, entretejidas por las alas de las aves migratorias.

4

Macrodatos, macroproblemas

Amanecía en la costa de Alabama; las chotacabras de la Carolina cantaban despidiendo el crepúsculo en Fort Morgan, una delgada península que se interna en el mar por el lado este de la bahía de Mobile. Notaba la arena blanda bajo los pies mientras caminaba por un sendero trillado que podría recorrer con los ojos cerrados, un sendero que zigzaguea a través de robledales y pinedas y a lo largo del cual iba haciendo altos para deslizar las puertas y abrir otro conjunto de redes de neblina. Salvo por el canto de las chotacabras, reinaba el silencio, pero ya percibía una tensión ausente en el bosque hacía apenas unos días, en el cálido abril, días sin aves. Algunas mañanas, la quietud era tal que había salido del bosque y caminado hasta el malecón que bordea el confín de la bahía, y allí había escuchado las sutiles exhalaciones de los delfines mulares que, en la lejanía, afloraban a la superficie en las aguas poco profundas, una manada que alborotaba el sereno mar con sus aletas dorsales y desdibujaba los reflejos de las torres de extracción de gas natural frente a la bahía, formas brumosas e indefinidas en el húmedo aire.

Pero aquella mañana era muy distinta. La tarde previa, un frente frío procedente del noroeste había barrido la zona con lluvias, vientos borrascosos y un pronunciado descenso de las temperaturas. Mientras cenaba con mis amigos en una casa de playa a unos kilómetros de la estación de anillamiento, con el martilleo de la lluvia sobre el tejado, supimos que el frente de tormentas que nos dejaba atrás para dirigirse al sur ralentizaría a las legiones invisibles de aves migratorias que, pese al clima adverso, se hallaban ya sobrevolando el golfo de México.

En lugar de una travesía relativamente plácida rumbo al norte desde la península del Yucatán, de entre dieciocho y veinte horas de vuelo incesante sobre alta mar, aquellas aves tendrían que abrirse paso a través de las borrascas y su estela ventosa durante más del doble de tiempo. Muchas morirían; algunas mañanas tras tormentas similares hallamos docenas, centenares de cadáveres mecidos por el oleaje, pequeños restos de plumas de vivos colores rápidamente devorados como carroña por gaviotas o cangrejos fantasma. (Y, tal como demostró un estudio no hace mucho, también por tiburones tigre que nadaban mar adentro). Mientras dormíamos, las que hubieran sobrevivido, exhaustas y hambrientas, habrían empezado a apilarse en los bosques marítimos de Fort Morgan: una salida de incendios, en la jerga de la ecología migratoria, una parada en boxes donde huir de una muerte inminente, tomar un bocado y descansar un poco antes de reemprender el viaje hacia el norte.

A medida que clareaba a mi alrededor, pude ver que el bosque era un hervidero de pájaros, un clásico «efecto colateral» en la costa del Golfo que haría las delicias de cualquier observador de aves. Atravesaban como flechas los angostos senderos que yo recorría bajo los robles, destellos de movimiento en mi visión periférica, y se abrían a ambos lados ante mis ojos y mis pies, como una ola de proa, mientras avanzaba: reinitas y gorriones, emberizas y turpiales, pájaros gato y zorzalitos, papamoscas y picogordos. Era el tipo de día que nos había llevado hasta allí a mis colegas y a mí, un día en el que podíamos atrapar en las redes y anillar a un millar o incluso más ejemplares en una sola mañana, al tiempo que documentábamos los pulsos migratorios que sacuden esta región del planeta dos veces al año. Al dar media vuelta y desandar mis pasos, en cada una de las redes recién abiertas encontré al menos una docena de pajarillos acunados en la malla, los mismos que extraje rápidamente e introduje en las bolsas con cierre de cordón ajustable que llevaba colgadas en el antebrazo izquierdo. Había completado la mitad del circuito cuando me topé con mi amigo Fred Moore, que avanzaba en sentido opuesto, cada uno de nosotros tenía docenas de pájaros colgando de las muñecas; Fred se apresuró a agarrar las mías y las trasladó rápidamente a la mesa de anillamiento para procesarlas, mientras que yo regresaba para hacer un segundo pase. Iba a ser una mañana muy ajetreada.

El golfo de México es uno de los principales cuellos de botella para las aves migratorias del mundo, con una media de paso de 2.060.300.000 aves cada primavera. Puede parecer una cifra de una precisión desconcertante, pero justamente dicha precisión refleja algunos de los cambios asombrosos que ha registrado el ámbito de la investigación en migraciones, así como la capacidad de la ciencia para hacer un seguimiento de pajarillos diminutos a enormes distancias. Armados con una potencia informática cada vez mayor y más rápida, los ornitólogos están procesando volúmenes casi inconcebibles de datos, como los arrojados por el sistema continental de radares Doppler, por poner un ejemplo, que, además de sintonizar la predicción del tiempo nocturna de una zona, también refleja los movimientos de las aves durante la noche, cosa que permite generar una imagen perfectamente secuenciada de su migración, momento a momento, tan detallada que los expertos pueden calcular el número de individuos por metro cúbico de espacio aéreo, distinguir entre especies grandes, medianas y pequeñas e incluso diferenciar entre el pico y la cola de un ave migratoria. Estoy tentado de describir esta época como la Edad de Oro de la Ornitología, pero sospecho que cada época se ha sentido bendecida de un modo u otro. Sin duda, los ornitólogos coleccionistas de la década de 1890, que cazaban especímenes para las vitrinas de sus museos, también debieron de creer vivir en una edad dorada gracias a la invención de la pólvora sin humo y de las escopetas de cartucho.

Con todo, este momento sí parece presentar una diferencia fundamental, habida cuenta de que las nuevas maneras de emplear la teledetección y de procesar cantidades inmensas de datos nos están permitiendo averiguar qué especies de pájaros vuelan adónde, cuándo y en qué cantidades, y todo ello prácticamente en tiempo real. Nos posibilitan identificar los lugares exactos que utilizan las poblaciones más numerosas de aves migratorias y, por consiguiente, destinar de manera más eficaz los escasos fondos invertidos en la protección de tierras. Estamos combinando las detecciones diarias de millones de observadores de aves para revelar rutas migratorias y puntos de escala hasta ahora desconocidos; estamos enjaezando el aprendizaje automatizado para enseñar a los ordenadores a escuchar el cielo, a identificar y tabular los millones de viajeros que nos sobrevuelan mediante sus cantos nocturnos. Estos datos también nos muestran dónde se encuentran los mayores peligros para las aves migratorias; en este sentido, es interesante destacar que, en Norteamérica, tanto algunos de los lugares más arriesgados como de los territorios de conservación más valiosos se hallan en el interior y en las proximidades de algunas de las zonas metropolitanas más extensas.

La imagen que se obtiene del ensamblaje de todos estos enfoques innovadores es a un tiempo pasmosa y espeluznante. Las mismas tecnologías que finalmente nos están brindando una ventana a través de la cual contemplar la verdadera escala de la migración aviar también nos proporcionan la evidencia flagrante de que nos hallamos en la cúspide de la catástrofe. De hecho, habrá quien sostenga que ya hemos resbalado y nos precipitamos al abismo, con miles de millones de aves migratorias desaparecidas en apenas unas décadas solo en Norteamérica por culpa de la destrucción de sus hábitats, del uso de pesticidas, de las colisiones con edificios, de los gatos y de tantas otras amenazas. No obstante, constatar que llegamos tarde y que la situación es cada vez más desesperada ha motivado incluso más a los conservacionistas, que se están devanando los sesos para aprovechar estas nuevas tecnologías para hallar respuestas que les permitan revertir esta caída en picado.

Esta nueva ciencia tiene un potencial enorme para la conservación de las aves migratorias, pero donde primero se está poniendo a prueba es en el golfo de México, quizá el eslabón más crítico de toda la cadena de hábitats del hemisferio occidental por hacer posibles las migraciones. La costa del Golfo es un terreno sagrado para los observadores de aves, un lugar capaz, cuando el clima acompaña, de registrar torrentes épicos de miles o centenares de miles de aves cantoras en lugares como High Island, en Texas, o Fort Morgan y Dauphin Island, en Alabama. Es uno de los mejores lugares del mundo para observar migraciones y una región con un significado especial para mí.

Durante más de quince años, visité Fort Morgan cada primavera para capturar y anillar a aves migratorias, una feliz consecuencia de un cambio de rumbo fortuito durante mi investigación para otro de mis libros, *Living on the Wing*. En 1997 hacía los preparativos para un viaje periodístico en primavera por el sur de Estados Unidos, con el fin de escribir acerca de las aves migratorias que atraviesan el Golfo, la marea de aves cantoras que dejan México y vuelan más de ochocientos kilómetros sin paradas sobre esta bahía para acabar tomando tierra entre el este de Texas y la península de Florida. Un tipo llamado Bob Sargent había subido una publicación a una lista de correo de anillamiento de aves a la cual yo estaba suscrito. En ella hablaba de los años de trabajo que él y sus colegas habían llevado a cabo en la costa de Alabama e invitaba a cualquier anillador que pasara por allí a hacer un alto en el camino y visitarlos. Tras un rápido y cordial intercambio de correos electrónicos, añadí una parada a mi creciente itinerario, ajeno a cuánto iba a afectar ese pequeño cambio a mi vida.

No tardé en descubrir que Bob era una fuerza de la naturaleza: alto, calvo e imponente, un orador carismático, producto de los campos de minería rudos y violentos del norte de Alabama que, tras un tiempo en las fuerzas aéreas, se había convertido en un electricista experto. Bob se había iniciado en el mundo de la ornitología en una fecha relativamente tardía de su vida, primero por puro placer y luego con fines científicos. En la década de 1980, él y su esposa, Martha, constituyeron el Hummer/Bird Study Group (HBSG), un grupo de gente interesada en anillar aves que, durante casi treinta años, se pasaba semanas cada primavera y otoño en el Parque Histórico Estatal de Fort Morgan anillando a decenas de miles de pájaros y educando a los incontables miles de visitantes que se agolpaban alrededor de su mesa de trabajo para contemplar el proceso o para escucharlos difundir el evangelio de la conservación de las aves con, por ejemplo, una despampanante tángara rojinegra o un picogrueso pechirrosado en las manos. La temporada siguiente, yo ya formaba parte del equipo, y seguí haciéndolo hasta que la inesperada muerte de Bob, en 2014, puso fin al longevo proyecto del HBSG. (Un grupo distinto de científicos de Alabama sigue anillando aves en la zona en la actualidad, bajo auspicios independientes).

Cada año anillábamos miles de aves en Fort Morgan y enviábamos los datos —edad, sexo, peso, niveles de grasa y un conjunto diverso de medidas— al Bird Banding Lab federal. Era nuestra pequeña fracción de las más de 1,2 millones de aves que se anillan anualmente en Estados Unidos. Cada reencuentro, ya fuera un día más tarde en nuestras propias redes o años después y a centenares de kilómetros, ampliaba un poco nuestros conocimientos, por ejemplo, de la velocidad a la que las aves migratorias agotadas recuperaban el peso perdido o de cómo esa tasa de recuperación varía de hábitat en hábitat. (A lo largo de la costa del Golfo, el anillamiento ha demostrado que los hábitats más valiosos para las aves migratorias hambrientas no son las encantadoras dunas de las playas y los bellos bosques de pinos que hemos protegido en los litorales y parques del país, sino las marañas de zarzaparrilla, los boscajes de robles y las profundas ciénagas que pocas personas se molestan en visitar y que, en gran medida, se han pasado por alto en los proyectos de conservación). Todos estos registros de anillamientos son una veta increíblemente fecunda que minar, y los ornitólogos no dejan de hallar modos novedosos y creativos de usar los datos obtenidos para dar respuesta a preguntas fascinantes, de aplicar las técnicas de los llamados «macrodatos», el Big Data, consistentes en analizar conjuntos enormes de datos para dilucidar patrones y tendencias que no resultan evidentes a simple vista. Con más de ciento veinte millones de aves anilladas (de las cuales cuatro millones se han vuelto a encontrar) en Norteamérica a lo largo de los años, el anillamiento puede considerarse claramente macrodatos, aunque se hayan recopilado de manera lenta y laboriosa y se haya necesitado más de un siglo para construir esa biblioteca de retornos, recapturas y avistamientos de anillas. El esfuerzo invertido en generarla ha sido descomunal y desalentador.

El golfo de México es desde hace tiempo un campo de pruebas para estudios pioneros sobre las migraciones y, más recientemente, se ha convertido en un nexo importante para ilustrar la capacidad de las tecnologías emergentes de ayudarnos a entender y conservar la migración de las aves. En la década de 1940, cuando los escépticos ridiculizaban la idea de que las especies pequeñas fueran capaces de sobrevolar esta bahía sin detenerse, un joven ornitólogo de la Universidad Estatal de Luisiana llamado George Lowery Jr. se alistó en un carguero y realizó el viaje de ida y vuelta entre Estados Unidos y México, durante el cual guardó un registro de las numerosas aves migratorias que vio en cada trayecto. En la década de 1960, un estudiante de posgrado de la misma institución, Sidney A. Gauthreaux Jr., usó imágenes de la línea de estaciones de radares del Servicio Meteorológico Nacional, recién establecida, a lo largo de la costa del golfo de México para hacer un primer seguimiento de la migración por esta bahía a escala paisajística. (En años posteriores, Gauthreaux, convertido ya en profesor en Clemson, utilizó esas viejas imágenes de archivo para demostrar que el número de aves migratorias que cruzaban el golfo de México había descendido de manera drástica en el transcurso de unas décadas). Cuando el sistema de radares Doppler NEXRAD se conectó en línea en la década de 1990, la cantidad de información al alcance de los ornitólogos se multiplicó exponencialmente. Un radar Doppler muestra la velocidad y la dirección con las cuales se mueven los objetos a través del aire, sean gotas de lluvia o pájaros, y una nueva generación de ornitólogos formados por Gauthreaux y otros expertos utilizaron esta tecnología para despojar de su anonimato al cielo nocturno y empezar a entender las complejidades de las migraciones de noche, momento en que la inmensa mayoría de las aves despliegan sus alas.

No hace falta ser especialista para contemplar el desfile migratorio en un radar; cualquier sitio web con radares del Servicio Meteorológico Nacional permite hacerlo. Y con un poco de práctica, es posible diferenciar las bandas de precipitación, de colores más intensos, de lo que los meteorólogos denominan «biodispersión» o «bioacumulación», las nubes casi etéreas de tonos azules y verde claro que forman millones de aves y que aparecen y desaparecen del radar en las proximidades de las estaciones Doppler en las horas posteriores al anochecer en primavera y otoño. Ahora bien, la biodispersión adopta múltiples formas. Enjambres de insectos, como las nubes de mariquitas que sepultaron California del Sur en 2019 o la franja de ciento doce kilómetros de ancho de mariposas vanesas de los cardos que sobrevoló Colorado en 2017, también pueden visualizarse en un radar, al igual que los millones de murciélagos que salen de las cuevas y puentes del sudoeste del país por la noche.

Por revolucionarios que fueran en origen los radares NEXRAD para la ornitología, la tecnología ha seguido progresando y los avances en radares diseñados para ayudar a los meteorólogos, como las nuevas actualizaciones a alta resolución de hace solo unos años, han tenido beneficios imprevistos también para los especialistas en migraciones. Por ejemplo, el sistema Doppler utiliza ahora un radar de «doble polarización», el cual, en lugar de usar un único rayo horizontal, lanza una segunda señal vertical y brinda a los meteorólogos la capacidad de observar el tamaño y la forma de la precipitación dentro de las tormentas, es decir, de diferenciar la lluvia del granizo y de la nieve, por ejemplo. El radar de doble polarización puede hacer eso mismo en el caso de las aves y permitir a un ornitólogo no solo calcular cuántos ejemplares vuelan por metro cúbico de espacio aéreo, sino distinguir la cabeza de la cola de cada uno de ellos, cosa que posibilita a los investigadores, por ejemplo, comprobar que las aves que vuelan a más altura en la columna de aire, enmascaradas por la oscuridad de la noche, compensan sutilmente los vientos cruzados y otras fuerzas.

El mayor obstáculo a la hora de trabajar con datos de radares es la enorme potencia de cálculo computacional que se requiere para procesar los resultados digitales de los ciento cuarenta y tres puestos con radares contiguos que existen en Estados Unidos, cada uno de los cuales efectúa un barrido cada pocos minutos. Andrew Farnsworth, un investigador asociado del Cornell Lab of Ornithology especializado en estudios migratorios, recuerda que cuando el laboratorio lanzó algo llamado BirdCast, en 2012 —un intento de crear previsiones regionales a tiempo real de migraciones de aves—, invertía entre cuatro y cinco horas de arduo procesamiento (a menudo, manual) y tratamiento de los datos recibidos de solo diez estaciones de radares regionales en crear una sola instantánea de la migración de la noche previa. «En cambio, en la actualidad obtenemos una imagen de cada escáner [radar] de las dieciséis estaciones del nordeste de Estados Unidos cada cinco o diez minutos y tardamos minutos en procesar los datos de toda una noche, mientras que antes nos llevaba horas», me dijo Farnsworth. Eso no solo comporta que la versión actual de BirdCast, que cubre toda la parte inferior de los cuarenta y ocho estados del país, sea mucho más precisa y ágil que en el pasado, sino que además ofrece mapas de migraciones en directo y comentarios de expertos.

Y otro dato aún más importante: los algoritmos con los que funciona BirdCast están apuntalando los usos radicalmente nuevos que los científicos están dando a la ornitología con radares para concentrar los esfuerzos de conservación donde más se precisan.

A lo largo de la costa del golfo de México, esto no solo implica llevar un seguimiento de la estación migratoria actual, sino contemplar con un grado de detalle extraordinario dónde y en qué cantidades se mueven los pájaros. Además, gracias a que el archivo NEXRAD se retrotrae hasta mediados de la década de 1990, también es posible retroceder en el tiempo y comprobar si el calendario de desplazamientos migratorios ha cambiado o cómo reaccionó el tráfico aviar primaveral y otoñal a fenómenos climatológicos como El Niño, la Oscilación Multidecadal del Atlántico o grandes tormentas. (En 2019, científicos del Cornell Lab y de la Universidad de Massachusetts crearon el sistema de aprendizaje automatizado MistNet, que aísla automáticamente la señal de las precipitaciones de los datos archivados de radares y conserva solo los correspondientes a aves, murciélagos e insectos, cosa que agiliza aún más el procesamiento de dichos datos, tanto si se observa la columna de aire sobre una pequeña franja de tierra o sobre todo el continente. Es interesante destacar que MistNet emplea el mismo tipo de inteligencia artificial para lectura de imágenes que Merlin, el popular software de identificación de aves del Cornell Lab). Y un dato aún más fundamental: estos avances permiten a los científicos calcular si el número de aves migratorias ha variado a lo largo de los años, un aspecto en el que las noticias son, como mínimo, confusas. Jeff Buler, director del programa de aeroecología de la Universidad de Delaware y una figura destacada en su campo, ha utilizado archivos Doppler para observar cambios en las poblaciones de aves migratorias en una serie de regiones, como Carolina del Norte, donde el número de aves migratorias en otoño descendió un 27 por ciento en doce años, o el nordeste del país, donde las cifras cayeron un 29 por ciento en solo siete años. En cambio, a lo largo del golfo de México, los datos de los radares permitieron a un equipo de científicos que incluía a Buler y Farnsworth (y estaba liderado por Kyle Horton, el doctorado de Cornell) calcular con suma precisión que una media de 2.060.300.000 aves pasa por la región cada primavera y determinar que la intensidad de la migración no había variado de manera apreciable durante los nueve años previos a 2015.

El dato me sorprendió, pues me pareció uno de los informes más esperanzadores que había leído en mucho tiempo, sobre todo a tenor de las agoreras estadísticas relativas a otras regiones. Sin embargo, cuando se lo mencioné a Farnsworth, me hizo notar que muchos de los pájaros detectados por los radares en la costa del Golfo no son aves cantoras migratorias, el grupo en mayores dificultades, sino, sobre todo, especies costeras como patos y aves zancudas cuyas poblaciones se hallan en expansión y que, al ser físicamente voluminosas, se aprecian muy bien en el radar. «Algunas de estas especies viven un momento dulce, como muestra la explosión en la población de garcetas grandes. Y una sola garceta grande es un inmenso reflector en el radar», me explicó.

Los datos de los radares no solo sirven para rastrear lo que hay en el aire. Combinar radares con otras formas de detección remota, como las imágenes vía satélite de alta resolución, ha permitido a Jeff Buler y su equipo inspeccionar el pasado y comprobar cómo reaccionan las aves a grandes perturbaciones como el huracán Katrina, en 2005. En aquel caso, el radar mostró que las aves migratorias habían abandonado sus zonas de escala habituales en bosques pantanosos en tierras bajas, los cuales habían quedado despojados de vegetación, y se habían desplazado a tierras altas con predominio de pinos y menos deterioradas, un hábitat que normalmente se considera una alternativa pobre para las aves migratorias, pero que, tras la tormenta, se convirtió en la única disponible. Cinco o seis semanas más tarde, a medida que las tierras bajas empezaron a reverdecer, las aves regresaron a estos bosques en recuperación. Sin embargo, quizá la nueva aplicación con más repercusiones sea utilizar los radares para determinar exactamente dónde se encuentra el hábitat de escala más importante en tierra, con vistas a protegerlo y restaurarlo. Buler constató que, concentrándose en el haz de energía más bajo emitido por cada unidad Doppler —el haz que barre el terreno justo por encima del nivel rasante—, podía detectar aves momentos después de alzar el vuelo para iniciar su migración nocturna. Lógicamente, los lugares desde los cuales echaban a volar las mayores cantidades de pájaros tenían más posibilidades de ser las mejores zonas de escala, cosa que ha facilitado a Buler y sus colegas delimitar parches de hábitat de tan solo diez hectáreas. En una región como el golfo de México, donde cada hectárea de hábitat litoral tiene un valor incalculable, tanto ecológico como monetario, conocer qué territorio utilizan los pájaros con mayor frecuencia permite invertir los escasos fondos destinados a la conservación de manera más inteligente. Esta técnica se está ampliando a escala de manera drástica en la actualidad. En 2018, Buler y el Servicio de Pesca y Vida Silvestre de Estados Unidos publicaron un completísimo estudio sobre las paradas otoñales en toda la región del Atlántico central y Nueva Inglaterra. Determinadas zonas, donde la densidad de aves era sistemáticamente alta durante toda la estación, se iluminaron como bombillas en un abeto de Navidad: el norte de Nueva Inglaterra, las montañas Adirondack y Catskill, el sur de New Jersey, partes de la península Delmarva y la orilla occidental de la bahía de Chesapeake. Este sistema proporciona a los organismos y a las ONG que buscan sacar el máximo rendimiento a sus inversiones en conservación de suelo una hoja de ruta para una protección eficaz de las aves migratorias.

El inconveniente evidente de los radares es que, tal como le gusta decir a Andrew Farnsworth, son «taxonómicamente agnósticos». Sí que permiten contabilizar aves, calcular la biomasa y diferenciar el pico de la cola con el radar de doble polaridad, pero es imposible determinar si ese pico corresponde a un vireo ojirrojo o a un zorzal ermitaño, a un gorrión gorjiblanco, hiperabundante, o a una reinita caridorada, una especie amenazada a escala federal. Si el radar ofrece una fotografía instantánea en blanco y negro, se necesitan otro tipo de macrodatos para incorporar los colores y determinar la variedad y la complejidad de la migración especie a especie: ¿se trata de reinitas cerúleas o de cuclillos piquigualdos, de azulejos índigo, de candelos oliváceos o de centenares de otras aves migratorias? En el nivel más básico, dichos detalles pueden complementarse con la vista o el oído.

Un ave cantora migratoria que vuela de noche emite un canto con notas cortas y sencillas; básicamente, alarmas anticolisión, una manera de evitar chocar con los miles o decenas de miles de pájaros que utilizan ese mismo espacio aéreo. (A pesar de que puede haber inmensas cantidades de aves en el aire al mismo tiempo, no vuelan en bandadas cohesionadas y coordinadas, sino que cada una realiza su propia migración por su cuenta). Tales vocalizaciones aumentan de frecuencia en las horas previas al amanecer, cuando vuelan cada vez más bajo, en busca de un lugar para posarse y pasar el día. De hecho, fue en las décadas de 1980 y 1990 cuando científicos y observadores de aves, liderados por el ornitólogo neoyorquino Bill Evans, el pionero en este campo, empezaron a prestar verdadera atención a los reclamos en vuelo nocturnos. En el momento álgido de la migración, es posible escuchar centenares o incluso miles de reclamos en vuelo en unas pocas horas: los zorzalitos de Swainson, que pían como coros de ranas en el cielo, por ejemplo, dan una impresión clara del número de pájaros que vuelan ocultos en la oscuridad.

Por menos de cien dólares incluso, puede instalar un micrófono diseñado por Evans en su tejado y grabar los reclamos de las aves que sobrevuelan su casa de noche. Se trata de un diseño económico y con una deliciosa estética a lo Rube Goldberg.* Se montan un micrófono y una serie de circuitos electrónicos baratos sobre una bandeja de plástico, se pega todo al fondo de un cubo también de plástico (una maceta grande sirve igual) y se cubre con film transparente para proteger el sistema del agua. Instalado en el tejado y conectado a un ordenador, el micrófono grabará los reclamos de los pájaros cantores, los acuáticos, los rálidos, las aves de costa, los búhos, las lechuzas y otras aves que migran de noche, muchas de ellas especies que nunca vería de día.** Si multiplicamos ese micrófono por miles —y crea-

---

* Rube Goldberg (1883-1970) fue un viñetista estadounidense creador de la serie *Inventions of Professor Lucifer Gorgonzola Butts* («Los inventos del profesor Lucifer Gorgonzola Butts»), en la que el protagonista, Lucifer, probaba una máquina extremadamente compleja que servía para hacer una tarea sumamente simple, como usar una servilleta, regar las plantas o hacer un zumo de naranja. *(N. de la T.)*

** Hace unos años me encontraba de viaje con mi amigo Jeff Wells, un experto en reclamos en vuelo nocturnos que por entonces trabajaba para la Boreal Songbird Initiative. Nos dirigíamos hacia los Territorios del Noroeste, donde Jeff tenía previsto instalar varias estaciones de grabación de reclamos en vuelo en una población indígena remota en el Gran Lago del Oso. Al atravesar

mos algoritmos para identificar y contabilizar de manera automática los reclamos grabados—, nos dotaremos de una red que proporcione identidad a esos pitidos anónimos de los radares Doppler.

Hace décadas que los ornitólogos fantasean con contar con una red de audio continental de estas características, a modo de complemento para los radares, pero hasta ahora los desafíos técnicos resultaban desalentadores. Para empezar, se requería una labor detectivesca avezada solo para descifrar qué reclamos emitía cada especie, ya que las identidades de las aves quedaban enmascaradas por la oscuridad. (Sigue habiendo misterios por resolver, como la identidad de un pájaro desconocido que se ha grabado varias veces durante la migración sobre el este de México, pero en ningún otro lugar de Norteamérica). Hallar modos de aislar el ruido mediante filtros y enseñar a las máquinas a diferenciar e identificar los reclamos en vuelo —algo para lo cual el oído y el cerebro humano son herramientas excepcionales— ha sido un gran engorro. Sin embargo, los mismos avances en la potencia computacional que permitieron acelerar el análisis y la precisión de los radares se están extrapolando ahora al análisis del audio y Andrew Farnsworth, del Cornell Lab, cree que están cerca de alcanzar sus objetivos. He hablado con él varias veces a lo largo de los años acerca de los progresos en la monitorización con audio y, en 2016, cuando lo entrevisté para un artículo en una revista acerca de la nueva ciencia de las migraciones, hablaba de ello con el entusiasmo de un evangelista, un entusiasmo respaldado por una beca de varios millones de dólares concedida por la National Science Foundation.

«Sacaremos un micrófono por la ventana, ejecutaremos un algoritmo [en el ordenador] y por la mañana tendremos un histograma con el número de los reclamos y las especies que los han emitido. Y

---

la frontera canadiense en Toronto, un oficial de aduanas abrió la cremallera de la mochila de lona de Jeff y extrajo un par de macetas de plástico grandes. El agente alzó la mirada con una expresión de largo sufrimiento que hablaba por sí sola de lo poco que conocemos los estadounidenses su país y dijo: «¿Sabe, señor? En Canadá también vendemos estas cosas». No estoy seguro de que la explicación de Jeff fuera convincente.

no lo haremos solo en un punto en concreto, sino en toda una región o en todo un país —me dijo—. Eso será posible en un plazo de cinco años. Es un salto inconcebible. Inaugura todo un nuevo panorama de información, y a una escala descomunal. No hay ninguna otra tecnología comparable a la acústica para revelarnos, a escala de todo un continente, qué especies están migrando».

Tres años después volví a contactar con Farnsworth para interesarme por los progresos de lo que ahora se conoce como el proyecto BirdVox y descubrí que su entusiasmo, pese a estar algo templado por algunas dificultades técnicas, se mantenía en gran medida incólume. BirdVox es una colaboración entre el Cornell Lab y el Music and Audio Research Laboratory de la Universidad de Nueva York, y Farnsworth es el único ornitólogo del equipo. «Son todos músicos, personas a quienes les interesa clasificar los acordes del *Let it Be* de los Beatles y aprender a distinguir cuándo un grupo versiona la canción con respecto al original o con respecto a la versión de la toma 12 alternativa de la versión no masterizada e inédita. Les interesa el procesamiento de las señales, el significado que puede inferirse de la información. Les da igual si se trata del canto de un ave, de los Beatles, del sonido urbano de un arma de fuego, de un claxon, de una alarma o de lo que sea; lo único que quieren averiguar es cómo extraer la información». El equipo de BirdVox también se ha asociado con expertos de Google, porque resulta que conseguir que una máquina reconozca a alguien que le habla a un altavoz inteligente y conseguir que una máquina identifique el reclamo en vuelo de un zorzalito de Townsend plantean desafíos técnicos similares.

Farnsworth seguía siendo optimista con respecto a su marco temporal original de cinco años para contar con una base analítica automatizada y precisa para un sistema continental de monitorización acústica de las migraciones. Hacia mediados de 2020, el equipo de BirdVox tenía ya un primer prototipo de trabajo automatizado, una manera de captar las grabaciones nocturnas, limpiar el ruido de fondo e identificar a las aves, con una interacción humana mínima o nula. «Una vez tengamos el prototipo, podremos empezar a desplegarlo entre usuarios y decirles: "Probadlo y decidnos qué os parece". Hemos progresado mucho, pero no está ni de lejos tan avanzado como los radares del proyecto BirdCast en términos de fiabilidad, y tampoco sirve para procesar cantidades de datos gigantescas... por ahora».

Aun así, el potencial para alterar fundamentalmente el modo como los científicos supervisan y hacen un seguimiento de las migraciones escuchando el cielo nocturno parece estar al alcance de los dedos. Y tenemos un ejemplo de la transformación radical que pueden propiciar los macrodatos en nuestra comprensión de los movimientos de las aves utilizando una herramienta mucho más básica: nuestros ojos. Los observadores de aves llevan mucho tiempo explorando los cielos, pero ha sido recientemente cuando todos esos globos oculares y todas esas observaciones se han enjaezado de un modo que ha revolucionado nuestra capacidad de entender la migración en su conjunto. Y la explicación es que antes no existía nada ni remotamente parecido a eBird.

Nadie había previsto que eBird conquistara el mundo. Pasó sin más.

El mundo de la ornitología, al menos. Cuando, en 2002, se estrenó eBird, un proyecto conjunto del Cornell Lab of Ornithology y la National Audubon Society, sus creadores lo concebían como un portal de ciencia ciudadana en el que los observadores de aves interesados podían proporcionar datos de avistamientos que ayudarían a los investigadores a entender mejor las poblaciones aviarias y sus desplazamientos. Como colectivo, los observadores de aves siempre han sido un poco fanáticos de llevar registros: listas de control diarias, historiales de avistamientos, listas por estado y condado, registros de primeras llegadas, fechas de avistamientos estacionales tardíos, detecciones de aves fuera de su zona de distribución, confirmaciones de nidadas y un largo etcétera. Casi todos los observadores de aves tienen al menos un par de cajas de zapatos llenas de listas de control y cuadernos de varias décadas de antigüedad o (más recientemente) archivos informáticos en sus ordenadores personales con datos muy parecidos. Estos registros de millones de observadores de aves agregados componían una cantidad extraordinaria de información con un elevado valor potencial, pero, en esencia, no podía dárseles ningún uso, porque eran inaccesibles. Y lo que es aún peor, muchos de ellos están condenados a acabar en la papelera o a ser destruidos cuando su propietario fallezca o abandone su pasatiempo.

El objetivo de eBird era proporcionar a los observadores de aves una manera fácil de incorporar sus registros a una única base de datos inmensa donde, combinados, posibilitaran pintar una imagen increíblemente detallada de las poblaciones y de los movimientos de las aves. Era una idea brillante, pero, en un principio, fue un ligero fiasco. Ayudar a la ciencia está muy bien, pero eBird no llegó a despegar hasta que Cornell y Audubon incorporaron funcionalidades que permitieron a los observadores de aves sacar provecho de los aspectos más deportivos y competitivos de su afición, como dejar constancia de su tiempo sobre el terreno y gestionar de manera fácil sus diversas listas, crear mapas de sus avistamientos o gráficos de barras que mostraran la abundancia estacional en ubicaciones alrededor del planeta o dónde pueden avistarse de cerca especies concretas en tiempo real.

Y entonces sí. Al poco, centenares de miles de observadores de aves, primero en Norteamérica y después en todo el mundo, empezaron a cargar listas de control electrónicas que incluían lo que los científicos denominan «metadatos»: dónde, cuándo y cuánto tiempo duró cada salida y cuántas de todas las especies (no solo las raras que tanto gusta ver) se habían avistado. Los amantes de los pájaros podían cargar sus datos *in situ*, a través de sus teléfonos móviles. Filtros automatizados se encargan de marcar los avistamientos inusuales o sospechosos y revisores humanos a escala regional realizan un control de calidad posterior de cualquier cosa fuera de lo normal. Pueden subirse fotografías, vídeos y grabaciones de audio para respaldar cada identificación (o simplemente porque ese día se han tomado unas fotografías fantásticas). Cada lista de control proporciona una instantánea detallada de la fauna aviar en un lugar concreto en un momento determinado, y eso multiplicado por millones. eBird ha registrado una curva de crecimiento exponencial desde entonces. En 2012, tras una década de existencia, alcanzó los cien millones de observaciones; los cien millones siguientes se consiguieron en solo dos años. En 2018, el total había aumentado a quinientos noventa millones de avistamientos, diecisiete millones de ellos facilitados solo en el mes de mayo. La base de datos de eBird sigue creciendo a un ritmo de entre un 30 y un 40 por ciento anuales, y ahora incluye datos sobre prácticamente todas las cerca de diez mil trescientas especies de aves conocidas en el mundo. (Lo confieso: mi colaboración como eBirder es patética, tal como me recuerdan mis lamentables e irrisorias estadísticas personales cada vez que me conecto al sitio web).

Como esperaban los creadores de eBird, toda esa información ha resultado ser una mina de oro para los científicos y conservacionistas. Uno de los primeros (y más vistosos) avances del uso de los datos de eBird fueron los «mapas de calor» animados generados por el Cornell Lab, que muestran la propagación estacional de las aves migratorias por toda Norteamérica, una marea de color amarillo y naranja que se desplaza hacia el norte por el mapa y refleja, semana a semana, los movimientos de especies como los zorzales mustelinos o los azulillos lapislázuli. Estos mapas se generan calculando promedios de millones de listas de control y se ejecutan mediante modelación infográfica basada en las condiciones ambientales y el hábitat para rellenar las lagunas de información. Las áreas en las que las especies son especialmente abundantes, según los registros de eBird, resplandecen, pero briznas de color manchan incluso regiones donde avistar una especie es algo extraordinario. Tales visualizaciones de datos han revelado puntos de escala y corredores migratorios hasta ahora desconocidos y han demostrado que algunas especies en realidad cuentan con poblaciones regionales diferenciadas y separadas que exigen planes de conservación específicos. Asimismo, han permitido a los investigadores determinar qué parte de la zona de distribución de una especie concreta está protegida como suelo público y qué parte está en manos de terratenientes privados.*

* Quizá de manera inevitable, eBird también ha propiciado la aparición de Fantasy Birding, la creación del observador de aves y desarrollador web Matt Smith, de Virginia. Es una especie de juego de fútbol o béisbol de fantasía, salvo por el hecho de que, en lugar de formar un equipo, el jugador elige una ubicación del mundo real cada día, como Cape May, en New Jersey, o la isla de Attu, en las Aleutianas, y los resultados fantásticos son el producto de las listas de control reales subidas por los amantes de las aves en dichas localizaciones durante esos días. Como un concurso en el que los observadores de aves compiten por ver quién avista más especies en una región geográfica, como un estado o

El primer gran test en el mundo real de la capacidad de eBird para influir en la conservación sobre el terreno tuvo lugar en el Valle Central de California. Conocido hoy como una potencia agrícola, este valle fue antaño un paraíso aviar, con más de un millón y medio de hectáreas de humedales por los cuales pasaban cantidades inaprehensibles de aves acuáticas, aves costeras y otras especies migratorias; hasta ochenta millones de ellas, según algunos cálculos. En la actualidad apenas quedan ochenta mil hectáreas, menos del 5 por ciento de los cenagales originales. En ellas se apiñan tres millones de patos, un millón de gansos y medio millón de aves costeras que invernan en el valle, además de muchas otras que lo cruzan durante su migración. A resultas de ello, el Valle Central está catalogado como uno de los hábitats aviares más importantes y amenazados del país. Reintegrar las tierras agrícolas a un uso permanente como humedales para las aves estaría muy bien, pero, dado el valor de las tierras del Valle Central para la agricultura, resulta prohibitivo adquirir terrenos aquí con el fin de destinarlos a la conservación, incluso para organizaciones con una financiación generosa, como The Nature Conservancy.

Ahora bien, ¿por qué comprar pudiendo alquilar? Los administradores de tierras de TNC convocaron una lluvia de ideas: sabían que algunos terrenos agrícolas, como los arrozales, pueden proporcionar un hábitat adecuado a las aves acuáticas siempre que se inunden en el momento oportuno y a la profundidad adecuada. Observando los datos de eBird también constataron que muchas aves migratorias, sobre todo las costeras, solo utilizaban el Valle Central durante varias semanas seguidas y, además, se contaba con datos de alta resolución de la NASA sobre las condiciones de las aguas superficiales, gracias a los cuales era posible predecir dónde y en qué cantidades habría agua disponible en el momento preciso en el que las aves migratorias la

un continente, Fantasy Birding consiste en acumular la lista más extensa, aprovechando los datos de eBird. Y si eso suena esotérico, piénsese que algunos observadores de aves han recopilado una lista, que hoy incluye más de mil especies, de las aves que los coches equipados con cámaras del callejero de Google Earth han fotografiado sin querer y que entusiastas con una paciencia de santos han encontrado luego en internet.

necesitan. Combinando estos conjuntos de datos, en 2014 el organismo de conservación realizó por primera vez una especie de subasta inversa, en el marco de la cual los agricultores podían pujar por inundar sus arrozales, algo que solían hacer de todos modos para eliminar los rastrojos del año previo, si bien a menudo a mayor profundidad de la que las aves costeras necesitan. Se pagaría a los agricultores por anegar sus campos con unos centímetros de agua entre finales de verano y principios de otoño, cuando las aves costeras migran hacia el sur a través de la región, y de nuevo entre febrero y finales de abril, cuando los datos de la NASA indicaban que el agua superficial era más escasa.

A partir de un tímido comienzo ese primer año, el llamado Programa de Humedales Esporádicos (conocido formalmente como Bird-Returns) ha florecido en más de veinte mil hectáreas de tierras agrícolas del Valle Central, lo cual ha permitido a los administradores de los programas de conservación crear humedales poco profundos entre otoño y hasta finales de la primavera, en función de dónde y cuándo son necesarios. En términos económicos, el ahorro ha sido espectacular. Aquel primer año, BirdReturns consiguió arrendar casi cuarenta kilómetros cuadrados de hábitat por 1,4 millones de dólares, manteniéndolos inundados durante las ocho semanas en las que las aves los necesitaban. Adquirir y restaurar una superficie equiparable, según los cálculos de TNC, habría costado ciento setenta y cinco millones de dólares, es decir, ciento veinticinco veces más. A los pájaros no hubo que convencerlos. Los observadores detectaron el triple de especies de aves costeras y el quíntuple de aves individuales en los humedales esporádicos, en comparación con los campos que no participaron en el programa, y las cifras fueron un orden de magnitud superiores en las zonas de BirdReturns, en comparación con los arrozales que se empantanaron como parte de la rotación agrícola habitual. El hecho de que el programa BirdReturns se pusiera en marcha en plena sequía histórica de California amplificó aún más el valor de la iniciativa, así como su flexibilidad: cuando el estado pasó de una sequía histórica a una humedad histórica un par de inviernos después, TNC simplemente tuvo que reducir la escala del programa de manera consecuente.

La gente al frente de BirdReturns utilizaba radares para rastrear dónde y en qué cantidades se desplazaban las aves migratorias por el

Valle Central, pero eBird permitió complementar la imagen, proporcionando detalles de qué especies usaban qué zonas en qué momentos, todo ello gracias a miles de observadores de aves que se limitaban a comunicar los resultados de sus visitas recreativas a la región. Fue el primer indicio de que los datos de eBird podían representar una diferencia sustancial para la conservación de las aves, pero no sería el último. A lo largo del golfo de México, los análisis de los radares realizados por científicos como Jeff Buler estaban identificando zonas de parada importantes, pero ¿qué especies viajaban en esas nubes de aves que captaba el radar cada noche, cuando alzaban el vuelo para iniciar sus migraciones? De nuevo en este caso, eBird aportó numerosas respuestas, aunque muchos de los lugares que el radar indicaba como emplazamientos esenciales para las aves se hallaban fuera de la ruta trillada. Incluso a los observadores de aves más voluntariosos les costó lo suyo llegar a las tierras bajas pantanosas y remotas que a menudo acogen los mejores hábitats para las aves en esta región del mundo. Aun así, combinando los datos de eBird de sitios donde se avistan aves asiduamente con imágenes satelitales de alta resolución y escala que mostraban la cobertura del terreno y los tipos de hábitats a lo largo y ancho del Golfo es posible extrapolar los datos de lugares con una alta concentración de observadores de aves a los de lugares rara vez visitados. Si los registros de eBird muestran que una combinación concreta de topografía, cobertura forestal y tipos de hábitats suele acoger reinitas encapuchadas, reinitas de Kentucky y reinitas de manglar, pero en cambio no a muchos zorzalitos carigrises o vireos ojiblancos, puedes entrenar un modelo informático para hallar zonas de hábitat similares y rellenar los blancos, según explicaba Daniel Fink, un estadístico informático del Cornell Lab y otro de los muchos especialistas que trabajan en el proyecto del golfo de México. «Se puede entrenar el modelo para que aprenda las asociaciones entre un patrón observado de ocurrencia de una especie y los tipos de coberturas del suelo y hábitats en los que tiende a darse. A partir de eso, podemos hacer predicciones acerca de un conjunto de ubicaciones, en la mayoría de las cuales los usuarios de eBird no han estado nunca, así como de la ocurrencia esperada y de la abundancia de esa especie en ese lugar».

Me sorprendió averiguar que Fink no es un aficionado a las aves, sino un tipo de números y, en este caso, resulta que los interesantes números a partir de los cuales está construyendo sus modelos corresponden a aves y a los fascinantes patrones que crean sus desplazamientos. La primera vez que hablé con él, a finales de 2016, mencionó un patrón enigmático aparentemente carente de sentido. Mientras modelaba las preferencias de hábitat de las aves que migran en otoño en el este de Estados Unidos basándose en los datos de eBird, un equipo que incluía a Fink detectó que las aves cantoras que anidaban en los bosques parecían localizarse con más frecuencia en hábitats modificados por el ser humano, incluidas zonas urbanas. Basta con echar un vistazo a los modelos del zorzal mustelino, dijo, «para comprobar que, cuando llega el otoño, los bosques caducifolios decaen [en importancia] y las ciudades se iluminan» con aves. «Se aprecia la aparición de la huella urbana. Está sucediendo algo en la migración, pero ¿qué?».

Como ha quedado claro desde aquella conversación, el motivo es tan sencillo como omnipresente: las luces urbanas. En los últimos pocos años, varias cadenas de macrodatos han dejado claro que la iluminación de las ciudades está ocasionando cambios drásticos en las migraciones, sobre todo en otoño, cuando millones de aves jóvenes e inocentes efectúan su primer viaje hacia el sur. Los primeros indicios en este sentido los aportó, tal como dijo Fink, eBird, que informó de la presencia de enormes densidades de aves migratorias en parques urbanos. En un principio, tal hecho se achacó al sesgo provocado por la cantidad de usuarios de eBird que vivían en urbes, pero más adelante los datos de los radares demostraron que inmensas cantidades de aves migratorias se sentían atraídas hacia las ciudades.

Cabe recordar que los pájaros evolucionaron para orientarse y desplazarse guiándose por la tenue luz de las estrellas, no por el derroche lumínico que baña el cielo nocturno cerca incluso del centro urbano más modesto, una luz visible para un ave en vuelo desde hasta trescientos kilómetros de distancia. Y no tienen manera de esquivarlas; el cielo de al menos el 70 por ciento de Estados Unidos y el 40 por ciento de la superficie terrestre planetaria está tan contaminado lumínicamente que la Vía Láctea ya no resulta visible. Hace generaciones que los ornitólogos saben que la luz artificial desorienta a las aves; ya a principios del siglo XIX, los fareros hablaban del gran número de pájaros muertos que aparecían tras las noches brumosas, cuando las cantoras migratorias colisionaban contra el cristal. Los rascacielos iluminados siguen siendo una de las principales causas de mortalidad durante la migración, tanto que en muchas ciudades se han lanzado campañas para convencer a los administradores de estas fincas de apagar las luces durante el momento álgido de la migración, mientras que, cada mañana, voluntarios recogen los centenares o miles de pájaros cantores moribundos o ya muertos que han caído a las aceras. Cerca de noventa mil aves al año fallecen tras colisionar con edificios solo en la ciudad de Nueva York, donde incluso el *Tribute in Light*, la instalación conmemorativa a las víctimas de los atentados terroristas del 11-S, que cada septiembre proyecta dos deslumbrantes haces de luz en el cielo del centro de Manhattan, ha demostrado ser un peligro para ellas. La sucursal de Audubon, en Nueva York, dio la voz de alarma ya en 2002, al conocer la primera propuesta de este tributo, porque el 11 de septiembre coincide con el pico de la migración de las paseriformes en el nordeste del país. Algunos años, los vuelos más numerosos han coincidido con la noche del homenaje, como ocurrió en 2010, cuando, tras días de precipitaciones que estancaron su viaje hacia el norte, los cielos se despejaron y las aves inundaron Nueva York la noche conmemorativa de los funestos acontecimientos. Estudios con radares han demostrado que los rayos gemelos concentran ciento cincuenta veces más aves migratorias de lo normal. Desde 2005, la rama neoyorquina de Audubon ha alcanzado un acuerdo con los organizadores del homenaje con base en el cual, cuando los monitores detectan al menos mil aves cantoras desorientadas y atrapadas dando vueltas dentro de los rayos, los focos se apagan un rato para permitir a las exhaustas voladoras dispersarse.

Ahora parece que eso mismo está sucediendo a escala continental, donde los macrodatos están sacando a la luz tanto la magnitud del problema como algunas soluciones posibles. Un estudio con radares en el que participó Jeff Buler detectó que la densidad de aves migratorias en otoño aumentaba cerca de las fuentes lumínicas urbanas, aunque el hábitat más idóneo para ellas se hallara muy lejos, en regiones más oscuras; se veían atraídas hacia las ciudades como polillas a una llama, a zonas donde el hábitat para hacer un alto en el camino presentaba una calidad inferior y donde el peligro de colisionar con edificios, torres de comunicaciones y otros obstáculos era mucho mayor. Un estudio del Cornell Lab liderado por Kyle Horton en el cual también se emplearon datos de radares reveló que la exposición de las aves migratorias a la luz artificial era más elevada en el este de Estados Unidos en otoño, mientras que en primavera lo era en el oeste, sobre todo en el litoral del Pacífico. (El equipo de Horton también averiguó que el 5 por ciento de la superficie terrestre total de Estados Unidos produce casi el 70 por ciento de la luz artificial, con Chicago, Houston y Dallas como principales culpables entre las ciento veinticinco mayores metrópolis, dados sus niveles de contaminación lumínica y estar ubicadas en medio de grandes rutas migratorias).

Tal vez esta noticia nos dé una lección, pues no hay mal que por bien no venga. Dicha lección es que la conservación del territorio urbano podría ser mucho más importante para las aves migratorias de lo que pensábamos hasta ahora, y no solo consistiría en impedir la urbanización de las tierras restantes, sino también en mejorar y restaurar los parques urbanos (en muchos de los cuales abundan plantas exóticas invasoras de escaso valor para ellas, puesto que estas zonas se gestionan más teniendo en cuenta la estética y la recreación humana que a la fauna). En términos de producir el máximo valor para las aves más necesitadas, restaurar el hábitat en un parque urbano relativamente pequeño podría ser más importante que reservar una parcela de tierra muchísimo más amplia en una zona distante.

En cuanto al mal que por bien no venga, el equipo de Horton halló que el grueso de la migración, tanto en primavera como en otoño, se produce durante un periodo muy breve. Cada estación, cerca de la mitad de las aves migratorias se desplazan a través de una zona urbana particular durante solo seis o siete días. Andrew Farnsworth, que participó en el estudio de Horton, cree que tal hecho abre la puerta a generar alertas automatizadas muy específicas y definidas, una manera de avisar a las ciudades y a los latifundistas de que apaguen sus luces durante unas cuantas noches cada estación cuando esa gran mayoría de aves migratorias sobrevuela sus espacios. Se trataría, por consiguiente, de convertir las previsiones migratorias de BirdCast en un motor para la conservación a una escala superior a las de las alertas de apagones de luz puntuales ya vigentes en ciudades como Houston. «Ser capaces de utilizar los macrodatos para generar parámetros de referencia [para las migraciones] nos permitirá consultar las previsiones y decir: "Esta será una noche de migración fuera de los gráficos, así que debemos hacer un esfuerzo concertado por apagar las luces" y, a continuación, enviar un mensaje automatizado a la población del Medio Oeste americano para que se apaguen las luces en Chicago, en Cincinnati o donde sea».

Lo que sucede es que a veces los conservacionistas tienen la sensación de estar jugando a apagar fuegos, ya que, en cuanto empiezan a lidiar con retos antiguos, aparecen nuevos desafíos. En el transcurso de nuestra conversación, Farnsworth mencionó el lanzamiento, unas pocas semanas antes, del primero de los doce mil pequeños satélites conectados a internet que pondrá en órbita la empresa de Elon Musk SpaceX, un proyecto llamado Starlink que promete (o amenaza, en función de la perspectiva) crear una galaxia artificial que abarcará todo el firmamento. Los astrónomos montaron en cólera cuando el primero de aquellos minúsculos objetos brillantes quedó incrustado en la órbita terrestre baja, en 2019, preocupados por el hecho de que la «megaconstelación» final (tal como se la describe) pueda interferir en su capacidad de estudiar las estrellas y alterar el carácter de la bóveda celeste natural para todo el mundo, en todas partes de la superficie planetaria. Y eso ocurrió antes de que Musk asegurara que estaba solicitando permisos para sumar otros treinta mil satélites a la cifra total. La Comisión Federal de Comunicaciones, que dio su aprobación a Starlink, aseguró a la opinión pública que SpaceX «daría todos los pasos prácticos» para proteger la astronomía.[12] Pero nadie, al menos hasta donde Farnsworth y yo sabíamos, se detuvo a pensar qué repercusiones tendría una megaconstelación en miles de millones de aves migratorias, que ya se esfuerzan, cada vez con menor éxito, por orientarse en un cielo nocturno despojado de su oscuridad.

Los macrodatos nos han abierto los ojos a la magnitud de la migración, nos han señalado problemas y han alumbrado vías para rectificarlos. Y podrían estarnos indicando lo altísimas que son las apuestas para las aves migratorias y para aquellos de nosotros que las apreciamos. En los últimos meses de redacción de este libro, me llegó el rumor de un análisis de gran éxito que se estaba abriendo camino por el proceso de revisión entre iguales hacia su publicación en una de las revistas más prestigiosas del mundo, una revista que por fin intentaría poner en cifras los cambios que han registrado las poblaciones aviarias en Norteamérica en el último medio siglo. Cuando dicho estudio se publicó en *Science*, en septiembre de 2019, resultó ser tan explosivo y aleccionador como sugerían los rumores previos, y confirmó la experiencia de todo amante de las aves de largo recorrido que alguna vez se haya quejado de que ya no hay tantos pájaros como antes.

El análisis era un proyecto colaborativo de los principales investigadores en materia de aves migratorias, un «quién es quién» del Cornell Lab of Ornithology, el Smithsonian Migratory Bird Center, el Centro de Investigación de Fauna y Flora Patuxent del Servicio Nacional Geológico de Estados Unidos, el Servicio de Vida Silvestre de Canadá y el Centro Nacional de Investigación análogo, entre otros organismos. Se basaba en docenas de cadenas de macrodatos empíricos: décadas de archivos de radares Doppler de los cuarenta y ocho estados de Estados Unidos; censos antiquísimos como el Christmas Bird Count, que se remonta al 1900; proyectos de seguimiento de más de medio siglo de duración, como el Breeding Bird Survey, que recuenta de manera metódica las aves cantoras anualmente en miles de lugares; y otras investigaciones más ocultas y específicas, como recuentos anuales de colonias de nidificación de gansos en el Ártico, aves costeras migratorias, patos marinos del litoral, cisnes y muchos otros grupos de aves. Su conclusión: desde 1970, alrededor de tres mil doscientos millones de aves, casi el 30 por ciento de la población reproductiva total del continente, ha desaparecido en Norteamérica, una reducción que quedaba reflejada de manera casi perfecta en el declive similar de las migraciones de aves nocturnas captadas en los archivos de radares. Las pérdidas eran especialmente acusadas en la zona este, donde la vida aviar está dominada por las aves migratorias que viajan entre los trópicos y los bosques templados y boreales.

Los descensos más pronunciados se registraron en doce familias de aves, incluidos los gorriones, las reinitas o carriceros, los mirlos y los pinzones, todos ellos con descensos de entre el 37 y el 44 por ciento; en total, treinta y ocho familias de aves habían perdido al menos cincuenta millones de ejemplares cada una. Las aves de costa, advertían los autores, están experimentando «una pérdida de población constante y pronunciada»[13] del 37 por ciento, pero el grupo que corre mayor riesgo son las de pastizales como las alondras, los gorriones chicharra y los escribanos, que han perdido más de setecientos millones de individuos reproductivos desde 1970, más de la mitad de su población original. Tres cuartas partes del conjunto de las especies de aves de pastizales están en declive. Quizá lo más sorprendente (y también lo más preocupante) que señalaba el análisis es que, incluso las especies introducidas, aquellas que los conservacionistas consideraban poco más que ratas con alas porque tenían una gran capacidad de adaptación, están perdiendo terreno; las poblaciones de estorninos pintos se han reducido a la mitad, y las cifras de gorriones comunes han caído más del 80 por ciento desde 1970. Lo mismo ocurre en el caso de especies como los tordos sargentos, que se adaptan a multitud de hábitats. Tal como señalaban los autores, las palomas migratorias se contaron otrora por miles de millones y ello no impidió que desaparecieran en cuestión de décadas, «un recordatorio desgarrador de que incluso las especies abundantes pueden extinguirse rápidamente».[14]

Pero, pese a lo deprimente de la situación, no todo eran malas noticias. Algunos grupos, como los vireos, los pájaros carpinteros, los trepadores azules y las perlitas, invertían la tendencia con aumentos poblacionales a menudo respetables. Las rapaces, que habían sufrido a causa tanto de la persecución directa como de la contaminación con pesticidas durante la primera mitad del siglo xx, han reflotado en décadas recientes. Las aves de humedales, en particular las anseriformes, eran las que registraban mayores incrementos en números, y el porqué no es ningún secreto: las aves acuáticas están respaldadas por grupos de interés populosos, bien financiados y con influencia política, como los cazadores de patos, lo cual ha hecho que se hayan destinado miles de millones de dólares (procedentes de grupos privados como Ducks Unlimited o de organismos de recursos estatales, provinciales y federales) a la protección y a la restauración de humedales.

A escala planetaria, la situación no pinta mucho mejor. Estudios similares han detectado descensos masivos de aves europeas, una pérdida de más de cuatrocientos millones de individuos entre 1980 y 2009, según un análisis, sobre todo entre las especies más comunes. De nuevo, no todo es color de negro: en Europa, como en Norteamérica, las acciones de conservación acotadas en beneficio de especies raras han disfrutado de un enorme éxito, pero el coste de esperar a que una especie bordee la extinción puede ser enorme y consume gran parte de la financiación disponible para las labores de conservación en general. Las aves camperas han sufrido un grave revés en Europa, donde la intensificación agrícola ha desbancado a la naturaleza casi por entero en favor de monocultivos impregnados de sustancias químicas, una tendencia especialmente evidente en países de la Europa del Este como la República Checa, que ha registrado acusados descensos de este grupo de aves desde su incorporación a la Unión Europea. En 2018 sonaron las alarmas en todo el continente, cuando científicos franceses anunciaron que las poblaciones aviares habían mermado un tercio en apenas quince años y que algunas especies, como los bisbitas pratenses, habían caído un 70 por ciento. «La situación es catastrófica —aseguró uno de los científicos—. Nuestro entorno rural está en proceso de convertirse en un verdadero desierto».[15] Los científicos franceses culpaban de ello al uso de insecticidas cada vez más potentes. Simultáneamente, entomólogos alemanes aseguraban haber documentado un descenso superior al 80 por ciento en el número de insectos en verano en dicho país, el llamado «apocalipsis de los insectos», del cual se recopilan pruebas procedentes de todo el mundo, incluidos lugares con selvas tropicales aparentemente vírgenes. No habrá pájaros si no tienen de qué alimentarse, y en todo el mundo se acumulan evidencias de que los mismísimos cimientos de los ecosistemas del planeta se están desmoronando.

Poco antes de que *Science* publicara el análisis sobre Norteamérica, hablé con Peter Marra, uno de sus coautores, que acababa de renunciar a su cargo como director del Smithsonian Migratory Bird Center para aceptar una plaza docente en la Georgetown University. Había compartido conmigo un borrador del informe y coincidíamos en que la lectura era bastante agorera. «Pero al menos ahora sabemos el alcance —me dijo Marra—. El hecho de que las especies introducidas y las generalistas estén en riesgo debería asustarnos de verdad. Sin embargo, también sabemos que es posible invertir las tornas. Observa, si no, la respuesta de las aves acuáticas a la protección de los humedales». Debemos aprender una lección, dijo, incluso en esta fecha tan tardía, y es que la conservación acotada puede funcionar si invertimos fondos y esfuerzos en hacerla posible. Para los grupos en una situación más desesperada, como las aves de pastizales, ese modelo de foco intenso en la restauración de hábitats en realidad es el que presenta más posibilidades de éxito inmediato.

Con todo, cuesta contemplar la imagen que proyectan los macrodatos, saber que en mi tiempo de vida un tercio de las aves de este continente habrán desaparecido y no sentir más que un leve desespero. De ahí que agradeciera mantener otra conversación, al cabo de un par de días de la charla con Pete Marra, y que en esta ocasión me sirviera de recordatorio de que, de vez en cuando, el mundo ofrece una visión de lo que fue antaño, un atisbo de la fuerza bruta e inquebrantable que debió de ser la migración en una época anterior y más completa. En ocasiones, el planeta nos muestra por qué luchamos y, con un poco de suerte y la voluntad de implementar algunos cambios difíciles, cómo podría volver a ser.

La Côte-Nord, la orilla norte del río San Lorenzo, en Quebec, no es un lugar del mundo especialmente famoso por su avistamiento de aves, pero debería serlo. La población de Tadoussac, donde el río Saguenay desemboca en el San Lorenzo, tiene la reputación (sobre todo entre los observadores de aves canadienses) de ser un importante cuello de botella durante las migraciones otoñales de gavilanes, búhos, aves acuáticas y aves cantoras, un lugar donde pueden verse seis mil camachuelos picogruesos en un solo día, u ocho mil ampelis europeos. Un observatorio de aves local, el Observatoire d'Oiseaux du Tadoussac, efectúa recuentos y anillamientos desde mediados de la década de 1990. Sin embargo, pocos observadores de aves fuera de Canadá habían oído hablar de Tadoussac hasta recientemente; pocos sabían que, cuando la geografía y el clima se alinean, puede disfrutarse allí de un espectáculo de migración primaveral único. Ian Davies sí que tenía conocimiento de ello, y eso era lo que esperaba contemplar con sus propios ojos.

Davies, uno de los responsables del proyecto eBird, había visto listas de control procedentes de los recuentos primaverales del Observatoire d'Oiseaux du Tadoussac que describían días sueltos, uno o dos cada pocos años, en los que decenas de miles de aves cantoras migratorias, la mayoría de ellas reinitas o carriceros de colores, se concentraban en las dunas de arena glaciales que se elevan cual acantilados escarpados más de sesenta metros por encima del río San Lorenzo. Se trata de una imagen poco habitual en estos tiempos de migraciones en declive en todo el planeta, motivo por el cual, a finales de mayo de 2018, Davies y otros cuatro observadores de aves, todos ellos empleados del Cornell Lab of Ornithology, partieron de Ithaca, Nueva York, hacia el norte con la esperanza de contemplarla con sus propios ojos.

En Tadoussac, donde el río San Lorenzo alcanza una anchura superior a veinticuatro kilómetros, ballenas azules, bacalaos y belugas pueblan sus gélidas aguas. La ribera norte del valle fluvial representa una transición abrupta, tierras que ascienden desde el estuario hasta el altiplano conocido como el Escudo Canadiense, cuyos fríos bosques boreales se extienden al norte hasta el límite forestal subártico. Incluso a finales de mayo, la primavera es aquí una estación reticente, con los achaparrados abedules que se aferran al macizo revestidos de pequeñas hojas recién abiertas. Síganse unas cuantas docenas de kilómetros al norte y se hallará una tierra aún sumida en el invierno profundo, lo cual, para las aves migratorias, puede ser una calamidad. Los pájaros cantores que cabalgan los cálidos vientos del sur durante la noche a menudo cruzan esa frontera sin darse cuenta, y al amanecer se descubren rodeados de bosques de abetos aún sepultados en la nieve. Para los que se alimentan de semillas, como los gorriones, eso no supone demasiado problema, pues pueden picotear la corteza y hallar sustento. En cambio, a los insectívoros como los vireos, los papamoscas y las reinitas no les queda alternativa. Deben dar media vuelta y regresar a las tierras bajas más cálidas del río San Lorenzo, donde el suelo está desnudo, los árboles ya han echado hoja y hay alimento disponible en forma de insectos. Este fenómeno recibe el nombre de migración inversa y, como las aves prefieren no cruzar el ancho río, viran de rumbo al llegar a él y se desplazan hacia el sudoeste a lo largo de la costa en grandes oleadas. Eso era lo que esperaba contemplar el equipo del Cornell Lab.

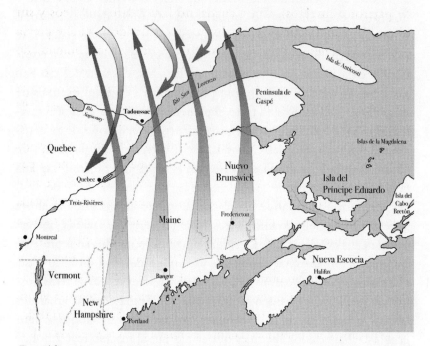

Esporádicamente, en primavera, decenas de millones de aves cantoras que emigran por la noche rumbo al norte cruzan el río San Lorenzo y, al amanecer, encuentran condiciones invernales en el bosque boreal que se extiende allende sus aguas. Deben entonces invertir su curso y se apiñan a lo largo de la orilla norte del río en cantidades asombrosas.

«Subimos hasta el altiplano ocho días, básicamente con la esperanza de que se diera la combinación idónea de factores para poder avistar unas cincuenta mil aves —me indicó Davies—. Cincuenta mil era nuestro sueño más descabellado. Los tres primeros días habían sido un bluf, días nublados, con vientos procedentes de la dirección equivocada y apenas decenas o centenares de pájaros en movimiento. Al cabo de un par de horas habíamos tirado la toalla y nos habíamos marchado a otro punto de avistamiento». Entonces cambiaron los vientos, que empezaron a soplar del sur: la cosa prometía, pero el equipo del Cornell Lab no estaba seguro de qué sucedería, porque una de sus mejores herramientas, el radar Doppler, no estaba disponible (los radares canadienses filtran y dejan fuera de pantalla automáticamente cualquier bioacumulación, por ejemplo, de pájaros o insectos). «En Canadá, no hay radares públicos y sin filtros, de manera que no sabes lo que ha ocurrido la noche previa —explicó Davies—. Impera una sensación de desconocimiento, de misterio».

La mañana siguiente, el 28 de mayo de 2018, amaneció con la sensación de que la retahíla de días sin pena ni gloria continuaría. El equipo llegó a las dunas a las 5.45 horas de la madrugada y lo único que encontró allí fue más lluvia y a dos observadores de aves quebequeses, François-Xavier y Thierry Grandmont. «El primer par de horas lo pasamos bajo la llovizna, sin ver prácticamente nada. Estábamos a punto de darnos por vencidos. "Vaya, pues hasta aquí lo que se daba. Pintaba bien, pero ha sido un chasco", nos dijimos». Entonces empezaron a aparecer pequeñas bandadas de pájaros, en grupos de cinco a diez, y todo el mundo se animó. En torno a las 6.30 horas, relató Davies, «nos encontrábamos en un punto de una duna desde donde contemplábamos toda la península, hasta la otra ribera del río San Lorenzo, y vimos una especie de muro de puntos. En pocas palabras, el cielo estaba repleto de pájaros. Y así continuó durante las nueve horas siguientes».

Lo que siguió fue, según describió Ian Davies al inicio de su hoy ya famosa lista de control, publicada aquella noche en eBird, «el mejor día de avistamientos de toda mi vida». Él y sus amigos, aplicando matemáticas simples para registrar la velocidad a la que pasaban las aves y calcular qué proporción de aquella nube migratoria ocupaba cada especie, realizaron un recuento sistemático durante una jornada tan larga y agotadora como emocionante. Las cantoras, en su inmensa mayoría reinitas, volaban a una velocidad media de veinte ejemplares por segundo, más de mil en un minuto. En una sola imagen a través de los binóculos podían abarcarse entre varios centenares y varios miles de aves cantoras. Los vídeos grabados y publicados por Davies en eBird como parte de su lista de control solo permiten hacerse una ligera idea de la

181

magnitud del evento. Según me explicó, lo que vieron no fue una única falange sólida de aves que avanzaban en bandadas inmensas y cohesionadas, sino más bien una lámina constante de aves que fluía y atravesaba el paisaje, siguiendo la orilla del río hacia el sudoeste, un movimiento parpadeante universal en todos los estratos, desde lo alto del cielo hasta ras del suelo, a los pies de los observadores, y también a la altura de sus piernas, entre las cuales las aves pasaban sin cesar. Las reinitas volaron hacia la cabeza de Davies, golpeando su cámara y sus brazos. Centenares de ellas se detuvieron a alimentarse en el suelo o entre los matorrales que los rodeaban, hambrientas, buscando comida.

Había pájaros por todas partes, destellos fugaces de color y patrones que aparecían y desaparecían en solo un segundo, dejando en su estela impresiones brevísimas. Los vireos, zorzalitos y papamoscas permanecían a baja altura, entre la maleza, junto con reinitas azuladas, de magnolia y canadienses, entre otras, que se guarecían de los fuertes vientos. Especies más avezadas en el vuelo, como las reinitas atigradas, castañas, coronadas e incluso las diminutas reinitas de Tennessee, volaban a gran altura. En el aire resonaba lo que Davies describió como «un océano sonoro interminable de reclamos en vuelo» del que los observadores tenían que intentar desconectarse conscientemente. Para identificar aquellas formas que volaban como flechas, el equipo utilizó marcas de campo en las que nunca habían confiado al observar reinitas posadas en árboles o descansando. Los binóculos se antojaban casi superfluos. «Fue una locura. Estábamos estupefactos. Parecía un sueño», me confesó. Su equipo carecía de un plan operativo para procurar contar cantidades tan abrumadoras, porque en ningún momento se habían planteado encontrar nada parecido. «Tuvimos que improvisar», me dijo más adelante. Cada vez que el caudal cambiaba, que se sumaban más aves a la corriente o que pasaban menos aves migratorias por el punto en el que ellos se encontraban, anotaban la hora exacta y reiniciaban los contadores. Cuando el viento cambió bruscamente desde el sudoeste, a primera hora de la tarde, la intensidad alcanzó su punto álgido, con cincuenta reinitas sobrevolándolos por segundo, unas setenta y dos mil en media hora. Era un vuelo tan masivo que incluso los algoritmos de los radares distribuidos por Canadá, incapaces de filtrar y descartar tal biodispersión, mostraban manchas gigantescas de aves migratorias a todo lo largo de la orilla norte del río San Lorenzo.

«Vivíamos una lucha interna entre intentar documentar y entender lo que estaba ocurriendo y disfrutar del espectáculo natural más increíble que ninguno de nosotros había visto», comentó Davies. Salvo por los momentos en los que enviaban a alguien a hacer un viaje relámpago a la ciudad para comprar avituallamiento a medida que transcurría el día, nadie dejó de contar, calcular y escrudiñar hasta que la nube migratoria empezó a menguar lentamente, en torno a las 15.30 de la tarde. Fue entonces, en el momento en que el equipo comenzó a extrapolar sus datos de flujo minuto a minuto y a asignar porcentajes a cada especie, cuando asimilaron la enormidad de lo que acababan de ver. En total, calcularon que más de 721.000 reinitas habían pasado por su punto de observación sobre las dunas, con un margen de error de unas cien mil aves. Esa cifra incluía unas 72.200 reinitas de Tennessee (el 10 por ciento de la bandada); 50.500 colirrojos americanos (el 7 por ciento de la bandada) y 108.200 ejemplares de reinitas de magnolia y otros tantos de reinitas atigradas (el 15 por ciento de la bandada cada uno). La especie más común aquel día fueron las reinitas castañas, de las cuales contaron 144.300 (el 20 por ciento del total). (Si dicho total es preciso, representa el 2 por ciento de la población mundial de especies. Tom Auer, un investigador de eBird que formó parte del equipo, lo sintetizó en pocas palabras en un tuit: «Hoy he podido ver más reinitas castañas que si viviera cien veces mi vida»). También había unas 28.900 reinitas gorjinaranjas, 72.000 reinitas coronadas (que dominaron durante las primeras y últimas horas de la bandada) y más de 14.000 reinitas canadienses, y por si el espectáculo no hubiera sido ya bastante hipnótico, la mayoría de las reinitas eran ejemplares adultos macho con plumaje reproductivo. Cerca de 110.000 aves se consignaron sencillamente como «reinitas spp.», porque no fue posible identificarlas. Incluso el personal del observatorio local, que lleva años monitorizando la migración en primavera, afirmó no haber visto nunca nada similar.

«Nadie nos va a creer», recuerda haberles dicho Ian Davies a sus colaboradores mientras sumaban las cifras totales. En realidad, nadie puso en duda seriamente dichas cantidades, pues aquel equipo era una conjunción perfecta de personas con las credenciales y las sofisticadas habilidades necesarias para identificar a docenas de especies de pájaros pequeños, en pleno vuelo y sobrevolándolos en cifras pasmosas, al tiempo que efectuaban cálculos continuos y mutantes tanto de velocidades de vuelo como de proporciones de especies. Tal vez yo sea una de las pocas personas que entienda exactamente cómo se sintieron Davies y sus colegas en la estela inmediata de aquel episodio, y lo surrealista que deviene la situación cuando empiezas a asimilar la magnitud de lo que has presenciado y a dudar de si serás capaz de convencer a quienes no estaban allí de que no te has vuelto majareta. En 1992 formé parte de un equipo cuya misión era documentar la recién descubierta migración otoñal de aves rapaces a través del estado litoral de Veracruz, en el este de México. A la sazón, nadie sabía que unos cuatro millones y medio de gavilanes, águilas, milanos, halcones y buitres sobrevolaban cada otoño el angosto cuello de botella entre las montañas de interior y el golfo de México y, a medida que nuestros recuentos diarios iban en aumento —cuarenta mil rapaces, sesenta mil, ochenta y ocho mil, cada uno sobrepasando con holgura los totales diarios más elevados de aves de rapiña recontadas nunca en ningún lugar del mundo—, empezábamos a recibir comentarios ligeramente sarcásticos e incrédulos de nuestros colegas de Estados Unidos. Entonces, tras varios días de mal tiempo que obstruyó aquel canal migratorio, tal como había ocurrido en Tadoussac, el cielo se despejó y contamos cerca de medio millón de aves rapaces en una única jornada tan asombrosa como extenuante. Ahora sabemos que, cuando se dan las condiciones climáticas propicias, es típico que sobrevuelen Veracruz entre medio y un millón de aves al día. Pero en aquel entonces, atónitos y sentados bajo el húmedo crepúsculo al final de aquel día en México, con la vista clavada en las cifras que habíamos recontado, mis amigos y yo pensamos eso mismo: «nadie nos va a creer».

Si hubo algo verdaderamente increíble acerca de aquel día de mayo a orillas del río San Lorenzo, fue la sensación que tuvimos muchos de nosotros de que esos espectáculos hacía mucho tiempo que habían desaparecido; se antojaba incluso ingenuo aceptar que tales números seguían siendo posibles. La lista de control de Ian Davies era como un regalo de un pasado más exuberante y fecundo que nos recordaba lo que podría ser posible si somos capaces de controlar la caída inexorable hacia el olvido. La noticia de la megaemigración en Tadoussac se propagó enseguida entre círculos de ornitólogos y luego los traspasó, llegando incluso a las páginas del *New York Times*. Tal vez no sorprenda que al menos un negacionista del cambio climático, un individuo que también desmiente que las poblaciones de aves estén menguando, la esgrimiera como argumento para demostrar que los agoreros animalistas de toda calaña están equivocados. ¿Tenía razón? Según me aclaró Davies, aquella localización en las dunas de Tadoussac aquel día concreto no presentaba ninguna particularidad; habrían visto algo parecido en cualquier otro punto a lo largo de los trescientos kilómetros de ribera del San Lorenzo, donde pájaros pequeños se concentraban en tales cantidades que incluso personas que no sienten pasión por la ornitología publicaron fotografías de hordas de reinitas exhaustas apelotonadas en las medianas de las autopistas y en los patios traseros de sus casas. Millones y millones de aves cantoras sobrevolaron el sur del Quebec aquella jornada, las suficientes para hacer dudar a cualquiera de las catastróficas predicciones. Por supuesto, la diferencia es que lo que hoy resulta asombroso, según nos revelan los archivos de los radares, seguramente fuera bastante común hace unas pocas décadas, si a alguien se le hubiera ocurrido visitar Tadoussac para observarlo.

La migración de aves es una sombra de lo que fue, pero esa sombra todavía es lo bastante imponente como para dejarnos boquiabiertos y pasmados, si tenemos la suerte de hallarnos en el lugar oportuno en el momento oportuno. Sigue habiendo miles de millones de aves migratorias. Y aunque es un poco tarde, tal como dijo Pete Marra, al menos ahora conocemos la magnitud del problema. Eso incluye ser conscientes de que cada pequeño pájaro que vuela hacia el norte a través de los bosques canadienses lleva consigo el eco del invierno anterior y que las condiciones de tierras tropicales situadas a miles de kilómetros y a muchos meses de distancia pueden predestinarlo para el éxito o para el fracaso, un aspecto de la migración en el que justo ahora empieza a ponerse el foco y que proporciona otro elemento fundamental para nuestro entendimiento acerca de cómo mantener a esos miles de millones de aves en el aire, y seguras.

5

Vestigios

Imagine a una reinita de Kirtland. El sol recién salido se le refleja en el pecho, amarillo pálido, e ilumina centenares de hectáreas de monte bajo de pinos banksianos en todas las direcciones. De entre la espesura llega el canto de juncos, zorzalitos colirrufos y gorriones sabaneros comunes y los silbidos de un correlimos batitú encaramado a un tocón muerto, pero la reinita no les presta ni la más mínima atención. Ha llegado durante la noche, tras una larga migración al norte, y su único impulso ahora es entonar su canto al amanecer, un trino torrencial de seis sílabas que es a un tiempo una advertencia a los posibles rivales, un anuncio a las potenciales parejas y una declaración de que ese pedacito de tierra del norte de Míchigan le pertenece.

El clima es agradable, hay comida en abundancia y multitud de sitios para anidar; las condiciones no podrían ser más prometedoras. Sin embargo, nada de eso importa, porque meses antes y a ochocientos kilómetros de distancia, en las Bahamas, no se produjeron las precipitaciones invernales previstas. Y a resultas de ello, el alimento allí escaseaba y a la reinita le costó sudor y esfuerzo acumular la grasa que necesitaba como combustible migratorio. Así que el inicio de su periplo se retrasó, y también su llegada a Míchigan. Y ya antes de entonar la primera nota de su primer canto primaveral, lleva las de perder.

En el pasado, los científicos creyeron que el invierno daba una tregua a las aves migratorias, que era una especie de etapa de vida relajada en los trópicos que les permitía hacer una pausa en su dura labor de migrar y reproducirse. Sin embargo, ahora están descubrien-

187

do que un mal invierno proyecta una sombra muy larga, una resaca ecológica que puede prolongarse muchos meses y extenderse a varios miles de kilómetros. Las lluvias escasas y la comida limitada generan un déficit calórico que retrasa el inicio de la migración de un ave e incluso puede obligarla a canibalizar su propia musculatura y órganos para efectuar el viaje. Eleva las ya de por sí sustanciales posibilidades de morir en el trayecto e incluso si al llegar a la zona de cría el ave encuentra condiciones ideales, esas carencias pueden sabotear su éxito reproductivo.

Por último, dado que las zonas de invernada tropicales de las que dependen centenares de millones de aves migratorias se están calentando y secando, tendencia que está previsto que se acelere en las próximas décadas, este descubrimiento posee implicaciones nefastas en un momento en el que las poblaciones de aves migratorias ya registran un pronunciado descenso.

De ahí que resulte irónico que la especie que probablemente arroje la luz más esclarecedora sobre lo que los científicos denominan «efectos de arrastre» sea la reinita de Kirtland, un pájaro que bordeó la extinción hace solo una generación y que suele ensalzarse como un éxito de conservación sin parangón. Los mismos aspectos de su ecología que lo llevaron a casi extinguirse, sus requisitos de hábitat altamente especializados y las restringidísimas dimensiones de sus zonas de cría e invernada, lo convierten en una lente ideal para entender las causas y las consecuencias de los efectos de arrastre. Ahora bien, esos mismos aspectos también podrían hacer que su futuro sea tan incierto como su pasado.

De manera que, para entender lo que está ocurriendo en los pinos banksianos del norte de Míchigan esta mañana de principios de mayo es necesario retroceder en el tiempo un par de meses, hasta finales del invierno, y viajar a una pequeña isla de las Bahamas centrales.

Nathan Cooper conduce tan rápido como se atreve bajo la luz crepuscular por una carretera tortuosa con un número desconcertante de peatones, gallinas en libertad, perros sueltos y gatos callejeros. La carretera, con el grandilocuente nombre de Queen's Highway, la «autopista de la Reina», es una franja angosta y anodina de macadán lleno de baches que recorre los setenta y siete kilómetros de largo de Cat Island. Tenemos que llegar al extremo meridional antes del amanecer y vamos con retraso.

Cat Island, la «isla de los Gatos», queda fuera del circuito turístico principal de las Bahamas. Además de un puerto deportivo pesquero y de unos cuantos complejos hoteleros, es conocida, sobre todo (y en la medida en que dicho dato se sabe), como el lugar en el que Sidney Poitier pasó su infancia. Hubo un momento en el que los estudiosos creyeron que podría haber sido el primer punto en el que Cristóbal Colón recaló en 1492, pero, en general, los historiadores descartaron la idea hace ya más de un siglo, sumiendo a la isla en la oscuridad. Con la forma de un largo y estrecho anzuelo, este cayo tiene una superficie de solo trescientos sesenta kilómetros cuadrados, y es tan estrecho que en gran parte de su extensión apenas mide ochocientos metros de ancho. La tarde anterior, desde la ventanilla de una abarrotada avioneta de mala muerte procedente de Nasáu, la isla se antojaba plana y uniforme, mucho bosque de matorral seco atravesado por unas cuantas carreteras, la mayoría de arena, y circundado por playas, grandes olas de espuma blanca y aguas azules. Apenas cuenta con mil quinientos habitantes, y tuve que esforzarme por divisar las relativamente pocas casas que, en su gran mayoría, abrazaban el litoral o flanqueaban Queen's Highway. Ahora, mientras conducimos al alba, me sorprende ver tantos edificios abandonados en los márgenes de la carretera.

«A veces creo que en esta isla hay más casas vacías que ocupadas», comenta Cooper. A medida que devoramos kilómetros vamos dejando atrás decenas de ruinas, edificios con los tejados derruidos y paredes de piedra caliza gris abiertas al cielo. Hay ahora la mitad de población que en la década de 1950, pues las islas turísticas más grandes y con mejores empleos (o la América peninsular, a menos de quinientos kilómetros de distancia) han atraído a la juventud, que ve pocas perspectivas de futuro en Cat Island, donde la agricultura de roza y quema, la ganadería de cabras y la pesca de caracoles marinos son prácticamente las únicas opciones de subsistencia disponibles.

Ahora bien, lo que convierte Cat Island en un lugar hostil para las personas, un clima caluroso y seco y un suelo baldío, así como un bosque achaparrado lleno de arbustos de bayas venenosas muy tóxicas e incluso los rebaños de cabras famélicas, seguramente lo haga también el mejor lugar en el mundo para invernar para la escasísima reinita de Kirtland, un bonito pájaro con el pecho de color limón, el lomo gris azulado y anillos oculares blanco roto. Unos mil ejemplares de este pajarillo de solo quince gramos de peso, un cuarto de la población total, migran a este pedacito de tierra cuya árida maleza les proporciona exactamente su hábitat predilecto. Y ese es el motivo por el que Nathan Cooper y su equipo regresan a la isla por tercer invierno. Cooper, investigador posdoctoral en el Smithsonian Migratory Bird Center de Washington, D.C., está aprovechando la biología única de estas reinitas para comprender mejor cómo los efectos de arrastre dictan la vida de las aves migratorias en un grado que nadie habría imaginado hace solo unos años. Por primera vez en la historia, las nuevas tecnologías permitirán a su equipo rastrear a reinitas individuales desde sus territorios de invernada hasta los de cría y medir de manera directa el impacto de la situación en las Bahamas en su posterior éxito de nidificación en Míchigan.

En el pasado, Cooper había rastreado a reinitas de Kirtland con geolocalizadores fotosensibles como los que mis colegas y yo utilizábamos en Alaska, un estudio que llegó a los titulares de la prensa generalista por la escasez del ave. Aquel proyecto reveló detalles hasta entonces desconocidos de la amplia ruta migratoria de las reinitas de Kirtland, pero los geolocalizadores tienen sus límites; proporcionan un cálculo muy aproximado de la ubicación del pájaro (con un radio de precisión de unos ciento cincuenta kilómetros) y solo después de recapturarlo y descargar los datos almacenados al año siguiente…, suponiendo que se recapture. Este invierno, Cooper va a utilizar nanoetiquetas, los minúsculos radiotransmisores que pesan dos décimas de gramo y que se rastrean mediante el sistema Motus de estaciones receptoras automatizadas que mis amigos y yo hemos ido instalando por todo el nordeste de Estados Unidos en los últimos años y que ahora forman parte de lo que se ha convertido en una red internacional que abarca desde el Ártico hasta Sudamérica. Estamos a mediados de abril y, si todo va bien, cuando las reinitas dejen Cat Island, dentro de unas semanas, esos puntos receptores permitirán a Cooper llevar un seguimiento de las aves durante su migración al norte, tras tocar tierra en Florida y Georgia, antes de proseguir su viaje hasta los Grandes Lagos. Una vez lleguen a Míchigan, unas antenas direccionales que coronan once torres Motus estratégicamente emplazadas, que cubren en esencia toda el área de reproducción principal de la especie, permitirán a Cooper y su equipo reubicar fácilmente a las aves etiquetadas y empezar a supervisar su éxito de nidificación.

Este plan no funcionaría con ninguna otra ave cantora, porque ninguna otra paseriforme norteamericana tiene un ámbito tan circunscrito, algo que hace plausible encontrar al mismo individuo en ambos extremos de su migración. Al parecer, las reinitas de Kirtland siempre han sido hiperlocales y hacía tiempo que se las consideraba un enigma. El primer ejemplar se capturó en 1851 en Ohio y se bautizó en honor al célebre naturalista Jared Kirtland, en cuya granja fue hallado, pero solo volvieron a avistarse otros cuatro en el transcurso del cuarto de siglo posterior. Veintiocho años más tarde, los científicos localizaron sus terrenos de invernada en las Bahamas, si bien hubo que aguardar hasta 1903, más de medio siglo después de su descubrimiento, para encontrar el primer nido de reinitas de Kirtland, en el norte de Míchigan; solo entonces el misterio de sus terrenos de reproducción se resolvió. Los científicos determinaron que era el ave con un hábitat altamente especializado por antonomasia. Anida de manera casi exclusiva en densas espesuras de pinos banksianos jóvenes, una conífera achaparrada y de corta vida que prolifera en suelos estériles y arenosos y que alcanza el límite meridional de su zona de distribución boreal en el norte de la península inferior de Míchigan. El pino banksiano es asimismo una especie especializada en rebrotar tras los incendios; sus piñas, curvas y del tamaño de una nuez pacana, se aferran a los árboles estación tras estación, en cantidades crecientes, y solo se abren tras quedar calcinadas por las llamas, momento en el que liberan semillas con una asombrosa tasa de dos millones por 0,40 hectáreas. Pocos años después de que un incendio arrase un bosque maduro, millones de pinos banksianos forman con rapidez un océano de ramaje gris verdoso con un aspecto similar al de unas zarzas a la altura de la cabeza, bajo el cual las reinitas construyen sus nidos en tierra, bien camuflados, entre líquenes y arándanos.

Este sistema fue propicio en el Pleistoceno, cuando los glaciares de la edad de hielo desplazaron el ecosistema de los pinos banksianos hasta la llanura litoral arenosa del sudoeste de Estados Unidos. Desde allí resultaba fácil volar hasta las cercanas Bahamas, porque el nivel del mar era muchos metros inferior al actual y el archipiélago tenía diez veces más superficie terrestre que hoy. A medida que los glaciares retrocedieron, los pinos banksianos fueron desplazándose al norte, siglo a siglo, con las reinitas que dependían de ellos en su estela, ampliando cada año la migración de estas aves un poco más lejos, hasta unas Bahamas con un territorio menguante. Pero el sistema seguía funcionando, puesto que los incendios forestales, tanto naturales como provocados por los indígenas, mantenían los pinos banksianos. Más tarde, la tala casi completa de los bosques de Míchigan en las postrimerías del siglo XIX y los devastadores incendios forestales que barrieron millones de hectáreas y segaron centenares de vidas humanas pudieron crear, de manera no intencionada, un hábitat reproductivo más extenso.

Pero otro gallo cantaría en el siglo XX, a causa de la campaña de prevención de incendios forestales protagonizada por el oso Smokey y su dedo admonitorio.* Los bosques crecieron y se espesaron, sin que los incendios saneadores pusieran de nuevo el contador a cero. El hábitat idóneo desapareció y, en los escasos lugares en los que el fuego creó reductos de pinos banksianos jóvenes, el parasitismo de nidos de los tordos cabecicafés (recién llegados a la región) redujo aún más la productividad. El número de reinitas, que probablemente nunca fue demasiado elevado, cayó en picado y, en 1967, cuando se elaboró la primera lista de especies en peligro de extinción a escala federal, las reinitas de Kirtland figuraban en ella. Cuatro años más tarde, cuando se realizó un

* Smokey Bear o el oso Smokey fue un personaje publicitario estadounidense creado por el ilustrador Albert Staehle que protagonizó una popularísima campaña de prevención de incendios forestales encargada por el Servicio Forestal de Estados Unidos y la Asociación Nacional de Silvicultores Estatales con el fin de concienciar a la población acerca de los peligros de los incendios forestales no intencionados causados por humanos. *(N. de la T.)*

censo, a los científicos los alarmó averiguar que las cifras de estas aves se habían desplomado un 60 por ciento, hasta solo doscientos un machos cantores. El punto más bajo se registró en 1974, cuando solo se hallaron ciento sesenta y siete.

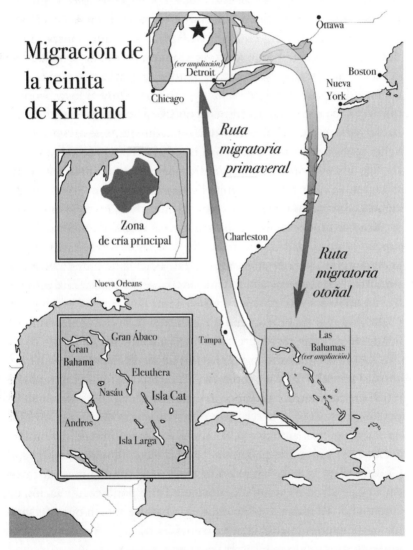

Cada año, las reinitas de Kirtland migran entre su reducidísima área de reproducción, que se extiende sobre todo por el norte de Míchigan, y su hogar en invierno, unas pocas islas minúsculas en las Bahamas.

La noticia conturbó a los administradores de la vida silvestre. Intentaron generar un nuevo hábitat utilizando incendios prescritos, pero, en 1980, un fuego que supuestamente debía restringirse a unas ochenta hectáreas se descontroló y consumió 9.700, arrasando a su paso decenas de hogares y arrebatándole la vida a un biólogo de veintinueve años llamado Jim Swiderski que combatía las llamas. El incendio del lago Mack, como se lo llamó, tuvo una consecuencia doble. Por un lado, indujo a los organismos a dejar de provocar incendios para crear hábitats para la reinita de Kirtland, y por el otro, cuando diez años más tarde estas aves se trasladaron al joven bosque que se estaba regenerando en masa, quedó claro que las instituciones habían errado en sus cálculos y que los pequeños bosquecillos de jóvenes pinos banksianos que habían creado no eran lo bastante extensos. El incendio del lago Mack, a pesar de la tragedia, probablemente salvara de la extinción a la reinita de Kirtland. Si bien siguen produciéndose incendios forestales y otros no intencionados provocados por acciones imprudentes del ser humano en la región de pinos banksianos, en la actualidad sus administradores utilizan la tala a matarrasa y la replantación para crear un mosaico de bosque de pinos jóvenes en veintitrés parcelas inmensas de territorio federal y estatal. Este enfoque ha superado los sueños de casi todo el mundo. Hoy hay en torno a cuatro mil reinitas de Kirtland y en 2019 su nombre se suprimió de la lista de especies en peligro de extinción a escala federal.

Ahora bien, casi toda la atención de la comunidad científica y conservacionista se ha centrado en Míchigan. Aparte de cazar más de setenta ejemplares para colecciones museísticas en las Bahamas en las postrimerías del siglo XIX, la gran mayoría de la gente, con la salvedad de unos pocos científicos, ha pasado por alto los más de siete meses al año que las reinitas pasan en el archipiélago. Y eso pese a que, si Cooper y sus colegas están en lo cierto, las condiciones en cayos como Cat Island merecen un enorme crédito por la recuperación de la reinita de Kirtland. Los biólogos, no obstante, temen que esas mismas condiciones puedan convertirse en el talón de Aquiles de la especie en un mundo que cambia a un ritmo acelerado.

El sol ha despuntado ya cuando llegamos al extremo sur de la isla. Cooper efectúa unos cuantos giros que nos internan por caminos cada vez más angostos y sin pavimentar, y más adelante en parques. El océano está a solo cien metros de distancia, el viento agita las olas, que van y vienen con estruendo y las copas de los cocoteros se agitan en lo alto. Estamos rodeados por un sotobosque bajo y tupido. No es la típica imagen de un calendario fotográfico; es una zona de matorrales desaliñados, desordenados, de un bosque bajo impenetrable sobre el cual sobresalen árboles de, a lo sumo, cuatro metros y medio de altura. Una planta parásita llamada cuscuta abunda en estos bosques, donde envuelve arbustos e incluso árboles enteros bajo densas capas de delgados zarcillos naranjas que forman una trama tan cerrada que apenas se divisa la vegetación bajo su manto.

«Trabajamos sobre todo en los caminos —anuncia Cooper mientras se echa al hombro una abultada mochila y se desliza un machete desenvainado, con el filo hacia arriba, a través de las correas de la espalda—. Intentamos abrirnos camino a través de esta maleza el otro día y tardamos dos horas en avanzar seiscientos metros».

Cooper tiene treinta y siete años, rizos castaños rebeldes, perilla y el torso compacto y musculoso de un ávido escalador. En la cara interior de ambos bíceps luce elaborados tatuajes, uno de un camión de bomberos retro que rinde tributo a la profesión de su abuelo, un antiguo bombero de Míchigan, y el otro de un tema retrofuturista que honra la pasión de su difunto padre por la ciencia ficción. Los arañazos y las picaduras de bichos que los recubren atestiguan las dificultades de trabajar entre la maleza en las Bahamas.

La otra mitad del equipo hoy la integra Chris Fox, un tipo taciturno y con barba oscura que está haciendo una pausa de su empleo de oficina en un organismo de conservación de Indiana para hacer un poco de trabajo sobre el terreno. Fox se echa al hombro un pesado receptor de radio y agarra palos de aluminio con red de neblina mientras Cooper enciende un reclamo de depredadores manual y camina por el sendero de arena con brío, haciendo resonar a todo volumen el canto de un macho de reinita de Kirtland entre la maleza. (El siempre fiable David Allen Sibley translitera el canto de esta especie como un «hondo y enfático *flip lip lip-lip-tiptip-CHIDIP* que va aumentando de tono e intensidad». Es un sonido que acabaré oyendo incluso en sueños en los días siguientes).

Avanzamos penosamente por el camino, salvamos un pequeño cerro, dejamos atrás una casa vacacional con las contraventanas para huracanes colocadas y descendemos por otro sendero. Del sotobosque nos llega una andanada de *¡chips!*, la señal de una reinita territorial, y minutos después de que ambos biólogos extiendan su red a lo largo de la linde del bosque, la reinita se abalanza contra ella en un justificado arrebato de ira al escuchar el sonido de lo que interpreta como un intruso, y cae.

Se trata de un macho de unos dieciséis gramos y medio de peso, un par de gramos más pesado de lo normal, lo cual indica que ha encontrado abundante fruta y bichos. «Debe de tener previsto partir en el próximo par de días. Creo que lo hemos atrapado mientras se atiborraba» para la migración, comenta Cooper. Además de las mediciones rutinarias, los investigadores extraen unas gotas de sangre de una vena en el ala del pájaro y, cuando una deposición líquida le salpica en la pernera, Fox está preparado, la recoge con una pequeña espátula de plástico, embotella parte de ella en un frasco de conservante y extiende el resto sobre un cuadradito de papel secante, pues un colega del Field Museum de Chicago está estudiando cómo varía la microbiota de las reinitas entre invierno y verano y cómo ello puede afectar a su supervivencia y productividad (es la primera vez que alguien intenta hacer algo así). Por último, colocan a la reinita un juego único de anillas de colores en la pata para poder identificarla visualmente desde la distancia, así como una nanoetiqueta, que le sitúan en la parte inferior del lomo e inmovilizan mediante unos elásticos sujetados a sus muslos. Este radiotransmisor pesa solo un tercio de gramo y emite un pulso identificativo codificado, una especie de código Morse exclusivo para esta reinita, lo cual permite a cualquier estación receptora de la extensa red Motus detectarla e identificarla a su paso.

Mientras Cooper ajusta el transmisor y Fox trastea con el receptor para asegurarse de que el minúsculo rastreador funciona, la fotógrafa Karine Aigner, que lo está inmortalizando todo para un artículo de revista, aparta la vista del visor. «Allí hay otra», anuncia, y no se equivoca: una segunda reinita de Kirtland investiga tranquilamente la fuente del canto ahora silenciado, meneando la cola rítmicamente mientras serpentea entre la densa maleza cerca de la red. Al poco, Fox pone en marcha el reclamo sonoro, atrapa al nuevo macho y, antes de acabarlo de procesar y etiquetar, una tercera reinita cae en la red, esta vez una hembra.

«Creo que es la sexta hembra que atrapamos —dice Cooper mientras extrae al pajarillo de la malla—. No responden tan bien a la grabación como los machos, de manera que, en cierto sentido, este ejemplar tiene un valor extraordinario». Pese a que, por regla general (como ocurre con la mayoría de las aves cantoras), la hembra es un poco más pequeña que los machos, Cooper descubre que esta pesa un poco más que el espécimen que acaban de soltar, señal de que presenta unas condiciones físicas excelentes. En conjunto, el día está siendo uno de los mejores que el equipo de Cooper ha registrado en todo el mes; de ahí que no nos desanimemos cuando, mientras comemos a última hora de la tarde unos chafados y viscosos emparedados de mantequilla de cacahuete con mermelada y bebemos agua bajo el sol abrasador, un cuarto pájaro rodea la red pero se niega a dejarse atrapar.

En cambio, al día siguiente puedo hacerme una idea de lo que suele ocurrir. Durante la noche ha llovido intensamente y hace un ambiente cálido y bochornoso incluso antes del amanecer. Hay enjambres de mosquitos y de moscas que pican, pero no son nada en comparación con lo que los científicos tuvieron que soportar la semana anterior, cuando hacía mucho más calor y diminutas moscas de la arena se colaban a través de las mosquiteras de la casa donde se alojan. «Tuvimos que cerrar las ventanas y llevar manga larga y los pantalones remetidos por los calcetines incluso en el interior. Y, aun así, me acribillaron —explica Cooper—. Fue horrible».

Regresamos coleando por otro camino de arena, a través de vegetación que apenas nos llega a la cintura, una altura perfecta para la reinita de Kirtland, que a menudo busca alimento en el suelo o cerca de este. «Esto es lo que comen —dice Cooper, señalando un arbusto bajo, y tengo que mirar dos veces para ver exactamente de qué habla—. Esto de aquí. La llaman cuaba prieta y es una de sus plantas favoritas para alimentarse», me explica, mostrándome unos frutos secos minúsculos, de apenas cuatro milímetros de diámetro. El otro sustento básico de esta ave, una lantana que a veces recibe el nombre de «bandera española» o «cariaquito blanco», presenta unos frutos morados igual de minúsculos, del tamaño de la cabeza de un alfiler. El mejor hábitat para estos arbustos y, por ende, para estas aves, son los campos abandonados y los antiguos pastos de cabras, hábitats perturbados mantenidos, aunque sea de manera accidental, por la rudimentaria agricultura practicada en Cat Island.

El sol abrasador se cierne ahora sobre nuestra cabeza y se refleja en las blancas arenas coralinas. Hemos caminado unos tres kilómetros, resbalando a cada paso. El sudor que me cae por la frente se me mete por las comisuras de los ojos mientras el reclamo sonoro emite a toda potencia el canto de las reinitas de Kirtland y noto los músculos de los muslos doloridos. *Flip lip liplip-tiptip-CHIDIP.* Pausa. *Flip lip lip-lip-tiptip-CHIDIP.* Pausa. *Flip lip lip-lip-tiptip-CHIDIP.*

«¿No te acaba volviendo loco este sonido?», pregunto.

«Ya ni lo oigo —responde Cooper—. Pero sí, en Ábaco me volvió majareta. Esto es lo único que hacíamos desde las seis de la mañana hasta las dos o las tres de la tarde. Estábamos tan fritos que al final ni siquiera mirábamos al cielo». Se refiere a 2015, su primera temporada sobre el terreno en las Bahamas, cuando centraron la mayor parte de sus estudios en la isla de Ábaco, más grande, situada al norte del archipiélago y considerada un bastión de las reinitas de Kirtland. Fue un fracaso: en más de tres semanas de búsqueda casi incesante, recorriendo a pie incontables kilómetros cada día bajo un sol implacable, Cooper y su equipo hallaron exactamente cuatro reinitas. Descubrieron que Ábaco tiene demasiado hábitat de pinos y no los suficientes arbustos caducifolios que prefiere la reinita de Kirtland, y es posible que la mayoría de los viejos registros correspondieran a reinitas migrantes, no a residentes invernales. (A ello cabe sumar la posibilidad de que se produjeran bastantes identificaciones erróneas, ya que la raza de las Bahamas de la reinita gorjiamarilla, que adora los pinares como los de Ábaco, puede confundirse con facilidad con su rara pariente).

Dado su pobre registro de rastreo en Ábaco, Cooper prácticamente cayó de rodillas agradecido cuando, al final de aquella extenuante temporada, su equipo y él llegaron a Cat Island y enseguida hallaron docenas y docenas de reinitas de Kirtland. Toparon con lo que probablemente sea la población de invernada más numerosa de estas raras aves en todo el mundo.

Por fin oímos las nítidas notas de una reinita de Kirtland macho, lo atrapamos, lo etiquetamos, archivamos su sangre y tomamos una muestra de sus excrementos. «Uno de los interrogantes que aspiramos a resolver es cómo cambia la microbiota de un individuo mientras recorre más de tres mil kilómetros —dice Cooper mientras extiende los excrementos por un papel para muestras—. ¿Cómo cambia la carga parasitaria de la sangre en un individuo en dos momentos distintos del ciclo migratorio? No conocemos las consecuencias de tener distintos organismos en la microbiota» en momentos diferentes del año.

Esta es la reinita número cincuenta y nueve de la temporada y, con solo unos días ya por delante, está claro que Cooper no alcanzará su objetivo de colocar transmisores de nanoetiquetaje a cien ejemplares. (Al final, su equipo marcaría sesenta y tres). Es un resultado satisfactorio, pero no excepcional, un resultado que se refleja en los hombros abatidos de Cooper, incluso cuando tiene por delante meses de más trabajo duro en Míchigan localizando, recapturando y monitorizando a esas mismas aves, y luego intentando desentrañar cómo las circunstancias en invierno pueden haber afectado a su posterior velocidad migratoria, supervivencia y éxito reproductivo.

Esa tarde nos sentamos en el porche cubierto de la casa en la playa que han alquilado para la temporada, con un agua de un azul intenso bajo un pequeño acantilado y lagartos de cola enroscada correteando entre nuestros pies. Fox está buceando en las gélidas aguas invernales, tal como hace casi cada día, mientras que el becario Steve Caird —alto y larguirucho, con una barba desgreñada y un aire a Johnny Appleseed— clasifica docenas de fichas de muestras fecales que, como los viales de sangre que han recopilado, requerirán abundante papeleo de importación y exportación para llevárselas de regreso a Estados Unidos.

En el cielo se forman cúmulos mientras Cooper resume la historia de la investigación de los efectos de arrastre, enmarcando su último esfuerzo en un contexto científico más amplio. Al poco, la lluvia martillea la cubierta de plástico corrugado y todo encaja, pues gran parte de lo que me explica tiene que ver con la forma en que las precipitaciones durante la tradicional temporada seca invernal pueden acabar determinando las posibilidades de una reinita.

Ya en la década de 1970, unos cuantos científicos estudiosos de las aves acuáticas —algunos de los cuales investigaban cisnes en Suecia y otros, gansos nivales en Canadá—, tuvieron la intuición de que las condiciones en los territorios de invernada podían influir en la época reproductiva. La mayoría de los expertos, en cambio, presuponían que la auténtica fuerza motriz del éxito reproductivo de un ave era la calidad de su hábitat de nidificación, no lo que le había ocurrido meses antes. La revelación se produjo en 1998, cuando el jefe de Cooper en el Smithsonian Migratory Bird Center, Pete Marra, por entonces alumno de doctorado en Dartmouth, publicó su investigación sobre los colirrojos americanos y desencadenó una fiebre del oro intelectual en el ámbito de los efectos de arrastre.

Los colirrojos americanos son unos duendecillos hiperactivos que agitan sus alas y cola, con coloridas manchas —naranjas sobre negro en el caso de los machos y amarillo sobre un color base gris en el de las hembras—, para hacer salir del dosel forestal a los insectos de los cuales se alimentan. Los colirrojos americanos son una de las especies de aves cantoras más abundantes y generalizadas del hemisferio; son fáciles de encontrar, muy ruidosos y además anidan a relativamente baja altura, lo cual facilita a los humanos poder observarlos y los convierte, en muchos aspectos, en un tema de estudio ideal, una «especie modélica», en la jerga de los investigadores. Los científicos han utilizado colirrojos americanos para explorar la ecología de anidación, la selección sexual, los descensos de población y otras muchas cuestiones cuyos resultados pueden aplicarse a las aves cantoras migratorias en general. El director de tesis de Marra en el Dartmouth College, Richard Holmes, era también una figura destacada en la investigación de los colirrojos; de ahí que Marra eligiera uno de sus hilos para acometer su labor posdoctoral.

En 1998, Marra y Holmes, junto con Keith Hobson, del Servicio de Vida Silvestre de Canadá, publicaron un revolucionario artículo en *Science* basado en sus estudios sobre el colirrojo americano. En los terrenos de invernada jamaicanos descubrieron que los machos de mayor edad predominan en el hábitat de bosques de manglares de mejor calidad y con alimento más abundante, cosa que obliga a las hembras y a los machos más jóvenes a sobrevivir en los matorrales más secos de crecimiento secundario, el tipo de segregación de hábitats por sexo y edad que se ha demostrado habitual entre muchas aves cantoras migratorias. Sin embargo, al margen del sexo, en los hábitats forestales húmedos, los colirrojos americanos prosperaban de manera adecuada, manteniendo o ganando peso, mientras que los de los matorrales secos adelgazaban o mostraban indicios de deterioro en su condición física.

El problema fue que, cuando estas aves de las zonas de estudio abandonaron Jamaica, no hubo manera de seguirlas hasta el norte. En lugar de ello, Marra y sus colegas atraparon otros colirrojos americanos en bosques boreales, les extrajeron un poco de sangre y analizaron los porcentajes de isótopos estables de carbono en las muestras. Estos resultados, según sabían por su labor en Jamaica, reflejarían si el pájaro había pasado el invierno en un hábitat boscoso fértil o en uno arbustivo pobre. Marra descubrió que las aves que llegaban antes —y, por ende, las que podían seleccionar mejores territorios y parejas— eran las que habían invernado en los bosques húmedos, mientras que aquellas que habían vivido en matorrales se incorporaban tarde a la partida, una vez que los mejores sitios ya estaban cogidos, y también pesaban menos que las llegadas con anterioridad y, en general, presentaban peores condiciones. Las hembras procedentes de hábitats áridos tenían menos crías y sus polluelos emplumaban más tarde que los nacidos de madres procedentes de hábitats invernales más favorables.

Desde entonces, los alumnos de Marra en Jamaica han demostrado que, durante los inviernos secos, las hembras de colirrojo americano que ocupan hábitats húmedos mantienen su estado físico mucho mejor que las que ocupan matorrales secos, mientras que en los inviernos lluviosos ambas poblaciones prosperan bastante bien. También han averiguado que, si se permite a los colirrojos americanos de hábitats áridos desplazarse a bosques de manglares, sus condiciones mejoran e inician la migración antes que los que permanecen en los matorrales. Esto se conoce como «experimento de mejora». Cooper, que pasó seis inviernos en Jamaica trabajando en su doctorado, invirtió esa investigación y aplicó un deterioro de la calidad, utilizando un insecticida suave para reducir las poblaciones de insectos en algunas zonas de estudio. Eso provocó que los colirrojos americanos de esas

201

zonas sacrificaran masa muscular y retrasaran significativamente, en una semana, el inicio de su migración. («Fui el Grinch», dice con una sonrisa angustiada, recordando aquel trabajo necesario pero ingrato).

Aun así, seguía sin haber modo de rastrear a los mismos individuos de colirrojo americano en su periplo y medir de manera directa cómo los cambios en invierno podían propiciar u obstaculizar su desarrollo en las zonas de reproducción. Si bien los colirrojos americanos han sido sujetos de estudio idóneos por tratarse de aves muy comunes, en cierto sentido son *demasiado* abundantes y están *demasiado* extendidos. Se calcula que hay unos treinta y nueve millones en Norteamérica, los cuales anidan desde el sur, en Georgia y Texas, hasta el norte, en Labrador y el Yukón. Su zona de distribución invernal se extiende desde el litoral de México a través de toda Centroamérica hasta el norte de Sudamérica y la mayor parte del Caribe. Pretender volver a localizar a un mismo individuo en ambos lados de la ruta migratoria para medir directamente los efectos de arrastre del invierno es como buscar una aguja en un pajar. En cambio, por una feliz casualidad, las mismas características que han hecho de la reinita de Kirtland un quebradero de cabeza en cuanto a conservación durante medio siglo —su escasa población y su limitadísima zona de distribución— también la convierten en la especie ideal para entender los efectos de arrastre, un modelo de una índole distinta. Apenas hay varios miles de ejemplares, no decenas de millones, y su zona de distribución es una cabeza de alfiler en el globo terráqueo. En invierno, casi todas las reinitas de Kirtland pueden localizarse en un puñado de pequeñas islas, Cat, Eleuthera, San Salvador y unas cuantas más, con una superficie total inferior a dos mil quinientos kilómetros cuadrados. En verano, casi todas ellas migran a unos pocos condados de Michigan, donde se concentran aún más en parcelas cuidadosamente gestionadas de jóvenes pinos de Banks. No podría diseñarse un mejor sujeto de estudio para explorar las repercusiones del invierno en la época de nidificación.

Observar las aves migratorias en Cat Island fue un recordatorio constante de que para un pájaro pequeño todo momento es importante. Desde mucho antes del amanecer hasta los últimos minutos del ocaso, dedican el día a una búsqueda frenética e incesante de comida.

Una mañana, mientras esperábamos a que una reinita de Kirtland respondiera al reclamo, observé a una reinita palmera, un ave migratoria delgada y amarillenta que anida en los bosques boreales centrales de Canadá, con corona rojiza y una agitación constante de la cola. El pajarillo se abría camino a través de la tupida maleza que flanqueaba la carretera, revoloteando de percha en percha, asomándose entre las hojas, picoteando en las densas marañas y agitando las alas cerca de las puntas de las ramas para llegar al ápice superior. Según mis cuentas, picoteó algo de comer cada tres segundos, más o menos, mientras yo la estuve mirando.

Pero ¿qué sucede si la comida escasea un poco, si el hábitat es un poco más marginal o si el clima es un poco más seco y obliga a la reinita a esforzarse un poco más? ¿Qué ocurre si, en lugar de hallar un bocado cada tres, atrapa algo cada cuatro segundos de media? Parece una diferencia insignificante, pero representa una reducción de un 25 por ciento en el consumo de la reinita a lo largo de todo un día, un déficit enorme que podría impedir al pájaro recuperar las reservas que ha gastado al volar desde Manitoba o el oeste de Ontario, y, desde luego, no le permitiría acumular la grasa adicional necesaria para desplazarse de nuevo al norte en marzo o abril. El éxito o el fracaso de un ave migratoria depende de márgenes energéticos así de estrechos.

El trabajo de Pete Marra y sus coautores desencadenó una oleada de estudios acerca de los efectos de arrastre estacionales en una serie de aves migratorias. Un equipo de investigadores británicos que atrapaba reinitas azuladas en las Bahamas y evaluaba sus isótopos averiguó que las que habían invernado en un hábitat más húmedo presentaban mejores condiciones durante la migración primaveral. Un grupo de científicos que trabajaba con barnaclas carinegras en Alaska halló que los gansos que invernaban más al sur, en México, eran los que regresaban más tarde a los territorios subárticos y producían nidadas más reducidas. Entre los mérgulos sombríos de la Columbia Británica, el análisis isotópico ha demostrado que las hembras que pasan el invierno alimentándose de copépodos de alta calidad anidan más temprano y ponen huevos más grandes que las que se alimentan de peces de roca de menor calidad.

Cabe destacar que los efectos de arrastre no son algo exclusivo de las aves ni de los organismos migratorios, sino que se han identificado o bien se sospecha que se dan también en las ballenas grises, los alces, las ardillas rojas, varias especies de peces y las tortugas marinas, entre otros. Y como veremos, incluso entre las aves migratorias, los científicos han hallado unas cuantas excepciones enigmáticas. Sin embargo, el peso de la prueba sugiere que, en el caso de la mayoría de las aves migratorias, el infortunio en una estación puede afectar a la siguiente e incluso a posteriores. Los científicos que estudian a los pájaros cantores del Viejo Continente han revelado marcadas correlaciones entre el éxito reproductivo en Europa y la cantidad de precipitaciones invernales en el Sahel, la árida franja sur del Sáhara donde invernan millones de aves. Lo que ocurre en los territorios de invernada no queda en los territorios de invernada. (Tales interacciones estacionales, como las llama Marra, también pueden afectar a nivel poblacional, y viceversa; una estación reproductiva exitosa en el norte puede comportar más competencia entre más individuos una vez llegan a los territorios de invernada).

La lluvia, que en el momento en el que Cooper habla cae torrencialmente en el exterior, refrescando el aire y transformando el mar turquesa en una vastedad de azul prusiano fría y oscura, parece ser un factor crítico también para las reinitas de Kirtland. Ya en 1981, según me explica, los científicos notaron que se avistaban más machos de reinita en las zonas de cría de Míchigan después de los inviernos húmedos en las Bahamas, en comparación con las que se veían después de los inviernos secos. En fechas más recientes, otra científica del laboratorio de Pete Marra, Sarah Rockwell, logró demostrar específicamente que, si en marzo —de por sí la época más seca del año— no llueve, la tasa de mortalidad de las reinitas durante la migración aumenta de manera significativa. En tales situaciones, las aves llegan más tarde a las zonas de reproducción, construyen sus nidos más tarde y el número de polluelos que consiguen criar desciende en picado. Los machos jóvenes y menos experimentados son los que se ven más afectados por unas bajas precipitaciones en invierno, averiguó.

Y lo que es aún más alarmante, Rockwell concluyó que una reducción de solo un 12 por ciento en la media de precipitaciones invernales en las islas podía revertir los tan cacareados progresos durante varias décadas de las reinitas de Kirtland frente a su casi extinción y volver a acelerar su decadencia. Dicho descenso de las precipitaciones no es meramente teórico; había comprobado que, desde la década de 1950, las lluvias en las Bahamas han disminuido ya en un 14 por ciento. Los hallazgos de Rockwell tienen hondas repercusiones no solo para la reinita de Kirtland, sino para centenares de millones de aves cantoras, de centenares de especies distintas, que también migran a las Bahamas, a las Antillas y a Centroamérica. Los modelos climáticos sugieren que la región del Caribe, una de las zonas de invernada más importantes del planeta, se volverán más áridas con el calentamiento global. (Pocas semanas antes de mi viaje a las Bahamas, Marra me indicó que el invierno en Jamaica había sido «ridículamente seco», incluso en comparación con los estándares recientes). Una nube de preocupación atenaza el futuro. Superponiendo los modelos climáticos a los datos de las listas de control de eBird sobre distribución de las aves cantoras, los investigadores del Cornell Lab anticipan que un descenso de las precipitaciones en las zonas de invernada, combinado con unas condiciones más cálidas y lluviosas en el norte, representarán un desafío para muchas especies que invernan en el Neotrópico. Al final, los efectos de arrastre de tales cambios podrían ser el factor determinante en la supervivencia a largo plazo de centenares de especies de aves migratorias que pasan el invierno en la región.

Con todo, hasta ahora todas las investigaciones sobre los efectos de arrastre han sido indirectas y a distancia: el estudio de las firmas isotópicas e inferencia de la historia pasada a partir de las condiciones actuales. «Pete y Sarah hallaron pruebas sólidas de que existen efectos de arrastre a nivel poblacional —añade Cooper—. Pero, a nivel individual, Sarah no tenía la capacidad de analizarlo. Lo haremos ahora por primera vez. Podemos observar a individuos concretos en lugar de hacer investigación solo a escala poblacional; no queremos tener que usar técnicas indirectas como los isótopos; ahora podemos estudiar de manera directa a individuos concretos, lo cual elimina gran parte de las variancias y suposiciones que han de hacerse».

Cooper y Marra también están desviando el foco de los efectos de arrastre de una simple dicotomía invierno/verano a una perspectiva que incluya la migración, fácilmente la etapa más peligrosa del ciclo anual de un pájaro. En las aves cantoras como la reinita de Kirtland, los biólogos calculan que entre el 50 y el 60 por ciento de la mortalidad anual se produce durante las migraciones de primavera y otoño. Pero la migración en las aves pequeñas, debido a que hasta ahora había resultado muy difícil rastrearlas, sigue siendo en gran medida una caja negra. «Lo que nos gustaría saber es qué parte de esa mortalidad responde meramente a cosas que ocurren durante la migración y qué parte depende de haber pasado un buen invierno, del estado físico del ave al emprender el vuelo y del momento de su partida», aclara Cooper.

Esta labor en las Bahamas, y lo que seguirá a lo largo del verano en Míchigan, es un test de prueba de concepto. Si funciona, afirma Cooper, él y Marra quieren poner en marcha un estudio significativamente más ambicioso, de cuatro o cinco años de duración y en múltiples islas, como parte del cual se investigue en detenimiento la disponibilidad de insectos y frutos, las dimensiones de la zona de distribución invernal entre las aves y las diferencias entre las que habitan en un área de distribución pequeña y estable y las reinitas que habitan en zonas más amplias, como ocurre en ciertos casos (por razones desconocidas). Lo que más les interesa es comparar el impacto de los diversos patrones de precipitaciones de las distintas islas en las condiciones y la productividad de las reinitas en fechas posteriores en Míchigan.

Ha dejado de llover y parece que nunca lo haya hecho. Luce el sol y el océano vuelve a resplandecer con el radiante azul de unas campanillas. La piedra caliza fuertemente erosionada y el árido suelo que rodea la casa han absorbido hasta la última gota y parecen tan secos como antes de la tormenta. Cooper se pasa las manos por el cabello y se concentra en el papeleo necesario para exportar las muestras de sangre y fecales a casa. «Casa»: el tema provoca en él un suspiro cansino. «No sé qué echo más de menos, si a mi perro o beberme una buena cerveza», dice.

Dos días después, con las últimas reinitas ya marcadas, Cooper y yo nos hallamos a bordo de la avioneta de mala muerte de regreso a Nasáu. Fox y Caird permanecerán en la isla unas semanas más, utilizando receptores radiofónicos manuales para rastrear a las aves marcadas y determinar exactamente la fecha de su partida. Algunas ya se han marchado y, mientras el saltacharcos en el que viajamos salva los centenares de kilómetros de agua que nos separan de Florida, sospecho que no somos los únicos que estamos en el aire.

La investigación sobre los efectos de arrastre no se circunscribe en absoluto al Nuevo Mundo. Leo Zwarts es un holandés experto en aves costeras, socio de mi amigo del mar Amarillo Theunis Piersma. Tuve el placer de conocerle hace unos años, con ocasión de una conferencia y de una larga expedición para observar aves en Israel. Leo participó en algunos de los estudios más importantes del mundo acerca de los efectos de arrastre, realizados en el África subsahariana. Estos conllevaron lo que seguramente sea el trabajo de campo más brutal y peliagudo del que yo he tenido noticia, a juzgar por algunas anécdotas que cuenta Leo y que ponen los pelos de punta. Él y sus colegas, vestidos con atuendo del lugar para evitar ser detectados por militantes islamistas, tuaregs separatistas, policías corruptos y otros elementos peligrosos, cruzaban la árida región del Sahel a lo largo del confín meridional del Sáhara, atravesando a su paso países donde la situación acostumbra a ser inestable, como Mali, Níger y Mauritania. Permanecieron sobre el terreno durante muchos meses seguidos, en la abrasadora estación seca, trazando líneas de investigación de una longitud extraordinaria en este árido paisaje de matorrales, praderas y desierto incipiente, visitando miles de parcelas de estudio de una hectárea y media donde midieron la altura, la anchura de la corona, el volumen del dosel y otros parámetros de hasta el último árbol y arbusto, un tercio de un millón en el momento en el que lo hicieron, además de registrar absolutamente a cada pájaro de todas las especies que hallaron en cada árbol. Durante nueve años a partir de 2007, su exhaustivo (y extenuante) estudio en el Sahel alumbró los cambios que tanto ellos como otros científicos detectaban cada verano en Europa, donde especies como los colirrojos reales* han registrado descensos catastróficos durante las grandes sequías sahelianas, sobre todo en las décadas de 1970 y 1980. El resultado de este estudio de investigación épico fue una serie de artículos científicos en los que se revelaban los diversos grados de correlación entre las precipitaciones en África y el éxito reproductivo de las aves cantoras, las golondrinas, las aves de costa y otras especies de Europa. (También expusieron los resultados preliminares de su obra en *Living on the Edge*, un libro magnífico y aclamado coescrito por Leo en 2009).

Tenía previsto reunirme con Leo sobre el terreno, aunque no estaba seguro de cómo un estadounidense alto, rubio y muy pálido iba a camuflarse lo suficiente para estar seguro, ni siquiera con la ayuda de un turbante. Pero resultó que Leo y sus colegas decidieron poner fin a sus dilatados estudios en África tras la campaña de 2015-2016, después de viajar durante tres meses a través de Mali, Burkina Faso y otros varios países. «La situación se está volviendo cada vez más peligrosa —me explicaba Leo en un correo electrónico que me envió tras regresar a casa—. Ya casi no quedan occidentales allí debido al riesgo de secuestro y asesinato». Incluso los agentes de policía, añadió, se estaban poniendo nerviosos. «Como turista, puedes ocultarte vistiéndote como los locales (es decir: usando un turbante que te tape media cara, si es necesario), pero a nosotros eso no nos ayuda porque llamamos la atención midiendo árboles con un láser Nikon y buscando aves con prismáticos». Al final, su principal patrocinador retiró la

---

* A pesar de sus nombres, el colirrojo real y el colirrojo americano que Pete Marra lleva décadas estudiando no son parientes cercanos. Los primeros colonos europeos solían poner nombres de pájaros comunes en el Viejo Continente a especies norteamericanas no relacionadas con ellos pero vagamente parecidas. Los colirrojos reales son papamoscas del Viejo Mundo (que, a su vez, tampoco son parientes cercanos de los papamoscas, tiranos o mosqueros del hemisferio occidental), mientras que los colirrojos americanos son reinitas de la familia de los parúlidos, que tampoco tienen nada que ver con los mosquiteros silbadores de Europa, un pájaro completamente distinto que pertenece a una familia aparte, los *Phylloscopidae*. En efecto, el galimatías es considerable.

financiación, alegando que no quería seguir siendo responsable de la seguridad de los científicos.

No todo el mundo está convencido de que los efectos de arrastre sean tan generalizados y cruciales como Pete Marra, Leo Zwarts y muchos otros expertos en la materia parecen creer. En Europa se han llevado a término estudios en el sentido contrario que intentan descifrar en qué medida las condiciones en los territorios de invernada en África, durante el paso de las aves migratorias a través del Mediterráneo, y en la zona de nidificación del norte desempeñan algún papel en el éxito reproductivo. Un equipo que revisó cerca de cincuenta años de registros de nidificación del Reino Unido y datos de precipitaciones invernales en África concluyó que las condiciones de las zonas de cría triplicaban con creces en importancia a las lluvias de invierno para predecir el momento de la puesta y el tamaño de la nidada de un ave migratoria. En cambio, otro estudio, que se centraba de manera mucho más específica en tres especies cuya conservación está amenazada, halló indicios contradictorios. En el caso de los colirrojos reales, los inviernos húmedos en el Sahel comportaban un avance de la temporada de nidificación y unas puestas más numerosas en Gran Bretaña. Unas primaveras más cálidas en Gran Bretaña implicaban un adelanto de la nidificación de los colirrojos americanos y de los mosquiteros silbadores eurasiáticos, pero no así en el caso del papamoscas gris. Sin embargo, las tres especies se beneficiaban de las primaveras cálidas durante la migración a través del Mediterráneo, que daban lugar a un mayor tamaño de las nidadas tanto de los papamoscas como de los mosquiteros.

Al margen del grado en que variables climáticas particulares afecten a aves particulares, los científicos han hallado algunas excepciones intrigantes a los efectos de arrastre en general, sobre todo entre las agujas. Como se recordará, las agujas son las grandes aves de costa que efectúan algunas de las migraciones a larga distancia más asombrosas del planeta, incluida la aguja café, una especie con una envergadura de setenta y cinco centímetros que anida en unas cuantas ubicaciones esparcidas por Canadá y Alaska.

Nathan Senner, que a la sazón era estudiante de doctorado en el Cornell Lab of Ornithology (y es hijo de mi buen amigo Stan Senner, otro reputado experto en aves costeras), investigó las agujas que crían en el sur de Alaska. Utilizando geolocalizadores, Nathan averiguó que estas aves llevan a cabo una extraordinaria migración bidireccional cada año. Tras dejar Alaska, los individuos que había marcado viajaron hacia el este, hasta las praderas de Canadá, para alimentarse, y luego efectuaron un vuelo sin paradas de 6.500 kilómetros y cinco días de duración desde el centro de Canadá hacia el este, hasta el océano Atlántico, antes de encaminarse hacia el sur sobre su vertiente occidental y el Caribe en el momento álgido de la temporada de huracanes en la cuenca amazónica en Colombia. Desde allí continuaron descendiendo a través del corazón de Sudamérica hasta Argentina y después volaron hacia el oeste sobre los Andes meridionales, hasta llegar finalmente a la isla Chiloé, en la costa de Chile, donde inverna prácticamente toda la población del Pacífico. Pocos meses después, las aves etiquetadas de Senner partieron de Chiloé, pero esta vez volaron hacia el norte, en paralelo al litoral sudamericano, por el Pacífico este, hasta Centroamérica, para atravesar el golfo de México a continuación y seguir ascendiendo a través de las Grandes Llanuras —un vuelo sin paradas de siete días y 9.600 kilómetros— antes de hacer un pequeño descanso. Desde ahí finalmente viraron hacia el noroeste para regresar a sus zonas de nidificación en el río Beluga de Alaska.

Un viaje de proporciones tan épicas debería, en justicia, agotar a cualquier ave migratoria, y Nathan esperaba hallar amplias evidencias de que los efectos de arrastre de una estación se acumulaban y caían como piezas de dominó en etapas posteriores de la vida de las agujas. En lugar de ello, le sorprendió averiguar que se las apañan para compensar la mala suerte o unas condiciones adversas en su migración. Estas aves podían rezagarse en Chiloé durante un periodo de casi dos meses, pero, cuando las bandadas volvían a partir para regresar al norte, lo hacían en un marco temporal muy comprimido, de solo siete días. De alguna forma, independientemente de lo estresadas que estuvieran por su viaje al sur, las agujas se habían recuperado lo suficiente para partir en masa. Nathan no fue capaz de hallar ninguna correlación entre su fecha de llegada a Alaska y su éxito reproductivo allí, ni tampoco entre los tiempos de sus fases de migración y las tasas de supervivencia. Los efectos de arrastre, que parecen ser habituales en tantos animales, no se aplican a esta ave migratoria extrema.

¿Por qué? Nathan sospecha que las agujas no son realmente inmunes, sino que la comida les ofrece una capa de aislamiento. A lo largo de este bucle migratorio íntegro de casi treinta mil kilómetros, dependen de solo cuatro zonas de repostaje principales, todas con una riqueza destacable en invertebrados acuáticos, gusanos marinos y tubérculos cargados de carbohidratos de los que se alimentan estas aves. De camino al sur, las agujas utilizan los humedales de las praderas de la zona central de Saskatchewan, la Amazonia colombiana y las pampas pantanosas de la provincia argentina de Buenos Aires. En el trayecto al norte, los lagos de playa poco profundos y las marismas de las Grandes Llanuras son fundamentales, pues llegan a ellos tras un vuelo sin paradas de más de 9.500 kilómetros desde Chiloé.

Con puntos de parada tan fértiles y predeciblemente estables, al parecer incluso una aguja hambrienta puede recuperarse del todo tras cada etapa de su extenuante migración. «Sin un lugar de tanta calidad donde hacer una parada intermedia, y no para criar, es fácil imaginar que las desviaciones temporales ocurridas durante la migración al sur se dilataran de manera incesante durante toda la temporada en la que no crían y afectaran incluso a la migración hacia el norte», concluía Nathan. Si alguna de estas paradas intermedias tan importantes desapareciera o se degradara, la ecuación en su conjunto podría alterarse.

Si algún ave debería sufrir los efectos de arrastre de una migración agotadora, sería una pariente aún más extrema de la aguja café, la aguja colipinta. Se trata del ave de costa que efectúa la migración sin paradas más larga conocida de cualquier especie, un viaje de hasta nueve días en el que recorre más de once mil kilómetros sobre el vacío del océano Pacífico, desde Alaska hasta Nueva Zelanda. Sin embargo, incluso esta especie parece ser capaz de compensar la mala suerte y los desafíos de este viaje maratoniano. Las agujas que llegan tarde a Nueva Zelanda, donde deben acometer la labor crítica y extenuante en términos energéticos de mudar las plumas para el vuelo, pueden posponer un poco este cambio mientras se reponen de la migración y luego acelerarlo a un ritmo más rápido de lo normal y, aun así, estar listas para partir con todas las demás en un periodo relativamente breve en marzo. Los científicos tampoco han hallado ningún riesgo de mayor mortalidad entre las agujas rezagadas, que presentaban una tasa de supervivencia igual de elevada que el resto, año tras año.

A diferencia de Nathan Senner, el equipo de Nueva Zelanda no especulaba sobre por qué las agujas colipintas parecían capaces de compensar los problemas y retrasos de su migración al sur, aunque las abundantes reservas de alimentos de los estuarios mareales de la Isla Norte pudieran proporcionar un cojín de recursos similar. En tal caso, de poco consuelo serviría eso una vez dejan Nueva Zelanda, ya que su siguiente parada de camino al sur tiene lugar en el mar Amarillo, que, como hemos visto, es una de las escalas más amenazadas del planeta. Los científicos neozelandeses también admiten que no tienen manera de medir si los efectos de arrastre podrían haber mermado el potencial reproductivo de las agujas una vez llegan a Alaska, tal vez el parámetro más importante para medir el éxito de un ave. «Así pues, los efectos de arrastre fundamentales [...] pueden ser sutiles, por lo que no es posible evaluarlos bien sin mediciones de adecuación individuales», escribían.

Hasta ahora, esas mediciones de adecuación individual han resultado difíciles de obtener y la evaluación de los efectos de arrastre ha sido escurridiza. Pero una vez las reinitas de Kirtland etiquetadas empiecen a llegar a Míchigan, Nathan Cooper y su equipo en el Smithsonian contarán por fin con un método para comprobar directamente lo que hasta ahora ha sido en gran medida teoría.

Dos meses después de dejar Cat Island, a finales de junio, me reencuentro con Cooper y su equipo cerca de la pequeña población atravesada por una única carretera de Luzerne, Míchigan, unas tres horas al norte de Detroit, en medio de los bosques nacionales de Huron y Manistee. Para llegar hasta allí hay que recorrer kilómetros y kilómetros por una carretera de dos carriles que atraviesa bosques de árboles de hoja caduca y profundos pinares y cruzar los arroyos manchados por taninos que desembocan en el río Au Sable, legendario por su pesca de truchas.

Cooper parece infinitamente más cansado que la última vez que lo vi, y no es extraño. Tras dejar Cat Island la tercera semana de abril, solo pasó una noche en Washington, D. C. (y ni siquiera en su apartamento, que había subalquilado a otros dos científicos durante su ausencia). La mañana siguiente condujo hacia al norte en un camión lleno de material y, en cuanto llegó a Míchigan, empezó a erigir una red de cerca de una docena de torres receptoras de doce metros de altura y rematadas por antenas alrededor de las zonas de reproducción. Concluyó su misión justo a tiempo para captar la llegada de las primeras reinitas, el 14 de mayo, y, al final, el equipo detectó la señal de treinta y ocho de los sesenta y tres ejemplares etiquetados en las Bahamas. Algunas de las reinitas de Kirtland podrían haber evadido la detección; aunque el 98 por ciento de estas aves críen en esta pequeña zona de diez condados de Míchigan alrededor de Grayling y Mio, un número creciente de ellas se han extendido a nuevas áreas de reproducción en las regiones de la península Superior del norte de Wisconsin y el sur de Ontario. No obstante, también existía la posibilidad de que aquellas que no se detectaron no hubieran sobrevivido a su viaje hacia el norte. Y, desde su llegada, al menos cuatro reinitas más desaparecieron, incluida una que fue atrapada por un gavilán americano ante la mirada del equipo, y otra que tenía una grave infección parasitaria cuando el equipo la atrapó para hacerle un chequeo.

Camino retorciéndome a través de un bosquecillo de pino banksiano cubierto de rocío antes de despuntar el día, intentando seguir a los becarios del Smithsonian Cassandra Waldrop y Justin Peel, mientras ellos, a su vez, persiguen el canto de una reinita macho que se desplaza por su territorio. Hace frío y aún hay manchas de neblina baja aferradas a puntos cercanos al suelo, como fantasmas de viejos ventisqueros. Waldrop, con el cabello metido bajo una gorra marrón y una mochila azul cruzada a la espalda, sospecha que el ave que estamos siguiendo es uno de los machos marcados en las Bahamas, pero necesita verlo para confirmarlo. (Las baterías de los minúsculos transmisores que desplegamos en Cat Island tienen una vida útil relativamente corta, pero suficiente para permitir al equipo hallar las zonas de cría de las aves aquí, en Míchigan. A finales de junio, la mayoría de ellos habrán dejado de funcionar, pero todavía podremos seguir buscando las anillas de colores de los pájaros y la antena a modo de aguijón que les sobresale de la cola).

Como casi todas las reinitas de Kirtland que existen, ese macho cría en un hábitat mantenido de manera artificial. Cada año, gestores del territorio cortan a matarrasa unas mil seiscientas hectáreas de bosques maduros de pino banksiano en esta región de Míchigan y luego replantan entre cinco y siete millones de plántulas de los mismos, creando así inmensas extensiones de tupido bosque joven. Dichas extensiones están salpicadas por pequeños calveros de hierba cada treinta o cuarenta metros en todas las direcciones y por tocones muertos esparcidos por todas partes, la receta ideal, ajustada y modificada a lo largo de décadas de experimentación, para atraer a esta quisquillosa ave. Al cabo de unos quince años, los bosquecillos empiezan a ser demasiado altos y espesos para las reinitas, que se desplazan a otros hábitats más jóvenes creados en tiempos más recientes conforme el ciclo de gestión del territorio continúa en las cerca de sesenta mil hectáreas de tierras estatales y federales. Allá donde encuentran unas condiciones propicias, las aves nidifican de manera casi colonial, unas junto a las otras. «Probablemente tengamos aquí, en un radio de quince kilómetros, al 50 por ciento de la población mundial de reinitas de Kirtland», me dice Cooper un día en el condado de Ogemaw, el epicentro de la zona de anidación.

Cuesta exagerar cuán confusamente insulso se antoja un hábitat idóneo para las reinitas de Kirtland la primera vez que un humano lo ve. Los árboles miden apenas entre dos y cuatro metros de altura, están plantados con una precisión geométrica a entre un metro y medio y dos metros de distancia, y crean un muro verde a través del cual hay que abrirse camino con esfuerzo, un muro infinito de pinos rasposos y matorrales de robles de los pantanos que llegan a la altura de la cabeza, todos ellos goteando rocío. Enseguida se te empapan los brazos y las piernas, y se te ensucian a causa de las ramas que se te aferran como garras, y no tardo en entender por qué todos los científicos visten siempre sus camisetas de manga larga más viejas y andrajosas. Hay pocos puntos de referencia y en un momento puedes desorientarte fácilmente. Poco después de internarme entre los pinos siguiendo a Waldrop y Peel, hago una breve pausa para tomar unos apuntes y enseguida me doy cuenta de que no tengo ni idea de adónde han ido mis compañeros. El suelo, húmedo y cubierto de liquen, borra todas las huellas y no veo más allá de a un par de metros en cada dirección. La reinita a la que estamos persiguiendo canta en voz alta y dudo si llamarlos, porque, aunque no lo haga a gritos, no sé si podría alterar el momento. Me abochorna haberme perdido en los primeros diez minutos que paso sobre el terreno y luego sopeso cuál es la opción más viable: me abro paso entre los pinos, tropiezo en los profundos surcos que dejan las plantadoras de árboles mecánicas y prácticamente acabo estampándome con Waldrop.

«¿Te has perdido? Pasa mucho. Nosotros jugamos a Marco Polo todo el rato en este sitio», me dice. Y como si le tomara el testigo, oímos un «¿Marco?» pronunciado en tono interrogatorio por Peel, que está a unos cien metros entre la maleza. «¡Polo!», le grita Waldrop en respuesta.

«¿Y no asusta eso a los pájaros?», me intereso.

«Qué va, están bastante domesticados», responde ella. La reinita vuelve a cantar y ahora Waldrop ladea la cabeza y escucha con atención. «¿Has oído esa llamada amortiguada? Eso suele significar que tiene la boca llena de comida. Está alimentando a los polluelos mientras canta».

Pero cuando finalmente localizamos al macho que buscábamos, tiene las patas desnudas; no es uno de los ejemplares anillados en Cat Island. En cambio, a un corto trayecto en coche, en otra plantación de pinos, los becarios me conducen hasta un macho anillado y su pareja, cuyo primer nido fue presa de los depredadores; como hacen con muchas otras parejas de pájaros, los becarios llevan un seguimiento habitual de esta familia. El macho trina y se alborota al vernos a escasos metros de distancia, mientras que la hembra permanece posada muy quieta sobre su nido forrado de hierbas y enterrado en la espesura, entre mirtilos y densas juncias que crecen a los pies de un pino. En las proximidades, otro macho me regaña a apenas un brazo de distancia, con varias orugas en el pico, mientras uno de sus polluelos se mantiene en equilibrio precario sobre una rama, todavía no acostumbrado a estar fuera del nido. «Domesticados» no sería la palabra más exacta; la mayor parte del tiempo, las aves nos ignoran por completo, incluso cuando nos encontramos a pocos pasos de ellas.

La rutina aquí es muy parecida a la de las Bahamas. Poco después de la llegada en mayo, cada reinita anillada volvió a capturarse en las redes, se estudió su condición física y se le tomó una muestra de sangre y de excrementos. Se controlan nidos tanto de reinitas marcadas como de aquellas que no han sido etiquetadas y se lleva un registro del número de huevos y polluelos que empluman. (El equipo debe ser muy escrupuloso, porque los arrendajos azules pueden aprender a seguirlos para localizar nidos cuyos huevos o polluelos atacar. «Muchas veces finjo encontrar un nido —dice Waldrop— y rebusco en la hierba igual que haría si hallara uno de verdad para que los arrendajos no sepan cuándo he encontrado un nido real. Es divertido, vuelvo la vista atrás y veo que un arrendajo se esconde de mí tras un árbol. Aun así, si puedo, lo llevo al territorio de un cuitlacoche rojizo. Tienen fama de matones por algo).

Ahora, cuando la temporada de cría toca a su fin y las familias empiezan a desmembrarse, Cooper y sus becarios intentan atrapar a las aves etiquetadas una vez más, para someterlas a un último chequeo y, en ocasiones, para colocarles transmisores nuevos, que indicarán a los científicos cuándo parten las reinitas de las zonas de nidificación. La mañana siguiente me encuentro con Cooper y Steve Caird, a quien conocí en Cat Island. Intentamos localizar a un macho marcado que nos esquivó ayer, sin apartar en ningún momento la mirada de los nubarrones que se están formando rápidamente en el oeste. El pájaro se mueve a sus anchas, cantando mientras come, y tengo ya el oído lo bastante afinado para diferenciar cuándo canta con la boca llena, llevándole comida a sus polluelos. Caird y Cooper instalan la red y encienden la grabadora, y al cabo de pocos minutos tenemos ya a la reinita en la mano: etiqueta número 86, anillas de plástico azul claro y verde oscuro en la pata izquierda y azul claro y anilla de aluminio numerado en la derecha.

Con al menos tres años (según unas sutiles características en su plumaje), el Número 86 fue anillado originalmente el 5 de abril en una antigua granja de cabras abandonada en el extremo nordeste de Cat Island, aproximadamente una semana antes de mi llegada a la isla. Dejó las Bahamas el 2 de mayo y fue detectado en ruta por una de las torres Motus en Florida. Apareció aquí, en Míchigan, el 18 de mayo, según captó la red de receptores locales, y fue atrapado y examinado el 28 de mayo. En las semanas subsiguientes crio a cuatro polluelos con su pareja, un ejemplo paradigmático de ave migratoria exitosa.

Con el pájaro en mano otra vez, Cooper realiza el proceso que ha repetido hasta la saciedad desde el verano y al cual incluso el Número 86 debe de haberse resignado ya. «Catorce gramos —dice Cooper—. Vaya… Ha perdido mucha musculatura pectoral en comparación con Cat Island, lo cual tiene sentido, porque aquí no la necesita». Esos músculos pectorales, que impulsan el vuelo, se fortalecen antes de la migración y vuelven a atrofiarse una vez que llegan las aves, un ciclo estacional infinito de expansión y contracción. Cooper le quita el arnés del transmisor inservible y le coloca uno nuevo.

«Me estás dando mucha guerra —le dice al pájaro, que se resiste más de lo normal—. Si te tranquilizas un poco, iremos mucho más rápidos. Ya sé que no es justo que tengas que llevar otro de estos cacharros, pero así es la vida, amiguito. —Cooper hace una última comprobación y abre la mano—. Nos vemos en las Bahamas», se despide cuando el pájaro echa a volar. Las nubes, que cubren ahora todo el horizonte, descargan un chaparrón mientras nos apresuramos a recoger y regresamos penosamente a la camioneta. El Número 86 ya vuelve a cantar.

Fue mi última mañana sobre el terreno con el equipo del Smithsonian. Casi tres meses después contacto con Cooper para comprobar cómo van sus datos del primer año. Con la precaución de todo buen científico, vacila un poco; aún no ha procesado los números que reflejan en qué medida la condición física en las Bahamas afectó al éxito reproductivo, por ejemplo, y las muestras de sangre y fecales están en el Field Museum de Chicago, a la espera de que las sometan a pruebas genéticas avanzadas para catalogar los microbios y parásitos intestinales. Pero ya han quedado claros varios resultados fascinantes. Para empezar, los datos de seguimiento han confirmado pruebas anteriores de que la fecha de partida de las Bahamas determina la fecha de llegada a Míchigan; las aves rezagadas no parecen ser capaces de recuperar el tiempo perdido. Y la gran sorpresa es que los datos de los transmisores sugieren que la parte más peligrosa de la migración de la reinita de Kirtland es el inicio, en cuanto las aves dejan Cat Island.

«Ya sabemos que la migración primaveral es la etapa más peligrosa para las aves cantoras, pero con este nuevo sistema podemos hacernos una imagen mucho más precisa de cuándo se producen estos eventos mortales —me dice—. Si hubiera tenido que adivinarlo, habría pensado que donde más morían era en el tramo entre Florida y Míchigan». A fin de cuentas, con casi dos mil kilómetros de recorrido, es el trayecto más largo de la migración, y además es el tramo final, cuando las aves ya están agotadas. Pero resultó que, de las veinticinco reinitas anilladas que desaparecieron en ruta, todas menos dos lo hicieron entre Cat Island y la costa de Estados Unidos, un vuelo relativamente corto, de menos de quinientos kilómetros. «Quizá simplemente no adquirieron una buena forma física durante el invierno. Es la estación seca, las frutas se agotan y los insectos también, hasta cierto punto. Tal vez sea un momento muy duro para partir. Y quizá llegar a Florida y a Georgia, donde la primavera está en pleno apogeo, sea un alivio para ellas», especula Cooper. Una nueva prueba de que las condiciones en los territorios de invernada revisten una importancia capital para las aves migratorias.

La lluvia que nos había perseguido y nos había hecho salir de entre los pinos banksianos aquel último día en Míchigan marcó un final irónico, acorde a las circunstancias, dada la desmesurada importancia del agua para el destino de la reinita de Kirtland. Y el futuro promete no solo una estación invernal más seca para estas aves, sino además mucho más breve. Una ventosa tarde de regreso en Cat Island habíamos ascendido el monte Alvernia, los sesenta y dos metros por encima del océano, hasta el punto más alto no solo de la isla, sino de todo el archipiélago de las Bahamas. En conjunto, estas islas apenas afloran del Atlántico y el 80 por ciento del territorio se encuentra a un metro o menos por encima del nivel del mar. Eso significa que incluso un modesto (y a estas alturas, probablemente inevitable) incremento del nivel del mar anegará inmensas proporciones de este archipiélago de baja altura en el transcurso de este siglo.

«Es fácil imaginar que mucha parte de ese hábitat se perderá —dijo Cooper, proyectando la vista hacia la planísima isla—. Hasta ahora, casi todos los esfuerzos destinados a la conservación de la reinita de Kirtland se han puesto en las zonas de reproducción, y con razón, porque han tenido un enorme éxito. Pero eso no significa que [el hábitat de cría] siempre vaya a ser el factor limitante. ¿Deberíamos empezar a plantearnos si existen otras maneras de paliar algunos de estos efectos en los territorios de invernada? ¿Sería posible hacer aquí una gestión que generase un hábitat de buena calidad incluso en un Caribe en cambio?».

Fomentar una gestión del hábitat que beneficie a las reinitas, como alentar el pastoreo intenso de cabras, algo que suele ser anatema para los conservacionistas, es una opción. Otra posibilidad interesante es que la reinita de Kirtland se extienda de manera natural más allá de su limitado territorio invernal en las Bahamas. De la misma manera que la especie está criando ahora fuera de su zona tradicional en el norte de Míchigan, quizá a medida que las condiciones cambien en el sur demuestre una flexibilidad similar. Al menos, algunas de ellas viajan ya a Cuba, y se ha informado de su presencia también en La Española. Recientemente se ha fotografiado una reinita de Kirtland cerca de Miami, el primer registro invernal en Estados Unidos (sus plantas favoritas para alimentarse, la bandera española y el jayajabico, crecen en el sur de Florida), y el equipo que estudiaba los colirrojos americanos de Pete atrapó a la primera reinita de Kirtland de la historia hallada en Jamaica.

Dado que la migración en la mayoría de las aves, incluidas las reinitas, responde a su codificación genética y no a un aprendizaje, siempre hay algunos individuos con el software deteriorado que las envían en direcciones imprevistas. Cuando las condiciones cambien, estos pioneros podrían estar perfectamente posicionados para aprovechar el nuevo patrón y, en algunos casos, los científicos han contemplado la aparición de nuevas rutas migratorias y zonas de invernada, como en el caso de las currucas capirotadas en Europa y los colibríes rufos en el sudeste de Estados Unidos.

«Ha habido algunos estudios de modelado bastante interesantes que han analizado qué tipo de variación genética debería darse para que toda la población se desvíe a una nueva zona para invernar, y es una variación muy mínima», me explicó Cooper, que no sonaba especialmente convencido mientras contemplaba los bosques bajos de Cat Island que se extendían a nuestros pies y pensábamos en cómo el cambio climático está reordenando ya gran parte del planeta y del calendario.

«Es posible o, al menos, plausible. Si las Bahamas quedan anegadas, muchas más reinitas de Kirtland invernarán en Cuba. No les quedará otra opción».

6

Cambios en el calendario

Las últimas bandadas de zarapitos trinadores alzaban el vuelo en los humedales de la costa este de Virginia para dirigirse al norte, al Ártico. Era la tarde de mi visita anual de avistamiento del zarapito trinador junto a Bryan Watts y su equipo, que charlaban sobre su estudio de estas grandes aves costeras a lo largo de los años, sobre su asombroso descubrimiento de que los zarapitos trinadores vuelan hasta el ojo de los huracanes y sobre el peligro que la sempiterna caza de estas limícolas en el Caribe representa para la especie. A nuestro alrededor, el espectáculo sonoro de las tierras bañadas por la marea se hallaba en pleno apogeo, con el gruñido entrecortado de los rascones de manglar, los cantos de los cucaracheros pantaneros y los gorriones costeros, y las risotadas de las gaviotas reidoras americanas. Por mi parte, yo llevaba entre treinta y cuarenta minutos sin despegar la vista del cielo, mientras bandada tras bandada de zarapitos trinadores se echaban a volar y pasaban sobre nuestra cabeza rumbo al norte. Apenas le había prestado atención al entorno, motivo por el cual, cuando al fin miré a mi alrededor, quedé estupefacto al ver cuánto había cambiado. A nuestro este, la marea sepultaba rápidamente lo que hacía un par de horas había sido un horizonte ininterrumpido de llanuras mareales verdes que se extendían un kilómetro mar adentro, hasta Ramshorn Bay, y continuaban, allende otras grandes islas de marismas que punteaban el paisaje, hasta las distantes islas de barrera.

Cada 12 horas y 25 minutos, prácticamente en cualquier punto del litoral, la marea alta crece por influencia de la gravedad lunar y la rotación terrestre. A lo largo de la costa este de Virginia, la amplitud media de la marea es bastante modesta, de poco más de medio metro entre la bajamar y la pleamar, una menudencia si se compara con las mareas de cinco metros y medio que anegan partes de la costa de Maine o la impresionante amplitud de trece metros en la bahía de Fundy, en el este de Canadá. Pero, en una tierra baja y llana, incluso un poco de agua supone una gran diferencia y, además, las mareas varían en función del calendario: las más altas, las llamadas «mareas vivas» o «de sizigias», tienen lugar con la luna nueva o llena, cuando la Tierra, la Luna y el Sol están alineados. Y lo que teníamos ante nuestros ojos era una marea viva. En aquella tarde de mayo fría y ventosa, el Atlántico avanzaba.

«Ahí hay un rascón», avisó Bryan, señalando hacia el confín de la pradera en la cual habíamos aparcado nuestros vehículos. De la vegetación aluvial de la costa salió un rascón de manglar —un ave parecida a un pollo, con plumaje ceniciento y el tamaño de un pomelo si se la ve de lado, pero de apenas cinco centímetros de grosor si se la mira de cara, como si la hubieran comprimido—, que se deslizó sobre la hierba. Los rascones se mueven con sigilo y acostumbran a ocultarse en la vegetación más espesa que encuentran para camuflarse. Aquel, obligado a salir a campo abierto por la crecida del agua, llevó el arte del camuflaje a nuevas cotas: manteniendo la cola en alto y la cabeza agachada, frunció el cuello y se agazapó sobre sus larguiruchas patas como si pretendiera comprimirse tanto que pudiera desaparecer por completo de la vista entre la hierba cortada. Después abandonó su ocultación y se deslizó en zigzag por la marisma a toda velocidad, como un mamífero escurridizo, hasta desvanecerse entre la maleza a unos metros de distancia.

Lo que había sido un canal de marea más allá del muelle, de unos quince o veinte metros de anchura cuando habíamos llegado, era ahora un río cuatro o cinco veces más amplio que se movía a gran velocidad. Los compañeros de Bryan empezaron a trasladar el material, conscientes de que aquel punto bajo en el acceso a la dársena no tardaría en convertirse en una isla; también cambiaron de sitio un par de coches, e hicieron bien, porque, al cabo de media hora, la zona donde habían estado estacionados estaba anegada por casi medio metro de agua salada en rápido movimiento. Aparecieron más rascones en la orilla, y Bryan señaló hacia una hilera de siete puntos negros a unos cien metros de la costa: eran siete rascones de manglar aferrados penosamente a una larga hebra de vegetación flotante, lo único que quedaba de las decenas de miles de hectáreas de marismas de espartina que les habían servido de refugio hacía apenas unas horas. Uno a uno, los rascones se dirigieron a la costa… nadando, para mi sorpresa. No es algo que estas limícolas hagan con garbo; de hecho, aquellas aves se desplazaban tan despacio por el agua que solo su curvo cuello y su cabeza asomaban por encima de las olas, cual delicados periscopios.

«¿Por qué no vuelan? Quizá no puedan alzar el vuelo con tan poca agua», aventuró alguien.

«O tal vez prefieran pasar desapercibidos», replicó Bryan mientras observaba el pequeño convoy de cabezas avanzar en fila india hacia la orilla. Solo un rascón permanecía en su delgado bote salvavidas, como un Noé con un arca de pacotilla. «Si aparece un halcón, quizá les vaya mejor estar en el agua», añadió.

Segundos después llegó una rapaz mucho más grande que un halcón, un águila americana adulta, batiendo las alas sobre las copas de los árboles. Pasó por encima del escuadrón de rascones semisumergidos, viró a la izquierda y se alejó del único pájaro que aún se hallaba de pie sobre el mar, luego descendió en picado y agarró entre las olas a un rascón que ninguno de nosotros había visto. El águila regresó a tierra, con las patitas del rascón, finas como ramas, agitándose unas pocas veces antes de colgar flácidas.

«¡Me apuesto lo que sea a que no es la primera vez que lo hace!», exclamó Bryan con un resoplido de sorpresa. Cuando volvimos a mirar hacia el mar, el último rascón que habíamos estado observando había abandonado el bote y se dirigía a la orilla. Finalmente emergió del agua casi a nuestros pies, se abrió paso a través de la enredada malla de una vieja alambrada semisumergida que, a mi llegada, se erguía a cincuenta metros del agua y desapareció entre la espesura a aguardar el cambio de marea.

Las mareas extremas como aquella se están volviendo cada vez más frecuentes en la costa este de Virginia, donde el nivel del mar aumenta unas tres o cuatro veces más rápido que la media mundial y donde se registra la mayor amplitud de mareas de toda la costa atlántica de Norteamérica. Ello se debe a una combinación del pasado geológico del lugar y el cambio climático. Lo primero remite a un fenómeno denominado «ajuste isostático glacial». Hace veinte mil años, cuando una capa de hielo de un kilómetro y medio de grosor se extendía unos cuantos centenares de kilómetros hacia el norte, esta era una tierra que descollaba, como una especie de colchoneta a medio inflar con alguien sentado en la otra punta. Cuando los glaciares se derritieron, la tierra que había bajo ellos, al norte de donde nos hallábamos, se elevó y el descollo de la zona que hoy es Virginia disminuyó, cosa que sigue haciendo, agravado por el bombeo de aguas freáticas, que provoca aún más sedimentación y supone un serio problema alrededor de ciudades como Norfolk y Hampton Roads.

Sin embargo, el hundimiento del terreno solo responde en parte al frenético ritmo del aumento del nivel del mar en la costa este de Virginia. El resto está provocado por los efectos del cambio climático. En un solo día, en medio de una ola de calor en el Ártico que batió todos los récords, el 1 de agosto de 2019, el casquete polar de Groenlandia perdió doce mil quinientos millones de toneladas de hielo, lo suficiente para sepultar toda Florida bajo más de doce centímetros de agua. Como es lógico, la mera presencia de más agua incrementa el nivel del mar, pero, además, a medida que la temperatura marina asciende, el volumen existente de agua en los océanos se expande. El nivel del mar en la zona baja de la bahía de Chesapeake, encerrada por la costa este, ha aumentado treinta y cinco centímetros desde 1950 y se prevé que lo haga entre un metro y medio y dos metros más antes de 2100.

Las inmensas llanuras mareales que yo había admirado hacía solo dos horas y que cubrían Dios sabe cuántos kilómetros cuadrados estaban ahora completamente sumergidas; el océano se extendía hasta la cadena de islas de barrera situada casi trece kilómetros al este. El gruñido de los rascones de manglar, que había sido el sonido de fondo constante desde que había bajado del coche, se había esfumado. Y también los alegres gorjeos de los cucaracheros pantaneros y el canto zumbador de los gorriones costeros; lo único que arrastraba el viento a aquellas horas era el molesto graznido de las gaviotas. «Ima-

usto antes de que se desencadenara el infierno: Laura Phillips, David Tomeo e Iain Stenhouse descansan obre la tundra, ajenos a la osa que se aproxima.

Con dos millones y medio de hectáreas de extensión y el pico más alto de Norteamérica, en el Parque Nacional Denali habitan también más de ciento sesenta especies de aves, muchas de las cuales emigran a zonas de invernada situadas a enormes distancias, en el sur de Sudamérica, el este de África y el Sudeste Asiático.

Los osos grises (y los alces, que pueden ser tanto o más peligrosos que los osos) son una fuente de preocupación constante cuando se llevan a cabo estudios ornitológicos en el interior de Alaska.

Un correlimos cuchareta macho, uno de los pocos centenares que quedan en el mundo, trina repetidamente en la tundra en el extremo oriental de Rusia, tras llegar procedente del mar Amarillo. (© Gerrit VYn/Cornell

Miles de correlimos cuellirrojos, correlimos comunes y otras aves costeras se arremolinan sobre el barro plateado de Dongling, al norte de Shanghái, una pequeña porción de los ocho millones de aves costeras que dependen de las llanuras mareales del mar Amarillo cada año.

Theunis Piersma y Bingrun Zhu escudriñan el cielo en busca de agujas, el tema de la tesis doctoral de Zhu, en la costa de la bahía de Bohai.

En Tiaozini y otros puntos del litoral chino del mar Amarillo, las marismas, repletas de invertebrados marinos, un festín para las aves costeras migratorias, se adentran kilómetros en mar abierto cuando la marea retrocede.

Jing Li es una de las varias conservacionistas chinas cuya labor ha demostrado la importancia capital que tienen las marismas del mar Amarillo para el correlimos cuchareta y para decenas de aves migratorias a larga distancia.

Centrales eléctricas alimentadas con carbón, turbinas eólicas, granjas de camarones y autopistas con tráfico denso abarrotan la costa del mar Amarillo, encima de lo que, hasta hace solo unos años, eran fértiles marismas.

Correlimos semipalmeados diminutos como estos son capaces de volar sin hacer paradas desde la bahía de Fundy hasta Brasil cada año porque, en parte, se alimentan de invertebrados ricos en omega-3, como los deportistas que se dopan con sustancias para mejorar su rendimiento.

Las fragatas comunes, como este macho que protege a su único polluelo en la isla de La Genovesa, en las Galápagos, prácticamente prescinden del sueño durante sus excursiones en busca de alimento, que pueden prolongarse hasta diez días, un truco que también emplean las aves migratorias en sus largos periplos.

En un día cálido de verano, Dave Brinker monta una de las antenas direccionales de una estación receptora Motus, en Pennsylvania.

Las reinitas alidoradas son una de las varias especies que han sorprendido a los investigadores por cambiar de hábitat en las semanas previas a la migración otoñal, un periodo en la vida de un ave del que sabemos muy poco.

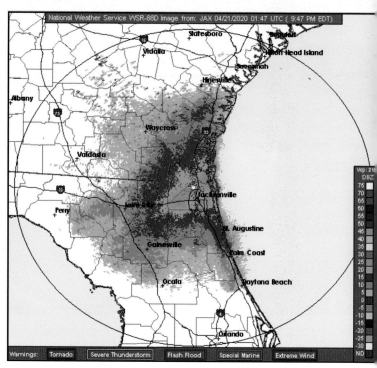

En una noche cálida de abril, un radar Doppler muestra una difusa mancha azul y verde sobre Jacksonville, en Florida: no se trata de lluvia, sino que el radar refleja los millones de aves que se dirigen al norte bajo la protección del cielo nocturno. Nótese que, a diferencia de las precipitaciones, las aves no se propagan sobre el océano Atlántico. (Servicio Climatológico Nacional)

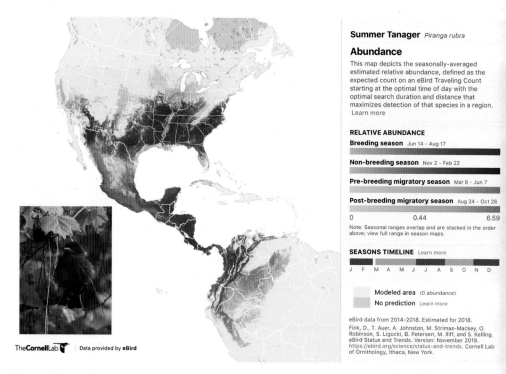

Construido a partir de centenares de millones de observaciones de aficionados a los pájaros, eBird ha demostrado ser una de las herramientas más potentes desarrolladas para entender la abundancia y los desplazamientos de las aves, como a través de este mapa en el que se muestra la distribución anual de la tángara roja, por ejemplo. (Mapa: eBird/Cornell Lab of Ornithology)

Nathan Cooper sigue el pitido de una nanoetiqueta transmisora, que revela la ubicación de una rara reinita de Kirtland en la impenetrable espesura de Cat Island, en las Bahamas.

Con la boca llena de orugas para sus polluelos, un macho de reinita de Kirtland hace una pausa para evaluar a un intruso.

El 80 por ciento de las Bahamas, la única zona de invernada en el mundo para la reinita de Kirtland, se halla a menos de un metro por encima del nivel del mar, lo cual comporta que el aumento de los océanos suponga una amenaza existencial para esta especie que actualmente se está recuperando.

A medida que el clima se calienta y que la verde primavera se adelanta cada año, los científicos están constatando que las aves migratorias, sobre todo las que recorren largas distancias procedentes de los trópicos, no han sido capaces de adaptarse a la rápida alteración de las estaciones.

En la costa de New Jersey, entre las plumas de un búho nival asoma un transmisor que funciona con energía solar, sujetado mediante un arnés. (© Jim Verhagen)

Con una nueva anilla resplandeciente en la pata derecha, esta hembra de colibrí rufo descansa al gélido sol en un día de enero en Pennsylvania, parte de la vanguardia de una considerable expansión de especies de colibríes propiciada por los cambios en el clima y en el paisaje. (© Tom Johnson)

El monte Shasta, a más de ochenta kilómetros de distancia, se yergue sobre las tierras agrícolas y las pasturas de Butte Valley, en el norte de California.

Con los ojos atentos para prevenir posibles ataques de sus progenitores, Chris Vennum agarra a un polluelo de busardo chapulinero de un nido en lo alto de un desgreñado enebro, al cual lo devolverá enseguida.

Con un halcón adulto recién capturado entre los brazos, Brian Woodbridge espera con Karen Finely a que anillen a la pareja del ave para liberarlos a ambos juntos.

Los busardos chapulineros efectúan una de las migraciones más largas entre las rapaces, recorriendo hasta trece mil kilómetros cada año desde las llanuras de Norteamérica hasta las pampas de Argentina.

Las pardelas capirotadas anidan por millones en las diminutas y remotas islas del archipiélago de Tristán de Acuña y en la isla de Gough, en medio del Atlántico Sur, desde donde migran al norte, entre Nueva Inglaterra y Escocia, para pasar el verano boreal, un viaje de ida y vuelta de casi veinte mil kilómetros anuales.

Poco más grandes que las golondrinas, los petreles de Wilson, como la mayoría de las aves pelágicas, se pasan la mayor parte de la vida lejos de tierra, desplazándose con las estaciones entre el extremo norte y el océano Antártico.

a luz del sol poniente dibuja las siluetas de una bandada de flamencos comunes en una laguna salada en
l sur de Chipre, una isla considerada un «agujero negro» para las aves migratorias debido a la caza y el
ampeo intensivos que se practican en ella.

Roger Little con una vareta untada con la potente liga pegajosa, una trampa mortal para cualquier ave cantora que tenga el infortunio de toparse con ella.

Al final de una noche de vigilancia contra la caza furtiva, un miembro de la fuerza policial de la Base Aérea Soberana alza las manos para atrapar el dron que desciende.

Las carreteras de Nagaland son legendarias por su lamentable estado, motivo por el cual el turismo fuera de las grandes ciudades se reserva solo para los más intrépidos.

Bano Haralu (aquí con el autor) fue de las primeras en dar la alarma acerca de la matanza indiscriminada de cernícalos en Nagaland. (© Kevin Loughlin/Wildside Nature Tours)

sbeltos y rápidos, los cernícalos del Amur anidan sde China y Mongolia hasta el extremo oriental e Rusia y efectúan el vuelo sobre mar abierto más rgo entre las rapaces, 3.800 kilómetros sobre el céano Índico, en su trayecto hacia el sur de África.

ecenas de miles de cernícalos del Amur alzan el vuelo de uno de los muchos aseladeros a orillas de la presa de Doyang, lugares que hace solo unos años fueron escenario de una gran matanza.

Los datos almacenados en el pequeño geolocalizador d[e] esta reinita estriada recién capturada revelarán los detall[es] de su migración desde Alaska hasta la Amazonia.

Como la mayoría de los nagas, este pescador lleva una escopeta al hombro y un tirachinas en el cinturón, uno de los motivos por los que la fauna silvestre escasea y se muestra muy recelosa cerca de las poblaciones de Nagaland.

Amanece sobre el paso Polícromo, en el Parque Nacional Denali.

ginad el impacto que un único evento mareal extremo como este tiene en estas aves palustres —señaló Bryan—. En los gorriones de Nelson, en los costeros, en los coliagudos y en los cucaracheros pantaneros, en todos estos pajarillos que anidan en las tierras inundadas por las mareas. ¿Dónde van durante una marea como esta? Y ¿qué pasa con sus nidos y con sus huevos? Todo su mundo desaparece de un plumazo».

El aumento del nivel del mar, tanto las consecuencias actuales de una marea extrema en Virginia como la futura inundación del hábitat de la reinita de Kirtland en las Bahamas, es solo otro ejemplo más de por qué el cambio climático es el gran quid de la cuestión en materia de conservación de las aves migratorias. Ya sea por sus repercusiones en el clima, en las precipitaciones, en los vientos dominantes, en el hábitat, en la provisión de alimento o incluso en el impacto que tendrá en las enfermedades y en los parásitos aviares, no queda ni un solo rincón del mundo, ni un metro cúbico de la columna de aire sobre él ni ningún momento en el ciclo anual de ninguna ave migratoria que no se haya visto afectado (o vaya a estarlo pronto) por la fiebre planetaria que las emisiones de carbono están ocasionando. Los vientos están cambiando, el nivel de los océanos está aumentando, los glaciares se están derritiendo y las banquisas se están erosionando. Los grandes sistemas circulatorios de la atmósfera terrestre se tambalean y cambian, y ello se traduce no solo en más olas de calor extremo durante los veranos en lugares como la Europa nórdica y Alaska, sino también en un frío invernal más crudo en zonas como el nordeste de Norteamérica y (nuevamente) en la Europa nórdica, a medida que el vórtice polar se vuelve inestable. Las sequías empiezan a ser más frecuentes e intensas en la región del Sahel, en el Mediterráneo, en el sudoeste de América, en partes del Asia meridional y también en el sur de África, mientras que las tormentas y los episodios de precipitaciones extremas se están intensificando en otros puntos, como el este de Norteamérica, el norte de Asia y partes de Europa. Las temperaturas fluctúan, al alza en la mayoría de los sitios, sobre todo en las latitudes más altas y, desde luego, como media global, pero en algunos puntos la llegada de la primavera está empezando a retrasarse y la estación se ha vuelto más fría, o los inviernos se han recrudecido y ahora nieva más, porque el cambio climático tiene un comportamiento caprichoso y no implica un recalentamiento planetario homogéneo. La comunidad científica teme que, en el transcurso de este siglo, muchos ecosistemas lleguen a un punto de inflexión a partir del cual la flexibilidad natural no será capaz de mantener el sistema a flote. La época en la que una persona razonable podía mirar las evidencias del cambio climático con escepticismo, planteándose si realmente las emisiones industriales eran las culpables, y afirmar a la ligera que no era para tanto, sencillamente ha tocado a su fin.

Las aves migratorias, sobre todo las que recorren grandes trayectos y ya dependen del equilibrio precario entre la distancia, el tiempo, sus capacidades fisiológicas, los recursos estacionales y las previsiones climáticas, se cuentan entre las especies sobre las cuales el mazazo llegará antes y con más contundencia. Gracias a que son generalizadas y muy visibles, y a que muchas personas las contabilizan y llevan un seguimiento de sus desplazamientos de manera metódica desde hace mucho tiempo, las aves nos han proporcionado algunas de las pruebas más tempranas e importantes acerca de cómo el cambio climático está alterando los sistemas naturales. Para algunas especies, las consecuencias son ya bastante agoreras, pero la situación es menos tétrica de lo que podríamos pensar. Si bien no cabe duda de que el cambio climático va a golpear a muchas especies migratorias, y parece claro que relegará al olvido al menos a algunas de ellas, existen algunos indicios alentadores. Algunas especies han demostrado tener una flexibilidad imprevista frente a unos cambios que se están produciendo a un ritmo más acelerado del que han experimentado en todo el pasado geológico. Falta por ver si con eso bastará.

El cambio climático está reformulando todos y cada uno de los aspectos de la migración. Está modificando el calendario, alterando los momentos en que las aves deben viajar para encontrar el alimento que necesitan en su trayecto o acelerando las estaciones de un modo que cada vez las aleja más y más durante periodos cruciales como la época de nidificación. Está cambiando el clima; no solo las tormentas se están volviendo más virulentas, sino que los vientos continentales también están cobrando más fuerza en algunos momentos y lugares, y se están debilitando en otros, con consecuencias desconocidas para la multitud de aves que dependen de unos vientos de cola favorables y fiables en etapas esenciales de su migración. Por no hablar ya del aumento de las temperaturas, que está afectando al momento de aparición de los insectos o que, sencillamente, comporta que el calor impida la supervivencia de los polluelos. El cambio climático está alterando el paisaje de un modo dramático, como puede ser con la inundación de los humedales litorales durante las mareas extremas, pero también de otros más sutiles y generalizados, a medida que las regiones se van volviendo más áridas o sufren inundaciones estacionales, o que los inviernos se acortan y los veranos se alargan, devienen más cálidos (o con la alteración de las estaciones húmeda/seca en los trópicos) y destrozan comunidades de fauna y flora que otrora fueron estables. Ahora sabemos incluso que el cambio climático está modificando el tamaño y la forma de muchas aves migratorias, cuyo cuerpo se está encogiendo en respuesta al aumento de las temperaturas.

Empecemos por los cambios en el paisaje. Los humedales litorales como las marismas de la costa este de Virginia, la fina franja de hábitat de la que dependen tantas especies, sobre todo especies de aves costeras migratorias, están en grave riesgo debido al aumento del nivel del mar. En el pasado, a medida que los océanos iban creciendo, los humedales pudieron desplazarse hacia el interior en consonancia con el aumento de la profundidad. Sin embargo, en la actualidad, en la mayoría de las zonas, el desarrollo urbanístico en el litoral creará un muro que impedirá toda posibilidad de que estos ecosistemas migren hacia el interior, y eso asumiendo que las marismas sean capaces de aguantar el ritmo de la crecida de los mares. Me vienen a la mente las marismas del mar Amarillo en China y el esfuerzo desesperado por salvarlas que parece haber cosechado al menos un éxito parcial, en cierta medida porque el Gobierno chino acabó por entender que esos humedales serían una defensa frente a las consecuencias más nefastas del aumento del nivel del mar. Pero todos los humedales que vi en las costas del mar Amarillo estaban encajonados entre el agua y altos rompeolas artificiales, con zonas industriales en el interior. Cuando el nivel del mar aumente, no habrá una ruta evidente para una migración paulatina, las aves se ahogarán sin remedio.

En otras regiones del mundo, unas temperaturas más elevadas y el descenso de las precipitaciones generarán un paisaje cada vez más árido. Por poner un ejemplo, en el Oeste intermontano de Estados Unidos, millones de patos, gansos, cisnes, limícolas, aves costeras, rascones y otras aves migratorias que dependen del agua de la ruta del Pacífico pasan a través de la Gran Cuenca. Los lagos y las ciénagas únicos de esta región no tienen salida al mar, y los humedales interconectados de la cuenca, con un grado de sal creciente (sus aguas van de dulces a salinas e hipersalinas), están repletos de invertebrados como moscas y camarones de la salmuera, cosa que convierte este punto de parada en una zona de estacionamiento o en una parada crítica para las aves acuáticas que anidan en la cuenca o que la sobrevuelan en su migración. Millones de zampullines cuellinegros, por ejemplo, abandonan sus zonas de reproducción en el norte de Estados Unidos y en el oeste de Canadá y, en otoño, migran a lagos hipersalinos, sobre todo al Gran Lago Salado, en Utah, y al lago Mono, en el norte de California, donde mudan el plumaje y quedan incapacitados para el vuelo. Allí acumulan tanto peso que incluso cuando les vuelven a salir las plumas de las alas son incapaces de volar durante varios meses. Para completar su migración, primero deben ayunar durante varias semanas y perder dos tercios de su peso, hasta poder alzarse en el aire de nuevo. Entonces, por la noche, se marchan en oleadas, a veces de centenares de miles de individuos simultáneamente, y vuelan hasta la costa del Pacífico.

Un estudio de investigación colaborativo liderado por el Servicio Geológico de Estados Unidos reveló que los humedales de la Gran Cuenca, de los cuales dependen los zampullines cuellinegros y otros muchos millones de aves, se han secado considerablemente desde 1980 debido al descenso del caudal de los ríos y del grosor del manto de nieve. La cantidad y el momento en el que el agua llega a los humedales están cambiando, y las poblaciones aviares ya están reflejando dichas alteraciones. Las cifras de aves costeras han caído en un

70 por ciento; la becasina, los fumareles comunes, los achichiliques occidentales y los achichiliques de Clark, entre otras especies, registran un grave declive. El cambio climático está exacerbando las consecuencias, de por sí ya críticas, de los desvíos de agua en la cuenca. «Incluso la pérdida de un fragmento reducido de hábitat, de unos pocos recursos alimenticios o de un emplazamiento clave en esta región esencial podría desencadenar descensos poblacionales desproporcionados, sobre todo porque las opciones cercanas son cada vez más limitadas», advertían los autores del estudio.[16]

Con respecto a otro eslabón esencial para las migraciones, la región africana del Sahel, de la cual dependen muchas aves migratorias paleárticas que viajan a Europa, no existe un consenso claro acerca de cuáles pueden ser las consecuencias de un futuro más cálido. El Sahel se está recalentando más rápido que la mayor parte del planeta y, al menos, parece existir la certeza de que así seguirá siendo. Pero el Sahel ha sido una región especialmente peliaguda para hacer predicciones, pues depende de las lluvias monzónicas, que resultan difíciles de capturar con precisión en los modelos climáticos. Algunas predicciones apuntan a que la región continuará desertizándose, como ocurrió durante las devastadoras sequías de las décadas de 1970 y 1980. Otros modelos más recientes parecen vaticinar un futuro más húmedo, con lluvias monzónicas más intensas desplazándose más al norte, e incluso hay otros que dividen las posibles alteraciones y predicen una mayor humedad en las zonas este y central del Sahel y más sequía en el oeste. Independientemente de lo que ocurra, tendrá hondas repercusiones para el destino de millones de aves migratorias que necesitan esta región durante su periplo de ida y vuelta entre África y Europa.

Ahora bien, en el mejor de los casos, el panorama general para las aves migratorias es alarmante. Combinando datos aviarios del Breeding Bird Survey* y del Christmas Bird Count** con predicciones

* El Breeding Bird Survey es el principal proyecto de monitorización de los cambios poblacionales entre las especies más comunes y generalizadas de aves nidificantes. *(N. de la T.)*

** El Recuento Navideño de Aves es un censo de aves en el hemisferio occidental, realizado cada año a principios del invierno en el hemisferio norte por climáticas de emisiones bajas, medias y altas, la National Audubon Society determinó que más de la mitad de las casi seiscientas especies de aves norteamericanas perderían más de la mitad de sus actuales zonas de distribución geográficas antes de que concluya el presente siglo. En el caso de un tercio de las especies, en teoría se registrará cierta expansión de dichas zonas a nuevas áreas para compensar tal pérdida, pero ciento veintiséis especies no contarán con una escotilla de emergencia. El gorrión sabanero pálido, por ejemplo, parece encaminado a perder prácticamente todo su hábitat de cría en las praderas del norte, así como todo su hábitat de invernada en los áridos pastizales del norte de México. Incluso en el caso de las especies que el estudio detectó que podían ampliar su zona de distribución hacia el norte, basándose en los modelos climáticos, las realidades de la migración vegetal podrían limitar los beneficios. Está previsto que los candelos se expandan unos mil quinientos kilómetros al norte, hasta el centro de Canadá, antes de 2080, pero el candelo necesita bosques maduros de frondosas, y es impensable que, de la noche a la mañana, broten arboledas maduras de robles o arces en lo que ahora son bosques de abetos boreales en torno a la bahía James.

Por supuesto, uno de los «paisajes» más importantes para las aves migratorias es el espacio aéreo sobre la propia tierra, y la afectación que el cambio climático está teniendo ya y que imprimirá a los patrones climáticos y a los vientos tendrá repercusiones de calado para todas ellas. Pocas personas han intentado analizar esta cuestión tan en profundidad como un equipo del Cornell Lab of Ornithology dirigido por el investigador y ecólogo Frank La Sorte, que se está valiendo de datos climáticos de eBird y de radares, entre otras fuentes, para entender cómo utilizan las aves el cielo en la actualidad y en qué medida las condiciones en el futuro podrían ayudar u obstaculizar las migraciones. La Sorte y sus colegas han hallado que las aves que migran en primavera, sobre todo las que se alimentan de insectos, como las reinitas, siguen escrupulosamente la «ola verde» de nueva vegetación que se extiende hacia el norte desde el golfo de México a partir

---

observadores de aves voluntarios y administrado por la National Audubon Society. *(N. de la T.)*

de principios de marzo. El equipo ha demostrado que muchas aves migratorias del este de Norteamérica efectúan un viaje circular en el sentido de las agujas del reloj, ascendiendo por la zona central del continente en primavera (un recorrido más extenso, pero a lo largo del cual encuentran la corriente de aire de bajo nivel más fuerte causada por los vientos de cola procedentes del sur) y luego toman una ruta más corta y directa hacia el sur, sobrevolando el Atlántico occidental en otoño, con vientos dominantes del norte a su espalda. En el Oeste, las aves migratorias parecen seguir los valles fluviales y otras vías verdes y prestar menos atención a los vientos dominantes, pero precisamente por esta causa podrían correr un mayor riesgo si las fechas migratorias y los recursos alimenticios se desvinculan debido al cambio climático.

¿Qué nos depara el futuro? Predecir cómo algo tan complejo como un sistema climático planetario reaccionará reviste una dificultad demencial, pero teniendo en cuenta que estamos viendo cómo al verano más cálido de la historia le sigue el verano más cálido de la historia y cómo el deshielo de los polos continúa batiendo récords históricos, puede aventurarse que, en todo caso, los modelos elaborados hasta el momento han subestimado las consecuencias. El calentamiento podría duplicar las peores predicciones, según advirtieron los climatólogos en 2018, aunque consigamos contener el aumento de la temperatura global media en 2° C, lo cual se antoja cada vez más una quimera. El equipo del Cornell Lab ha modelado cómo es probable que las condiciones climáticas cambiantes afecten a la migración en el hemisferio occidental. Está previsto que los fenómenos climáticos extremos se multipliquen con el calentamiento global, de manera que el equipo utilizó la primavera inusitadamente cálida de marzo de 2012 para comprobar qué efectos tienen tales episodios en las aves. Y averiguaron que estos aumentos esporádicos del calor primero aceleran la productividad ecológica, pero desembocan en un correspondiente hundimiento en fechas posteriores del verano, justo cuando las aves se preparan para migrar, una situación que afecta de manera desproporcionada a las que recorren largas distancias y necesitan alimento abundante en ese momento. El equipo empleó registros históricos y predicciones climáticas, junto con datos de eBird de unas ochenta especies de aves migratorias, para establecer cuándo emergerían nuevos patrones climáticos en distintas porciones de los ciclos anuales de las aves y concluyó que, hacia la segunda mitad de este siglo, las aves migratorias empezarán a experimentar condiciones climáticas nuevas tanto en sus territorios de invernada tropicales como, a finales de verano, en sus zonas templadas de cría. Hacia el 2300, las ochenta especies de aves migratorias afrontarán climas nuevos durante todo el año. Los vientos dominantes, que revisten una importancia capital para las que migran a larga distancia, también cambiarán. La Sorte y sus colegas utilizaron datos de los ciento cuarenta y tres emplazamientos con radares Doppler contiguos que hay en Estados Unidos, así como predicciones de viento e información acerca de dónde, cuándo y a qué altitud vuelan la mayoría de las aves migratorias, para determinar que, en el transcurso de este siglo, los vientos de cola durante la migración primaveral aumentarán en torno al 10 por ciento —un impulso para las aves que vuelan al norte—, mientras que los vientos de poniente descenderán el doble en otoño, lo cual reducirá la eficacia de las migraciones nocturnas en esa época del año. Pero no hay mal que por bien no venga: el descenso en esos vientos del oeste implicará que las aves que vuelan hacia el sur sobre el Atlántico occidental, que ahora lidian con potentes vientos cruzados de poniente durante su viaje entre Norteamérica y el Caribe o Sudamérica, no tendrán que esforzarse tanto para mantener el rumbo.

Ahora bien, donde mayor amenaza podría representar el cambio climático sería en las zonas de nidificación, habida cuenta de que el ciclo estacional ya está cambiando para las aves migratorias. El paradigma de las consecuencias potencialmente devastadoras que el cambio climático puede entrañar para el reino de las aves migratorias es el papamoscas cerrojillo. Esta ave cantora activa y panzuda, cuyo macho es blanco y negro y cuya hembra es marrón y blanca, ambos con grandes y vistosas manchas blancas en las alas, anida desde las islas británicas hasta el sur de Rusia e inverna en el África occidental, al sur del Sáhara. Se trata de una de las aves cantoras más estudiadas de Europa, una de esas «especies modélicas», en parte porque aprovecha alegremente las cajas nido artificiales, lo cual facilita el trabajo de los investigadores, y en parte también por su inusitado sistema de cría polígamo, en el que los machos suelen tener más de una pareja. Ahora bien, últimamente no ha sido la vida sexual del papamoscas cerrojillo lo que más ha llamado la atención sobre él.

Como su nombre sugiere, los papamoscas cerrojillo son en gran medida insectívoros durante el verano y, aunque los adultos se pasan gran parte del tiempo cazando insectos voladores en el aire, cuando alimentan a sus polluelos dependen sobre todo de las orugas, un rasgo que comparten muchas aves cantoras migratorias, si no la mayoría, en las zonas templadas y boreales del hemisferio norte. Las orugas son blandas y fáciles de digerir para las crías y, en los bosques septentrionales, sobre todo en los dominados por robles, como los bosques en los que anidan muchos papamoscas cerrojillo, se da una explosión de ellas más o menos un mes después de que broten las primeras hojas de la primavera. Una sola pareja de aves cantoras puede tener que proporcionar más de seis mil orugas a sus polluelos en las semanas que tardan en criarlos, hasta que echan pluma, de manera que llegar en el momento en el que se da el *crescendo* de orugas no es ningún lujo; sincronizar la llegada, la fabricación del nido y la incubación en el momento exacto para aprovechar su apogeo es una necesidad.

Ese sistema funcionó, presumiblemente durante muchos milenios, para el papamoscas cerrojillo y otras aves cantoras que regresaban al norte desde los trópicos, pero, en esta era de temperaturas globales en rápido ascenso, tal conexión se ha desarticulado. La primavera se adelanta cada vez más en el hemisferio norte, las hojas brotan antes y, en consecuencia, el apogeo de orugas se está avanzando a medida que aumentan las temperaturas. Las aves migratorias también han adelantado su llegada, pero no al mismo ritmo. Un estudio pionero sobre este fenómeno en el este de Norteamérica realizado por Pete Marra y varios colegas del Smithsonian reveló que, por cada grado Celsius de aumento en la temperatura media primaveral, las aves migratorias estaban regresando, de media, un día antes, mientras que la brotación se estaba avanzando al triple de velocidad, lo cual dejaba a las aves cada vez más rezagadas en la curva. Esto se conoce como «desajuste estacional» (o «fenológico») y tiene cada vez más atrapadas en sus garras a aves migratorias como el papamoscas cerrojillo. Los científicos han detectado de manera recurrente que la primavera está dejando atrás la migración de las aves, lo cual supone un gran problema, en especial para las que recorren largas distancia en su regreso desde los trópicos. Un papamoscas cerrojillo que inverne en los bosques del África occidental no tiene manera de saber que en el Mediterráneo o en Centroeuropa se está viviendo una primavera inusitadamente cálida o fría; los catalizadores para que su cuerpo comience a acumular grasa, para que su musculatura pectoral empiece a aumentar de volumen y para que se den todos los demás cambios que debe experimentar para volar más de cuatro mil kilómetros sobre el Sáhara y el Mediterráneo están codificados en sus genes. Lo que desencadena los cambios premigratorios es el fotoperiodo, el sutil patrón cambiante de luz diurna y oscuridad. Y ritmos circadianos internos del cuerpo del pájaro determinan cuándo debe poner rumbo al norte cada ave migratoria.

Este desajuste ha tenido efectos calamitosos para el papamoscas cerrojillo. Entre 1980 y el 2000, la primavera en los Países Bajos se avanzó de manera significativa, pero los ornitólogos Christiaan Both y Marcel Visser detectaron que los papamoscas no habían modificado su fecha de migración. En cambio, sí habían acelerado la rapidez con que construían sus nidos y ponían los huevos una vez regresaban a Europa, con lo cual habían conseguido avanzar el inicio de su cría unos diez días para intentar compensar el clima más cálido y el embate de la estación. Aun así, esta es una solución por tiempo limitado. «Debido a [...] la relativa inflexibilidad de su fecha de llegada, esta ventana se ha vuelto demasiado estrecha y una parte importante de la población pone ahora los huevos demasiado tarde para aprovechar el pico de la abundancia de insectos», indicaron los dos investigadores en 2001.[17] Si bien otros científicos han observado esta tendencia a adelantar la puesta para amoldarse al cambio climático, Both y Visser fueron los primeros en alertar de que el creciente desajuste iba a privar de alimento a los hambrientos polluelos. Las consecuencias han sido atroces. El papamoscas cerrojillo ha sufrido un enorme descenso poblacional, de más de un 50 por ciento en el Reino Unido desde 1995 y de hasta un 90 por ciento en algunas regiones de los Países Bajos.*

Es interesante destacar que, a pesar de que se han documentado cada vez más desajustes estacionales en Norteamérica y de que los números de aves migratorias en general llevan décadas decreciendo, todavía no se han registrado los declives catastróficos previsibles correspondientes, sobre todo en especies como la del papamoscas cerrojillo en Europa. Una explicación podría ser que las aves migratorias neotropicales, que regresan de Latinoamérica y el Caribe, afrontan menos obstáculos en el trayecto que las paleárticas procedentes de África, que deben cruzar tanto el Sáhara como el Mediterráneo. Ahora bien, otro razonamiento podría estribar en la diversidad mucho mayor de fauna insectívora en al menos algunas regiones norteamericanas. En el Hubbard Brook Experimental Forest de las montañas Blancas de New Hampshire, donde en el transcurso de las últimas pocas décadas se han llevado a cabo los proyectos de investigación de las migraciones más importantes, no se depende de la eclosión de las orugas; gracias a los centenares de especies de polillas y mariposas que se alimentan en aquellos bosques de coníferas mixtos, los pájaros disfrutan de un surtido bufé de insectos para alimentarse durante toda la época de cría. La diversidad de insectos es mucho menor en los bosques con predominio de robles, sobre todo, según parece, en determinadas zonas de

---

* El carbonero común, que no migra y comparte los bosques europeos con el papamoscas cerrojillo, no ha variado su fecha de puesta, si bien es cierto que anidaba ya varias semanas antes que los papamoscas y eso le ha ahorrado afrontar esa presión derivada del desajuste climatológico. Lo que se ha producido es un conflicto creciente (y para los papamoscas, a menudo fatal) con los carboneros por las cavidades de anidación. A medida que los papamoscas macho han intentado sincronizarse con la primavera, han tenido que buscar cavidades de anidación en la temporada álgida de puesta de los carboneros comunes. Esto desencadena batallas feroces, a menudo a muerte, en las que los papamoscas rara vez se proclaman victoriosos. Después de un invierno apacible (otro producto del calentamiento del planeta), cuando las cifras de carboneros son especialmente elevadas, hasta el 9 por ciento de los papamoscas macho pueden perecer en tales conflictos, picoteados hasta la muerte por los carboneros, que son algo más grandes y pesados.

Europa, donde la limitada cantidad de especies de polillas acentúa el pico estacional de orugas.

Esta alteración del calendario genera ganadores y perdedores. En el Reino Unido, las fechas de llegada de once de catorce especies se han avanzado unos diez días desde la década de 1960, con el cambio más importante registrado por las aves migratorias de corta distancia que invernan en el sur de Europa o en el norte de África. Muchas de ellas, además, han prolongado su estancia en otoño, de modo que el tiempo que pasan en Gran Bretaña se ha dilatado de manera significativa. Quizá no sea coincidencia que esas mismas especies, como las currucas capirotadas y los mosquiteros comunes, también hayan demostrado una tendencia a aumentar sus poblaciones, posiblemente porque ahora pueden producir dos nidadas en un mismo verano, en lugar de una. En 2008, científicos de Francia, Italia y Finlandia analizaron registros de observatorios de aves de toda Europa, centrándose en la evolución de cien especies migratorias durante dos periodos, de 1970 a 1990 y de 1990 al 2000. Averiguaron que, durante el primer lapso, el éxito de una especie guardaba relación con el tipo de hábitat en el que anidaba e invernaba y con su ubicación; las especies que anidaban en la región africana del Sahel, donde la sequía fue un problema persistente durante esa época, salieron mal paradas. En cambio, a partir de 1990, el único factor que determinaba un cambio poblacional era la fecha de la migración. Todas las especies en declive durante esa década fueron aquellas (sobre todo aves migratorias de larga distancia) cuyas fechas de llegada no se habían modificado con el tiempo, mientras que las que mantenían poblaciones estables o incluso registraban aumentos en las mismas (la mayoría, migrantes de corta distancia) se estaban ajustando al avance de las estaciones adelantando su llegada, cosa que las mantenía sincronizadas con las poblaciones de insectos y les otorgaba tiempo para producir nidadas adicionales. Las aves migratorias de corta distancia cuentan, además, con la ventaja de poder monitorizar el clima mucho más cerca de sus zonas de reproducción. Una que inverne en el sur de Estados Unidos, como un mosquitero fibí o un zorzalito colirrufo, o una que migre al sur pero solo hasta la península ibérica, como una curruca capirotada o un mosquitero común, está en disposición de comprobar los vientos y, si soplan cálidos del sur, adelantar su partida un par de semanas para que la transporten, o bien acurrucarse y esperar a que las condiciones mejoren, si soplan vientos fríos del norte día tras día. Una reinita gorginaranja en las estribaciones de los Andes o un mosquitero musical en la cuenca del Congo no tienen ni idea de qué sucede, en términos meteorológicos, miles de kilómetros al norte.

Los científicos entienden cada vez mejor cómo el cambio climático está reajustando las fechas de las migraciones por Europa y Norteamérica, las regiones con datos más extensos y antiguos acerca de los movimientos aviares. La información es más puntual en el resto del mundo, si bien pinta un panorama muy similar de cambios estacionales galopantes y una reacción paralela pero rezagada por parte de las aves. En Japón se halló que aves invernantes llegaban nueve días más tarde en otoño y se marchaban hasta tres semanas antes en primavera, acortando el tiempo que pasaban en sus territorios de invernada en más de un mes. Un amplio análisis que combina los resultados de casi noventa estudios y más de mil conjuntos de datos de todo el hemisferio sur reveló que también allí la primavera austral se estaba avanzando mucho más rápidamente que los movimientos aviares. En Australia (donde los cambios en las precipitaciones estacionales, más que en las temperaturas, parecen ser la fuerza impulsora), las plantas habían adelantado la fecha de floración y fructificación en casi diez días por década, mientras que la migración aviar únicamente se había avanzado dos días y medio. Por otro lado, un metaanálisis de múltiples conjuntos de datos a largo plazo en China demostró un marcado adelanto de la primavera en árboles y arbustos y, en cambio, una ligera demora en la llegada de las aves en esta estación, si bien los autores advertían que el número de especies aviarias estudiado y los conjuntos de datos sobre pájaros en general en China eran demasiado limitados para inferir conclusiones en firme.

Hay menos estudios exhaustivos, como los del papamoscas cerrojillo, que exploren las repercusiones del cambio climático en especies individuales, pero los que se han emprendido demuestran la complejidad del tema. Además, se da la circunstancia de que solucionar un problema planteado por un cambio en el calendario puede comportar que las aves topen con otro obstáculo. Pongamos por ejemplo a las barnaclas cariblancas, una especie más bien pequeña con la cabeza negra y el cuello y el rostro blancos que inverna en la Europa occidental y cría en el este de Groenlandia y en islas árticas, desde Svalbard hasta el noroeste de Rusia. Las barnaclas sincronizan su llegada al Ártico con el deshielo, que se ha estado avanzando en primavera casi un día por año durante varias décadas. Las barnaclas cariblancas que invernan en los Países Bajos han logrado mantener el ritmo, pero a costa de prescindir de sus tradicionales paradas en el viaje hacia el norte a lo largo de los mares Báltico y de Barents, donde en el pasado pastaban hasta tres semanas entre la vegetación reciente y acumulaban las reservas de grasas y proteínas necesarias para producir huevos antes de continuar hasta las zonas de nidificación. Así pues, ahora llegan al Ártico ruso hasta con trece días de antelación para atrapar el deshielo, pero no están en condiciones de poner huevos hasta que reponen sus reservas de energía. Las fechas de la puesta también se han avanzado un poco y el tamaño medio de una nidada ha aumentado ligeramente, pero no lo suficiente para compensar la diferencia. Como ocurre en los robledales de Europa, en el Ártico también hay un pico de insectos y, en los años en los que el deshielo se adelanta, los polluelos, que se alimentan desde el nacimiento a base de mosquitos, mosquitas y otros bichos, se lo pierden, lo cual redunda en unas tasas de mortalidad de juveniles mucho más elevadas. Las barnaclas cariblancas que invernan en Escocia se han beneficiado de unos inviernos más suaves en el país y, pese al desajuste estacional con la eclosión de insectos en sus zonas de cría en Svalbard, están produciendo nidadas más numerosas, si bien menos polluelos sobreviven hasta la edad adulta a causa de la creciente depredación por parte de los zorros árticos. (Las barnaclas, los gansos nivales, los eideres comunes, los araos comunes y otras aves coloniales que anidan en el Ártico afrontan una amenaza peluda incluso mayor debido al cambio climático. A medida que la banquisa ártica desaparece y, con ella, la oportunidad de cazar focas como han hecho por tradición, los osos polares, desesperados, buscan alimento en las colonias nidificantes de aves, en las que, en ocasiones, llegan a consumir el 90 por ciento de los huevos y los polluelos).

Uno de los casos de estudio más fascinantes, porque demuestra que el cambio climático puede tener efectos muy dispares incluso en el seno de una misma especie de ave migratoria, guarda relación con las agujas café, aquella que Nathan Senner estudió y que parece ser inmune a los efectos de arrastre a pesar de protagonizar una de las migraciones sin paradas más largas que se conocen. Podría decirse que Nathan lleva a las aves costeras en su ADN. Cuando tenía ocho años vivió lo que califica como una «conversión» un día en que su padre, mi viejo amigo Stan Senner, llevó al chico al Festival de Aves Costeras del Delta del Río Copper en Prince William Sound, en Alaska. Nathan vio decenas de miles de correlimos de Alaska y de correlimos comunes infestando las marismas a los pies de las cimas nevadas de la cordillera Chugach y de inmediato quedó embelesado sin remedio por el mundo aviar. Ahora desde la Universidad de Carolina del Sur, Nathan y su alumnado siguen estudiando a las agujas y a otras aves costeras que anidan en el Ártico.

Nathan ha comparado las reacciones radicalmente distintas que están teniendo al cambio climático dos poblaciones de agujas café. Un grupo (las que han eludido los efectos de arrastre) pasa el invierno en Chile y el otro en Tierra del Fuego, en Argentina, y cuando el verano austral finaliza, entre marzo y abril, todas se dirigen al norte, las aves argentinas unas pocas semanas después que las agujas chilenas. Ambos grupos se internan en aguas del Pacífico, hacia el oeste, hasta llegar a la latitud de las islas Galápagos, y aprovechan vientos favorables relacionados con la fría corriente de Humboldt de la zona. Atraviesan Mesoamérica y el golfo de México, a veces tomando tierra en esta costa, si bien lo más normal es que prosigan hasta las Grandes Llanuras centrales de Kansas, Nebraska, o hasta las dos Dakotas; en total, un vuelo sin paradas de 10.600 kilómetros. Allí, tras descansar y alimentarse, las dos poblaciones divergen, y no lo hacen solo en su ruta migratoria, sino también en su fortuna.

Las agujas café, que forman unas cuantas poblaciones muy diseminadas por el Ártico y el subártico, siguen itinerarios muy similares para viajar a y desde Sudamérica, pero en primavera se separan en las Grandes Llanuras, y esa separación influye en su prosperidad frente al cambio climático.

Las aves chilenas giran hacia el noroeste, efectuando un vuelo casi ininterrumpido hasta el centro-sur y el oeste de Alaska, donde llegan la última semana de abril o la primera de mayo. Las agujas que Nathan estudió en este grupo, que criaban a orillas del río Beluga, al oeste de Anchorage, llegan ahora unos nueve días antes que hace cuarenta años. Pero no afrontan ningún desajuste, porque el clima en toda la ruta que recorren y en su punto de destino final en Alaska se ha calentado a un ritmo paulatino y bastante uniforme, lo cual les ha permitido acelerar su ciclo para mantenerse al día con los cambios estacionales. Sus crías rompen el cascarón justo a tiempo para atrapar la oleada de insectos, y la población prospera.

No ocurre así con las agujas que parten de Argentina. Llegan a sus zonas de escala en las Llanuras unas cuantas semanas después que las aves de Alaska y, tras alimentarse y descansar allí, vuelan otros 3.200 kilómetros hacia el norte, hasta la bahía de Hudson, que alcanzan entre la última semana de mayo y principios de junio, unos diez días más tarde de lo que solían llegar en el pasado. ¿Por qué? Porque los cambios climáticos son paradójicos y las agujas de la bahía de Hudson están experimentando un latigazo estacional.

«En la porción septentrional de su ruta migratoria, las dos Dakotas y las provincias de praderas hasta la bahía de Hudson, en realidad el clima se está enfriando», me explicó Nathan. Forma parte de esa anomalía mundial que es el cambio climático; algunas regiones del planeta se están volviendo más frías, al menos por ahora y en determinadas épocas del año. Actualmente, la nieve y el hielo persisten más en este tramo final de la ruta de las agujas, lo cual impide a estas aves migratorias llegar al norte en fechas más tempranas, tal como hacían en el pasado. Y eso no es lo peor. «El verdadero infortunio es que ese clima más frío en mayo se ve contrarrestado por un clima muy cálido el resto del verano. En junio y julio se están viviendo aumentos de temperaturas drásticos» en todo el norte del país, explicó Nathan. A resultas de ello, las agujas tienen que retrasar su llegada a sus zonas de reproducción y empiezan a anidar tarde, con el agravante de que el rápido calentamiento hace que los enjambres de insectos afloren antes. En lugar de alcanzar su apogeo justo cuando los polluelos necesitan más alimento para crecer, los insectos eclosionan demasiado

241

pronto y los polluelos reciben menos alimento del necesario justo cuando sus demandas energéticas son más elevadas, un desajuste estacional con reminiscencias del que sufre el papamoscas cerrojillo.

«De manera que las agujas están entre la espada y la pared —continuó Nathan—. No pueden llegar antes porque, de hacerlo, encontrarían mucha nieve. Pero, si retrasan un poco más su llegada, se desajustarán más todavía respecto a la aparición de los insectos de los que se alimentan sus polluelos». ¿El resultado? Muchos años, el éxito de reproducción de las agujas es escaso: solo un 6 por ciento de las crías llegan a la edad adulta. Un estudio de investigación reciente a cargo de un equipo conjunto de estadounidenses y canadienses, entre los cuales figuraba Nathan, averiguó que, en el Ártico norteamericano, se están multiplicando los desajustes relacionados con el deshielo anticipado, y que son especialmente acusados en el este de la región, donde, quizá no por casualidad, se registran los mayores descensos poblacionales de especies como los falaropos picofino y los correlimos semipalmeados. Ahora bien, no todas las aves costeras parecen estar sufriendo por igual. El chorlitejo semipalmeado, un pajarillo regordete parduzco y blanco con una única veta negra alrededor del cuello, también anida en Churchill con las agujas café. Y aunque en 2010 la población de insectos allí alcanzó su apogeo un mes antes de que las crías del chorlitejo rompieran el cascarón y una semana y media después de que lo hicieran en 2011, los investigadores no detectaron ninguna consecuencia en el desarrollo de los juveniles, lo cual sugiere que al menos esta pequeña ave costera encuentra suficientes artrópodos de los cuales alimentarse incluso cuando el calendario se descontrola.

El problema no es que las aves costeras sean inflexibles o rígidas. Una aguja del Viejo Continente, la aguja colinegra, que Nathan y su antiguo mentor, Theunis Piersma, han estudiado juntos, ha demostrado tener una adaptabilidad notable. «Fuera de su época de cría, prácticamente en todos los lugares que analizamos, estas aves fueron capaces de reaccionar a los cambios climáticos con los que topaban», me indicó Nathan. Las poblaciones de agujas que antiguamente emigraban desde los Países Bajos hasta el África subsahariana se desvían ahora hacia la costa meridional de la península ibérica, donde los arrozales les proporcionan un hábitat invernal magnífico, y se desplazan con facilidad desde España hasta Portugal en función de las condiciones climáticas en uno u otro país. Además, las agujas presentan una flexibilidad asombrosa en la fecha de su migración hacia el norte, que ajustan según el clima en Europa; un individuo puede volar al norte a principios de enero en un año especialmente cálido, según me explicó Nathan, y esperar hasta mediados de marzo el año siguiente, si el frío persiste.

Incluso en la época de nidificación, las investigaciones de Nathan y Theunis demostraron que las agujas colinegras pueden ser más adaptables de lo previsto y, de hecho, han ido ampliando este periodo a medida que los veranos en la Europa nórdica se han vuelto más cálidos y lluviosos. Cuando, en marzo de 2013, una inusual tormenta de nieve azotó los Países Bajos en primavera, las agujas, que acababan de llegar, efectuaron una migración inversa inesperada hacia el sur para escapar de ella. Y es una noticia fantástica…, pero hay un obstáculo que ni siquiera estas agujas ultraadaptables pueden salvar. La agricultura monocultivo intensiva ha reemplazado en gran medida las floridas praderas naturales que en el pasado cubrían las explotaciones lecheras donde la mayoría de ellas crían. El adelanto de la siega destroza muchos nidos, y los polluelos que consiguen romper el cascarón encuentran pocos insectos que comer en el escaso hábitat de alimentación que queda, el cual, además, está cubierto por hierbas más altas y densas debido a unas temperaturas estivales más elevadas. Esto ha comportado un marcado descenso de la población de agujas, que, a pesar de su adaptabilidad en otros momentos de su ciclo anual, no han sido capaces de ajustarse a los cambios en sus zonas de reproducción.

«Ese es el quid de la cuestión —me dijo Nathan—. Son adaptables hasta cierto punto».

Los científicos han hallado otros ejemplos de flexibilidad conductual frente al cambio climático. Uno de los más inusitados, en parte porque se sustenta sobre una base de meticulosos datos recopilados desde hace más de un siglo, ha visto la luz en California. Entre 1908 y 1929, el pionero biólogo de campo Joseph Grinnell, fundador del Museo de Zoología de los Vertebrados de la Universidad de California, llevó a cabo estudios exhaustivos de muchas de las regiones con mayor biodiversidad del estado, que documentó en voluminosos informes, con un total de setenta y cuatro mil páginas de apuntes. A partir de 2003, sus sucesores en el museo empezaron a estudiar de nuevo esos mismos lugares, una labor igual de titánica. Y en el proceso descubrieron que muchas de las doscientas dos especies de aves halladas durante ambos estudios no habían desplazado hacia arriba sus zonas de distribución, a climas más fríos, como habría sido previsible ante el calentamiento global. Sin embargo, las aves sí nidificaban, de media, entre siete y días antes de lo que lo hacían en tiempos de Grinnell. La temperatura media en este temprano marco temporal de verano es 2 °C más fría que en la fecha anterior más tardía, lo cual permite a las aves compensar el aumento de temperatura de exactamente 2 °C que el estado ha registrado durante el pasado siglo, y hacerlo sin desplazarse.

La habilidad de un organismo para adaptarse frente a distintas condiciones ambientales es un aspecto del amplio espectro de posibles cambios en la forma, fisiología o comportamiento de una planta o animal que los biólogos denominan «plasticidad fenotípica». Se trata de un fenómeno distinto al cambio evolutivo, que es plenamente genético y se transmite de generación en generación. El fenotipo de un organismo es una combinación de su herencia genética (su genotipo) y las afectaciones que el entorno tiene en la expresión del mismo. Hasta el momento disponemos de escasas pruebas de un verdadero cambio evolutivo inducido por el clima entre las aves migratorias, y diferenciar entre la evolución y la plasticidad fenotípica ha resultado una ardua labor, pese a que la distinción es importante. Los ornitólogos presuponen que la evolución de las aves se adaptará en respuesta al cambio climático, pero ¿serán capaces de hacerlo lo bastante rápido para protegerse de sus peores repercusiones? ¿O los cambios fenotípicos se extenderán solo hasta cierto punto y acabarán siendo insuficientes a medida que el cambio climático se acelere? En Suecia, un equipo de científicos observó que los carriceros tordales regresaban de África seis días antes de lo que lo habían hecho en las dos décadas previas, pero ¿era a causa de un cambio evolutivo o por plasticidad? Tras muchos cálculos, concluyeron que se trataba de lo último, si bien confesaron que no estaban seguros al cien por cien. Por su parte, un equipo de investigadores que estudiaba el papamoscas cerrojillo en Alemania consiguió replicar fielmente un experimento clásico llevado a cabo por primera vez en 1981 y consistente en criar polluelos en cautividad, preservados de las señales estacionales externas, para determinar la fecha codificada genéticamente para su migración. En 2002 se criaron pichones recién salidos del cascarón de la misma región en exactamente las mismas condiciones, incluso en las mismas jaulas usadas veintiún años antes, para comprobar si su fecha para la migración había cambiado. Y lo había hecho: en primavera se había avanzado más de nueve días, un adelanto bastante aproximado al de los once días observados en la población silvestre de la región. (Aunque el experimento se llevó a término hace casi dos décadas, los resultados, que confirmaron un cambio evolutivo frente al calentamiento climático, no se publicaron hasta hace poco).

El incansable Theunis Piersma formó parte de un equipo que halló un sorprendente cambio inducido por el clima en los correlimos gordos que anidan en el Ártico ruso, donde, como en gran parte del mundo, las estaciones están descontroladas y la primavera se avanza medio día cada año desde hace más de tres décadas. En ese tiempo, los correlimos gordos han empezado a encoger físicamente. Sobre todo en los años de deshielo prematuro, los ejemplares juveniles pesan menos y presentan patas, alas y un pico más cortos. Podría tratarse de un cambio evolutivo o (más probable) de plasticidad fenotípica, ya que los correlimos que no llegan al apogeo de insectos en el Ártico y, por ende, están desnutridos podrían no estar desarrollándose como deberían. Pero este cambio tiene consecuencias a vida o muerte para los correlimos una vez llegan a las zonas de invernada en las marismas al oeste del litoral africano. Los que poseen el típico pico largo pueden acceder con más facilidad a una clase de almeja más grande y abundante que vive bajo la superficie, mientras que los correlimos atrofiados, con un pico más corto, se ven obligados a subsistir a base de almejas más pequeñas y escasas que habitan cerca de la superficie, así como de rizomas marinos de baja calidad. De ahí que no sorprenda que los correlimos esmirriados por el clima registren una tasa de supervivencia sensiblemente inferior.

La reducción del tamaño corporal parece ser una reacción casi universal al calentamiento global, ya detectada en una amplia variedad de animales, desde los salmones hasta los calamares, las salamandras y las ardillas terrestres. Los correlimos gordos no son los únicos ejemplos entre las aves migratorias. Investigadores de la Universidad de Míchigan y el Field Museum de Chicago examinaron más de setenta mil pieles de pájaros representativas de más de cincuenta especies norteamericanas recogidas durante un periodo de cuatro décadas y averiguaron que, a medida que las temperaturas medias en las zonas de reproducción de las aves aumentaban, el tamaño del cuerpo de casi todas las especies menguaba. Con una notable excepción. En realidad, la longitud de las alas crecía, quizá porque, al contar con menos masa muscular para impulsarlas, las alas tienen que volverse más eficientes en términos energéticos, y también porque, a medida que las zonas de cría se expanden al norte, las aves migratorias deben volar más lejos. (De media, las aves migratorias de larga distancia siempre han tenido las alas más largas y ahusadas que las de corta distancia).

En el caso de algunas aves migratorias, las consecuencias más notables del cambio climático no se reflejan en su peso ni en la longitud de sus alas, sino en la comida que necesitan. El calentamiento en el Ártico ya está alterando las cadenas alimentarias, incluida aquella de la que depende una de las aves migratorias más espectaculares que existen.

Me gustan la paz y la tranquilidad, pero no resulta fácil encontrarlas en el asfalto de un gran aeropuerto. La terminal E del aeropuerto internacional de Filadelfia se encontraba a escasa distancia a mi espalda, en medio del caos y del bullicio de aquella noche de enero: aviones rodando de aquí para allá, vehículos de apoyo entrecruzándose o haciendo marcha atrás, con las alarmas sonando, y una especie de sirena en algún punto de la lejanía que se sumaba a aquella cacofonía. Me asomaba por la ventanilla abierta del asiento del copiloto de una camioneta, con la mitad de una caña de pescar sujetada entre mis frías manos y el sedal sepultado por la oscuridad en dirección a la pista 09L/27R, en la cual un desfile de 737, A321 y otros grandes aviones de pasajeros aterrizaba con la regularidad de un metrónomo, haciendo temblar el asfalto. Cada vez que una de aquellas aeronaves tomaba tierra, notaba el estremecimiento de su contacto a través del suelo, incluso antes de escuchar el chirrido de las ruedas y el rugido de los inversores de empuje frenando a la colosal máquina por la pista.

No es que hubiera sucumbido a un estilo de pesca lunático ni nada por el estilo, al menos, no exactamente, porque sin duda todo aquello parecía una locura. Sentarse tras el volante de aquella camioneta formaba parte de una jornada laboral cualquiera para Jenny Martin. Jenny era una de las biólogas federales de fauna silvestre asignadas al aeropuerto para mantener separados a los aviones de los animales (en su mayoría, pájaros) con vistas a velar por la seguridad de ambos, y aquel día estaba colaborando conmigo en uno de los proyectos de investigación más emocionantes en los que he participado: estudiar una de las aves migratorias que podría hallarse de manera inmediata en grave peligro de extinción debido al cambio climático.

En algún lugar allá fuera, oculto en la oscuridad, había un búho nival y, si era capaz de capturarlo, le colocaríamos un puntero transmisor GPS de nueva generación en el lomo, nos lo llevaríamos lejos de los peligros del aeropuerto y lo liberaríamos en una zona agrícola lejana, con la esperanza de conocer mejor su comportamiento y su ecología invernal. Pero atraparlo no estaba resultando fácil. Algo antes, aquella misma noche, había desperdiciado mi primera oportunidad de apresarlo (con el agravante de que cada vez parecía más la única). El sedal de pesca estaba conectado al disparador de una jaula red accionada por muelles, una especie de trampa para ratones gigante, de un metro de ancho, en cuyo centro había una paloma protegida con un chaleco antibalas de cuero de doble capa hecho a medida. Es el tipo de aparejo que empleo desde hace treinta años para atrapar aves rapaces grandes, como águilas americanas y águilas reales, si bien mi experiencia anterior no me había preparado para trabajar en medio de un aeropuerto junto a una pista de despegue y aterrizaje operativa. Quizá fuera por el ruido y por los aviones, un caso de sobrecarga sensorial, pero me inclino a achacar mi torpeza al pánico del principiante. Lo que sucedió fue que cuando aquel enorme fantasma blanco entre el crepúsculo se cernió a baja altura sobre la asustada paloma y se posó junto a la jaula, sin querer le di un tirón seco a la caña de pescar que tenía en la mano, la red se disparó y lo ahuyentó. Y el animal, que se hallaba aún a cierta distancia de la trampa, se desvaneció en la oscuridad.

Maldecir no ayuda, pero sienta bien. Salí corriendo enseguida, volví a colocar correctamente la trampa y subí de nuevo a la camioneta con Jenny. Por suerte, los búhos nivales son poco recelosos de los humanos y de sus creaciones, uno de los motivos por los que sienten una extraña atracción por los aeropuertos. Provenientes de las regiones más remotas del Ártico, a menudo con un contacto escaso o nulo con el ser humano, los aviones les resultan tan ajenos como los árboles. Y los aeropuertos como el de Filadelfia acostumbran a ser las únicas extensiones de terreno desarboladas en un entorno urbano, por lo que cuando migran al sur en invierno los búhos nivales con frecuencia acaban en estos lugares, donde, a pesar de los gigantescos y estruendosos «pájaros» con los que conviven, deben de sentirse un poco como en casa.

Mi interés por el búho nival había sido hasta entonces bastante informal. Por supuesto, me parecen unas aves de una belleza asombrosa y fascinantes como solo puede serlo un inmenso pájaro blanco con los ojos amarillo narciso y una incongruente mirada asesina. Había visto muchos ejemplares a lo largo de los años, en la costa atlántica y también en las tierras agrícolas del interior, y había intentado apresar a unos cuantos para anillarlos, en las raras ocasiones en las que alguno de ellos había aparecido por mi zona. Pero mi verdadero interés en los búhos se centraba en una especie migratoria mucho más pequeña, la lechuza norteña, un pájaro del tamaño de un puño que un equipo de voluntarios y yo llevábamos estudiando más de dos décadas en las montañas de Pennsylvania. Los búhos nivales no eran más que un pasatiempo esporádico.

Sin embargo, eso cambió en un solo día, a principios de diciembre de 2013, con una llamada telefónica. Mi buen amigo y colega de mucho tiempo Dave Brinker, un biólogo de la fauna silvestre que trabaja en el Departamento de Patrimonio Natural de Maryland (y con quien también colaboraba en el sistema de rastreo Motus), se encontraba al otro lado del hilo. «¿Estás al corriente de lo que está ocurriendo con los búhos nivales?», me preguntó.

Y lo estaba. Durante las dos semanas previas, en foros en internet y en los servidores de listas de avistamiento de aves del nordeste de Estados Unidos, había ido apareciendo un número creciente de registros de búhos nivales. En sí, eso no era nada extraordinario; los búhos nivales son aves migratorias irruptoras cuyas cifras fluctúan de manera drástica de año en año. Cada invierno se avistan al menos unos cuantos en la zona de los Grandes Lagos o en la costa de Nueva Inglaterra, pero cada entre tres y cinco años se detecta un pronunciado repunte, cuando, en lugar de docenas de búhos que viajan hacia el sur procedentes del Ártico, se cuentan centenares, e incluso unos cuantos miles. Ahora bien, lo que estábamos viendo a finales de aquel año era algo muy distinto, y muchos de nosotros empezábamos a contemplarlo como una posible invasión que tal vez tuviera relevancia histórica. Apenas unos días antes, por ejemplo, observadores de aves en Terranova habían hallado unos trescientos búhos nivales en Cape Race, el punto situado más al este del continente americano. Uno de ellos contó más de setenta y cinco desde un solo punto de avistamiento al desplazar sus prismáticos de punta a punta en aquel paisaje de tundra. Cuesta calibrar con precisión, a lo largo de las décadas, la magnitud de las irrupciones de búhos nivales, como se conocen estas incursiones, porque nadie (ni siquiera hoy) lleva a cabo estudios estandarizados, pero, hasta donde sabíamos, aquella era la mayor incursión desde, al menos, el invierno de 1926 a 1927, y quizá desde la década de 1890. Desde la perspectiva de un investigador, estábamos ante un acontecimiento irrepetible. «Ninguno de nosotros vivirá lo suficiente para volver a ver algo así», dijo Dave.

Y así nació el proyecto colaborativo SNOWstorm, que desde entonces se ha ampliado hasta abarcar a unos cuarenta investigadores, anilladores, veterinarios de fauna silvestre y patólogos, todos los cuales ofrecemos de manera voluntaria nuestro tiempo, conocimientos y experiencia mientras vamos marcando y rastreando a búhos nivales (más de noventa hasta la fecha) desde las praderas de Dakota del Norte hasta las islas y penínsulas de los Grandes Lagos, el valle del río San Lorenzo, en Quebec, las playas atlánticas de Maryland y New Jersey, la región agrícola de Pennsylvania y el litoral de Nueva Inglaterra. Hemos seguido a algunos individuos durante años, en sus viajes de ida y vuelta entre sus zonas de reproducción en el Ártico y sus zonas de invernada en el sur de Estados Unidos. (Todos nuestros datos de rastreo están disponibles mediante mapas interactivos en línea, en www.projectsnowstorm.org). Con todo, aunque he capturado y colocado localizadores a varios búhos nivales desde aquella noche en el aeropuerto de Filadelfia, pocas semanas después de la llamada inicial de Dave, nunca he vuelto a experimentar la sensación de euforia mezclada con el alivio más puro que sentí cuando aquel búho volvió a salir de entre la negrura, se colocó ante los haces de luz de los faros de la camioneta, con las patas extendidas y las garras a punto, y cayó primero en la red y luego en nuestras manos.

Una hora después le habíamos dado a la paloma (que, como de costumbre, había salido ilesa) una bien merecida comida en su jaula, habíamos anillado al búho y le habíamos colocado un transmisor, y luego habíamos introducido a la rapaz en un amplio transportín y la habíamos sacado de la ciudad para llevarla a la región agrícola *amish* situada a unos ochenta kilómetros de distancia, donde docenas de búhos nivales estaban invernando ya. Era casi medianoche cuando abrimos la portezuela del transportín y contemplamos al búho, un macho juvenil, echar a volar en plena noche sobre vastas tierras agrícolas llanas como el Ártico, conscientes de que podríamos rastrear hasta el último de sus movimientos.

Dado que los búhos nivales son grandes y fuertes, pueden portar un transmisor del tamaño de una caja de cerillas que funciona con energía solar, de menos de sesenta gramos de peso y con una gran potencia, que nos permite conocer mejor que nunca los movimientos de un ave marcada. El transmisor nos envía un torrente de información. Día y noche, cada seis segundos, consigna la latitud, la longitud, la altitud y la velocidad de vuelo del búho. Obtenemos también la temperatura ambiente local mediante un sensor incorporado, y un minúsculo acelerómetro incluso es capaz de registrar cada aleteo y cada embestida de caza. Cada día o cada dos días, un módem de la unidad se conecta a la red móvil y nos envía los datos; no sé si a usted le pasa, pero yo recibo mensajes de texto de búhos gigantes. Gracias a esta tecnología, hemos sido capaces de documentar, con un grado de detalle sin precedentes, aspectos nuevos o casi desconocidos de la vida de los búhos nivales en invierno, como, por ejemplo, que muchos de ellos cazan aves acuáticas mar adentro, como colimbos y patos, o que pasan semanas seguidas en medio de los Grandes Lagos cuando están helados (cazando allí también aves acuáticas, en los pequeños canales y orificios que los vientos dominantes abren en la superficie del hielo, por lo demás ininterrumpida). Hemos empezado a detectar patrones que vinculan dónde y cómo se alimentan los búhos, así como qué tipos de contaminantes ambientales ingieren, como mercurio y raticidas. Etiquetar a búhos en estrecha proximidad entre sí nos ha permitido conocer su comportamiento social (en su mayor parte, no son muy amigables, y las hembras tienden a dominar a los machos, de menor tamaño), sobre todo de noche, que es cuando están más activos. Y trabajando en colaboración con las autoridades aeroportuarias, estamos buscando mejores maneras de mantener apartados a los búhos de los aviones, por la seguridad de todos.

De manera que, en parte, lo que nos mueve, como ocurre en casi todos los proyectos de esta índole, es la curiosidad. Pero lo que de verdad nos motiva a aprender todo lo que podamos de los búhos nivales, y a la mayor brevedad posible, es la doble constatación de que quedan muchos menos de los que pensábamos, por un lado, y de que están directamente en el punto de mira del cambio climático, por el otro. Como anidan en las zonas más remotas y boreales del planeta, siempre ha costado bastante llevar un censo de los búhos nivales existentes. Pero los cálculos más atinados, que combinaban recuentos de avistamientos en la temporada de cría en Alaska, Canadá, Groenlandia, Escandinavia y Rusia, sugerían que la población mundial rondaba los trescientos mil individuos; no es una cifra inmensa, pero sí reconfortante. No obstante, poco antes de que lanzáramos el proyecto SNOWstorm, los científicos cayeron en la cuenta de que dichos cálculos habían omitido un aspecto básico recién descubierto acerca de la biología del búho nival. Proyectos de rastreo llevados a cabo por colegas en Canadá, Alaska y Rusia demostraban que estas aves son altamente nómadas, que se desplazan centenares o miles de kilómetros de un año al siguiente, de manera que un búho

que anida en el Ártico en el centro de Canadá este verano puede estar
en Groenlandia el siguiente y uno que anide ahora en Alaska podría
estar en Siberia el año que viene. Todos esos cálculos que los contabi-
lizaban a todos habían sobreestimado muy al alza la población mundial,
que un análisis más escrupuloso sitúa en unos treinta mil ejemplares,
cifra que podría reducirse incluso a solo diez mil individuos.

En paralelo, los ornitólogos han detectado que el cambio climático podría presentar riesgos inmediatos para esta ave rapaz. Una pregunta que nos formulan con frecuencia, tanto periodistas como el
público en general, es si incursiones como la que llegó a los titulares
en 2013 y 2014 están provocadas por el cambio climático. La respuesta es negativa; tenemos registros de irrupciones de búhos nivales desde
que alguien se dignó a prestarles atención, al menos desde mediados
del siglo XIX. Y aunque estas aves comen casi cualquier cosa durante
el invierno, desde ratas almizcleras hasta gansos, ratones, patos, conejos
o gaviotas (incluso atrapamos a uno que estaba acaparando un delfín
en descomposición a los buitres), durante la época de nidificación su
sino está inextricablemente ligado a los leminos, unos pequeños roedores del Ártico parecidos a hámsteres conocidos popularmente como
lemmings. Las poblaciones de lemmings en muchas zonas de la región
se expanden y contraen en ciclos bastante regulares, de unos cuatro
años, lo cual, a su vez, produce irrupciones cíclicas de búhos nivales,
que, en contra de la creencia popular, no están integradas por búhos
famélicos que vuelan al sur en busca de comida, sino más bien por
juveniles normalmente regordetes y bien alimentados nacidos unos
meses antes, durante la época de bonanza de la proliferación de estos
roedores. En parte, la naturaleza nómada de estas aves parece responder
a una adaptación para localizar y aprovechar los estallidos regionales
de estos roedores, si bien sigue siendo un misterio cómo lo hacen a
través de las vastas distancias del Ártico. Sin embargo, sin un incremento de leminos, los búhos nivales rara vez intentan siquiera anidar y, para
que aquellos puedan multiplicarse, deben criar en invierno, protegidos
del crudo frío bajo una gruesa capa de nieve aislante.

Y ahí es donde el cambio climático entra en la ecuación, porque
el clima está cambiando más rápido en el Ártico que en ningún otro
lugar del planeta y, al hacerlo, podría alterar o eliminar las condiciones

que los lemmings precisan para reproducirse. Unos inviernos más cálidos y lluviosos comportan una capa de nieve más fina (o menos esponjosa) y más ciclos de congelación y descongelación o de lluvias gélidas que forman hielo a ras del suelo, las peores condiciones para estos roedores. No se trata de teoría. En la península escandinava, los ciclos de lemmings se desarreglaron en 1994 y tardaron en recuperarse dos décadas, durante las cuales tanto los búhos nivales como los zorros árticos prácticamente desaparecieron de la zona. En el nordeste de Groenlandia sucedió lo mismo con los lemmings a partir de 1998 y la situación perdura. En otras regiones del Ártico, como en isla de Wrangel, en el extremo oriental ruso, los ciclos de lemmings no se han descompuesto, pero sí se han dilatado: de cada cuatro años a cada ocho, lo cual significa que los búhos nivales de esas regiones crían con menos frecuencia. Es interesante destacar que la zona que desmiente esta tendencia es el centro y el este del Ártico y el subártico canadienses, que es justamente donde más búhos nivales vemos criar en el este de Norteamérica. En esa región, pese a que las temperaturas estivales y, sobre todo, otoñales han aumentado (lo cual provoca, como hemos visto, graves problemas para las aves costeras que nidifican aquí), los inviernos siguen siendo crudos y el grosor del manto de nieve ha aumentado desde 1995, quizá debido a una mayor humedad en otoño. En la práctica, eso comporta una mejora de las condiciones para los lemmings y, de rebote, también para los búhos nivales, aunque quizá solo a corto plazo. Los modelos climáticos sugieren que la capa de nieve también acabará por erosionarse aquí, como resultado del aumento de las temperaturas invernales.

   ¿Qué consecuencias tendrá esto para los búhos nivales, sobre todo dado que hay un orden de magnitud menos de estas rapaces de lo que pensábamos hace solo una década? Puede argumentarse que estas aves se cuentan entre el puñado de especies en riesgo más inmediato y directo a causa del cambio climático, junto con las morsas, los osos polares y las gaviotas marfileñas. Si los ciclos de los lemmings empiezan a descomponerse de manera más generalizada en el Ártico y si, en consecuencia, estas rapaces no pueden criar con la misma frecuencia y tasa de éxito en todos los lugares en los que por tradición lo han hecho, la población menguará con rapidez. Y aunque nuestro proyecto, por sí solo, no tiene capacidad para cambiar la trayectoria del calentamiento climático en el Ártico, sí está revelando información acerca de otras amenazas que afrontan los búhos nivales en sus zonas de invernada, desde los aviones hasta los vehículos o los contaminantes químicos, que nos ayuda a hacer esa parte de su ciclo anual un poco más segura. Cada búho que salvamos aquí es uno más que tiene la oportunidad de capear los cambios inminentes en el Ártico.

A nadie le sorprendería ver a un búho nival un gélido día de invierno. Otras aves migratorias, en cambio, son bastante más impredecibles.

Era Nochevieja y la temperatura al amanecer, cuando salí de mi casa en el centro de Pennsylvania, era de −12 °C. Aumentó un poco a medida que el sol fue elevándose en el cielo y yo conducía hacia el sur, guiándome por las indicaciones que había garabateado la noche anterior, mientras hablaba por teléfono. Llevaba en el maletero un par de jaulas cilíndricas de malla de alambre que se sacudían y traqueteaban con cada bache. La luz del sol hizo resplandecer el manto de nieve fresca que había caído hacía solo dos días. Una hora y media más tarde, dejé la autopista interestatal y tomé unas cuantas carreteras secundarias hasta llegar a una tranquila urbanización y aparcar frente a una casa. Llamé a la puerta con los nudillos y me abrió un hombre de unos ochenta años, supuse, rebosante de energía y emoción para ser tan temprano y hacer tanto frío.

«¡Entre, entre! Ha venido ya tres o cuatro veces esta mañana, pero ahora mismo está en su lugar favorito —me dijo—. Me condujo hasta una ventana que daba a su jardín posterior, donde se alzaba un manzano nudoso con docenas de frutas pasadas y arrugadas aún colgando de las ramas, algunas de ellas todavía cubiertas de nieve—. Está justo allí, casi en lo alto de la copa».

De un verde metalizado resplandeciente bajo la luz, una hembra de colibrí disfrutaba del sol matinal, girando sin cesar la cabeza para observar el desfile de carboneros y pinzones que se agolpaban como un enjambre alrededor de un comedero. Mientras la observábamos, ahuyentó con una tonadilla a un carbonero que había osado acercársele demasiado volando y persiguió a aquel pájaro que la superaba en tamaño profiriendo unos agudos gorjeos de enojo que oíamos a través de la ventana. Una vez que el intruso hubo desaparecido, se desplazó zumbando hasta un pequeño porche que había en un costado de la casa y picoteó en el comedero de color rojo intenso que había allí colgado bajo una luz de servicio cuyo foco reflector evitaba que el agua azucarada que contenía se congelara.

«Bien —dije, satisfecho con lo que había visto—. Pongámonos manos a la obra». En un par de minutos había dispuesto las jaulas trampa de manera que el comedero, situado en su interior, se encontrara casi en el mismo lugar donde solía estar colgado. Conecté la puerta corredera de la trampa al accionador por control remoto, pulsé el interruptor a distancia para verificar que funcionaba —¡suerte que sí!— y luego volví a abrir la portezuela y entré en la casa. Al cabo de cinco minutos, el colibrí había descendido de su percha y sobrevolaba con cautela el nuevo artefacto que había aparecido alrededor de su bebedero favorito, observándolo desde cada ángulo. Recelosa, regresó volando al árbol y sondeó con el pico varias manzanas acartonadas. (Supuse que encontraba en ellas jugo almibarado, pero, cuando más tarde examiné una de aquellas manzanas, comprobé que también estaba llena de larvas de moscas de la fruta aletargadas, a la espera de días más cálidos). Regresó entonces al bebedero y se abrió camino en la trampa despacio, con precaución, para dar un sorbito rápido y salir de allí como una flecha. No accioné el interruptor; aguardé a que hubiera entrado varias veces más en la trampa y se hubiera tomado un par de tragos largos, y solo entonces pulsé el botón y cayó la portezuela.

Si la idea de encontrar a un colibrí en un paisaje invernal gélido y nevado le resulta extraña, sepa que no es el único. Cada año, un reducido grupo de anilladores de colibríes (somos solo unos doscientos en toda Norteamérica) recibimos llamadas como la que yo había contestado la noche previa, de personas desconcertadas y preocupadas porque, mucho después de que los colibríes de la zona hayan migrado al sur, al menos uno de ellos se queda rezagado cuando el mercurio se desploma y el otoño da paso al invierno. «¿Estará perdido? —preguntan—. ¿Herido tal vez? ¿Necesitará que lo rescaten?».

En realidad, los colibríes que se dejan ver en otoño e invierno en las zonas del Medio Oeste, el este y el sur de Estados Unidos, cada vez más numerosos, no están perdidos ni heridos, sino que aprovechan una nueva ruta migratoria en evolución que normalmente utilizan varias especies del oeste, una ruta apuntalada por el tipo de mutación normal que impulsa la evolución y facilitada por los paisajes modificados por los humanos y por el cambio climático. El pajarillo que atrapé en aquel jardín nevado de Pennsylvania era una hembra de colibrí rufo, una especie cuya zona de nidificación se extiende desde el norte de California e Idaho hasta el centro sur de Alaska, lo cual lo convierte en el colibrí más boreal del mundo. Por tradición, los colibríes rufos migran sobrevolando las Rocosas hasta las montañas del oeste y el centro de México para invernar. Pero, desde la década de 1970, observadores de aves y habitantes de toda la costa del Golfo que adoran ver colibríes en sus jardines empezaron a notificar la presencia creciente de ejemplares de dicha especie que pasaban allí el invierno, e investigadores pioneros como Nancy Newfield, en Luisiana, comenzaron a anillarlos, lo cual les permitió confirmar que no se trataba de aves errabundas perdidas o condenadas, como habían supuesto los ornitólogos durante largo tiempo, sino de migrantes normales y corrientes, algunas de las cuales regresaron durante más de media docena de inviernos. Ahora sabemos que miles (o quizá decenas de miles) de colibríes de aproximadamente una docena de especies occidentales, entre los cuales destaca el colibrí rufo, aparecen en el Medio Oeste y el este de Estados Unidos cada año, entre finales de verano y principios de invierno. La mayoría de ellos acaban emigrando al sur, a la costa del golfo de México, para pasar el invierno, pero unos cuantos, sobre todo en los años templados, permanecen en latitudes más septentrionales, incluso en Nueva Inglaterra y en el sur de Canadá, porque, a pesar de su frágil aspecto, son unos animalillos asombrosamente resistentes.

Recuérdese que la migración es un comportamiento codificado en los genes, no el resultado de una decisión consciente. En el seno de cualquier población de aves migratorias siempre habrá unos cuantos individuos con un desajuste en el software; en lugar de dirigirse al sur desde la Columbia Británica hasta Michoacán, en México, un colibrí rufo particular puede, por instinto, volar, por ejemplo, hacia el oeste, aguas adentro del Pacífico, o incluso hacia el norte en otoño, rumbo al Ártico. Evidentemente esas aves actúan al margen del acervo genético. Pero ¿qué sucede con los colibríes que vuelan hacia el este? Siglos atrás, cuando la Costa Este de Estados Unidos estaba en gran medida arbolada y el clima allí era mucho más frío, hacerlo habría supuesto también una sentencia de muerte. En cambio, en el presente, los humanos han transformado el territorio con granjas y jardines llenos de flores y el clima se ha vuelto cada vez más cálido. Si combinamos eso con la resistencia al frío innata del colibrí rufo (se trata de una especie que llega a Alaska en abril, cuando la tierra aún está sepultada bajo la nieve, y que puede caer en un letargo parecido a la hibernación cada noche para ahorrar energía), dispondremos de un nuevo mundo listo para ser colonizado. En lugar de morir, estos pajarillos pioneros regresan en primavera a sus zonas de nidificación a miles de kilómetros de distancia y transmiten esos genes antaño deletéreos a las nuevas generaciones.

Mi difunto amigo de Alabama Bob Sargent, a quien conocí en Fort Morgan en la década de 1990, se contaba entre los primeros anilladores que estudiaron este fenómeno y me formó en la delicada labor de anillar a estos peleones pajarillos para poder ampliar la investigación a zonas situadas más al norte, como el estado en el que entonces residía, Pennsylvania. En las casi dos décadas transcurridas desde entonces, he anillado a más de cien colibríes occidentales, tanto rufos como de Allen, gorginegros, de Ana y calíopes, entre otros, y los he visto afrontar la honda nieve y un frío intenso. (Intenso de verdad: un colibrí rufo al que anilló un colega sobrevivió a temperaturas ambientales de −22 °C y a vientos gélidos de más de −34 °C). El proceso de anillado es muy similar al de cualquier otro pájaro, con la salvedad de que las anillas son tan pequeñas que tengo que hacerlas yo mismo usando una cizalla con freno de precisión de joyería para cortar una lámina metálica muy delgada que me envía el Bird Banding Lab federal y en la que hay impresos cien códigos alfanuméricos únicos minúsculos. Recortada con las dimensiones correctas, exactamente 5,6 milímetros de largo por 1,4 milímetros de alto para las hembras como aquella, y contorneada en una plantilla especial, la anilla se coloca en la patita del colibrí usando unas pinzas también especiales que la convierten en un anillo perfecto. Proporcionalmente, la anilla acabada pesa para el pájaro más o menos lo que un reloj de pulsera metálico de alta gama pesa para un hombre.

Metí la mano en la trampa, saqué con cuidado a la colibrí, que me maldijo con la misma energía con que había maldecido a aquel carbonero, y la envolví con la puntera de unas medias de nailon, una manera fácil de tenerla controlada y tranquila. Anillarla y medir su envergadura, su pico y su cola me llevó solo unos momentos. Con una cañita corta, le soplé el plumaje del cuello y el cuerpo y pude apreciar los densos depósitos amarillentos de grasa visibles bajo su piel. Ese pajarillo, le dije a aquel señor, estaba preparándose para viajar al sur. Con una lupa, comprobé la mandíbula superior de su pico, que estaba lisa, señal de que era un ejemplar adulto, ya que los colibríes juveniles presentan surcos en el culmen. «No es la primera vez que hace este viaje —le dije a mi acompañante—. Ya le han sellado el pasaporte unas cuantas veces». Por último, la pesé en una balanza digital de precisión: 4,42 gramos de pajarillo rellenito, muy por encima del esbelto peso de los momentos no migratorios, de unos tres gramos. Eso me convenció aún más de que se preparaba para volar al golfo de México en los próximos días y, con una carga de combustible tan potente, expliqué, podría volar fácilmente cerca de mil kilómetros sin parar, llegar hasta la Georgia central, quizá, en un vuelo ininterrumpido de veinticuatro horas. No olvidemos que los colibríes de garganta rubí sobrevuelan esa distancia en el golfo de México.

Salimos al porche y le pedí a aquel caballero que extendiera la mano y se quedara muy quieto. Le coloqué el colibrí en la palma y, muy lentamente, retiré mis dedos; el pajarillo permaneció allí unos treinta segundos, con la cola temblándole al ritmo de una frecuencia normal de cuatro respiraciones por segundo, y luego salió disparado, con su característico vuelo explosivo y zumbador, y regresó a su percha en el manzano. El hombre se la quedó mirando con expresión de euforia y asombro.

Los colibríes no son las únicas aves que están adoptando nuevas rutas migratorias frente a los cambios planetarios. El ejemplo más notable es la curruca capirotada, una paseriforme gris del Viejo Continente con la corona negra (de color óxido en las hembras) y un complejo conjunto de comportamientos migratorios en función de la población regional, con ejemplares altamente migratorios y otros completamente sedentarios. Como los colibríes, unas cuantas currucas capirotadas han nacido con fallos en el código genético que las han enviado en la dirección errónea, a una distancia demasiado corta o demasiado larga o en la época equivocada. Es la manera que tiene la naturaleza de lanzar espaguetis contra la pared para comprobar si se adhieren; y los mismos aspectos que son capaces de redundar en una mala adaptación durante decenas de miles de generaciones también pueden, de repente y debido a los cambios en las condiciones ambientales, conferirles ahora una ventaja. Así ocurre en el caso de unas pocas currucas capirotadas de la población que cría en Centroeuropa, que probablemente siempre habían migrado hacia el noroeste, hacia el Reino Unido, en lugar de hacia el sudoeste, a la península ibérica, donde inverna gran parte de la población, un fenómeno denominado «migración simétrica». Hasta que las condiciones climáticas empezaron a cambiar, en el siglo XX, las aves que se dirigían al Reino Unido, como los colibríes del este de Norteamérica, rara vez sobrevivían en Gran Bretaña. Con inviernos más templados y abundancia de comederos para aves en los jardines particulares, ahora son una especie habitual que cada vez inverna con más frecuencia en el país, sobre todo en el sur.

Y eso no es todo: los científicos utilizaron isótopos estables en el plumaje de currucas capirotadas que anidaban en Alemania y Austria para determinar sus zonas de invernada y averiguaron que, quizá porque no tienen que salvar una distancia tan grande, la población del Reino Unido llega antes que las currucas capirotadas ibéricas cada primavera y produce nidadas más abundantes. Al anticiparse a las aves ibéricas, las currucas capirotadas británicas, como es de esperar, también se aparean preferentemente entre sí, un comportamiento conocido como «apareamiento selectivo», descubrimiento que causó cierto revuelo en el mundo ornitológico cuando se publicaron estos hallazgos, en 2005, porque el apareamiento selectivo puede ser el primer paso vacilante hacia la especiación. En efecto, investigaciones posteriores confirmaron que, transcurridas apenas unas décadas, ahora existen diferencias genéticas, débiles pero significativas, entre las poblaciones del Reino Unido y las ibéricas. En el pasado, los biólogos habían presupuesto que el aislamiento geográfico era el principal motor de la evolución, pero el aislamiento temporal también puede funcionar y, en este caso, el cambio climático está escindiendo poco a poco a las dos poblaciones de currucas capirotadas.

Todavía no se han abordado estudios de investigación similares para comprobar si algo parecido está ocurriendo con los colibríes rufos, pero cada ave anillada es otro punto de datos en el camino hacia el conocimiento. Dos días después de mi excursión de anillado, el teléfono volvió a sonar: era el caballero octogenario anfitrión de la colibrí. «Ha venido al amanecer y ha regresado una y otra vez durante toda la mañana. Se ha limitado a posarse en el bebedero, sin beber —me dijo—. Al principio he pensado que le pasaba algo, pero más o menos una hora antes del almuerzo ha echado a volar y ha seguido recto hacia arriba. He salido corriendo con los prismáticos y la he visto estabilizarse, a tanta altura que apenas la divisaba ya». Luego viró al sur, dijo, y desapareció.

7

Aguiluchos, el retorno

Una hora después del amanecer, Butte Valley seguía sumido en la oscuridad. La aurora de julio iluminaba ya las escabrosas colinas cubiertas de enebros al oeste y salpicaba de luz el alto cono doble nevado del monte Shasta, sesenta y cinco kilómetros al sur. Mis compañeros y yo nos encontrábamos en una escarpada ladera escasamente arbolada con hierba de color pajizo por la que avanzábamos con paso incierto; pedazos de roca volcánica sueltos rodaban y se movían bajo nuestras botas a casa paso, levantando una polvareda a baja altura. A nuestros pies se extendía una ordenada retícula de campos agrícolas, hileras de cultivos en rectángulos inmensos y círculos de verde alfalfa alrededor de plataformas de riego de eje central. A lo lejos se vislumbraba la pequeña población de Dorris, California, a solo tres kilómetros de la frontera con Oregón. Allí una bandera estadounidense colgaba flácida en el aire inmóvil, en la punta de la que la Cámara de Comercio anuncia con orgullo como el asta más elevada al oeste del Mississippi, con sesenta metros de altura. Más allá se extendían parches de artemisa y hierba blancuzca, parte de las más de siete mil hectáreas del Butte Valley National Grassland.

Un estudiante de doctorado llamado Chris Vennum disfrutaba de magníficas vistas, encaramado a un alto enebro en una de las colinas que circundan el valle, pero no era el paisaje lo que le ocupaba el pensamiento. Una hembra grande de busardo chapulinero le graznaba enfadada, lanzándole chillidos agudos y penetrantes, al tiempo que se abalanzaba en picado sobre el científico mientras este alargaba la mano para coger a su único polluelo del voluminoso nido de ramitas.

Pese a ir protegido con un casco de escalada naranja fluorescente, Vennum se agachaba cada vez que el aguilucho regresaba a atacarle y le alertábamos a gritos. Golpeado en el pasado, la experiencia le había enseñado a no tomarse la amenaza a la ligera.

Es el tipo de escena que he vivido incontables veces como observador de aves, como escritor y como investigador de rapaces; de hecho, en más de una ocasión he sido yo quien se ha visto ametrallado en situaciones similares. Pero no era ahí donde yo tenía perdido el pensamiento aquella mañana. Ver a aquel busardo chapulinero sobrevolarnos, con cada una de sus alas, negras como el hollín, convertida en una llama de vela, con la luz matinal resplandeciendo sobre el oscuro color castaño de su pecho y su cabeza y con el macho, algo más pequeño, describiendo círculos y graznando algo más lejos, me evocó potentes recuerdos de una época, hace más de dos décadas, en la que esta especie afrontó un peligro inminente aterrador y un futuro incierto. En el punto más remoto de su ruta migratoria, en las praderas de la pampa argentina, los pesticidas estaban diezmando a estos gavilanes, mientras un reducido grupo de científicos y conservacionistas intentaba prevenir una catástrofe ecológica. En aquel entonces, yo ocupaba un lugar privilegiado al frente de aquella batalla que se acabó ganando, colaborando con aquel equipo en las llanuras argentinas mientras se esforzaban por entender y contrarrestar el peligro. Y aunque tanto aquella amenaza como mi participación en la lucha se dieron a medio mundo de distancia, la historia en realidad empezó entre las llanuras de artemisa y los campos de labranza de Butte Valley, en el norte de California. Veinte años después regresaba para cerrar el círculo…, y quizá, también, para asegurarme de que, en un mundo donde los peligros se multiplican, somos capaces de cambiar las cosas para bien.

Pocas rapaces en el mundo recorren distancias tan amplias como los busardos chapulineros. Estas aves crían en las praderas de la región occidental de Estados Unidos, desde el norte de México hasta las Grandes Llanuras y el sudoeste de Canadá, y hacia el oeste hasta la cadena costera del Pacífico y el Valle Central de California; unas cuantas de ellas incluso crían en el norte del Yukón. En otoño, todos los aguiluchos, salvo los del Valle Central, emigran hacia las pampas, las planicies australes análogas a las llanuras norteamericanas. Es un viaje anual de hasta veintinueve mil kilómetros, de un mar de pastos a otro, pero, durante la mayor parte del siglo xx, nadie lo había seguido en detalle porque los dispositivos de rastreo eran demasiado voluminosos y pesados como para colocárselos incluso a un aguilucho de casi un kilo. Eso cambió en 1993, con la aparición de los primeros transmisores vía satélite en miniatura. Entre los biólogos expertos en rapaces se vivió entonces una fiebre por marcar a halcones peregrinos, las aves de rapiña más sexis y glamurosas, pero un ornitólogo del norte de California tuvo una idea singular. «Todo el mundo se lanzó a investigar a los halcones peregrinos —me dijo Brian Woodbridge unos cuantos años después—. En cambio, a mí, lo primero que se me ocurrió fue "necesito conseguir suficiente dinero para marcar a algunos busardos chapulineros"».

No lo movía la mera curiosidad. Brian llevaba casi quince años estudiando a los busardos chapulineros en Butte Valley, trepando a espinosos y resinosos enebros para anillar a sus polluelos, capturando y anillando con colores a individuos adultos y familiarizándose con la vida y el linaje de las docenas de pares de aguiluchos que anidaban en este valle de trescientos treinta y cinco kilómetros cuadrados situado a unos cuantos kilómetros de la frontera con Oregón. Aquello era un paraíso para los aguiluchos: en los campos de alfalfa del valle había infinidad de ardillas terrestres y topillos, presas fáciles para estos cazadores avezados, una bonanza que les permitía criar multitud de polluelos sanos. Pero Butte Valley era solo una parte de su mundo y, cada pocos años, Brian apreciaba un pronunciado descenso en el número de adultos anillados que regresaban de su migración primaveral. Le preocupaba que algún problema no identificado que tuviera lugar en algún punto lejano del sur, a lo largo de su desconocida ruta migratoria o en los poco estudiados territorios de invernada de Argentina, estuviera matando a los aguiluchos de Butte Valley. Su preocupación se agudizó en 1993, cuando la población de busardos chapulineros del valle sufrió un varapalo especialmente acusado.

Aquel verano, el supervisor forestal nacional de la región consiguió financiación suficiente para que Brian pudiera colocar a dos hembras de aguilucho adultas los nuevos transmisores vía satélite y realizara un seguimiento de su viaje otoñal descargándose de manera periódica los datos mientras ellas se dirigían al sur. Una de las aves se desconectó en Arizona por un fallo del transmisor. La otra viajó hasta la llanura litoral del golfo de México, en el este del país, a través del estrecho istmo de Centroamérica y luego prosiguió su migración hacia el sur a lo largo de la vertiente oriental de los Andes. Una vez en Argentina, continuó hasta la provincia de La Pampa, una extensa llanura muy parecida a Kansas, con retículas cuadradas de campos de labranza, pasturas y plantaciones cortavientos en rigurosos ángulos rectos, además de unos bosquecillos de exóticos eucaliptos, allí llamados «montes». Aquel invierno, Brian y dos de sus antiguos ayudantes sobre el terreno viajaron hasta aquella región de Argentina con la esperanza de investigar algunos aspectos básicos de la historia vital de estas aves; nada trascendental, solo algo de biología de primer nivel, ya que casi nadie había estudiado hasta entonces a los busardos chapulineros fuera de su zona de reproducción. El trío se internó en las pampas siguiendo las coordenadas del transmisor y sintió una enorme alegría al encontrar a aguiluchos regresando a sus perchas en los montes al anochecer, en bandadas integradas por miles de individuos.

Sin embargo, su júbilo no tardó en dar paso a la conmoción y al horror, al descubrir cantidades igual de numerosas de busardos chapulineros muertos en los campos y arboledas. Tras cuestionar desesperados a los agricultores de la zona, Brian y sus colegas averiguaron que las aves, que se alimentaban de insectos grandes durante su etapa en Argentina, probablemente estuvieran muriendo a causa de un potente pesticida, un organofosfato llamado «monocrotofós» que los terratenientes rociaban para controlar una plaga de langostas en las tierras de pastura, que estaban transformando en cultivos extensivos de girasoles y soja, entre otros. Sin perder tiempo, los estadounidenses se concentraron en hacer análisis forenses, acometiendo estudios metódicos de la devastación, y hallaron incluso a aguiluchos muertos con langostas envenenadas todavía en el pico. Tamizando entre los fétidos cadáveres y los esqueletos despojados de insectos, en un intento por tabular las pérdidas, también hallaron anillas en patas, incluida una que el propio Woodbridge le había colocado a una cría en Butte Valley años antes, un polluelo cuyo éxito reproductivo de adulto había documentado. Al invierno siguiente regresaron, esta vez con un equipo más nutrido integrado tanto por científicos estadounidenses como por investigadores y funcionarios gubernamentales argentinos, y encontraron cantidades incluso superiores de aguiluchos muertos o moribundos, hasta tres mil en un solo campo. El equipo calculó que hasta veinte mil busardos chapulineros, la mayoría de ellos adultos en edad de reproducirse, habían muerto en aquella zona relativamente reducida de las inmensas pampas, y había numerosos indicios de que la masacre se extendía a gran parte del área de invernada de los aguiluchos en Argentina, si no a toda. Era imposible computar el número real de aves muertas, pero estaba claro que, a aquel ritmo, la especie, que siempre había sido una de las aves rapaces más común y generalizada en Norteamérica, en pocos años se vería abocada a la extinción.

No pasó. En enero de 1997, en el verano austral en el que me sumé a Brian y a su equipo durante su tercera temporada en las pampas, la situación avanzaba por buen camino. Grupos de conservación de aves, encabezados por American Bird Conservancy, habían cerrado un trato con el productor del pesticida para retirar el monocrotofós del mercado. El Gobierno argentino se había apresurado a prohibir el uso de este pesticida químico contra las langostas y había adquirido las reservas que aún tenían los agricultores, a la par que había lanzado una gran campaña divulgativa acerca del peligro que entrañaba para las rapaces. Todo el mundo contenía el aliento, a la espera de comprobar si la destrucción remitía.

Nuestra base de operaciones era la estancia Chanilao, un maravilloso rancho antiguo, propiedad de un hombre de mediana edad llamado Agustín Lanusse, alto y delgado, con ojos penetrantes, barba oscura y un pelo que clareaba. En un principio, pensé que se trataba de un agricultor lugareño, pero no tardé en averiguar que tenía un bagaje mucho más complejo e insólito. El tío de Agustín, Alejandro Agustín Lanusse, había sido un general argentino, parte de la junta militar que se hizo con el poder en el país mediante un golpe de Estado en 1970. Durante dos años, el general Lanusse ocupó la presidencia del país, pero, en 1973, restableció las elecciones directas libres, en las que fue vapuleado, tras lo cual facilitó una transición pacífica del gobierno. En sus años postreros, el general Lanusse testificó contra la «guerra sucia» militar perpetrada entre mediados de la década de 1970 y mediados de la de 1980. Su sobrino, Agustín, le dio la espalda a la política y al legado familiar y se dedicó a trabajar como pastor y guarda forestal en la remota Patagonia, antes de casarse con la hija de una familia de ganaderos de La Pampa. Su esposa había fallecido poco antes del primer viaje de Brian y sus colegas a Chanilao, en 1995, pero, pese a estar de duelo, Agustín trabajó de manera incansable con ellos en los años posteriores, tan preocupado como los propios estadounidenses por el peaje letal que el pesticida se estaba cobrando.

Mi estancia en La Pampa fue tan mágica como extenuante. Las monótonas plantaciones de soja y pasturas estaban interrumpidas por lagos resplandecientes con bandadas de flamencos blancos y rosas y nubes de aves costeras que migraban a aquella zona procedentes del Ártico canadiense. En más de una ocasión tuvimos que pisar el freno al encontrar bandadas de ñandúes, el pariente sudamericano del avestruz, corriendo por la carretera de tierra delante de nosotros, cual dinosaurios zancudos de largo cuello engalanado con boas de plumas. Dormía en una tienda de campaña montada a la sombra de un pequeño bosquecillo cerca del rancho y me levantaba a las tres de la madrugada para ayudar a montar trampas bal-chatri, pequeñas jaulas de malla de alambre festoneadas con sogas monofilamento. En dichas sogas se colocaban ratones vivos a modo de cebo y las trampas se dejaban en los campos cerca del monte. Al amanecer, cuando al aroma a eucalipto impregnaba el ambiente, los aguiluchos descendían planeando desde los árboles, por miles, y se reunían en estos campos, a la espera de que el sol calentara lo bastante el suelo y generara las corrientes térmicas que los transportarían hacia el cielo. Aunque en Argentina los busardos chapulineros se alimentan principalmente de insectos grandes (langostas, saltamontes y libélulas, en particular), la comida es comida y muchos agarraban a los ratones y quedaban atrapados por una pata. A esas aves se las anillaba y se les tomaban muestras de sangre y de plumas para comprobar a qué tipo de toxinas habían estado expuestas; incluso les lavábamos las garras con alcohol que luego se pasaba a través de un cromatógrafo de gases para evaluar las sustancias químicas que habían absorbido.

Por la tarde, después de ducharnos en la barraca, solíamos reunirnos delante del rancho, en la hierba, donde compartíamos unas botellas alargadas de cerveza local fría en las que se formaban gotas de condensación por el calor húmedo. Desde allí contemplábamos el espectáculo. Los aguiluchos acudían volando desde todos los puntos de la brújula y se congregaban en cifras cada vez más numerosas sobre el bosquecillo de eucaliptos, unas veces posados casi inmóviles, todos ellos de cara al viento, formando inmensas capas y capas, y otras arremolinados en majestuosos pilares que se alzaban, vertiginosos, muy por encima de nuestra cabeza y nos obligaban a reclinar el pescuezo para verlos. A diferencia de la mayoría de las rapaces, los busardos chapulineros son muy gregarios fuera de la época de cría; unos años antes había ayudado a documentar el mayor cuello de botella de la ruta migratoria de esta especie, en Veracruz, en el este de México, y habíamos llegado a contar a miles por hora sobrevolándonos en su trayecto al sur. Lo que contemplamos en Chanilao era varios órdenes de magnitud más espectacular. En una noche buena, cuando la mayoría de los busardos chapulineros que invernaban en la zona se reunían en Chanilao, podía haber hasta diez mil rapaces en el aire, una de las imágenes más sobrecogedoras que he visto en toda mi vida. El sol estival se ponía, el cielo húmedo se teñía de naranja y los aguiluchos descendían en masa para posarse en los árboles. Mientras me deslizaba entre los troncos bajo la tenue luz del bosque, escuchaba el ruido sibilante, el azote y el ajetreo de las alas de los gavilanes contra las hojas y las ramas mientras se acomodaban para pasar la noche, así como el crujido de huesos secos debajo de mis pies, bajo el manto de hojarasca, donde yacían los restos de centenares de gavilanes muertos a causa del monocrotofós dos años antes.

Comíamos con Agustín, con su cuñada y con las tres hijas adolescentes que nuestro anfitrión tenía de su matrimonio anterior, jóvenes esbeltas que se habían apuntado con entusiasmo a nuestro trabajo de campo. La mesa crujía bajo las bandejas de carne de vacuno, patatas y hortalizas asadas, mientras el humo de los cigarrillos describía volutas a nuestro alrededor. Pero como la familia Lanusse no cenaba hasta las diez o las diez y media de la noche y como nuestro trabajo de campo nos impedía hacer la tradicional siesta después de comer, a medida que pasaban las semanas íbamos acusando más los efectos de la privación del sueño, hasta que al final todos teníamos la sensación de nadar en melazas mentales.

Aun así, aquel mes en las pampas pasó con celeridad, gracias a que cada día comportaba una labor distinta, ya fuera unirnos a la estudiante de posgrado argentina Sonia Canavelli en su seguimiento de gavilanes con transmisores radiofónicos para averiguar cuánta distancia recorrían durante el día para ir de caza; recoger egagrópilas, bolitas rosas y grumosas regurgitadas del tamaño de nueces, compuestas de trocitos quitinosos de insectos, que se analizarían para determinar la dieta de las aves; o conducir por los kilómetros de inhóspitas carreteras de tierra que se extendían a lo ancho y largo del llano paisaje en busca de concentraciones de busardos chapulineros que hubieran decidido invernar en otros lares. En las pequeñas y polvorientas poblaciones pampeanas vimos carteles y señales que urgían a los agricultores a proteger a los aguiluchos y evitar el uso del monocrotofós. Encontramos a gente que lucía unas chapas en favor de estas rapaces que habían distribuido grupos conservacionistas argentinos y el Gobierno; concedimos entrevistas a cadenas televisivas y periódicos, y alcanzamos un extraño estatus de celebridades locales, hasta el punto de que nos paraban a menudo por la calle y, en una ocasión, una abuelita sonriente incluso nos colocó delante a un bebé que berreaba para que le diéramos un beso. Un día, tras seis o siete horas realizando estudios por aquellos caminos, bajo el sol y el polvo, uno de los científicos y yo hicimos un alto en un rancho local para preguntar por los aguiluchos. Al empleado que encontramos se le iluminó la cara: «sí, sí», respondía, deshaciéndose en sonrisas, mientras asentía entusiasta con la cabeza en respuesta a las preguntas de Mike Goldstein. Hablaba como una metralleta en un español con acento argentino y me costaba seguirlo, pero sí que le oí pronunciar muchas veces la palabra «aguiluchos» y le vi hacer referencias con gestos a las anillas en las patas que estábamos colocando. «Qué maravilla», pensé: otro ejemplo de un mensaje conservacionista de gran calado. Pero, al llegar al coche, Mike me explicó con amargura que el tipo le estaba relatando alegremente que le encantaba disparar a los aguiluchos para quedarse los «brazaletes» que llevaban, que los coleccionaba. Aparte de las sustancias químicas, en aquella tierra remota había otros peligros que yo no había contemplado.

Cada día esperábamos recibir noticias de una gran masacre ocasionada por sustancias químicas, una llamada de la red de rancheros colegas de Agustín indicándonos que los aguiluchos estaban muriendo de nuevo. Pero nunca recibimos esa llamada; fue un año lluvioso, las langostas no suponían una gran amenaza y los agricultores habían asimilado las lecciones de las campañas publicitarias y rociaban sus cultivos con productos menos nocivos. A medida que los años fueron pasando y seguimos recibiendo noticias positivas de Argentina, empezamos a relajarnos. De regreso en California, aquellos inviernos en los que una parte considerable de la población de aguiluchos se desvanecía quedaron relegados al pasado. Mantuve el contacto con Brian Woodbridge; unos años más tarde supe que había dejado Butte Valley para incorporarse al Servicio de Pesca y Vida Silvestre de Estados Unidos, donde trabajaba con cárabos californianos, un tema con más carga política y más problemático que el de los busardos chapulineros. Y después de aquello supe que formaba parte del equipo de dicho organismo que trabajaba en la conservación del águila real. Pero, aunque Brian ya no estuviera, otros habían cogido el testigo, estudiantes de posgrado que mantuvieron y ampliaron su investigación de larga duración sobre el busardo chapulinero. En una conferencia para investigadores de rapaces hace solo un par de años, transcurrida una década y media desde mi estancia en Argentina, coincidí con uno de ellos, un musculoso estudiante de doctorado con el pelo rubio y cortado casi al rape llamado Chris Vennum. «Tendrías que venir el próximo verano cuando anillemos a los polluelos —me invitó—. Brian vendrá, y también Pete Bloom y Karen. Todo el equipo del pasado acudirá a ayudar. Será como un reencuentro». Y lo mejor de todo, me dijo, era que los aguiluchos de Butte Valley habían continuado su lenta recuperación de aquel nadir inducido por los pesticidas y habían duplicado su número. La temporada siguiente, me dijo, deberían batir un nuevo récord.

Eran buenas noticias, desde luego, y las buenas noticias en el frente de las migraciones escasean en estos tiempos. De manera que el verano siguiente alquilé un coche en el aeropuerto de Medford,

Oregón, y conduje hacia el sur a través del humo turbio de los incendios forestales, con la perspectiva de dar la vuelta de la victoria con los científicos que habían defendido a las rapaces de aquel valle aislado durante décadas. Y podría decirse que la dimos. Pero la ocasión nos permitió también atisbar juntos un futuro incierto, mientras nos preguntábamos qué recorrido tendría nuestro optimismo, las típicas cuestiones que atribulan a cualquiera que intente pastorear aves migratorias en un planeta que cambia a un ritmo acelerado. Hace veinte años, el mundo salvó a los busardos chapulineros de una amenaza única y bien definida y celebró una merecida victoria conservacionista. Hoy, los más fervientes defensores de los aguiluchos admiran su adaptabilidad y se consuelan pensando en su capacidad para prosperar en paisajes modificados por el ser humano. Pero también escuché preocupaciones por temas nuevos, algunos colosales y difusos, como el cambio climático y el avance de la desertización, y otros muchos más específicos y al alcance de la mano, inquietudes absolutamente imprevistas. Porque, sinceramente, ¿qué biólogo de rapaces habría pensado que perdería el sueño por la nueva fiebre en Estados Unidos de comer fresones todo el año?

La historia de los busardos chapulineros de Butte Valley, tanto su experiencia cercana a la muerte en Argentina como su aportación más amplia al conocimiento de la ecología de las rapaces migratorias, es una historia de linajes científicos y aviares entrelazados que se retrotrae varias décadas. Aunque es a Brian Woodbridge a quien se asocia más estrechamente con los aguiluchos del valle, no fue ni el primer ni el último científico en estudiarlos. En los últimos cuatro decenios largos, lo que podrían considerarse cuatro generaciones vinculadas de investigadores y sus equipos han trabajado en este rincón de California. Muchos de ellos habían decidido acudir unos días a ayudar a Chris Vennum, el último de ese linaje, con su trabajo de campo. Sería, como había anunciado él mismo, una especie de reencuentro.

El decano de la pandilla, y una leyenda entre los biólogos expertos en rapaces del oeste estadounidense, era Pete Bloom. Pete ha trabajado prácticamente con todas las especies de aves de rapiña de la zona, desde los diminutos cernícalos americanos hasta los (más famosos) cóndores de California. En la década de 1980, cuando formaba parte del programa de recuperación del cóndor, estos inmensos buitres se precipitaban a la extinción debido a un debilitamiento de la cáscara de sus huevos relacionado con los DDT y con un envenenamiento con plomo. Pete fue uno de los biólogos encargados de capturar a los últimos cóndores salvajes que quedaban en las montañas del sur de California, cosa que hizo agazapándose durante días o semanas seguidos en un foso camuflado junto al cadáver de un ternero, preparado para sacar la mano a través de una estrecha hendidura y agarrar al cóndor por las patas cuando descendiera a comer, más o menos como hacían los amerindios que antaño atrapaban a las águilas reales por sus plumas. El Domingo de Pascua de 1987, Bloom apresó al último cóndor que volaba en libertad, un macho conocido como AC9, aunque en aquel caso el científico y sus colegas usaron una red propulsada por cañones sobre una res muerta, en lugar del viejo truco indio. AC9 paso quince años en cautividad, durante los cuales fue padre de quince polluelos que se convirtieron en parte del exitoso programa de cría en cautividad y reintroducción, antes de liberarlo él mismo en su antiguo territorio en 2002. Tras producir aún más descendencia en la naturaleza, AC9 finalmente desapareció en 2016 (se le dio por muerto, aunque nunca se encontró su cadáver), fecha para la cual ya había doscientos setenta cóndores salvajes y cerca de doscientos más en cautividad. Un vídeo borroso rodado aquel día de 1987 muestra cómo la red se eleva con un estallido y luego cae formando un arco sobre decenas de cuervos y un único e inmenso cóndor, y a Bloom, alto y enjuto, con su poblada cabellera y barba morenas, saliendo de repente del hoyo y corriendo hacia la magnífica ave. La cámara corta entonces a un primer plano en el que lo vemos a él y a otros dos biólogos abrazar sus negras alas y su cabeza, naranja y púrpura, y luego meter con cuidado al animal en un gran transportín para perros en el que lo trasladarían al zoológico.

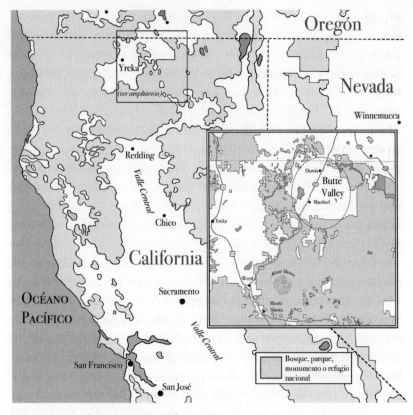

Butte Valley y sus alrededores, norte de California.

Bloom empezó a estudiar al busardo chapulinero de Butte Valley a finales de la década de 1970, como parte de las exhaustivas investigaciones estatales realizadas por el Servicio de Pesca y Caza de California, y aún ayuda a supervisarlos. Aunque los busardos chapulineros siguen siendo comunes en gran parte de su zona de distribución, se han producido mermas gigantescas e inexplicables en algunas poblaciones regionales varias veces en el siglo pasado. En la década de 1890 eran ubicuos en las praderas de Saskatchewan, pero veinte años después habían desaparecido de allí; tras el asentamiento del hombre blanco se registraron declives similares o incluso extinciones locales en zonas de Montana, Alberta y Manitoba, atribuidas de manera diversa a la persecución por parte de los colonos y presentadas como un misterio sin resolver. En muchas de esas regiones, las cifras de busardos chapulineros repuntaron en fechas posteriores, pero en algunas zonas se registraron descensos tan pronunciados o tan permanentes como en California, donde desaparecieron por completo de todo el estado, salvo del Valle Central y de la región agrícola al nordeste de la Gran Cuenca, incluido Butte Valley. Los estudios de Bloom, que llevaron a California a listar al busardo chapulinero como especie en peligro de extinción en 1983, sugerían que la población estatal había disminuido en más de un 90 por ciento de sus niveles históricos, de más de diecisiete mil parejas a solo cuatrocientas. En una predicción que demostró ser profética, Bloom especulaba con que el uso de pesticidas en las zonas de invernada podía ser un factor de su declive.

Brian Woodbridge irrumpió en escena en 1981, contratado para estudiar a los halcones peregrinos de la región y, básicamente, cedido a Bloom una vez concluida la temporada de los peregrinos para que lo ayudara con su investigación sobre los busardos chapulineros. «Pete me dijo: "Aprende a trepar a los nidos e intenta no caerte y matarte de un porrazo", y más o menos me dejó a mi aire», recordaba Brian. En gran parte, su labor consistía en descender haciendo rapel por acantilados hasta aguileras y nidos de halcones. «Así que, cuando acababa de supervisar a los peregrinos, porque concluía la temporada, me quedaba por allí y controlaba a los langosteros. Me hice amigo del biólogo del Servicio Forestal de la zona y al año siguiente me ofrecieron un empleo supervisando a los azores comunes y a los busardos chapulineros». Trabajó para el Servicio Forestal los siguientes veintiún años, estudiando rapaces. Hacia el final de su ejercicio, Brian contrató a un estudiante de máster de la Universidad de Nevada llamado Chris Briggs como técnico de investigación, quien, como parte de su posterior doctorado, empezó a anillar con colores a todos los polluelos de aguiluchos que encontraban, lo cual, como veremos, dio un cambio de rumbo decisivo a la investigación. Briggs asumió la totalidad del proyecto del busardo chapulinero en 2003, cuando Woodbridge se incorporó al Servicio de Pesca y Vida Silvestre de Estados Unidos, y contrató a otro estudiante de máster, Chris Vennum. En el momento de mi visita, Briggs impartía clases en una universidad de

Nueva York y Vennum dirigía el proyecto, mientras ultimaba su propio doctorado.

Tiene sentido que de este linaje de científicos haya surgido un estudio acerca del linaje de los aguiluchos. Gracias a que, al igual que Pete Bloom antes que él, Brian Woodbridge contaba con un registro dilatado y estable de los aguiluchos de Butte Valley, a muchos de los cuales él mismo había atrapado y colocado anillas de colores con una numeración fácilmente legible desde la distancia, fue capaz de detectar el daño que aquellas muertes por pesticidas en Argentina estaba infligiendo en la década de 1990. Pero cuando Briggs (y ahora Vennum) empezó a anillar con colores también a los polluelos, creó una población en la que casi todos los aguiluchos, a simple vista, son individuos reconocibles, con una familia que puede retrotraerse muchas generaciones. Casi en ningún otro lugar del mundo se ha hecho algo así a una escala parecida, y hacerlo ha permitido a los investigadores formular preguntas y dar respuesta a muchos de los enigmas que hasta ahora existían acerca de la ecología de las rapaces migrantes.

Cuando llegué, Briggs, con su barba moteada con algún cabello cano y lamentándose de los kilos extra que se había echado desde que ya no se pasaba todo el verano sobre el terreno, estaba listo para ayudar. La llegada de Bloom, Woodbridge y algunos otros colegas estaba prevista para esa misma tarde. Aquella primera mañana, Briggs y yo nos mantuvimos vigilantes mientras Vennum trepaba por las ramas enmarañadas de un alto enebro con vistas a Butte Valley. Briggs dio la señal de alerta cuando la madre aguilucho se abalanzó, mientras que yo me encontraba a cierta distancia del nido por si acaso el polluelo, que aún no era capaz de volar bien pero sí podría planear un largo trecho, se asustaba y abandonaba el nido. Por el otro lado montaba guardia la cuarta integrante de nuestro equipo sobre el terreno, una de las alumnas de Briggs en el Hamilton College de Nueva York llamada Amelia Boyd, la última ramita de este árbol genealógico científico que no deja de esparcirse. Después de que Vennum bajara una bolsa bandolera de tela gris con el polluelo, Amelia lo acunó en su regazo para anillarlo, pesarlo y medirlo. Ya casi había alcanzado su tamaño definitivo, pero todavía estaba echando las plumas de las alas y de la cola. El polluelo se mostraba asombrosamente tranquilo, tumbado quieto boca arriba sobre la báscula digital, sin que nadie lo sujetara, o agazapado paciente junto a Amelia mientras finalizaba el papeleo.

Una vez hubimos acabado con aquel nido en la montaña, condujimos un rato y luego atravesamos a pie una vasta expansión plana de arbustos de chamiza y salvia hasta llegar a otro nido situado a entre doce y quince metros de altura en un tupido enebro bulboso. Los adultos describieron círculos y graznaban para expresar su descontento. Como de costumbre, la hembra, considerablemente más grande, volaba más cerca. Amelia se abotonó hasta arriba una camisa de manga larga pese al abrasador calor del desierto (la temperatura alcanzaría los 40 °C a última hora de la mañana, se ató un casco, se enfundó un par de guantes y luego trepó por el árbol. «Estos enebros son como una escalera de mano —comentó Vennum—. Son bastante fáciles de trepar, aunque un poco fastidiosos». Su ropa de operaciones sobre el terreno daba fe de ello: unos tejanos gruesos llenos de sietes y deshilachados y unas botas andrajosas cubiertas de agujeros que dejaban a la vista sus calcetines, todo ello manchado de resina de los árboles que atufaba a meado de gato. Cuando la cabeza de Amelia asomó por un agujero en el dosel, la gran hembra, con su forma oscura, detectó su oportunidad y se lanzó al instante en un ataque en ángulo. «Ahí va…, ¡agáchate!», le gritó Vennum, y la aguilucho erró por poco, piando a su paso.

«¿Dónde está?», gritó Amelia, mirando a su alrededor frenéticamente. Amelia, una estudiante de Medicina que se había apuntado a trabajar como técnica de investigación porque le gusta escalar, nos había confesado que le asustaba la perspectiva de que un ave grande con ocho cuchillos por uñas la golpeara en la cabeza a cinco pisos de altura. «Está por encima de ti, muy alto, volando en círculo —le gritó Vennum—. Nada de que preocuparte». Un par de minutos después, Amelia había metido en la bolsa al único polluelo del nido y había empezado a descender a lugar seguro a toda prisa.

Una vez que la cría estuvo en el suelo, los padres se alejaron volando y los tres procesamos al pequeño con celeridad. Amelia le extrajo una muestra de sangre de una vena en el ala, que posteriormente examinaría en busca de parásitos y para analizar las proporciones de leucocitos, ya que en algunas aves pueden ayudar a predecir si sobrevivirán para reproducirse. Pero la anilla de color verde en su pata izquierda, con un código blanco de dos caracteres fácil de leer desde la distancia, era la clave del valor extraordinario de aquel estudio de larga duración. Al principio, Bloom y Woodbridge anillaban con colores a cualquier busardo chapulinero adulto que atraparan, pero cuando Briggs se incorporó al proyecto, en 2008, amplió dicha labor para incluir prácticamente a cualquier cría de cualquier nido que fueran capaces de encontrar cada año, en un valle de quince por treinta kilómetros, una tarea prodigiosa gracias a la cual hasta la fecha se han anillado casi mil cien polluelos. A resultas de ello, más de tres cuartas partes de todos los busardos chapulineros adultos de este inmenso valle llevan ahora anillas de colores, una de las proporciones más elevadas del mundo. Ello permite a los científicos saber qué individuos han regresado y cuáles han desaparecido, si han cambiado de territorio, quién se ha apareado con quién o quién se ha separado de su pareja de siempre. Pero, sobre todo, Briggs y Vennum están ahora en disposición de elaborar un mapa genealógico de los busardos chapulineros del valle retrocediendo varias generaciones y diferenciando los diversos linajes, una capacidad que ha permitido obtener conocimientos sorprendentes acerca de la biología y el comportamiento de estas aves. Para empezar, saben que esta pequeña población de cría es sumamente leal a su hogar; las aves anilladas de Butte Valley rara vez se divisan en ningún otro sitio, con la salvedad del cercano valle de Klamath, a pocos kilómetros de distancia, y las parejas regresan, año tras año, a zonas de nidificación que ya no son adecuadas porque el hábitat circundante ha cambiado. Briggs piensa que esta asombrosa tenacidad puede responder a la extraordinaria migración de los aguiluchos. «Quizá lo irónico de ser tan móvil y de migrar tan lejos sea que cuando regresan a las zonas de reproducción no disponen de tiempo» para buscar nuevos emplazamientos, me dijo. Sea cual fuere la causa, los busardos chapulineros reaccionan con una lentitud inusual al nuevo hábitat y a sus nuevas oportunidades. Hoy por hoy, la especie apenas está colonizando partes de la zona sur de Butte Valley irrigadas por las inundaciones hasta la década de 1990, pero que ahora albergan abundante hábitat ideal aunque infrautilizado.

Los investigadores también han averiguado que, si bien la mayoría de las parejas tienen crías que viven lo suficiente para reproducirse, el tercio restante de las hembras nidificantes produce casi todos los polluelos que sobreviven hasta la edad adulta y regresan a anidar. «En realidad, son muy pocos individuos los que están manteniendo esta población —explicó Vennum, mientras se quitaba el casco y se atusaba su corto pelo—. Son supermadres. Unos pocos nidos producen la mayoría de los nuevos repobladores. —Este es el término biológico con el que se describe a las aves juveniles que sobreviven y se incorporan a la población adulta—. Y luego tienes a la mayoría, que son unos inútiles y no contribuyen demasiado. Lo interesante es que algunos territorios se ocupan cada año durante décadas, mientras que otros se abandonan con los años. Algunas parejas producen una tonelada de crías, pero muy pocas de ellas regresan para criar. No obstante, todavía no sabemos qué convierte a estas hembras en supermadres. ¿Será porque son capaces de atraer a los machos más experimentados? ¿O tal vez su suerte dependa de hacerse con un territorio propicio? A principios de este año se publicó un artículo titulado "Pluck or Luck" en el que se intentaba abordar el tema de por qué algunos son buenos progenitores y otros no. Y la conclusión era que, en gran medida, era cuestión de suerte. Pero yo no estoy seguro».

A diferencia de las poblaciones situadas más al este, los busardos chapulineros de California son, en su mayoría, aves de morfo oscuro o melánico («morfo» es el término que describe una paleta de variaciones de color dentro de una misma especie). En la mayor parte de la extensa zona de distribución del busardo chapulinero, los individuos de morfo claro son la norma, con el vientre de color crema, el lomo y una especie de capucha de verdugo marrón oscuro, la barbilla blanca y las plumas remeras gris carbón. En cambio, en Butte Valley, esas aves representan menos del 10 por ciento de la población y el resto son aguiluchos de morfo oscuro o rufo que exhiben unos bonitos y variados tonos canela, castaño y caoba. Briggs lleva años obsesionado con descubrir cuál es la explicación y por qué tantos otros busardos del género, como los ratoneros de cola roja, los gavilanes herrumbrosos e incluso las águilas alianchas, también presentan un gradiente de morfo de claro a oscuro de este a oeste. Todavía no ha dado con la respuesta. Pero como conoce la historia familiar de todas las aves de Butte Valley, puede demostrar que, mientras que a las hembras de busardo chapulinero no parece preocuparles la coloración de los machos, al contrario ocurre algo muy distinto. Los machos tienden a elegir a hembras que comparten el patrón melánico de sus madres, una especie de complejo de Edipo. De hecho, sorprende que los machos que escogen aparearse con hembras con un morfo distinto al de sus madres producen un número significativamente inferior de polluelos a lo largo de su vida y, además, estos son menos longevos que la media.

«Desconocemos si eso significa que esos machos presentan una bajísima calidad y, por consiguiente, no atraen a las hembras a las que consideran atractivas, si se ven forzados a ocupar la periferia del valle, un territorio mediocre, o si sencillamente no les interesa esforzarse en conseguir una hembra que no les resulta atractiva», añadió Briggs. Ahora bien, una posibilidad es que los colores del morfo sean una expresión visible de algún aspecto del sistema inmunitario del ave. «Podría tratarse de algún indicador de compatibilidad del CMH —continuó Briggs, que al notar mi desconcierto aclaró—: CMH, complejo mayor de histocompatibilidad». El CMH es un conjunto de genes que codifica las proteínas de una célula y que, a su vez, permite al sistema inmunitario adquirido del cuerpo identificar a los invasores externos y desencadenar una respuesta. La diversidad entre los genes CMH es tremenda, y estudios en una amplia variedad de organismos, desde peces hasta ratones y humanos, han demostrado que el apareamiento se da con más frecuencia entre individuos con los conjuntos de CMH más dispares. (Cuando, por ejemplo, se solicita a universitarias que olfateen tres camisetas usadas por universitarios y elijan las que les resulten más atractivas, casi siempre escogen las pertenecientes a hombres con los genes CMH más diferentes del suyo). «Tal vez el morfo de color del busardo chapulinero sea una indicación visible de su CMH», aventuró Briggs. Ahora mismo es mera especulación, pero las muestras de sangre que Amelia estaba tomando podían explicar por qué un busardo chapulinero macho podría querer aparearse con la hembra más parecida a la que escogió su viejo y querido padre. Elegir una pareja con un complejo inmunitario erróneo podría poner en riesgo el éxito reproductivo de un individuo. Y como hay pocas poblaciones de rapaces de las cuales se lleve un seguimiento tan intenso en ninguna otra parte del mundo, Butte Valley podría ser uno de los únicos lugares en los que tales preguntas —por qué existen las supermadres o si el color de los morfos dan alguna indicación esencial sobre la salud, entre muchas otras— tienen alguna posibilidad de hallar respuesta.

Vennum y su equipo se aproximaban a cien nidos por temporada, un nuevo récord, pero aquel distaba mucho de ser un año excepcional en términos de productividad; el verano había sido seco, lo cual parecía haber reducido el número de roedores, sobre todo en las praderas autóctonas del valle donde se daban la mayoría de las nidadas improductivas. Tales altibajos son habituales entre roedores y rapaces, pero, en Butte Valley, el busardo chapulinero cuenta con un bote salvavidas: los campos de alfalfa que circundan la plataforma de riego de eje central. Esos luminosos círculos verdes en un paisaje por lo demás árido son el hábitat perfecto para las ardillas terrestres, que en esta región presentan una densidad asombrosa, con hasta ciento treinta y tres ejemplares por hectárea. Como pueden devorar hasta el 45 por ciento de la cosecha de alfalfa, los agricultores las consideran una plaga y reciben con los brazos abiertos a los cazadores que las usan como diana y acaban con miles de «chillonas» (las ardillas terrestres de Belding, la especie más común) y de «colas largas» (las ardillas terrestres de California) cada primavera. Pero los roedores son también la presa principal para muchas rapaces, incluidos los busardos chapulineros, lo cual explica que esta zona del nordeste de California y el vecino Oregón presente una de las mayores concentraciones de aves de rapiña de todo Estados Unidos.* Para poner fin a la jornada,

---

* El envenenamiento por plomo representa una seria amenaza para las aves rapaces, pero esa es una bala que los busardos chapulineros han conseguido esquivar en gran medida. Mientras que los ratoneros de cola roja, las águilas americanas y las reales, los cuervos y otras aves carroñan los cadáveres de las ardillas muertas y descartadas, a resultas de lo cual se ha contrastado que presentan niveles de plomo muy elevados, la principal temporada de caza de ardillas tiene lugar antes del regreso del busardo chapulinero en primavera. Y, por suerte para todas las rapaces de California, en 2019 entró en vigor la primera prohibición estatal del país sobre el uso de munición con plomo.

condujimos hasta la Ruta 97, el ajetreado itinerario de camiones que atraviesa el valle de camino a la frontera con Canadá, y, durante el recorrido, Vennum se dedicó a hablarme en detalle sobre las rapaces de las proximidades. «En ese árbol de ahí vive una pareja de busardos chapulineros y en el de detrás, una de ratoneros de cola roja —me señaló al otro lado de la carretera de dos carriles—, aquello de allá es territorio de un langostero conocido por aquí como el BLM Pino Uno. En el pequeño arbusto del oeste anida otro langostero al que llamamos Capitán Canguro; tengo que cambiarle el nombre a ese territorio. Y aún no hemos recorrido ni cien metros. Se diría que a los langosteros y los ratoneros de cola roja les va bien en Butte Valley». Un territorio de busardos chapulineros en Butte Valley mide, de media, unas cuatrocientas hectáreas, frente a las extensiones hasta diez veces superiores de otras regiones de California, lo cual da una idea de la abundancia de alimento aquí.

Si los más de cuarenta años de investigación han demostrado algo en Butte Valley es la conexión fundamental entre los aguiluchos, los roedores y la alfalfa, si bien este valle no siempre ha sido un paraíso para las ardillas ni para sus depredadores. Cuando vivían aquí los pueblos amerindios de los modoc, los klamath y los shasta, los cerca de trescientos cincuenta kilómetros cuadrados de Butte Valley conformaban un inmenso humedal salpicado por islas de artemisa, el entorno ideal para aves acuáticas migratorias (que los indígenas cazaban durante la época de la muda, cuando no podían volar), pero un hábitat marginal para una rapaz de las praderas como el busardo chapulinero. La situación cambió a partir de la década de 1860, cuando los colonos blancos drenaron las ciénagas de espadaña y la tierra se destinó a uso agrícola y ganadero, con la consiguiente expulsión de los indios del territorio a la par que se abría la puerta a los busardos chapulineros. El cultivo de patata y de heno (así como la leña extraída de las montañas de los alrededores) fue un pilar económico durante gran parte de la primera mitad del siglo xx, pero cuando Brian Woodbridge llegó al valle, a principios de la década de 1980, ese mercado estaba ya de capa caída y los antiguos patatales cubiertos de maleza producían poco de lo que las presas o los aguiluchos pudieran alimentarse. Se habían acabado los subsidios federales destinados a la producción de leche y, con ellos, gran parte de la producción de alfalfa que había florecido en el valle durante las décadas de 1960 y 1970, y la alfalfa es la clave.

«Cualquier aumento de la producción de alfalfa comporta un incremento de la población de busardos chapulineros —me explicó Brian aquella noche, mientras se acomodaba en una butaca en el jardín de la casa que alquilaba el equipo sobre el terreno—. Allá donde residen, los langosteros aprovechan hábitats agrícolas. Es asombroso cuánto depende esta ave de los hábitats artificiales, que ocupan casi el cien por cien de Butte Valley. Estas dos comunidades, los aguiluchos y los agricultores, encajan, para bien o para mal». Pete Bloom se acercó portando una silla y se sumó a la conversación; aunque sus pobladas cabellera y barba son ahora plateadas, sigue teniendo la constitución musculosa de un biólogo de campo activo. Brian también tenía muchas más canas en la perilla que la última vez que lo había visto; tenía sesenta y un años y la jubilación, nos confesó, cada vez se le antojaba más bienvenida. La puerta de un coche se cerró con un portazo y siguieron más abrazos y saludos: Karen Finley, la antigua asistente sobre el terreno de Brian, que lo había acompañado en aquel primer viaje a Argentina, había conducido desde el valle de Willamette, en Oregón, donde regenta junto con su marido una inmensa explotación de apicultura y elaboración de miel.

La mañana siguiente iba montado en la camioneta de Chris Vennum con Brian y Karen. Habíamos salido en busca de un par de adultos sin anillar que Vennum ansiaba capturar. Los divisamos posados en unos postes de servicio adyacentes y condujimos de manera lenta pero constante por los caminos de grava que llevaban hasta ellos. Al pasar por delante de donde se hallaban, Karen abrió la puerta del copiloto y depositó con cuidado en el suelo una trampa bal-chatri con un ratón dentro mientras Vennum seguía conduciendo y Brian alargaba el pescuezo para observar la reacción de los aguiluchos. Apenas nos habíamos alejado cincuenta metros cuando el macho, de menor tamaño, abandonó su percha y descendió volando hasta quedar oculto de nuestra vista entre las altas hierbas de los márgenes, lo cual nos obligó a dar media vuelta en un granero mientras un par de perros pastores australianos nos ladraban. Regresamos a toda prisa. El aguilucho estaba aleteando en el suelo, atrapado por una pata, y Brian bajó de la camioneta en un santiamén, envuelto en la polvareda que levantábamos, antes incluso de que Vennum se hubiera detenido. Lanzó su camisa sobre el ave, la agarró por las patas y, a continuación, Chris y él desataron la soga y le colocaron una elegante caperuza de cetrería de cuero al macho para apaciguarlo.

Estábamos debatiendo cómo colocar la trampa para la hembra cuando apareció un 4×4 pisando el acelerador, con un hombre mayor con la piel curtida por el sol al volante y uno de aquellos perros pastores azulados apoyado detrás. Se llamaba Tom y llevaba una gorra de visera amarilla y un cinturón con una hebilla grande de Jack Daniels. «Venía a asegurarme de que no me pisotearan la alfalfa; he tenido muchos problemas con personas que disparan a las ardillas —nos dijo—. Las balas rebotan e impactan en las tuberías y, si las perforan, me cuesta trescientos dólares cambiarlas». Vennum le explicó lo que estábamos haciendo y charlamos un rato sobre los busardos chapulineros. Chris tiene la desafortunada costumbre de recurrir a jerga de biólogo en ocasiones como aquella. Le describió a aquel hombre la épica migración de los aguiluchos en kilómetros, en lugar de en la medida corriente en la zona, en millas, y le explicó que «los juveniles repueblan» la colonia. Aun así, consiguió transmitirle el mensaje principal: que estas rapaces se comen muchas de las ardillas terrestres que son una pesadilla para cualquier agricultor de alfalfa.

«Pues no les entretengo más —dijo Tom, mientras volvía a montarse en su todoterreno—. Solo venía a comprobar quién andaba por aquí».

Enseguida capturamos a la hembra, y ambas aves acabaron con anillas metálicas doradas en la pata izquierda y con anillas verdes y blancas en la derecha. Le pregunté a Karen, mientras tenía agarrada a la hembra, qué cambios había registrado el estudio desde su época como técnica de campo, veinte años atrás.

«El cambio más transformador ha radicado en poner anillas de colores a los polluelos. Hace años habríamos dicho:"Mira, hay un ave con anilla de metal en ese poste" y ahí habría quedado la cosa. En cambio, ahora podemos leer la combinación de colores y saber que es un macho de dos años de tal o cual nido. Amelia puede revisar la genética del ave y comprobar cuál es su familia».

«Bueno, es que estas aves son como de la familia», comentó Brian, mientras comprobaba que la anilla de la hembra estuviera bien ajustada.

Karen asintió con la cabeza. «¡Desde luego! Podrían ser los nietos o los bisnietos de las aves que conocimos en el pasado. Seguramente lo sean».

A última hora volvía a encontrarme en la camioneta de Vennum con Melissa Hunt, una biotécnica del Servicio Geológico de Estados Unidos que estudia los azores en la zona y que colaboraba con el proyecto de los langosteros en su tiempo libre. Habíamos instalado una trampa bal-chatri para un par de aguiluchos que había posados sobre una plataforma de regadío de eje central mientras el cielo se oscurecía por el sudoeste y cortinas de lluvia comenzaban a envolver el monte Shasta. El viento empezó a lamer las altas hierbas y la temperatura cayó en picado a menos de 15 °C. Relámpagos que permanecían en la retina durante lo que parecían segundos eternos resquebrajaban el cielo hasta el lecho del valle. El macho se dejó caer dos veces, pero no veíamos la trampa a causa de las altas hierbas y la primera vez que nos acercamos con la camioneta lo encontramos posado tranquilamente en el suelo y echó a volar. Al fin se precipitó una tercera vez y, justo cuando las primeras gotas salpicaban el parabrisas, Chris y Melissa lo agarraron, lo encapucharon y lo metieron en el vehículo.

La lluvia arreció, ahora aporreaba con fuerza el vidrio, mezclada con granizo. «¡Tenemos que encontrar un granero!», gritó Vennum para hacerse oír por encima del estruendo mientras traqueteábamos por aquel camino de tierra. Derrapando por el fango, dejamos atrás maquinaria aparcada y fuimos a guarecernos bajo un granero de heno de techos altos y abierto por un lateral. El resto del equipo se apiñó justo detrás de nosotros, mientras granizo del tamaño de arándanos iba cubriendo el suelo de blanco. Era casi imposible hablar por encima del ruido sobre el techo metálico de la camioneta; de hecho, nos comunicábamos en parte por señas, pero le colocamos la anilla al aguilucho y, para cuando hubimos acabado de hacerlo, la lluvia y el granizo habían amainado.

«Su pareja le va a preguntar: "¿Dónde andabas, para estar tan seco?" —bromeó Brian, antes de ponerse serio—. Con esta granizada, tal vez hayamos perdido a algunos polluelos». Con sus finos y huecos huesos, incluso aves de gran tamaño, como las rapaces, pueden quedar tullidas o morir bajo una potente granizada, y si la hembra no los protege con su propio cuerpo, los polluelos pueden perecer fácilmente. Por suerte, cuando liberamos de nuevo al aguilucho en su territorio, la hembra salió disparada de un nido cercano y Vennum, que estaba de pie en la parte trasera de la camioneta, mirando a través de los prismáticos, logró ver que al menos una de las crías se movía y parecía estar bien.

Veinte años antes de su experiencia cercana a la catástrofe en Argentina, los busardos chapulineros no solo surcaban los cielos de Butte Valley, sino de gran parte de su zona de distribución. A diferencia de tantas aves altamente migratorias, su cifra parece haberse estabilizado o incluso estar aumentando, dado que, por un feliz accidente evolutivo, son capaces de prosperar en paisajes alterados por el ser humano. «Estamos ante una especie que se ha adaptado realmente bien a la agricultura y que, en algunas zonas, incluso se ha vuelto urbana —explicó Vennum—. Si la población humana aumenta hasta los nueve mil millones, tal como se prevé, habrá que convertir mucha más parte de la tierra restante a uso agrícola. Y esa situación sería muy propicia para esta especie». Y es cierto, pero las lecciones de la década de 1990 son inequívocas: no toda la tierra ni toda la agricultura se crea igual. Un ave rapaz de tierras de labranza corre un riesgo particular, no solo por el uso de sustancias químicas nocivas, sino por los cambios en las prácticas de cultivo, las presiones del desarrollo o las oscilaciones del mercado; al fin y al cabo, fue la conversión de tierras de pasto tradicionales en cultivos extensivos de soja y girasol lo que condujo a los envenenamientos con pesticidas en Argentina. En California, un cuarto de las zonas urbanizadas en los valles de Sacramento y San Joaquín eran antiguamente tierras agrícolas de regadío, mientras que las hectáreas dedicadas a la producción de uva se han duplicado con creces desde 1990, y la demanda de almendras y aceitunas se ha disparado, a consecuencia de lo cual el cultivo de vides y vergel ha destruido gran parte del hábitat tradicional del busardo chapulinero en el Valle Central. En paralelo, el sobrepastoreo y un clima cada vez más seco están reduciendo la calidad del hábitat de pastizales que queda y, con ello, las opciones de los aguiluchos para sobrevivir en tierras agrícolas.

En pleno desierto del nordeste de California no se cultiva vid, pero en Butte Valley, donde el auge de la alfalfa en su día impulsó la recuperación de los busardos chapulineros del valle, el nuevo cultivo de moda son los fresones. El valle es solo un eslabón, aunque crítico, de la cadena de cultivo de fresones, que se está extendiendo de cabo a rabo de California, un proceso de una complejidad asombrosa que requiere grandes esfuerzos de mano de obra y de transporte, así como el uso intensivo de sustancias químicas para poder servir fresas maduras en las mesas de los estadounidenses durante gran parte del año. Plantas cultivadas a partir de grupos de células clonadas y sembradas primero en invernaderos y, luego, en campos en el cálido Valle Central se excavan y se transportan en camiones hacia el norte, hasta el clima mucho más frío de Butte Valley. Sus retoños, conocidos como plántulas «hijas», se recogen y plantan, y reciben el mimo de las noches gélidas y los cálidos días de la zona para florecer. Sin embargo, antes de hacerlo, estas plántulas vuelven a transportarse hasta seiscientos cincuenta kilómetros al sur y se replantan de nuevo para producir los fresones grandes (y bastante insípidos) que llenan los supermercados.

El cultivo de fresas dio comienzo en Butte Valley hace unos quince años, según me explicó Vennum, pero se ha disparado en los últimos tiempos. Yo vi grandes parcelas, de unas cincuenta hectáreas cada una cubiertas de plástico acolchado, bajo el cual se bombeaban fungicidas que, literalmente, esterilizan el suelo para preparar el cultivo. (Y también vi miles de pacas bien envueltas en un plástico blanco que se había vuelto grisáceo con el tiempo, pacas de temporadas previas, apiladas en montículos en algunas granjas, que se desintegraban y se desplomaban, como helado sucio derritiéndose bajo el sol). Centenares de temporeros trabajaban en los campos de fresas. Muchos de ellos iban montados, bocabajo y a dos palmos del suelo, sobre unos artilugios alados acoplados a tractores, seis trabajadores a cada lado, mientras las máquinas avanzaban lentamente retumbando entre las hileras en formación y los temporeros descapullaban de manera rápida y experta las plantas para que no florecieran de manera prematura.

Lo que preocupa de manera más inmediata a los biólogos de los aguiluchos es la esterilidad de los campos que requiere el cultivo de la fresa. «Quedan inservibles para todo —dijo Vennum—.Ya no los usan ni las ardillas ni los aguiluchos. Nada».Actualmente, la producción de fresa está en gran medida circunscrita a unos cuantos centenares de hectáreas del valle y los aguiluchos aún disponen de otras opciones. Pero si el cultivo del fresón sigue ampliándose, la situación podría cambiar... y las fresas dependen del agua bombeada mucho más que la alfalfa. Brian Woodbridge me aclaró que el nivel actual de bombeo se considera más o menos sostenible con la recarga de las nieves en invierno, pero, dado el calentamiento global, los climatólogos pronostican una reducción drástica de las nevadas en California. «Si nos quedamos sin agua, preveo un fuerte impacto», añadió Vennum. La historia del busardo chapulinero, desde Butte Valley hasta Argentina, sirve de recordatorio de que con cada kilómetro que recorre un ave migratoria, las posibilidades de que algo crucial cambie en su ruta aumentan.Aunque los biólogos son optimistas por lo que respecta a las posibilidades del busardo chapulinero, saben que su destino, como el de la agricultura, está ligado al agua en un mundo cada vez más cálido y, a menudo, también más árido.

Y aunque contamos con mucha información acerca de la vida y los viajes de los busardos chapulineros, gracias en gran medida a los cuarenta años de trabajo en este valle remoto, nuestro conocimiento todavía presenta lagunas. Una de las que intrigan a Vennum y a Briggs es adónde van exactamente los juveniles cuando abandonan las zonas de cría y cómo llegan hasta allí. Durante el pasado cuarto de siglo, la mayoría de las aves equipadas con localizadores vía satélite eran adultos, por dos motivos. Para empezar, gran parte de los aguiluchos juveniles (como la mayoría de las aves juveniles en general) mueren a las pocas semanas o a los pocos meses de dejar el nido, víctimas de otros depredadores, del hambre, del agotamiento o de accidentes. Si se invierten varios miles de dólares en un transmisor vía satélite, interesa colocárselo a un ave con las mayores probabilidades de sobrevivir, para obtener una recompensa en forma de datos, y eso comporta instalársela a un adulto. A ello se suma que, en un gesto mucho menos egoísta, los investigadores a menudo optan por no colocar estos aparatos a los juveniles porque, de por sí, esas aves ya tienen las probabilidades en su contra, y el peso de cargar con un transmisor en el lomo, por pequeño que sea, es otro factor que puede inclinar la balanza de la supervivencia para la joven e inexperta ave. Por todos estos motivos, son muy pocos los busardos chapulineros juveniles a los cuales se ha seguido el rastro.

«Sabemos muchas cosas acerca de los langosteros, sobre todo qué sucede aquí en el valle, pero los juveniles son el misterio más espinoso —se lamentó Vennum aquella noche—. Me refiero a que hay entre dos y cuatro años de su vida que no son más que un interrogante enorme». Los pocos datos de que se dispone sugieren que las aves jóvenes regresan en primavera desde Argentina, pero Vennum aseguraba que no le sorprendería averiguar que, como jóvenes águilas pescadoras, algunos busardos chapulineros juveniles permanecieran en Sudamérica uno o dos años, hasta alcanzar la edad de reproducirse. Vennum logró desplegar transmisores por satélite en seis aguiluchos jóvenes de Butte Valley, de los cuales solo dos sobrevivieron lo suficiente para emigrar al sur y regresar; otros dos de ellos ni siquiera llegaron a dejar el valle. Sin embargo, los datos de los jóvenes supervivientes, junto con los de los adultos marcados, muestran que, durante su itinerario por el sudoeste, hacia el interior de México, se internan en zonas con regadío de eje central, como su lugar natal, una autopista de alfalfa y roedores que conduce a las pampas.

En aquel momento, la conversación, que hasta entonces había sido bastante técnica, dio un giro que me desconcertó como si me hubieran asestado un puñetazo en el estómago. Chris Briggs nos relató que, diez años antes, cuando trabajaba en su tesis doctoral, había viajado a Argentina con la esperanza de capturar busardos chapulineros. Su objetivo era tomarles muestras de sangre en busca de isótopos y hormonas del estrés, lo cual podría arrojar luz sobre aspectos importantes de su biología, pero bajo la capa científica subyacía la emoción de un apasionado de las aves rapaces que finalmente lograría ver aquellos magníficos tornados de aguiluchos que nosotros habíamos presenciado a finales de la década de 1990. El problema fue que, en contra de sus expectativas, no halló aguiluchos, o al menos no muchos. «No había aves. La bandada más grande que logramos ver en dos semanas debía de estar formada por, a lo sumo, doscientos aguiluchos. Fuimos a todos los lugares que visitasteis vosotros, a Chanilao y al resto de ellos. Y como las bandadas no eran grandes, atrapamos solo a tres rapaces en todo el viaje, y creedme si os digo que capturarlos no fue fácil».

«¡Madre mía!», exclamé yo, alarmado. Mis recuerdos de aquellas noches en el rancho, observando a los aguiluchos reunirse en números casi incontables, figuran entre los más preciados de toda una vida de viajes y aventuras como amante de las aves. Parte de mí siempre ha albergado la esperanza de regresar allí, de acomodarme un atardecer del húmedo verano y contemplar aquel espectáculo otra vez. El hecho de que esa posibilidad pueda haberse desvanecido me dejó con un doloroso vacío, como la noticia de una muerte inesperada.

«Lo lamento mucho, Chris. Verlo fue asombroso».

«No os podéis imaginar lo emocionado que estaba de viajar por fin allí y contemplarlo con mis propios ojos —contestó Briggs, dejando caer los hombros—. No quiero decir con ello que ver a unos cuantos centenares fuera decepcionante, pero… —No concluyó la frase. Sacudió la cabeza a lado y lado y dijo—: ¿Quién sabe? Quizá todavía haya grandes bandadas y sencillamente no sepamos dónde están. Allí abajo creen que lo único que pasa es que los aguiluchos ahora están más dispersos, que no se concentran todos en la zona central del norte de La Pampa donde vosotros los visteis». No ha habido ningún indicio de una gran mortandad, añadió, ni se tienen pruebas de que la población haya decrecido. Quizá mis compañeros y yo tuviéramos suerte en los años noventa, quizá la confluencia de circunstancias, como la plaga de langostas que desencadenó el uso de aquel pesticida mortal, hubiera concentrado a los aguiluchos en aquella región de las pampas. Quizá lo que dimos por típico fuera excepcional, es posible que incluso no tuviera precedentes.

No lo sabemos. Eso es lo fascinante y a la vez lo exasperante de estudiar a las aves migratorias: que todavía hay muchas cosas que se nos escapan. Incluso con grandes avances tecnológicos y una teledetección que parece salida de la ciencia ficción, con los cálculos numéricos de macrodatos, con los transmisores por satélite y por radar y toda la pesca, lo que desconocemos acerca de los viajes planetarios de las aves sigue superando con creces lo que sabemos. El mundo es muy grande y, aunque los humanos somos omnipresentes, no somos omniscientes. Hay mucho territorio en el planeta, muchos kilómetros que estas rapaces sobrevuelan batiendo sus alas, y los aguiluchos aún se guardan muchos secretos para sí.

8

Más allá de la barrera

Si se mira un mapa, se verá que los Outer Banks, en Carolina del Norte, forman una especie de mandíbula protuberante en la Costa Este de Estados Unidos, como la de un boxeador fanfarrón que invitara a un huracán de paso a golpearle. Y, en efecto, a lo largo de la historia, incontables tormentas han sacudido esta delgada cadena de islas de barrera que se extiende más de trescientos veinte kilómetros desde el sudeste de Virginia hasta Carolina del Norte, encerrando las ensenadas de Albemarle y Currituck Sounds al norte y la inmensa Pamlico Sound, la laguna de mayores dimensiones de la Costa Este, al sur, más de siete mil cuatrocientos kilómetros cuadrados de agua en total. Puede apreciarse el efecto de esas tormentas en el largo trayecto por la autopista 12, al dejar atrás Corolla y Nags Head, Rodanthe y Buxton. En muchos puntos, las islas de los Outer Banks apenas miden ya ochocientos metros de ancho y no están a más de un par de metros por encima del nivel del mar. A medida que este aumenta y que las tormentas se intensifican, el agua salada va abriéndose camino hacia el interior, ayudada por las zanjas y los canales que drenan las tierras altas para la agricultura, cosa que mata los bosques marinos y está dejando «bosques fantasma», de un crudo gris, en su estela. (Además, durante los huracanes, el mar suele barrer tramos de la Ruta 12, la única carretera y la cuerda de salvamento de la industria turística en gran parte de la región, que tiene que reconstruirse entonces a marchas forzadas).

Pero la misma geografía que hace este torcido dedo de islas de barrera tan vulnerable a los huracanes y a las tormentas tropicales también lo convierte en la meca de cualquiera que sienta interés por la migración de las aves marinas. Porque es aquí, sobre todo en el extremo sur de los Outer Banks, cerca de la población de Hatteras, donde el borde de la plataforma continental y el ancho mar que se extiende allende esta se hallan más próximos a tierra firme y donde la corriente del Golfo resulta más fácilmente accesible desde la orilla. Desde aquí parte la ruta más corta a un mundo completamente distinto, el de las aves migratorias pelágicas, las aves que, como gran parte de los vencejos europeos, que se pasan entre ocho y nueve meses al año volando, han cortado casi por completo su vínculo con tierra firme. Los desplazamientos anuales de tales aves, de pardelas, albatros y paíños, entre otros, se cuentan entre los mayores enigmas irresueltos relacionados con la migración. En algunos casos, no sabemos con exactitud en qué hemisferios habitan, y, en un grado sorprendente, ni siquiera sabemos qué especies quedan aún por descubrir.

El trayecto desde los Outer Banks en temporada alta para el turismo, en pleno agosto, fue largo, incluso pese a tratarse de un día entre semana. Avanzaba a paso de tortuga por las poblaciones y los lugares más turísticos, por el sinfín de complejos, restaurantes y tiendas de playa que hay en toda la zona norte de los Outer Banks, pero finalmente hallé cierto alivio al llegar a los confines del Refugio Nacional de Vida Silvestre Pea Island y, algo más al sur, al comienzo de la franja de ciento diez kilómetros de la playa Cape Hatteras National Seashore, donde altas dunas amenazan con engullir el asfalto por el lado del mar y vastos saladares y estuarios se extienden hasta el horizonte por el flanco opuesto. Empezaba a anochecer cuando llegué por fin al extremo sur de isla Hatteras, literalmente el último tramo de aquella carretera, y me registré en el hotel. Descargué mis pertenencias (algo de comida y una nevera, un saco de dormir, y una mochila con prismáticos y cámaras) mientras tres amigos en edad universitaria descargaban las suyas, un maletero lleno de cajas de cerveza que acarrearon, una tras otra, hasta su habitación. Me alivió saber que los habían alojado un piso por debajo y a medio pasillo de distancia de mi habitación, porque tenía la sensación de que me levantaría antes de que ellos se fueran a dormir.

Estaba en pie a las cuatro de la madrugada, tras una noche tranquila, gracias a los tapones para los oídos. A las cinco había recorrido ya los pocos kilómetros que separaban el hotel de un puerto deportivo junto a la terminal de *ferries*, situada casi al lado del estuario de Hatteras Inlet. Ya había una docena de coches en el aparcamiento. Las estrellas permanecían ocultas tras densos nubarrones, pero la temperatura ya rozaba los 30 °C y, a pesar de la brisa racheada, el ambiente era tan opresivo y húmedo que tenía la sensación de estar respirando a través de una toalla mojada. En el norte centelleó un relámpago, lo bastante lejos como para que el trueno se perdiera en la distancia. «Bienvenidos a la húmeda Hatteras», nos recibió Brian Patteson al reunirnos a la decena de observadores de aves, todos hombres, la mayoría de ellos bastante mayores que yo, en la popa de su barco, el Stormy Petrel II, de dieciocho metros y medio de eslora. Acto seguido, bajo la luz roja de la timonera, con pantalón corto y una camiseta sin mangas descolorida y pasándose la mano por el pelo, Patteson nos dio las instrucciones de seguridad, comprobando esporádicamente su portapapeles con una linterna mientras hablaba de chalecos salvavidas y qué hacer si caía alguien al agua». «Nunca se ha caído nadie, pero es mejor prevenir que curar, sobre todo en un día como este», dijo con su acento de Virginia modulado por las décadas que llevaba viviendo en los Outer Banks, donde regenta un negocio de barcos de pesca deportiva y donde también se ha especializado en las aves pelágicas de la corriente del Golfo. Patteson atrae a observadores de aves de todo el mundo, que acuden a contemplar con sus propios ojos una vida aviar por lo común fuera del alcance de cualquiera que no se apunte a un largo crucero mar adentro.

«Una vez pasemos el banco de arena, vamos a tener bastante actividad —nos advirtió—. Al haber marea baja, tendremos que tomar una ruta más larga para salir de la ensenada, de unos cuarenta minutos, y luego faltarán otras dos horas, más o menos, hasta llegar al saliente de la plataforma. Zarparemos en unos minutos, en cuanto haya luz suficiente para ver adónde nos dirigimos».

Guardamos nuestras mochilas bajo los bancos de la pequeña cabina y nos distribuimos por cubierta mientras Patteson soltaba amarras con ayuda de Kate Sutherland, su guía de viajes habitual, y de Ed Corey, un pelirrojo barbudo que cada pocas semanas viaja hasta la zona para ayudar como guía, procedente de Raleigh, donde trabaja como biólogo de flora y fauna estatal. El barco siguió un complicado y sinuoso curso, serpenteando entre boyas que señalaban el zigzagueante canal entre cardúmenes ocultos y bancos de arena, algunos de los cuales resplandecían en blanco a medida que nos adentrábamos en el mar y el viento y las olas iban acrecentándose. Esta parte de la costa es conocida como el Cementerio del Atlántico: más de cinco mil barcos han naufragado aquí a lo largo de los siglos, unos seiscientos de ellos frente a la costa de Hatteras. Al volver la vista, vi una inmensa tormenta eléctrica sobre Pamlico Sound: las aguas azules oscuras y grisáceas de la ensenada aparecían interrumpidas por nuestra estela, con un pequeño barco pesquero siguiéndonos a centenares de metros de distancia y, al fondo de todo, la cara inferior, casi esculpida, del banco de nubes de tormenta que descargaba por su centro sobre la lejana bahía de varios kilómetros de anchura como una cortina gruesa y diáfana de lluvia.

A mi derecha, haces de la aurora de un intenso y furibundo color rojo anaranjado, asomaban entre las nubes deshilachadas justo cuando el barco empezó a mecerse entre las olas crecientes, cuya espuma salpicaba la proa. Se oyó la voz de Patteson a través del sistema de megafonía: «Preparaos, vamos a pasar por encima del banco. Será mejor que todo el mundo entre en la cabina. El viento sopla del sudoeste. Habrá que cerrar el lado de estribor para protegernos de las salpicaduras». Fui el último en abandonar la cubierta y, al entrar en la cabina, los bancos estaban ocupados, de manera que me agarré con ambas manos a un asidero de madera de la fila que recorría el techo de la cabina en toda su longitud. Lo hice justo cuando el barco empezó a balancearse y agitarse, con las olas embistiendo contra el casco cada vez con más virulencia. Me hallaba de pie a escasos pasos de la puerta de babor, que estaba abierta, y pude así disfrutar de una magnífica vista del sol naciente antes de que este desapareciera entre las nubes. Pero sobre todo notaba la humedad y el calor sofocantes en el interior de aquella cabina casi cerrada en la que estábamos hacinados. Se me resbalaban las manos y por los antebrazos me corrían gotas de sudor que formaban regueros y me caían a chorro por los codos; notaba otros ríos de sudor serpenteándome por la espalda y los costados, bajo la camisa ya empapada. Pero soltar aunque solo fuera una sola mano del asidero era arriesgado. Pese a ir aferrado con ambas, estuve a punto de perder el equilibrio en un par de ocasiones, cuando el barco colisionó con una honda depresión y la espuma entró en cascada en la cabina y corrió formando ríos por la cubierta de babor.

Así seguimos durante un largo rato. Empezaban a dolerme los brazos y las manos, mis pantorrillas se quejaban y el sudor se me acumulaba en las arrugas de las comisuras de los ojos, por más que pestañeaba intentando, sin demasiado éxito, deshacerme de él. «¿Cómo diablos se supone que vamos a usar los prismáticos?», me preguntaba. No estaba seguro ni siquiera de poder salir de aquella cabina cuando fuera el momento, aunque la idea de notar un aire mínimamente más fresco en el exterior era tentadora. Sin embargo, unas dos horas y media después de zarpar del muelle, el mar se calmó de manera repentina: habíamos cruzado la barrera continental y nos habíamos adentrado en la corriente del Golfo. Uno a uno, fuimos saliendo de la cabina, entrecerrando los ojos para no deslumbrarnos con el sol, que empezó a abrirse paso una vez dejamos atrás las nubes. Me sentía como Dorita saliendo de su tornado en blanco y negro y llegando a un Oz en tecnicolor. El agua era de un intenso azul cerúleo, transparente, muy distinto del gris oscuro del mar junto a la costa, y estaba atravesada por largas balsas de sargazo dorado, el alga flotante de los océanos tropicales, arrastradas por el viento, que la adornaban formando líneas kilométricas de un llamativo color amarillo. Peces voladores, de tonos plateados y azul iridiscente, se lanzaban desde nuestra ola de proa, deslizándose por la superficie como piedras saltarinas hasta atrapar el viento bajo sus aletas desplegadas como alas para volar durante centenares de metros.

El cambio me pilló totalmente desprevenido. «¿Esto es normal?», le pregunté a Kate, que se había puesto un par de guantes de goma superresistentes y estaba vertiendo con cuidado un pestilente aceite de pescado amarillo en una jarra que colgaría de la popa. Al gotear, el aceite crearía una mancha que atraería a las aves marinas, guiadas por su excepcional sentido del olfato para hallar comida en mar abierto.

«Con este viento, sí —respondió, ajustando la tapa de la jarra antes de sacar un bloque de cebo congelado de la nevera y meterlo en la jaula de malla de alambre que arrastrábamos en nuestra estela—. Hoy sopla del sudoeste y la corriente del Golfo fluye hacia el nordeste, en la misma dirección, lo que hace que las olas se calmen. Menudo cambio, ¿no?».

Calificarlo así era un eufemismo. Poniendo un poco de atención, ahora podíamos movernos cómodamente por la amplia cubierta y conocernos de un modo que la navegación anterior había impedido. Entre otros, había un hombre procedente de Inglaterra, el director de un centro estuarino nacional de Florida, un educador ambiental de Long Island con tatuajes de vivos colores y un profesor de Lengua inglesa y Poesía de la Universidad de Míchigan de setenta y cinco años que se explayó hablándonos de las similitudes de los cuatro tiempos entre la poesía europea del siglo XIV y su tema de estudio actual, el rap, antes de proceder a recitar varias letras levemente profanas de este último para ilustrar sus explicaciones.

Ese profesor, Macklin Smith, es también una celebridad en ciertos círculos de amantes de las aves, por el hecho de haber visto más de novecientas especies en la Norteamérica continental, cosa que le convierte en el mayor avistador del territorio según el recuento de la American Birding Association, puesto que ocupa desde hace muchos años. Smith es un habitual en los viajes de Patteson. «Empecé a venir en los años setenta, antes de que nadie supiera qué había ahí fuera —me dijo en la cubierta posterior, mientras escrutábamos el cielo en busca de aves, balanceándonos con el vaivén del barco—. Hoy no espero ver nada nuevo, pero nunca se sabe».

Y es verdad que nunca se sabe. Las operaciones de Brian Patteson frente a Hatteras, como las que realizan otras empresas de avistamiento de aves pelágicas que rompen moldes en otras zonas del mundo, no dejan de reescribir lo que creemos saber sobre las aves marinas y sus migraciones. Más que ningún otro aspecto del estudio migratorio, los cruceros pelágicos son el lugar donde los hallazgos sorpresa y las rarezas alucinantes son la norma, como yo he mismo

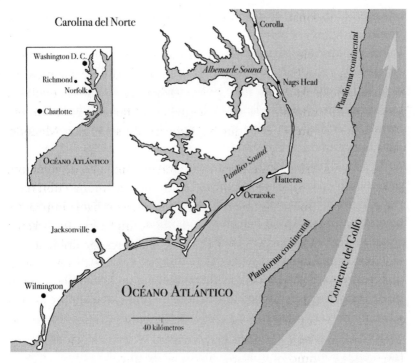

El cabo Hatteras y los Outer Banks son los puntos del Atlántico donde la corriente del Golfo se aproxima más a la costa, gracias a lo cual el distante mundo
pelágico se antoja aquí insólitamente accesible a los investigadores y observadores de aves.

he tenido ocasión de descubrir, con placer y también con pesar.
Cuando me puse en contacto con Patteson el invierno anterior, le
relaté mi interés en los aspectos desconocidos de la migración de las
aves pelágicas y le pregunté cuándo era el mejor momento para ver
algo inesperado, y no dudó en sugerirme que finales de mayo, cuando divisar rarezas es más frecuente. Pero, por desgracia, en mayo yo
tenía que dirigirme a Alaska para mi trabajo de campo anual en el
Denali, así que reservé un par de excursiones en agosto. Consciente
de ello, no me sorprendió saber que, a finales de mayo, uno de los
cruceros de Patteson había avistado un petrel de Tahití, una especie
grande, de color gris oscuro, con el vientre blanco y con las alas estrechas. Sin embargo, incluso medido por los estándares de las aves

marinas, se trataba de un avistamiento sorprendente. Como su nombre sugiere, el petrel de Tahití cría en las islas del sudoeste del Pacífico, como las Marquesas, las islas de la Sociedad y la Polinesia francesa, y va a la orilla a poner sus huevos en nidos cavados bajo la selva forestal. Se lo ha visto unas cuantas veces frente a Hawái y muy puntualmente a lo largo de la costa del Pacífico de Baja California, en México, y Costa Rica. Pero no solo no se lo había avistado nunca frente a Carolina del Norte, sino que nadie había registrado jamás su presencia a tan poca distancia en todo el océano Atlántico.

«Alguien apuntó que tal vez una tormenta lo hubiera arrastrado hasta aquí sobrevolando Panamá», dijo Smith, que también se perdió aquella rareza entre rarezas, pero lo único que podemos saber acerca de cómo acabó un ave marina del Pacífico en el océano equivocado son conjeturas. De hecho, ni siquiera sabemos si el Atlántico es realmente el océano «equivocado». Este tiene una extensión de ciento seis millones de kilómetros cuadrados y el número de personas en sus costas que se molestaría (primero) en apreciar que hay un petrel extraño en la zona y (segundo) en identificarlo es reducidísimo, prácticamente inexistente. Además, ese número ínfimo estaría en gran medida restringido a personas que realizaran una travesía en barco no muy larga desde tierra y, con excepción de Brian y su equipo, pocas pasan más de un par de días al año en el mar. En el caso del paíño de Swinhoe, una pequeña ave marina totalmente negra avistada menos de media docena de veces frente a la Costa Este de Estados Unidos, se creía que solo criaba en el Pacífico occidental, alrededor de Japón y del mar Amarillo, y que su zona de distribución no se extendía hacia el oeste más allá del océano Índico, hasta que se descubrió a un reducido grupo de paíños criando en las islas Salvajes, frente a la costa marroquí. Más recientemente, se ha fotografiado frente a Cabo Cod al menos a una pardela de Tasmania, un pájaro negruzco del tamaño de un charrán grande que anida en las pequeñas islas frente a la costa de Australia y Tasmania y que habitualmente pasa la época en la que no cría en el norte del Pacífico y en el mar de Bering. Se trata del tercer registro de esa especie en el Atlántico. Por inesperado que fuera su avistamiento, quizá cobrara algo más de sentido en el contexto de otro hallazgo: una colonia de las mismas pardelas sombrías en isla Bouvet, en el océano Antártico, en un punto más o menos equidistante entre la Antártida, el Cono Sur y el cabo de Buena Esperanza, y a poco menos de dos mil kilómetros al oeste de la colonia más cercana.

De manera que tanto Macklin como yo nos habíamos perdido el petrel de Tahití, pero había otras singularidades que buscar en aquella corriente cálida como el agua de una bañera que los termómetros de Brian fijaban en 29,5 °C, apenas un poco más frías que el sofocante aire estival. Nos hallábamos más de novecientos metros mar adentro, navegando a ritmo constante hacia aguas abiertas. A lo largo de gran parte de la costa del sudeste, la plataforma continental en realidad está compuesta por centenares de kilómetros de tierra escalonada y aterrazada que va cayendo, por fases, desde las aguas poco profundas del litoral hasta el abismo insondable. En cambio, frente a Hatteras, la caída es abrupta y, cuando nos encontrábamos a unos cincuenta kilómetros de la orilla, la profundidad era ya de unos mil ochocientos metros. Kate gritó: «¡Un petrel antillano! ¡Petrel antillano a las dos en punto, volando hacia la derecha!». Nos apiñamos en estribor, agolpados en la barandilla, mientras un ave del tamaño de un halcón pequeño cuyas alas ahusadas destellaban recortadas contra el viento nos mostraba su blanco vientre antes de detenerse súbitamente y lanzarse con un planeo rápido y en ángulo amplio hacia el agua, con sus blancas nuca y rabadilla refulgiendo sobre el oscuro mar. Volvió a elevarse y repitió el planeo, un estilo de vuelo conocido como «planeo dinámico» que consiste en aprovechar las distintas velocidades de las masas de aire a ras del agua y muy por encima de esta. Funciona de la siguiente manera: el petrel se pone de cara al viento, inclinando las alas para atraparlo como una vela, cosa que reduce su velocidad pero le permite ganar altitud con rapidez, como una cometa manejada contra la brisa. Tras remontar durante unos segundos, el petrel se aparta rodando de la corriente, que queda entonces a su cola, y desciende como una navaja hacia la capa superficial de aire, más lenta, perdiendo altitud a la par que gana velocidad, tras lo cual vuelve a colocarse de cara al viento. El ciclo se repite de manera infinita a medida que el ave vuela en zigzag sobre el océano, sin batir apenas las alas y sin recurrir prácticamente a su propia energía.*

Este último aspecto es fundamental, porque, cada año, las aves pelágicas como los petreles o los albatros recorren más distancia que ningún otro grupo de migrantes, atravesando muchas decenas de miles de kilómetros de océanos peinados por los vientos. Las aves costeras son las maestras por excelencia de los esprints a vida o muerte, en los que invierten cantidades ingentes de energía para atravesar entornos absolutamente hostiles, como el mar abierto, en cuestión de días. Las pelágicas, en cambio, se lo toman con calma, pues están adaptadas a un entorno que colma todas sus necesidades durante meses o incluso años seguidos, sin tener que aproximarse siquiera al rumor de tierra firme. Así ocurre, especialmente, con el orden de las procelariformes, anteriormente conocidas como «tubinares» por sus curiosas narinas tubulares, por las cuales excretan el exceso de sal del agua de mar que beben. Entre las procelariformes figuran los petreles como aquel, así como las pardelas, muy similares; los albatros, con envergaduras de hasta tres metros y medio, y los paíños, del tamaño y la delicadeza de las golondrinas.

El petrel antillano que nos apelotonamos a mirar en aquella barandilla pertenece al género *Pterodroma*, nombre que significa «corredor alado» y que se nos antojó muy pertinente cuando contemplamos a aquella ave desaparecer en el horizonte en cuestión de segundos. Por suerte, enseguida apareció otro, que permaneció allí algo más de tiempo. Los petreles antillanos son una especie en peligro de extinción, pero durante la mayor parte del siglo XX fueron poco más que una cifra. Antaño anidaban en populosas colonias en media docena de islas caribeñas, donde los colonos hispanohablantes los llamaban «diablotines», pequeños diablos, por los extraños graznidos que emi-

---

* Mi amigo Rob Bierregaard, que ha utilizado unidades de rastreo por GPS de alta precisión para seguir a águilas pescadoras jóvenes, descubrió, para su sorpresa, que también se valen del planeo dinámico cuando efectúan sus vuelos sin paradas durante tres mil doscientos kilómetros sobre el Atlántico occidental, desde la costa de Nueva Inglaterra hasta Sudamérica. Es el primer registro de esta técnica de vuelo entre rapaces.

tían a medianoche cuando iban y venían de sus nidos madriguera bajo el manto de la oscuridad. Sin embargo, a mediados del siglo XIX parecían haberse extinguido, víctimas de la caza y de depredadores introducidos, y la única pista de su supervivencia salía de notificaciones esporádicas de avistamientos en el mar de petreles cuya descripción coincidía con ellos. Pero en 1963 se descubrió a un puñado de ellos anidando en las tierras altas de La Española. En la actualidad, la población total se estima en menos de dos mil individuos. Gracias a estudios con radares, recientemente se halló una minúscula población superviviente en la isla de Dominica, donde, pese a múltiples búsquedas previas, se habían visto por última vez en 1862, y es posible que también nidifiquen en Cuba y en Jamaica. (Irónicamente, el mismo biólogo joven que halló al diablotín en La Española, David Wingate, había redescubierto también, en 1951, a la única otra ave marina que lo supera tanto en rareza como en su tendencia lazariana: el petrel de las Bermudas o cahow, que se había dado por extinto a mediados del siglo XVII y del cual hoy quedan menos de ciento veinte parejas).

Si bien los cahows se dejan ver solo ocasionalmente frente a los Outer Banks, los petreles antillanos son, pese a su rareza, avistamientos predecibles entre mayo y octubre, temporada en que las excursiones de Patteson a veces los divisan por centenares. Se sabe también que su zona de distribución incluye la corriente del Golfo, hasta Nueva Escocia en el norte, si bien el puñado de ellos al que se han colocado localizadores satelitales se han pasado la mayor parte del tiempo en el océano entre Colombia y la costa de New Jersey, en mar abierto más allá de la plataforma continental. Puede antojarse una zona inmensa, y lo es, con casi cuatro millones de kilómetros cuadrados, pero, entre las migrantes pelágicas, tales desplazamientos podrían considerarse un simple paseo por el vecindario. Mientras ascienden sin esfuerzo dejándose arrastrar por la perpetua brisa marina, la distancia prácticamente carece de sentido para las procelariformes, cuyos viajes conectan rincones con una abundancia de comida tremenda situados a distancias apabullantes. Durante su llamado «año sabático», entre sus intentos de cría bianuales, un albatros errante, con una envergadura máxima de 3,3 metros, puede volar 120.000 kilómetros, circunnavegando la Antártida dos o tres veces sin avistar nunca tierra. Las aves pelágicas persiguen recursos oceánicos que crecen y decrecen con el paso de las estaciones, y regresan una vez cada uno o dos años a tierra, casi siempre a alguna isla pequeña como una mota o a un archipiélago remoto aislado de los depredadores por la distancia de tierra firme, y allí pasan el tiempo mínimo requerido por su biología para poner un huevo (siempre uno solo) y criar a su polluelo. Compensan esta tasa reproductiva extremadamente baja con su longevidad; el ave salvaje más vieja conocida de todas las especies es un albatros de Laysan llamado Wisdom, que se anilló en 1956, siendo ya adulto y que, con sesenta y nueve años al menos, seguía regresando cada año a las islas Midway, en la cadena hawaiana, para reproducirse.

Entender a las aves marinas implica tener conocimientos de una geografía que el común de las personas desconoce. Pocos han oído hablar del archipiélago Juan Fernández (y mucho menos sabrían ubicarlo en el mapa), de las islas de Trinidad y Martín Vaz, de las islas Desiertas, de la isla de Lord Howe, de la isla Marión o de las islas Antípodas, por poner solo algunos ejemplos de áreas de cría de aves marinas en el planeta. Las tres islas volcánicas de Tristán de Acuña, un pequeño archipiélago situado en pleno Atlántico Sur, aisladas del todo, son otros ejemplos típicos. Tristán es el archipiélago habitado más remoto de la Tierra, con una población de varios centenares de ciudadanos británicos y situado a unos 2.500 kilómetros de Sudáfrica y más de 3.200 de Brasil. Dos de las islas, así como la aún más solitaria isla de Gough (pronunciado «Goff»), 400 kilómetros al sur, se han cedido a las aves, incluidos pingüinos de penacho amarillo, varias especies de albatros y diversos paíños, pardelas, petreles y petreles buceadores. Gough suele considerarse el paraíso de las aves marinas del mundo. En ella anidan cinco millones de parejas de aves, incluido el albatros de Tristán (endémico y en grave peligro de extinción) y el adorable albatros ahumado, un ave del color del humo de leña con los ojos perfilados en blanco y una fina línea amarilla que se curva hacia arriba como una sonrisa tímida a cada lado de su oscuro pico. Las cifras son espectaculares: dos millones de parejas de priones (un tipo de petrel pequeño y en gran medida no migratorio) anidan en Gough, incluidos un millón de priones de MacGillivray, que ni siquiera se consideraban una especie aparte hasta 2014. Hay entre un millón y un millón y medio de parejas de petreles de cabeza parda que migran entre Brasil y el sur de África, y un millón de parejas de pardelas capirotadas, que durante el invierno austral migran al norte y se alimentan en el Atlántico Norte, desde Cabo Cod hasta el noroeste de Escocia. No obstante, incluso en un lugar tan remoto y aparentemente tan seguro como la isla de Gough, las aves marinas afrontan amenazas nuevas e insospechadas.

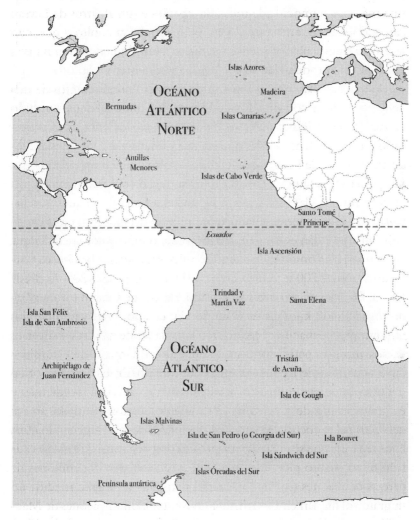

Islas importantes de cría para aves marinas en los océanos Atlántico Norte y Atlántico Sur.

La isla de Gough está cerrada a todos los visitantes, y el único puesto allí es una pequeña estación meteorológica sudafricana. Por suerte, no todas las islas de las aves marinas son tan inaccesibles. Unos cuantos años antes de mi viaje a Hatteras cargué mi equipo en una zodiac y, con dos compañeros, pusimos rumbo con cautela hacia una playa de cantos rodados de la isla Celebroña, una protuberancia de treinta y dos hectáreas en las islas Malvinas, frente a la punta sur de Argentina (que ha intentado reclamar el archipiélago). Desarbolada, la isla está recubierta por un manto de lo que se conoce localmente como «tussac» y solo puede describirse como hierbajos, una especie altísima de entre dos metros y medio y tres metros que forma un denso dosel a través del cual nos abrimos paso. Yo seguía a Craig Dockrill, por entonces el director de Falklands Conservation, y confiaba en que no permitiera que nos topáramos con los enfadados leones marinos de trescientos kilos que rugían y bramaban a nuestro alrededor, en medio de un aire que hedía a su olor a perro mojado.

Nos apresuramos a montar nuestras tiendas en un pequeño calvero mientras caía el sol y luego seguimos a Craig hasta la punta más alejada de la isla, donde el aire sobre nuestra cabeza era un ciclón de aves, un espléndido caos que se movía recortado contra un cielo que oscurecía rápidamente, decenas de miles de pardelas sombrías, unas cien mil de las cuales anidan entre las raíces de las enormes matas de tussac. Las aves se tomaron su tiempo, arremolinándose sin cesar en un torbellino que giraba en el sentido de las agujas del reloj mientras la oscuridad —y su número— crecía paulatinamente. Si aterrizaban demasiado pronto, mientras una tenue luz aún permitía ver, serían devoradas por los págalos subantárticos que patrullaban en los bordes del remolino, aves compactas y corpulentas parecidas a las gaviotas, o por petreles gigantes, del tamaño de albatros, dos aves marinas que al evolucionar se han convertido en depredadores muy agresivos, listos para abalanzarse sobre cualquier pardela desprevenida. (Unos días antes había visto a dos petreles gigantes, con la cabeza y el cuello ensangrentados, matar y desmembrar rápidamente a un pingüino papúa del tamaño de un beagle, de manera que entendía la precaución de las pardelas). Cayó la niebla y, en cuestión de minutos, no veíamos nada más allá de los contornos difusos de las altas matas de hierba. Ese era el momento que las pardelas habían estado esperando. A nuestro alrededor, en la oscuridad húmeda, escuchaba golpes secos, como si alguien nos estuviera arrojando patatas, mientras aquellos pájaros, la personificación de la gracia en el aire, pero patosos en el suelo, aterrizaban con torpeza. Uno no me dio en la cabeza de milagro. Lo atrapé con el haz de luz de mi frontal: era un ave del tamaño de un pato, de un color marrón grisáceo brillante, con un delgado pico en forma de gancho y las alas todavía en jarras. Volvió sus resplandecientes ojos negros hacia mí antes de escabullirse en su nido.

Las pardelas sombrías se cuentan entre las aves marinas más abundantes del mundo y son las únicas pardelas conocidas que habitan tanto en la cuenca del Atlántico como en la del Pacífico. Pocos años antes de mi visita, un equipo de científicos les había colocado transmisores por satélite a unas cuantas pardelas sombrías en isla Celebroña y habían averiguado que, cuando abandonan las Malvinas, viajan a mucha velocidad, recorriendo casi veinte mil kilómetros hacia el norte en solo tres semanas. Primero se desvían hasta la mitad del Atlántico Sur y luego, al coger los vientos alisios del sudeste, giran noventa grados a la izquierda, prácticamente recortando la protuberancia este de Brasil. A continuación, recorren la vertiente occidental de la dorsal mesoatlántica, la colosal grieta en mar abierto que escinde el Atlántico por la mitad, antes de pasar por fin el verano boreal en el gran banco al este de Terranova. No se entretienen en el camino: las pardelas no hacen paradas para descansar, como tantas otras aves terrestres migratorias, y tampoco acumulan grandes reservas de grasa antes de partir de las Malvinas. En lugar de ello, los datos de rastreo sugieren que aplican una estrategia de «alimentarse en vuelo», atrapando las presas que encuentran en su camino, pero, sobre todo, reponiendo sus reservas a base de grasientos capelanes, calamares y kril una vez que llegan a las productivas aguas septentrionales, una táctica que solo funciona a distancias tan asombrosas porque el planeo dinámico les permite ahorrar mucha energía.

Las pardelas de isla Celebroña demostraron una conectividad migratoria muy potente: todas las aves marcadas presentaban rutas de vuelo muy similares y todas pasaron el verano boreal en una misma zona relativamente acotada frente a Terranova. Es interesante destacar que no ocurre lo mismo con las pardelas sombrías del Pacífico. Si bien algunas aves de este océano anidan en el sudeste de Australia y otras lo hacen a lo largo del litoral de Chile, la mayoría de ellas, unos veintiún millones según los cálculos, nidifican en Nueva Zelanda, donde los maoríes indígenas atrapan unos trescientos sesenta mil polluelos al año en una recolecta tradicional. Las que sobreviven acometen migraciones anuales en forma de ocho alrededor del Pacífico, recorriendo cerca de setenta y cinco mil kilómetros, casi el doble del viaje que efectúa la población de las Malvinas, y además toman rutas muy individualizadas, tal como averiguaron los investigadores cuando les colocaron geolocalizadores a parejas apareadas de dos colonias neozelandesas. Una pareja voló hacia el este, hasta la costa meridional de Chile, y luego se separó: un ejemplar abrazó la costa de Sudamérica y pasó el invierno austral (el verano boreal) frente a Baja California y California, mientras que su pareja utilizó los vientos alisios dominantes del este para volar al noroeste hasta Japón y de allí hasta las aguas frente a la península de Kamchatka en Siberia. Un miembro del otro par tomó una ruta más directa hasta Japón y Kamchatka, mientras que su pareja pasó el verano boreal en el golfo de Alaska. En palabras de los investigadores que desplegaron los geolocalizadores, las pardelas «utilizaron todo el océano Pacífico [...] desde las aguas de la Antártida hasta el mar de Bering y [...] desde Japón hasta Chile».[18]

La temporada estaba ya demasiado entrada para esperar encontrar pardelas sombrías frente a Hatteras; aquí son una especie de primavera, no una que se deje ver en la canícula de agosto. Y, siendo sinceros, estaba siendo un día bastante parco en comparación con la media en Hatteras; los informes procedentes de las aguas frente a New Jersey, Long Island y Massachusetts sugerían que muchos de los pájaros que normalmente frecuentan los Outer Banks se habían desviado centenares de kilómetros al norte aquel verano, por motivos desconocidos. Sin embargo, teníamos con qué entretenernos. Una pardela de Audubon, una de las especies más pequeñas de ese grupo, pasó rozando la proa, con las puntas alares en forma de hoja de sauce rasgando la superficie del mar, planeando y girando antes de zambullirse de cabeza en las esteras de intenso color amarillo marronáceo de sargazo para pescar algo. Aunque nadie sabe a ciencia cierta de qué se alimenta esta especie de ave marina, una vez se vio a una comer trocitos de calamar vomitados por un pez dorado y se supone que, por lo general, pescan peces, calamares y crustáceos pelágicos. En cualquier caso, las matas de sargazo son bufés naturales, islas flotantes de biodiversidad en la corriente del Golfo que acogen un abanico apabullante de crustáceos minúsculos, gusanos, moluscos y las larvas de centenares de especies de peces, incluidos algunos como el marlín, que de adulto se cuenta entre los peces marinos más grandes. Al zambullirse, la pardela hacía saltar a varios pececillos voladores y, a medida que transcurría el día, fui embelesándome cada vez más con esas maravillas de colores caleidoscópicos e intricados patrones de «alas» que vuelan a ras del agua, así como con los fantasiosos nombres que los observadores han acuñado para designarlos: enanitos del sargazo, alas moradas, nigromantes del Atlántico, torpedos de venas rosadas, diablos o alas parcheadas. Los juveniles más pequeños, imposibles de identificar, han sido apodados «pitufos», nombre que me pareció acertadísimo.

También era frecuente ver en el sargazo pequeñas bandadas de falaropos picofino, unas delicadas aves de costa poco más grandes que los gorriones que pasan el invierno en mar abierto y que ya se hallaban en plena migración «otoñal», a pesar de que para el calendario humano todavía era verano. Los falaropos son aves raras por distintos motivos: presentan (respire hondo) dimorfismo sexual invertido, primordialmente son monógamas pero secuencialmente poliándricas y, rara vez, secuencialmente polígamas, lo cual, traducido de la jerga ornitológica, significa que las hembras son más grandes y coloridas que los machos y que, en ocasiones, se aparean con múltiples individuos en el transcurso de una misma estación de cría en el Ártico, mientras que los machos son menos proclives a aparearse con una segunda hembra. Entre finales de mayo y junio, cuando los falaropos llegan a las zonas de reproducción, las hembras presentan un color gris metalizado con motas de un castaño intenso en el cuello, mientras que los machos son parecidos pero en tonos más apagados y más camuflados. Esto es así porque los falaropos también practican una inversión de roles sexuales: las hembras compiten fervientemente por los machos, defienden a sus potenciales parejas frente a otras hembras y, una vez han puesto sus cuatro huevos en los pequeños nidos con forma de copa y escondidos entre la hierba de la tundra, delegan su cuidado en los machos mientras ellas buscan otras parejas. El falaropo macho —cuyos niveles de prolactina, la hormona supuestamente femenina que suele asociarse con el cuidado maternal, se dispara fuera de los gráficos en comparación con la de la mayoría de los pájaros macho— es el responsable exclusivo de incubar los huevos y de criar a los polluelos.

Los falaropos picofino crían en todo el hemisferio norte, en las regiones subárticas y árticas. La mayoría de la población euroasiática inverna en el mar Arábigo, entre las islas de las Indias Orientales, y hacia el este, hasta el archipiélago de Bismarck. El caso de las aves norteamericanas es bastante más complejo. Las que proceden del oeste del Ártico migran al Pacífico, frente al litoral de Sudamérica, e invernan, sobre todo, en el punto en el que la fría corriente de Humboldt colisiona con Perú y lleva agua cargada de nutrientes a la superficie, ofreciendo un festín de plancton. Hasta tres millones de ejemplares procedentes del este del Ártico canadiense solían reunirse cada otoño en la entrada a la bahía de Fundy (más en concreto, en la bahía de Passamaquoddy, en la frontera entre Maine y New Brunswick), un fenómeno del cual los ornitólogos habían dejado constancia ya en 1907. Al parecer, lo que las atraía a aquella zona era un zooplancton llamado *Calanus finmarchicus* que las potentes mareas hacían aflorar de aguas profundas en la boca del golfo. Sin embargo, se desconocía adónde se dirigían los falaropos desde allí, pues nunca se han encontrado en grandes concentraciones en el Atlántico durante el invierno. Algunos biólogos especulaban con que cruzaban Centroamérica para unirse a las aves occidentales en el Pacífico, mientras que a otros tal posibilidad se les antojaba improbable, dada la práctica ausencia de notificaciones de avistamientos de la especie en Mesoamérica. No obstante, a finales de la década de 1980, este enigma quedó relegado por un rompecabezas aún mayor y más preocupante en términos inmediatos, al constatarse que las multitudes de falaropos en la bahía de Fundy estaban desapareciendo como la nieve bajo el sol.

Mi amigo Charles Duncan, que posteriormente fue director de la Hemisphere Shorebird Reserve Network, pero que a la sazón era profesor de Química en la Universidad de Maine, en la remota población de Machias, tenía los veranos libres y había entablado amistad con un capitán lugareño, cosa que le permitió ver tal desvanecimiento con sus propios ojos. «Me dejaba acompañarlo en sus excursiones de avistamiento de ballenas y fauna diversa en la bahía de Passamaquoddy y frente a Grand Manan —recordaba Charles—. Yo llevaba listas diarias sin más objetivo que elaborar un registro organizado». No apreció el problema de manera inmediata, sino que fue constatándolo poco a poco. En 1985, Charles todavía contaba hasta veinte mil falaropos al día en la bahía de Passamaquoddy, con bandadas que iban desde unas pocas docenas a unos pocos miles. Sin embargo, un año después, sus recuentos máximos habían descendido en un orden de magnitud, hasta dos mil. Al año siguiente cayeron otro orden de magnitud, hasta doscientos, después solo a veinte y finalmente a cero.

«Al principio pensamos que nos estábamos perdiendo algo, que habíamos pillado una marea incorrecta, que el viento no era propicio o algo por el estilo. Pero hacia el tercer verano, a medida que la situación empeoraba, supimos que pasaba algo. "¿Estábamos siendo testigos del colapso de toda una especie o población sin que nadie más se diera cuenta?", nos preguntábamos. Nos parecía que teníamos que comunicárselo a alguien, pero ¿a quién?». Charles redactó cartas dirigidas al Servicio de Pesca y Vida Silvestre de Estados Unidos, al Servicio de Fauna y Flora de Canadá y al Departamento de Pesca Interior y Vida Silvestre de Maine, «donde no conocía a nadie —me dijo—.Yo no era más que un observador de aves aficionado, profesor de Química de oficio. Sinceramente, nos desconcertaba lo que estaba ocurriendo y no sabíamos qué podíamos hacer, ni qué podía hacer nadie».

Hasta la fecha, nadie ha podido explicar con certeza qué ocurrió. Algunos biólogos sostienen que una serie de potentes eventos provocados por El Niño en el Pacífico entre principios y mediados de la década de 1980, a raíz de los cuales la temperatura de las aguas superficiales del océano aumentó de manera drástica, provocando la desintegración de las cadenas alimentarias marinas y la muerte de millones de aves costeras, podría haber diezmado la población aviar en Fundy si, en efecto, invernaban en ese océano. Otros, entre los cuales se cuenta Charles, no comparten dicha explicación. Entre otras cosas, las fechas no aclaran por qué la reducción poblacional se produjo de manera gradual en el transcurso de cinco años. Apuntan a una causa más fundamental: la desaparición, también inexplicable, del zooplancton *Calanus* de las aguas superficiales de la bahía de Passamaquoddy, donde los falaropos se congregaban antaño. En palabras de Charles, «este restaurante ya no sirve comida». A medida que los años transcurrían sin que se detectaran concentraciones de una inmensidad comparable en ningún otro lugar, quedó claro que no se trataba de una anomalía temporal. Charles destaca que todavía es posible avistar un par de centenares de miles de falaropos en otra zona de la bahía de Fundy, donde aún sigue habiendo concentraciones de *Calanus*, en compañía de sus parientes cercanos, los falaropos rojos, que probablemente invernan frente a la costa occidental de África. Se ha descubierto que unos cuantos centenares lo hacen frente al litoral sudoeste de Estados Unidos, donde yo me hallaba navegando a bordo del Stormy Petrel II. Pero en ninguna otra parte del mundo existen precedentes de una desaparición de tantísimas aves migratorias de manera tan repentina e inexplicable.

Con todo, uno de los misterios relativos a las aves de la bahía de Fundy parece haberse resuelto: en un vuelco inesperado de los acontecimientos, la respuesta se halló a casi cinco mil kilómetros de distancia, en medio del mar del Norte. Si bien la gran mayoría de los falaropos picofino que crían en Europa invernan en el mar Arábigo, los que nidifican en Escandinavia, Escocia e Irlanda no lo hacen, y nadie sabía adónde iban. De manera que, en 2012, científicos de las islas Shetland, en el norte de Escocia, colocaron geolocalizadores a nueve falaropos. El año siguiente recuperaron solo a uno de ellos, pero ese pájaro había volado más de once mil kilómetros a través del Atlántico: había descendido hasta la Costa Este de Estados Unidos y había atravesado el golfo de México y Centroamérica para ir a invernar frente al noroeste de Sudamérica. Otros falaropodos de las Shetland etiquetados en años siguientes hicieron lo mismo, así como también los marcados en Groenlandia y en Islandia. Si las aves procedentes de esas zonas cambiaban de océano, nada impedía pensar que los falaropos de la bahía de Fundy hicieran lo mismo.

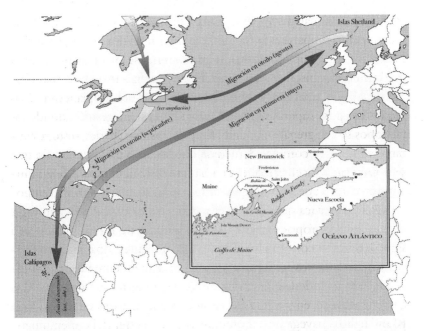

El seguimiento con geolocalizadores ha revelado que los falaropos picofino procedentes de las islas Shetland atraviesan el Atlántico Norte y Centroamérica para invernar frente a la costa noroeste de Sudamérica, tras hacer una parada en el camino
en la bahía de Fundy. Si bien la zona de invernada de la población del este del Ártico canadiense sigue siendo un misterio, parece probable que sigan una ruta similar
hasta el Pacífico.

Ahora que ya estábamos en plenas aguas de la corriente del Golfo, Patteson empezó a girar el Stormy Petrel II y lo colocó en paralelo a la estela previa mientras observábamos a las aves que acudían
atraídas por el ingenioso hilillo de aceite de pescado, que veíamos y
olíamos en el aire húmedo. Charranes embridados y sombríos, ambas
especies caribeñas que vagan por el norte a lo largo de la corriente
del Golfo, pasaron volando con decisión, en grupos de dos y tres; a
diferencia de las procelariformes, los charranes pescan guiándose por
la vista y no percibían el tufo a pescado. Pero el olor sí había atraído
a pequeñas bandadas de paíños de Wilson, que nos rodearon y cha-
potearon con sus largas patas como ramitas y sus pies palmeados en
el agua mientras picoteaban el aceite. Los paíños de Wilson suelen

311

describirse como las aves salvajes más abundantes del mundo. No lo son (ese título probablemente corresponda al quelea común, un fringílido africano cuya población se estima en mil quinientos millones de ejemplares), pero con una población mundial de hasta diez millones de parejas que crían sobre todo en las islas, los archipiélagos y las penínsulas del océano Antártico y con al menos el mismo número de juveniles y adultos que no nidifican, los paíños son cualquier cosa menos escasos. Los paíños de Wilson se cuentan, además, entre las aves con una zona de distribución más extensa que existe: fuera de la temporada de cría, es posible hallarlos prácticamente en cualquiera de los grandes océanos, mares y golfos, salvo en el Pacífico Norte. Con menos de dieciocho centímetros de longitud y un intenso color café, así como una vistosa mancha blanca que les rodea el cuerpo por encima de la cola y unas finísimas patas como espaguetis sin cocer, un paíño parece excesivamente delicado como para vivir en el mar. Más que casi ningún otro migrante marino, estas aves costeras parecidas a duendecillos han causado asombro y han sido objeto de supersticiones marítimas; su nombre en inglés, *petrel*, es un diminutivo de Peter, así como una referencia al modo como —tal como hizo el apóstol Pedro, que caminó con fe sobre el mar de Galilea— parecen andar sobre el agua, repiqueteando y revoloteando sobre su superficie. En el litoral canadiense se los conoce como «careys», un truncamiento del antiguo apodo británico de «polluelos de la Madre Carey», que a su vez es una alteración de *Mater Cara*, «querida madre», una referencia (quizá originalmente en italiano) a la Virgen María. Un marinero en un mar encrespado invocaba toda la ayuda divina, pero esta a veces fallaba y antiguamente algunos creían que los paíños eran las almas reencarnadas de sus camaradas ahogados.

«¡Hala! ¡Mirad todos este pájaro! ¡Un paíño de Madeira! —gritó Kate—. Por la popa, el más grande y con las alas más largas». El pájaro parecía un paíño de Wilson que se hubiera atiborrado de esteroides, un tercio más grande que el resto de la bandada, con la mancha en el obispillo mucho más ancha y de color más vivo y, a diferencia del paíño de Wilson, que vuela con las alas rígidas, lo hacía con las extremidades relajadas. Realizó unos cuantos pases antes de perderse rápidamente entre el oleaje lapislázuli y yo tomé unas cuantas notas

rápidas sobre él, así como acerca del resto de las especies que habíamos avistado. Pero sucedía que, pese a que mi lista no dejaba de crecer, no estaba realmente seguro de qué había visto. Casi todas las aves
marinas que habíamos encontrado hasta entonces se hallaban (si se
me perdona la analogía marítima) a la deriva en aguas taxonómicas
apenas cartografiadas. Vayamos por partes, porque la confusión va en
aumento.

Pongamos por caso los paíños de Madeira. Estas aves nidifican en
el este del Atlántico, a lo largo de un arco de islas de siete mil kilómetros que se extiende desde las Azores en el norte hasta el archipiélago
de las Berlengas, frente a Portugal, y al sur, más allá de Madeira y las
islas Canarias, frente al noroeste de África, otros tres mil ochocientos
kilómetros hasta Ascensión y Santa Elena, en medio del Atlántico Sur,
además de (posiblemente) en pequeños islotes cerca de Santo Tomé,
en el golfo de Guinea. Otras poblaciones crían en las Galápagos, en
Hawái y en Japón. Esta vasta difusión geográfica de colonias aisladas
es la primera pista de que agruparlas a todas como una sola especie es
cuestionable, si bien en toda esta gran zona de distribución se diferencian solo en detalles relativamente menores, como la forma de la cola
(y recuérdese que estamos hablando de unas aves a las cuales las distancias les importan poco). Aun así, a medida que los científicos han
ido sondeando el ADN de cada población, prácticamente no han encontrado pruebas de flujo genético entre las colonias; por amplia que
sea su zona de distribución fuera de temporada, los paíños parecen ser
absolutamente fieles a sus lugares de nacimiento.

Es más, en muchas islas de cría conviven dos poblaciones nidifi-
cadoras diferenciadas, que utilizan los mismos nidos, pero en momentos distintos del año, una de ellas en la estación cálida y la otra en la
fría, una especie de multipropiedad aviaria, si se quiere. Existen diferencias físicas entre ellas: las poblaciones de la estación cálida suelen
tener la cola más bifurcada, mientras que sus homólogas de la estación
fría presentan unas plumas timoneras mucho más cuadradas, y algunas de ellas ofrecen vocalizaciones inusuales. Las aves de la estación
cálida de las Azores se han escindido formalmente en una especie
distinta, el paíño de Monteiro, así llamado en tributo al ornitólogo
portugués que detectó por primera vez estas discrepancias estaciona-

les y que falleció en un accidente de avión poco después. Las investigaciones genéticas sugieren que aún quedan más especies por describir en este complejo, hasta tres de ellas solo en el Atlántico Norte y posiblemente unas diez en todo el mundo, englobadas dentro de lo que ahora llamamos «paíños de Madeira».

«¿Era un Grant?», les pregunté a Ed y Kate cuando el ave desapareció entre el oleaje. El paíño de Grant es una de esas «especies» que forman parte del complejo de los paíños de Madeira, una de las aves que cría en temporada fría en las Azores, en las Canarias, en Madeira y en otras islas frente a la costa noroeste de África y Portugal, aunque nadie ha dado todavía el paso para describirlo formalmente y asignarle un nombre científico.

«Tendría que verlo mejor —respondió Kate—, pero era grande y en esta época del año no sería raro ver un paíño de Grant». Se trata de un ave bastante común en la corriente del Golfo desde finales de la primavera hasta finales de agosto. En ocasiones puede llegar, al norte, hasta Cabo Cod y, al oeste, hasta el golfo de México. Tiene la cabeza más grande y el pico más grueso que las formas de la estación cálida y sus vocalizaciones son distintas, pero, si hemos de ser sinceros, incluso los expertos bregan por determinar pistas identificativas. Lo mejor que podía hacer era poner un gran interrogante junto a su nombre en mis notas.

Y no acaba ahí la cosa. ¿Recuerda la pardela de Audubon que había visto zambullirse en el sargazo en busca de comida? Como el paíño de Madeira, conviene contemplarla como un complejo de especies en el que las pruebas de ADN revelan diversos grados de parentesco. Algunos expertos ya han dividido a la pardela de Audubon en función de tres aspectos, de manera que las que crían en el Caribe se consideran las «verdaderas» pardelas de Audubon, las que anidan en las islas de Cabo Verde (y en el pasado, en las Bermudas) serían una especie apodada «pardela chica de Cabo Verde», y las que crían desde las Azores hasta las islas Canarias serían las «pardelas de Barolo», avistadas, según los registros, un puñado de veces frente al litoral norteamericano. Y en el seno de cada una de estas especies potenciales hay aún divisiones más específicas: tres formas discretas dentro de la población caribeña que podrían ser una especie completa, y otras varias bajo el paraguas de la pardela de Barolo. Varias especies nuevas se han escindido de la pardela cenicienta atlántica, un ave marina de gran tamaño y color marrón claro, común frente a la Costa Este de Estados Unidos en verano: la pardela de Cabo Verde, que nidifica en las islas frente al saliente occidental de África, y la pardela cenicienta del Mediterráneo, que ha sido avistada en travesías desde Hatteras. En 2017, una pardela que no se parecía a nada de lo consignado en ninguna guía práctica se dejó ver en una de las excursiones de Patteson, sin que nadie supiera si se trataba de un híbrido, de un plumaje raro y hasta entonces desconocido de una especie rutinaria o de un ave marina de una rareza extraordinaria que la ciencia no ha descrito todavía. Esa misma ave, u otra parecida, se avistó dos años más tarde, lo cual llevó al equipo de Patteson a apodarlas «pardelas Whiskey Tango Foxtrot». Steve N. G. Howell, un ornitólogo y experto en aves marinas californiano que guía los viajes de Patteson varias veces al año y que ha escrito la guía definitiva de las aves pelágicas en aguas norteamericanas, resta hierro a la situación al describir la taxonomía de muchas aves marinas como «controvertida», cosa que, como es lógico, a ellas no les afecta. Son los humanos, con su tendencia a encasillar, quienes se esmeran en tamizar las relaciones entre estos seres (y, por ende, sus historias evolutivas) y quienes, en el proceso, topan con aspectos tan desconcertantes y frustrantes que los llevan a preguntarse: «Pero ¿qué demonios es esto?».

No obstante, entender su taxonomía es crucial para la labor de conservación de las aves marinas migratorias, muchas de las cuales cuentan con poblaciones muy reducidas y afrontan multitud de amenazas, tanto en el mar como en sus islas de cría. De ahí la urgencia de determinar si una especie está extendida y, por consiguiente, su supervivencia bastante asegurada, o si se trata de un fárrago de especies crípticas muy localizadas y, posiblemente, bastante raras. Los petreles antillanos que Brian Patteson y su equipo suelen ver presentan dos formas distintas, una variedad con el rostro oscuro y otra con la cara más blanca. La primera es ligeramente más pequeña y se cree que anida en La Española y quizá en Jamaica, mientras que la forma de rostro blanco es más grande y su calendario de muda de las plumas de vuelo sugiere que podría criar antes que las aves de cara oscura y que podría nidificar en las Antillas Menores, aunque nadie sabe con certeza dónde nidifican los petreles antillanos más allá de La Española. No sorprende, por tanto, que algunos expertos consideren que estas dos formas podrían ser, en realidad, dos especies distintas. Existen, además, aves con coloraciones intermedias, que podrían representar otras poblaciones desconocidas, o tal vez se trate de aves en fases inmaduras de las dos variedades principales. Los cálculos basados en los estudios realizados en el mar indican que la población de petreles antillanos (incluidas todas sus formas) bordea totales de entre mil y dos mil aves, si bien los científicos solo conocen unos cincuenta sitios de nidificación en La Española. ¿Dónde se encuentra el resto?

La comunidad científica está intentando resolver este enigma, pero trabajar con aves marinas presenta desafíos específicos. «El año pasado, American Bird Conservancy salió con nosotros a intentar atrapar algunos petreles antillanos para colocarles localizadores y averiguar dónde crían», me explicó Kate. Debí de poner cara de estupefacción al imaginar cómo puede uno plantearse atrapar a un ave con un mar infinito a su disposición, porque Kate respondió a mi pregunta sin que necesitara formularla. «Tenían redes de niebla flotantes y kayaks para manejarlas y cazar a las aves. Salimos de noche, con luna llena, para poder ver dónde se alimentan los petreles…, pero no vimos ni a uno solo. En realidad, dudábamos que fuera a funcionar, porque estas aves son muy listas».

Pero el equipo de investigación, que incluía a personal de la organización de conservación, de la Unidad Cooperativa de Pesca y Vida Silvestre de Carolina del Sur, perteneciente al Servicio Geológico de Estados Unidos, de la Clemson University, de la National Fish and Wildlife Foundation y de BirdsCaribbean, finalmente lo consiguió un año más tarde, trabajando de nuevo con Patteson y su equipo. En aquella ocasión, los acompañó un experto del Northern New Zealand Seabird Trust, que usó un arma de diseño específico que disparaba una red y atrapaba a los petreles en pleno vuelo cuando se acercaban a comprobar qué era aquel olor a cebo flotante. El equipo espera que los diez petreles a los que les colocaron etiquetas satelitales, una variedad de aves con el rostro blanco, negro y de tonos intermedios, finalmente los conduzcan a áreas de nidificación en el Caribe de las cuales aún no tenemos constancia y que les permitan empezar a resolver algunos de los muchos misterios que las rodean.

En una ocasión formé parte de un programa para recaudar dinero, mucho dinero, para matar ratas. Y para salvar aves marinas, muchas aves marinas.

No quiero parecer descortés, pero, de la misma manera que se utiliza cebo para atrapar ratas, se necesita un señuelo para atraer a las personas cuyo dinero quieres emplear en matar ratas, que, en aquel caso, estaban destruyendo colonias de aves marinas. El señuelo para las personas con interés en las aves —y con lo que los profesionales del desarrollo denominan eufemísticamente «capacidad significativa»— fue el ornitólogo más célebre de Norteamérica, el autor de guías prácticas David Allen Sibley. La sección de Alaska de The Nature Conservancy urdió el plan de común acuerdo con el Servicio de Pesca y Vida Silvestre de Estados Unidos: invitarían a una docena de personas extremadamente ricas con pasión por las aves y su conservación y las llevarían a uno de los lugares más remotos del hemisferio norte, las islas Aleutianas occidentales, con la esperanza de convencerlas de que apoquinaran un millón de dólares para erradicar las ratas de islas esenciales para la nidificación de las aves marinas. Y, por si la excursión a aquella asombrosa porción de naturaleza oceánica rebosante de millones de aves, ballenas, leones marinos y nutrias marinas no era suficiente, la posibilidad de pasar allí una semana avistando aves con David Sibley ayudaría a cerrar el trato, o eso esperaban. Por su parte, el anzuelo para el ornitólogo sería la oportunidad de ver por fin un mérgulo bigotudo, un pajarillo gordinflón que es una monería, del tamaño de una naranja, con unas llamativas plumas faciales y ojos como botones blancos imposible de ver en ninguna otra parte del mundo, pues solo habita en este rincón aislado del Pacífico Norte, además de ser una de las pocas aves norteamericanas que Sibley no había visto nunca todavía en su entorno natural. En el camino, a los ricachones se les mostraría una isla arrasada por las ratas donde, en el pasado, los supervivientes de naufragios se habían alimentado de las abundantes colonias de aves marinas hasta extinguirlas, así como islas como Kiska, donde las ratas habían aparecido durante la Segunda Guerra Mundial y donde erradicarlas podría salvar a decenas de millones de aves nidificantes. También visitarían islas donde los zorros, introducidos por comerciantes de pieles rusos y estadounidenses, se habían erradicado con un gran coste y trabajo. (Mi función era quitarme de en medio, sacar muchas fotografías y escribirlo todo para la revista de la organización conservacionista).

Eso explica que me encontrara aquel día a bordo de un ruidoso avión turbohélice volando hacia el oste, en dirección a Shemya, la penúltima de las islas Aleutianas, donde nos reuniríamos con un buque de investigación federal. Shemya se encuentra unos dos mil novecientos kilómetros al este de Anchorage, nuestro punto de partida, la distancia entre Nashville y Los Ángeles, mucho más cerca de Asia que el resto de Alaska, y recorreríamos casi toda esa distancia sobre mares gélidos y vacíos e islas deshabitadas. Este último aspecto cobró una importancia acuciante cuando el piloto anunció que el tiempo en Shemya estaba pasando de malo a espantoso, de manera que teníamos que dar media vuelta y desviarnos a Adak. Y poco después aclaró que volvíamos a desviarnos de Adak a Dutch Harbor, en la isla de Unalaska, por la misma razón. Y aún después nos comunicó que las condiciones en Dutch Harbor también habían empeorado, pero que, como fuera, teníamos que aterrizar allí porque casi no nos quedaba combustible. Y eso hicimos.

No llegamos a Shemya, ni a la isla con la mayor plaga de ratas. Tras unas cuantas piruetas logísticas, finalmente pudimos subir al buque de investigación del Servicio de Pesca y Vida Silvestre, el R/V Tiglax, y pasamos varios días explorando las Aleutianas centrales. Ayudé a los biólogos a llevar a cabo sus estudios en nidos situados a decenas de metros de altura en los precipicios de aquellas islas con empinadas laderas, donde incontables mérgulos y paíños incubaban sus huevos y cuidaban de sus polluelos en nidos ocultos entre el fétido barrón que había bajo nuestros pies. En el dilatado crepúsculo antes de alcanzar la breve oscuridad total en pleno verano, a la una o dos de la madrugada, avistamos cantidades asombrosas de aves marinas, cerca de medio millón, arremolinándose en bandadas de números inasibles alrededor de un volcán inactivo, a la espera de que la noche les proporcionara la seguridad necesaria para tomar tierra. (El volcán, llamado Kasatochi, no estaba tan inactivo como creíamos; tres años después hizo erupción y estuvo a punto de incinerar a los dos biólogos que trabajan en la zona).Y encontramos los mérgulos bigotudos para David, incluido uno que, aturdido por las tenues luces de la timonera, cayó en la cubierta durante la noche, con su negra cresta con forma de floritura y sus largos y filamentosos «bigotes» blancos meneándose cómicamente mientras, acunado en las manos de un biólogo, nos miraba a todos de uno en uno.

Y yo pensé mucho en ratas y en aves. «Lo que me mantiene en vela por las noches no son los vertidos de petróleo», me había comentado en una ocasión un amigo biólogo, pocos años antes, mientras observábamos a centenares de miles de aves marinas hacinadas en los prístinos acantilados de San Jorge, en las islas Pribilof, aguas adentro del mar de Bering. «Incluso cuando se produce una marea negra fea, existe alguna posibilidad de recuperación. Pero ¿una marea de ratas? Las ratas son para siempre».

Podría parecer que la parte más arriesgada de la vida de un ave marina migratoria fuera el tiempo que pasa en mar abierto, a merced de los vientos y de las tormentas, pero el océano alberga pocos terrores para ellas. Muchos de los mayores peligros que afrontan numerosas especies en la actualidad les aguardan en tierra, porque ya no quedan lugares remotos a los que los humanos no hayamos llegado y, con nosotros, nuestros parásitos, como las ratas, los ratones, los gatos, los perros, las cabras y las ovejas. Incluso después de marcharnos, nuestros invitados permanecen en esos lugares y causan estragos. Lo que durante milenios han sido islas seguras, protegidas por la distancia y el aislamiento, ahora pueden ser trampas mortales para unas aves que carecen de un sentido innato de la autoprotección cuando llegan a la orilla. Uno de los biólogos que viajaba con nosotros a bordo del Tiglax y que estudia las interacciones entre las ratas y los pájaros en Kiska, relató, con un grado de detalle aterrador, que estos roedores son capaces de comerse el cerebro de aves vivas, cuyo instinto de quedarse quietas, posadas, protegiendo a su único huevo se impone incluso al dolor y a la muerte.

Donde esto se ha visto de manera más inquietante y dramática ha sido en la isla de Gough, parte del archipiélago Tristán de Acuña, en el desértico Atlántico Sur. Tal como he mencionado antes, Gough es una de las islas de nidificación más importantes del planeta para las aves marinas, hogar de millones de individuos de veintidós especies, incluidas varias endémicas que solo crían allí. Una de esas aves es el albatros de Tristán, del cual quedan tan solo unas cinco mil parejas. Esta especie, una de las aves más grandes del mundo, de unos siete kilos y una envergadura de tres metros, podría parecer inmune a la mayoría de los peligros, salvo a uno de los que amenaza su existencia en Gough: los ratones.

Al parecer, en el siglo XIX, los cazadores de focas introdujeron los ratones domésticos en la isla de Gough, donde los roedores hallaron un mundo sin depredadores. Pero cada invierno vivían un periodo de escasez en que les resultaba difícil encontrar insectos y semillas. Se da la circunstancia de que esa época es también cuando muchas de las aves marinas de Gough regresan a la isla a anidar. Con el tiempo, los ratones domésticos del lugar no solo se adaptaron evolutivamente y adoptaron una dieta cada vez más carnívora, sino que desarrollaron un cuerpo cada vez más grande, hasta el punto de que en la actualidad duplican en tamaño a un ratón común… y matan a unos tres millones de crías de aves marinas cada año solo en esa isla. La masacre incluye a cuatro de cada cinco polluelos de albatros, dos tercios de las crías de los petreles de cabeza parda, una especie amenazada, y prácticamente todos los huevos y polluelos de prión de MacGillivray, un ave marina amenazada que cría en nidos madriguera, que no se describió científicamente hasta 2014 y que, al ritmo actual, estará extinta en pocas décadas. (Muchos otros petreles, priones y paíños pequeños que anidan en madrigueras y que antaño se congregaban en cantidades pasmosas en Gough son ahora tan escasos que los científicos apenas consiguieron datos sobre ellos). Para las aves, se trata de una muerte especialmente truculenta, ya que los ratones solo roen. Les hacen múltiples heridas a los polluelos, que, carentes de un instinto de defensa frente a los depredadores terrestres, permanecen sentados estoicamente mientras los ratones los van devorando en el transcurso de varios días, perdiendo sangre y fuerzas hasta perecer.

En el caso de los priones, del tamaño de palomas, pocas crías sobrevivieron más de un par de días después de romper el cascarón. Y dado que el albatros de Tristán solo pone un huevo cada dos años, la pérdida de un solo polluelo representa un serio mazazo para la especie, que, además, sufre las consecuencias de la pesca con palangre, que ha devastado la población de albatros en general. En tiempos más recientes, los científicos han documentado los primeros casos de ataques de ratones a albatros adultos en Gough, un avance especialmente preocupante que podría llevar a estas magníficas aves a la extinción antes de 2030.

Sorprendentemente, Gough no es la única isla en la que anidan aves marinas donde los ratones se han convertido en una amenaza existencial. En la isla Marión, frente al litoral de Sudáfrica, en el océano Índico, habitan diversos mamíferos invasores, como ratones, ovejas y cabras. En la década de 1950 se liberaron cinco gatos domésticos para controlar a los ratones, pero, en lugar de eso, su progenie, cada vez más numerosa, acabó por matar a casi medio millón de petreles al año. A partir de finales de la década de 1970, en un plazo de dieciséis años, se consiguió exterminar a los gatos, pero, aunque esa empresa fue un éxito, también permitió que los ratones proliferaran sin control alguno. Como en Gough, empezaron a matar a grandes números de polluelos de aves marinas y también a adultas, en este caso arrancándoles la piel. Los ratones también suponían un problema en las islas Antípodas, un archipiélago volcánico subantártico situado setecientos cincuenta kilómetros al sur de Nueva Zelanda, hogar de cerca de dos docenas de aves marinas en peligro, incluido el albatros de las Antípodas, así como agachadizas, bisbitas y periquitos endémicos, todos los cuales se vieron amenazados por el impacto de los roedores en el ecosistema de la isla. Ahora bien, mi viejo amigo en Alaska se equivocaba en una cosa importante: las ratas (y los ratones) no son para siempre, ya no. Nueva Zelanda ha sido pionera en la restauración de islas, ingeniando maneras de erradicar a las ratas, los ratones y otras especies alóctonas de los ecosistemas insulares en peligro. Dichas técnicas se están exportando a otros puntos del planeta, a una escala cada vez mayor. En 2016, un grupo de expertos utilizó helicópteros para rociar de manera metódica setenta toneladas de raticida sobre hasta el último metro cuadrado de la isla principal y el mar circundante en las Antípodas (un proyecto financiado por una exitosa campaña de recaudación de fondos titulada «El ratón del millón de dólares»); posteriormente, perros adiestrados para olfatear desenterraron a los pocos roedores supervivientes y dos años más tarde las islas se declararon libres de ratones. Macquarie, otra isla subantártica situada unos mil seiscientos kilómetros al sur de Tasmania, fue declarada libre de plagas tras un proyecto de siete años de duración y veinticinco millones de dólares australianos de inversión (diecisiete millones de dólares estadounidenses) para librarse de las ratas, los ratones y los conejos.

La campaña de exterminio de plagas más ambiciosa de todas acaba de concluir en la isla de Georgia del Sur o isla de San Pedro, una tierra de montañas escarpadas y de una riqueza biológica y una belleza extraordinarias, emplazada entre Sudamérica y la Antártida. Hace unos años, durante mi estancia en las Malvinas, la tierra habitada más cercana a la isla de San Pedro, vi helicópteros junto a más de cien toneladas de gránulos de cebo de color verde azulado, posicionados para llevar a cabo la primera de las tres temporadas estivales de lanzamiento de veneno en aquella isla de novecientos treinta kilómetros cuadrados, una superficie ocho veces superior al tamaño de Macquarie. Se trataba del proyecto de erradicación de mayor envergadura acometido hasta la fecha. Dos años después, en 2015, cuando la campaña de envenenamiento se dio por concluida, los equipos regresaron a la isla de San Pedro y la cubrieron con un manto de etiquetas de cera* y «tarjetas masticables» impregnadas en mantequilla de cacahuete o aceite vegetal a modo de cebo, las cuales registrarían cualquier intento de mordisqueo por parte de las ratas. Asimismo, se colocaron tubos encebados, forrados por dentro para identificar las huellas de ratas, en las zonas donde era más probable que hubieran pervivido y, como en las Antípodas, perros adiestrados (con bozal para que no mordieran a los pingüinos curiosos) rastrearon el territorio.

---

* Las etiquetas de cera son una herramienta de control útil para detectar y controlar plagas, como ratas, en zonas medianas y grandes. Se trata de una etiqueta de plástico a la que se adhiere un pomo de cera aromatizada. Al igual que con las tarjetas masticables, el depredador se identifica por sus marcas de mordedura. *(N. de la T.)*

No se halló ni una rata, ni señal de ellas, y los conservacionistas comprobaron con deleite la rápida reacción de las aves en peligro frente a la eliminación de los depredadores.

Tras años de preparativos y algunos retrasos causados por su remota ubicación, en febrero de 2020 estaba previsto emprender una campaña de erradicación similar en la isla de Gough, pero justo entonces arremetió la pandemia del coronavirus. El equipo de doce conservacionistas de la Royal Society for the Protection of Birds tuvo que ser evacuado y el programa de exterminio se pospuso al menos un año. Pero su éxito se da por descontado y está previsto que el mismo equipo desvíe posteriormente su atención hacia isla Marión, donde residen los ratones que desollan aves. Una evaluación reciente de las ventajas de la erradicación de mamíferos en las islas situó a Gough en la tercera posición (por detrás de isla Socorro e isla San José, en México) respecto a los beneficios que aportaría para el mayor número de especies en peligro si se consiguen eliminar las plagas. Pero ya hay personas pensando a lo grande, a lo grande de verdad. En un origen, Nueva Zelanda no tenía mamíferos depredadores endémicos y la introducción de especies como armiños, ratas y zarigüeyas ha sido devastadora para la población aviar de la isla. Aunque los neozelandeses han dado pasos de gigante para acabar con los mamíferos en muchas de las islas frente a sus costas, en 2016, el por entonces primer ministro, John Key, fijó el objetivo de eliminar a todos los depredadores invasores de todo el país antes de 2050. Es un castillo en el aire, pero no hace tanto también lo era abordar una zona del tamaño de la isla de San Pedro. Esa misma evaluación global de plagas en islas calculó que los humanos podrían salvar a una décima parte de todos los vertebrados que actualmente están en riesgo de extinción (aves, mamíferos, reptiles y anfibios endémicos) eliminando a los mamíferos alóctonos de ciento sesenta y nueve islas de todo el planeta.

Y ¿qué fue de aquel proyecto raticida en el que participamos David Sibley y yo, consistente en atraer a gente rica a las islas Aleutianas? Pues, aunque la logística no cuadró según lo previsto, se logró el objetivo último. Se recaudaron los fondos y, unos cuantos años más tarde, el Servicio de Pesca y Vida Silvestre de Estados Unidos destinó ese dinero y mucho más (casi dos millones y medio de dólares en total) a erradicar las ratas grises de una isla de dieciséis kilómetros cuadrados en las Aleutianas occidentales cuyo nombre no podría ser más irónico: Rata, a orillas de la cual los roedores habían llegado en la década de 1780, tras el naufragio de un buque japonés. Y funcionó: los frailecillos, los mérgulos y otras aves marinas han regresado por primera vez en siglos. Desaparecidas las plagas y a instancia de los líderes aleutianos locales, en 2012 el US Board on Geographic Names restauró oficialmente el nombre tradicional de la isla: Hawadax. Sigue habiendo ratas en otras dieciséis islas Aleutianas y los recortes presupuestarios han estancado los proyectos adicionales de eliminar no solo a estos roedores, sino también a zorros, a conejos e incluso a vacas de las islas de la cadena donde son especies exóticas, pero por algo se empieza.

9

A escondidas de Dios

Eran las dos de la madrugada de una noche cálida y algo bochornosa. Andreas conducía la vieja y maltrecha camioneta con brusquedad, tomando las curvas a tanta velocidad que, sentado en el asiento del copiloto, yo iba tenso y, anticipando un derrape o un desliz, frenaba de manera inconsciente con las piernas. Entonces el vehículo se enderezaba de nuevo sobre el sistema de amortiguación y Andreas volvía a pisar el acelerador en las rectas. Las resecas montañas otoñales y los polvorientos olivares de Chipre destellaban bajo los haces de luz de nuestros faros. Nos quedaba un largo trecho por delante, y no podíamos hacer esperar a la policía.

El verdadero nombre de mi acompañante no era Andreas y (por razones que quedarán claras) tampoco daré demasiados detalles sobre su aspecto físico ni su trasfondo, más allá de decir que sigue siendo lo bastante joven como para emocionarse con una carrera a medianoche a través de la desierta campiña. Trabaja para BirdLife Chipre, la rama local de BirdLife International, y, como un reducido número de conservacionistas en esta isla del Mediterráneo oriental, ha decidido pasar a la acción directa para hacer frente a uno de los problemas más acuciantes que afrontan las aves migratorias en todo el mundo: su matanza indiscriminada para acabar en la cazuela.

Mientras conducíamos hacia el sur, en el este se alzaba una luna creciente de un naranja mortecino. Era la imagen simétrica de la luna creciente y la estrella de una gigantesca bandera turca de centenares de metros de longitud hecha con luces resplandecientes en la ladera de la cordillera Kyrenia, justo pasada Nicosia. Se trata de un símbolo muy visible (se ve desde el espacio, ni más ni menos) del embrollo político que Chipre representa. Tras generaciones de una convivencia por lo general pacífica, viviendo unos junto a otros en todo el país, un golpe de Estado fallido en 1974 por parte de fuerzas que pretendían unificar la isla con Grecia desencadenó un conflicto entre los chipriotas griegos y los turcos. Le siguieron inmediatamente dos oleadas de invasiones turcas y enfrentamientos que se saldaron con la entrega del control del tercio norte de la isla a Turquía. En la estela de la guerra, centenares de miles de refugiados se clasificaron por motivos étnicos y religiosos, de tal manera que los chipriotas griegos, ortodoxos en su mayoría, se desplazaron al sur, a la República de Chipre, mientras que los chipriotas turcos, musulmanes, se concentraron en la ocupada «República Turca del Norte de Chipre», una entidad que solo Turquía reconoce. En la actualidad, transcurridos más de cuarenta años del alto el fuego, cascos azules de la ONU siguen patrullando una zona protegida intermedia vallada con alambradas de púas para mantener ambas partes separadas, y esa gigantesca bandera, cuya pintura blanca reluce bajo el sol de día y se ilumina por las noches, domina el paisaje al otro lado de la frontera en Nicosia.

Al margen de la situación política, hoy en día Chipre es un destino turístico popular; la república forma parte de la Unión Europea y atrae a multitud de visitantes de todo el continente con sus extensas playas y aguas transparentes, el sistema montañoso Troodos, ideal para hacer excursiones, y sus tradicionales cenas a base de *meze* chipriotas. Sin embargo, su ubicación en el extremo este del Mediterráneo, justo al sur de Turquía y al oeste del Líbano, también convierte esta isla en el nexo de importantes rutas migratorias aviarias que conectan Centroeuropa con África y Oriente Próximo. Millones de aves, desde rapaces hasta acuáticas, perdices, tórtolas, aves costeras y paseriformes, hacen escala aquí dos veces al año. Muchas de ellas no vuelven a alzar el vuelo.

De noche, tramperos ilegales despliegan redes de niebla en los olivares o bosquecillos de las exóticas acacias, estos últimos regados y cuidados con esmero para crear, en esta árida tierra, oasis atrayentes para las agotadas aves migratorias que se encaminan al sur. El trampero acciona un interruptor en una grabadora digital y, a través de unos megáfonos estridentes, emite al cielo nocturno el canto de un zorzal común o la melodía de una curruca capirotada, la misma táctica que utilizamos mis colegas y yo para atrapar aves cantoras en Alaska y colocarles geolocalizadores. Pero cuando las aves que pasan por allí descienden de la oscuridad en respuesta al reclamo, y se congregan en números crecientes antes del amanecer en los matorrales que rodean las redes, el destino que les espera es muy distinto. Cuando el crepúsculo da paso al alba, el trampero y sus ayudantes empiezan a arrojar puñados de piedras a los árboles, haciendo que las agotadas aves caigan en las redes, donde se las mata y se las amontona en cubos sangrientos. Otras migrantes, que andan alimentándose entre los matorrales y arbustos, se sorprenden adheridas a «varetas», unos palitos impregnados con una endiablada materia viscosa natural llamada «liga» que se obtiene hirviendo miel y una fruta local, y de las cuales las arrancarán para soltarlas, dejando atrás piel y plumas. Al margen de cómo las cacen, antes de concluir el día acabarán fritas en aceite caliente, salpimentadas y servidas de manera clandestina, normalmente enteras, con la cabeza calva aún unida, en hogares y restaurantes locales. Este plato se conoce en Chipre con el nombre de *ambelopoulia*, y los aficionados trocean cada pequeño pedazo en bocaditos crujientes de huesos y vísceras.

La cocina de la *ambelopoulia* y la caza de aves cantoras son viejas tradiciones de Chipre que se han transmitido de generación en generación. En el pasado, se cazaban sobre todo con varetas, técnica que, pese a su truculencia, no ofrece una eficacia tan despiadada como las redes de niebla. Precisamente, la capacidad de atrapar a grandes cantidades de pájaros de golpe con las redes hace que cada vez más tramperos se decanten por este método. Para tratarse de una isla con una superficie inferior a dos tercios de Connecticut, el peaje que las trampas para comer *ambelopoulia* se cobra en las aves migratorias que sobrevuelan Chipre es impactante. En 2016, BirdLife calculó que los tramperos mataban entre 1,3 y 3,2 millones de aves al año en el país, matanza que convertía esta pequeña isla en uno de los lugares más peligrosos del Mediterráneo (el peor en recuento por cápita, si se tiene en cuenta su densidad poblacional, relativamente reducida). Chipre alberga también tres de las doce peores zonas de matanza del Mediterráneo, que en conjunto representan hasta 2,3 millones de aves cantoras muertas cada año. Ahora bien, esta isla dista mucho de ser la única trampa mortal. Los sirios cazan de manera ilegal 3,9 millones de aves cada año, mientras que la carnicería anual en el Líbano es de 2,4 millones y, en Egipto, de otros 5,4 millones (si bien los investigadores de BirdLife admiten que las cifras reales en estos lugares podrían ser de hasta el doble).

Y si eso no sorprende, por tratarse de rincones del mundo con tantas cicatrices de guerra y tantos problemas como Siria y Egipto, piénsese que el lugar más peligroso para un ave en Europa seguramente sea la pacífica y civilizada Italia, donde cada año se sacrifican unos 5,6 millones de paseriformes que serán usadas como ingredientes en platos tradicionales como el *mumbulì*, aves cantoras ensartadas y asadas a la parrilla, o la *polenta e osei*, que, en su forma tradicional, es puré de harina de maíz coronado con pajarillos enteros a la parrilla. Los franceses se zampan otro medio millón de aves, más o menos, como zorzalitos, que atraen con matas de bayas Rowan y estrangulan con sencillas sogas de crin de caballo, una trampa especialidad de la región de las Ardenas, cerca de la frontera con Bélgica, donde unos cien mil zorzalitos mueren cada año mientras las autoridades francesas miran para otro lado.

Sin embargo, los franceses son más célebres por deleitarse con los escribanos hortelanos, un bonito pájaro de unos quince centímetros de longitud, con el pecho de color melocotón, la garganta de color amarillo pálido, oscuras marcas de bigotes y unos anillos oculares amarillos que les confieren expresión de ligero desconcierto. Pero, por tradición, los franceses veneran al hortelano por su carne, no por su aspecto. Cazado entre agosto y septiembre, durante sus migraciones a África, y mantenido en la oscuridad para alterar sus ritmos naturales (en otra época se los cegaba con el mismo fin), a estas aves se las ceba y luego se las ahoga en armañac, tras lo cual se despluman y se hornean enteras en una cazuela de barro muy caliente. El comensal, con la cabeza y los hombros cubiertos con una gran servilleta blanca, supuestamente para comer «a escondidas de Dios», pero seguramente por motivos más prácticos, como condensar los aromas y evitar salpicaduras, le arranca la cabeza al pajarillo con los dientes incisivos y luego mastica el resto del ave, disfrutando de una cascada de grasa y jugos calientes mientras tritura carne y huesos. Este plato se considera el epítome de la gastronomía francesa tradicional. Moribundo a causa de un cáncer en 1996, François Miterrand, el que fuera presidente de Francia, devoró dos hortelanos como parte de su última cena y se negó a comer nada más hasta su deceso, ocho días más tarde. El difunto Anthony Bourdain consideraba al hortelano «el Grand Slam de las comidas raras y prohibidas»[19] y relataba una cena ilegal con una serie de amigos sibaritas: «Con cada bocado, mientras los huesecillos y las capas de grasa, carne, piel y órganos se compactan, uno se deleita con la sublime mezcla de sabores antiguos, variados y maravillosos: higos, armañac y carne oscura ligeramente impregnada del sabor salado de la sangre propia, salida de las heridas que los afilados huesecillos hacen en la boca».[20] El hortelano, al menos sobre el papel, está protegido en Francia desde 1999, pero la ley se ha ignorado en gran medida, sobre todo en las Landas, en el sudoeste del país, a lo largo del litoral atlántico, donde el culto al hortelano está más afianzado. Allí, los tramperos utilizan un aparejo llamado *matole* en cuya jaula central se coloca un hortelano vivo para usarlo como señuelo, rodeado por hasta treinta o incluso más jaulas pequeñas de alambre con cereales dentro a modo de cebo. Hasta fechas recientes, cada año se capturaban unos trescientos mil escribanos hortelanos, que se vendían en el mercado negro por un precio unitario de hasta ciento cincuenta euros. Si bien la matanza de estas aves ha descendido últimamente, los números de esta especie se han desplomado. Así ocurre, en especial, en la pequeña población, cada vez más fragmentada, que nidifica en el oeste de Europa y migra a través de Francia, que ha mermado en más de un 80 por ciento desde 1980, a un ritmo más acelerado que ninguna otra ave cantora europea.

Y esta es solo una de las muchas especies que están en el punto de mira. En total, los conservacionistas calculan que entre once y treinta y seis millones de aves, tanto pájaros cantores como limícolas, patos, codornices, cigüeñas y rapaces, básicamente cualquier animal con plumas, mueren cada año durante su migración por la cuenca del Mediterráneo. Solo en dos países de la región, Gibraltar e Israel, este problema es prácticamente inexistente. A eso cabe añadir la matanza legal de aves migratorias, no solo de especies cinegéticas tradicionales, como las aves acuáticas, sino de cantidades ingentes de aves cantoras. Pese a que la Directiva de 1979 para la conservación de las aves silvestres de la Unión Europea, la legislación con objetivos conservacionistas más antigua de la zona, prohíbe en general estas matanzas, la UE ha emitido lo que se conoce como «derogaciones» y que, en la práctica, son exenciones. Es difícil obtener cifras sólidas, pero BirdLife calcula que otros 1,4 millones de aves se matan de manera legal, incluidos cerca de medio millón de fringílidos y casi trescientos mil zorzalitos. Antes de su adhesión a la Unión Europea, Chipre negoció su derecho a continuar cazando media docena de especies de zorzalitos con escopeta para preparar recetas navideñas tradicionales. En conjunto, cuesta imaginar cómo se las apaña ningún pájaro para salir vivo de Europa.

Los conservacionistas, que observan con creciente preocupación cómo las poblaciones de casi todas las aves migratorias europeas han caído por los suelos, presionan con contundencia contra estas matanzas. En Chipre han dado pasos de gigante en los últimos años. Autoridades que hasta ahora se mostraban indiferentes, como las fuerzas británicas de dos grandes bases militares controladas por el Reino Unido donde la caza había sido desenfrenada, han canalizado recursos para organizar agresivas patrullas que utilizan equipos de visión nocturna y sofisticados drones con cámaras infrarrojas. Al parecer, estos equipos fueron espoleados, en gran medida, porque, entre las cartas de las campañas organizadas que inundaron el Ministerio de Defensa con exigencias conservacionistas, supuestamente se incluían misivas del príncipe Carlos de Inglaterra. BirdLife lleva a cabo con discreción estudios metódicos sobre el terreno en centenares de kilómetros en busca de redes de niebla y varetas, y denuncia la detección de estas actividades a las fuerzas del orden chipriotas. Otro grupo, el Committee Against Bird Slaughter (CABS o Comité contra la Matanza de Aves), va un paso más allá y monta lo que en esencia son operaciones de guerrilla contra los tramperos y cazadores de aves en Chipre y en todo el Mediterráneo. Especialistas en delitos contra la fauna pertenecientes a la Royal Society for the Protection of Birds (RSPB), vestidos con trajes de camuflaje y equipados con cámaras de vigilancia ocultas, graban vídeos que por fin están propiciando la imposición de serias multas y sanciones para los tramperos.

Ese era precisamente el motivo por el que llevaba varios días acompañando a Andreas, siguiéndolo mientras, agazapados, nos abríamos paso por los olivares y nos acercábamos furtivamente a viviendas por la parte de atrás para comprobar si había varetas, manteniéndonos siempre alerta por si aparecían de repente perros ladrando o un trampero enfadado y quién sabe si armado. Cuando llegué, en otoño de 2018, la marea parecía estarse volviendo a favor de las aves, pero Chipre ya ha transitado por esa vía antes. En la década de 1990, la cifra anual de aves cantoras cazadas con trampas en la isla ascendía a unos astronómicos diez millones, pero, en los albores del siglo XXI, mientras Chipre negociaba su incorporación a la Unión Europea, el Gobierno de la república reprimió con dureza esta práctica. Se desplegaron sobre el terreno escuadrones especiales contra la caza furtiva y, entre 2005 y 2006, la incidencia del trampeo, medida por los informes estandarizados de BirdLife, se había reducido en casi un 80 por ciento. Los conservacionistas se felicitaron sin demasiados aspavientos por haber dado un vuelco crítico a la situación. Pero, una vez afianzada la adhesión a la Unión Europea, en 2004, muchos de los esfuerzos por hacer cumplir la ley perdieron fuelle y algunos de los tramperos más agresivos comenzaron a operar en las bases británicas, que quedaban fuera de la jurisdicción de las autoridades de la República de Chipre. Así ocurrió, en especial, en la base de Decelia, en la costa meridional, cerca de Lárnaca, donde la península del cabo Pyla se interna en el Mediterráneo, un embudo geográfico que concentra a las aves que se dirigen al sur, hacia África y Oriente Próximo.

«Todo el mundo pensaba que la situación se corregiría en unos cuantos años», me había dicho Tassos Shialis aquel mismo día. Tassos, un hombre delgado y con barba morena, había desempeñado en el pasado el trabajo de Andreas, llevando a cabo las mismas batidas clandestinas contra la caza furtiva, pero hace tiempo que salió del anonimato y ahora es el rostro público de la campaña antitramperos de BirdLife, una presencia habitual en televisión y en la prensa. «Pero, en lugar de eso, la caza empezó a remontar, sobre todo en las bases. El aumento fue importante y, hacia 2014, nos encontrábamos ya en el mismo punto que en 2002, con unos dos millones y medio de aves [cazadas con trampas] cada año. En comparación con la década de 1990, cuando la RSPB estimó su caza en diez millones, se trata de una mejoría considerable, por supuesto, pero hoy hay muchas otras amenazas, como el desarrollo turístico, el cambio climático o la pérdida de hábitat, que se suman a los problemas relativos a la migración que afrontan las aves. Esas cifras de pájaros muertos han dejado de ser admisibles, por más que, en términos comparativos, sean muy inferiores a los de la década de 1990».

Detener la caza ilegal de aves en Chipre se ha convertido en un juego del gato y el ratón, consistente en que los cazadores furtivos cambian de táctica y de ubicaciones para eludir la persecución. La primera vez que la República de Chipre adoptó medidas drásticas, los tramperos se trasladaron a las bases militares; ahora las bases estaban respondiendo y los cazadores furtivos hallaban nuevas zonas en las que operar, tanto en la República como, si los informes eran precisos, cada vez más en el norte de Turquía.

Andreas tomó otra curva pisando el acelerador y agradecí que la adrenalina me mantuviera despierto mientras nos dirigíamos a la base británica en Decelia; aquel día ya llevábamos diecinueve horas de actividad. La mañana previa me había llevado en coche Roger Little, un voluntario británico que lleva años viajando a Chipre para ayudar a combatir el uso ilegal de redes. Alto y en forma, con el cabello cano muy corto, Roger es un experto en finanzas jubilado que se pone calcetines rojos cuando considera que el club de fútbol Manchester United necesita un empujoncito psicológico desde el extranjero. Sin embargo, su verdadera pasión es la naturaleza: «No solo los pájaros; la naturaleza y punto», me dijo mientras nos dirigíamos en coche a la oficina de BirdLife para reunirnos con Andreas. A Roger no le importa que utilice su nombre real porque solo pasa en Chipre cinco o seis semanas al año. En cambio, Andreas es chipriota de nacimiento y vive en las comunidades que ayuda a patrullar; como muchos isleños que bregan para frenar la matanza de aves, le preocupa hacer público su trabajo, tanto por temas de seguridad (muchos de los tramperos están involucrados en la mafia, y las granadas, las bombas caseras y los incendios provocados son sus armas favoritas) y porque mantener un perfil bajo hace que su labor sobre el terreno sea más fácil y eficiente.

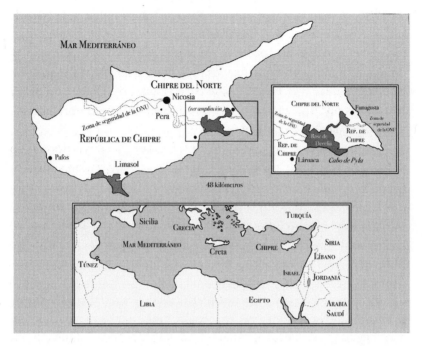

Chipre y el mar Mediterráneo oriental.

Cada otoño, BirdLife busca actividad de caza ilegal en sesenta bloques de un kilómetro cuadrado seleccionados al azar y repartidos por una zona mucho más extensa, de cuatrocientos kilómetros cuadrados, en el sur de Chipre, la zona donde el uso de redes está más extendido. La RSPB inició dicha labor en 2002 y BirdLife Chipre se ocupa de ejecutarla desde 2004. Nuestra misión aquella mañana era comprobar el bloque litoral situado al oeste de Lárnaca, con Andreas al volante y Roger orientándonos mediante un ordenador portátil que contenía mapas y un extenso registro de todos los puntos conocidos donde se practica la caza ilegal. Sobre el regazo llevaba también un cartapacio con fichas de datos para un estudio de aves rapaces que les sirve como coartada si les paran lugareños o terratenientes preguntándose qué hacen un par de tipos con prismáticos fisgoneando por carreteras secundarias. «Me guío un poco por mi instinto —me aclaró Andreas—. Si el tipo se acerca de malas maneras al coche y parece enfadado, le cuento lo del estudio de las rapaces. Si solo siente curiosidad, a veces le digo que me he perdido y le pido indicaciones para llegar a algún lugar cercano. A la gente le encanta dar indicaciones: de repente se convierten en expertos y eso suele apaciguar las cosas».

Nos detuvimos en el confín de un campo arado a unos cien metros del mar, mientras un sol mortecino brillaba a través de cirros altos y provocaba destellos en el Mediterráneo con sus rayos. Los vencejos se entrecruzaban en el cielo. Con el paso de los años, estos informes y batidas de BirdLife realizados por activistas del CABS han permitido a los conservacionistas elaborar una base de datos muy pormenorizada sobre sitios donde se practica el trampeo. Atravesamos el campo, levantando polvo al patear los surcos, pero, aunque en efecto años antes allí se había practicado la caza con redes de niebla, la única prueba que hallamos fue una barra metálica oxidada hasta la altura de las rodillas que sobresalía del suelo en el borde de un cañaveral y que en su día habría servido de anclaje para el poste de una red. No había indicios de que hubiera habido presencia humana allí desde hacía mucho tiempo; los arbustos leñosos que se apelotonaban alrededor de la barra parecían tener varios años ya, a criterio de Andreas. «Esto es lo que me gusta ver —dijo satisfecho—. Sitios donde se tendían trampas abandonados». Cuando volvíamos a subirnos al vehículo, divisó un elegante halcón sobrevolándonos. «Mirad, un cernícalo. Roger, anótalo». Un informe de rapaces sin ningún ave anotada no engañaría a nadie, si había que recurrir a esa coartada.

El sol de media mañana empezaba a calentar; nos encontrábamos a mediados de octubre, cuando, al mediodía, la temperatura en las húmedas tierras bajas no alcanza los 30 °C. Habría pocos pájaros en movimiento y los tramperos habrían plegado velas horas antes. Precisamente por eso habíamos escogido aquel momento para hacer la batida. Andreas y Roger no tenían ningunas ganas de toparse con los tramperos; desde su perspectiva, era mejor identificar una ubicación activa, largarse y alertar a las autoridades chipriotas para que sorprendieran in fraganti a los cazadores y los procesaran. En caso de detectarlos allí, lo mínimo que harían los tramperos sería recoger y marcharse a toda prisa, con lo cual conseguirían eludir el arresto. El CABS apuesta por un enfoque mucho más directo, desplegando a sus equipos sobre el terreno durante la noche o de madrugada, cuando los cazadores están tendiendo las trampas y atrayendo a las aves, y en ocasiones se dedican a rasgar o a destrozar las redes y las varetas, además de liberar a las aves capturadas. Como es previsible, las confrontaciones entre tramperos y activistas pueden volverse violentas en un santiamén. En 2010, el escritor estadounidense y ávido observador de aves Jonathan Franzen, que trabajaba en un reportaje para el *New Yorker* en Chipre, puso pies en polvorosa mientras varios tramperos chipriotas apalizaban a los activistas del CABS a quienes acompañaba, a uno de los cuales incluso le rompieron la cámara de vídeo en la cabeza, antes de abandonarlos maltrechos y ensangrentados.

La palabra «liga», la sustancia que se usa en las varetas, tiene sus raíces en un término indoeuropeo antiguo que significa «pegajoso» o «viscoso». El trampero prepara un mejunje glutinoso; en algunas zonas, el ingrediente principal era corteza de acebo cocida, mientras que en otras se utiliza la baya resinosa del muérdago, aunque ahora en algunos lugares de Europa, como España, se ha extendido el empleo de sustitutos sintéticos. En general, los chipriotas siguen preparando la liga con ciruelas sirias; Andreas arrancó un puñado de un árbol y me las entregó. Al estrujarlas, las frutas, del tamaño de una canica y con piel oscura, secretan una resina transparente y pegajosa que, según pude comprobar un poco tarde, solo pude limpiarme de los dedos con mucha agua y maldiciones. Cocida con miel y otros aditivos, forma un pegamento natural asombrosamente potente que los tramperos emplean para impregnar largos palos de madera rectos (los brotes jóvenes de granado son los preferidos para este fin). Estas varetas se dejan secar al sol y luego se agrupan en manojos y se transportan de pie en unas cestas tejidas especialmente. A medida que el trampero avanza (o la trampera, pues se da el caso de que una de las más reputadas en Chipre es una mujer), va sacando las varetas de una en una del mejunje y las dispone en horizontal entre árboles y arbustos que han sido podados con esmero para crear claros en medio del follaje. La elaboración y venta de varetas es una industria artesanal en algunas regiones de Chipre, si bien muchos tramperos fabrican las suyas propias.

Un ave cantora que explore el árbol en busca de comida solo

tiene que rozar la vareta con la punta de una pluma del ala o de la cola, con el pico, con una garra o con alguna otra parte del cuerpo para quedar adherida. Algunas cuelgan patéticamente de las alas o las patas, dislocadas por la refriega, mientras que otras se agitan y retuercen intentando escapar, lo cual hace que se impregnen rápidamente en múltiples puntos y queden pegadas e inmóviles. En ocasiones, una sola vareta de medio metro sirve para atrapar a media docena de pajarillos, o más. Esta técnica, por descontado, no es selectiva: BirdLife ha documentado la captura de ciento cincuenta y cinco especies con varetas, desde reinitas y zorzalitos hasta gavilanes, halcones, abejarucos, chotacabras, alcaudones y lechuzas. Y las pocas aves que logran zafarse acaban tan embadurnadas en liga que no son capaces de alzar el vuelo o (si se les ha quedado el pico pegado) de comer o beber. El trampero solo puede soltarlas arrancándolas del palo, donde quedan adheridas la piel y las plumas. Los activistas que hacen incursiones en puntos donde se practica la caza con liga en ocasiones emplean su propia saliva como producto de limpieza para liberar a las aves capturadas, chupando las plumas grumosas para retirar la mayor parte del mejunje. A los conservacionistas, todo esto les parece una barbarie. En cambio, un grupo local que está a favor de los tramperos, conocido como Amigos de la Vareta, defiende que se trata de una tradición, a lo que un dirigente del CABS replicó que él procedía de Alemania, donde en el pasado se quemaban brujas: no todas las tradiciones, añadió, merecen ser conservadas.

A medida que el día avanzó nos adentramos en carreteras secundarias llenas de curvas, algunas pavimentadas y otras de tierra, por las que condujimos despacio, mientras nos asomábamos entre las largas hileras de cítricos y olivos en busca de indicios de redes. Unos árboles cuidadosamente podados con amplias avenidas entre ellos pueden ser reflejo de una agricultura meticulosa, pero también pueden indicar que el propietario no quiere que las ramas se enganchen en las redes de niebla. Andreas y Roger aguzaron la vista rastreando postes o estacas metálicas, o neumáticos rellenos de hormigón con un palo corto clavado en medio usados como bases de postes portátiles. Cuando detectaban algo sospechoso, bajábamos del coche en busca de plumas, pajarillos muertos descartados o su cabeza. Existe también la tradición de matar incluso a las aves que no sirven atrapadas en las redes, aunque solo sea porque resulta más fácil y rápido sacar a un pájaro muerto que pelear con uno vivo y alborotado. En más de una ocasión, hombres que pasaban por allí en sus vehículos aminoraron la marcha y nos fulminaron con la mirada, recelosos, pues no son lugares en los que los forasteros suelan prodigarse. No localizamos redes activas, como se las conoce en Europa, pero sí que encontramos unas cuantas varetas viejas que parecían haber quedado olvidadas cuando los tramperos abandonaron el sitio. Y, dado que seguían representando un peligro para las aves, Roger las refregó una y otra vez en el suelo para rebozar la liga con hierbas muertas y tierra, y luego las partió en trocitos inofensivos.

Muchos de los olivares estaban cercados; uno, en concreto, les llamó la atención, porque estaba protegido con alambre de púas y la cerca estaba forrada con malla verde para bloquear la visión de lo que había en el interior. «Qué sospechoso... —dijo Andreas en voz baja—. ¿Por qué se molestarán tanto en que nadie vea lo que hay desde la carretera?». Pero, por más empeño que pusimos, no logramos averiguar qué ocultaba, de manera que Roger anotó la ubicación para regresar en el futuro. Los únicos lugares donde se aplica el allanamiento en la República de Chipre son terrenos cercados como aquel, que son inaccesibles. Pero mis compañeros tenían la mosca detrás de la oreja. Un poco más adelante detectaron un poste metálico que se elevaba unos tres metros por encima de la copa de un solitario algarrobo junto a una serie de invernaderos. ¿Sería una antena? Podía ser, pero no había cables. «Los tramperos colocarían un tallo alto de bambú con varetas clavadas en ángulo a los lados para atrapar abejarucos», comentó Andreas, pero no estaba seguro de si se trataba de una trampa de estas características. Cuando nos alejábamos, un par de abejarucos descendieron en picado para posarse en un árbol vecino, batiendo sus largas alas falciformes, mientras el sol iluminaba los tonos bermejos y azules de su plumaje y sus cantos como campanas resonaban a través del cálido aire.

Andreas ralentizó la marcha en otro camino en el que vimos a una perdiz chucar escabullirse ante nosotros. Una casita encaramada a una loma dominaba un olivar. Andreas aparcó en un punto en que el vehículo quedara fuera de la vista desde la casa y dejó a Roger montando guardia mientras él salía sigiloso de la camioneta y se escondía entre los árboles, mirando a ambos lados. Yo lo seguía a través de los olivos de baja altura, repletos de aceitunas de un color negro azulado. Oímos un coche y nos quedamos paralizados. Andreas me indicó con gestos que me adentrara en una tupida arboleda; el coche parecía transitar por la carretera pavimentada a cierta distancia, pero Andreas dio media vuelta y puso rumbo de regreso a la camioneta. Entonces se detuvo. «Una vareta —susurró, señalando hacia un pequeño montículo donde vi una extraña rama horizontal que sobresalía de un pequeño algarrobo justo detrás de la casa—. Déjame tu teléfono. Me he dejado el mío y tengo que sacar fotos», me dijo. Fue corriendo hasta unas escaleras de madera que había en la ladera, revisó el arbusto por dentro y alrededor, tomó unas cuantas fotografías y regresó, caminando rápido conmigo a remolque. «Había siete varetas en ese algarrobo, y supongo que habrá más en todos los árboles en torno a esa casa. Por suerte, no había ningún pájaro atrapado», informó a Roger mientras reculábamos con la camioneta y nos largábamos pitando de allí. Una vez estuvimos fuera de la vista, le envió las fotografías a la policía, con la esperanza, contenida, de que hicieran un seguimiento. «Siete no son muchas, pero podría haber muchas más».

«¿Y la policía colabora?», pregunté, pues me habían llegado comentarios desdeñosos de conservacionistas chipriotas sobre ese asunto.

«Podría decirse que "a medias"», respondió Roger secamente. A principios de la década del 2000, cuando Chipre aspiraba a integrarse en la Unión Europea, el Servicio de Caza y Vida Silvestre (el ministerio gubernamental responsable de hacer cumplir las leyes ambientales) contaba con un escuadrón contra la caza furtiva activo y se forjó la reputación de ser bastante severo con los tramperos, pero en tiempos recientes este organismo, en opinión de BirdLife y de otros grupos conservacionistas, hace cada vez más la vista gorda en lo tocante a esa práctica. (El Servicio de Caza y Vida Silvestre lo niega y señala los recientes cambios en las normativas, que imponen multas más cuantiosas por el uso de redes de niebla, aunque no por cazar con liga). En parte, su inacción se debe a la presión política del amplio e influyente *lobby* de cazadores, y en parte a que los agentes de policía pertenecen a la comunidad local y los tramperos a menudos son parientes o amigos suyos. Pero en parte también se debe, o eso confiesan algunos agentes en privado, a que algunos cazadores furtivos tienen vínculos con el crimen organizado violento y las autoridades se sienten intimidadas. Sea cual sea el motivo, a veces da la sensación de que los cazadores furtivos operan casi con total impunidad. Andreas sacó su ordenador portátil y amplió la imagen sobre una zona con un marcador: un lugar con redes para atrapar zorzales comunes que el CABS había localizado el enero previo, con un estridente reclamo que reproducía cantos de zorzales durante toda la noche. «Mira, la comisaría está aquí —me indicó, señalando un edificio que estaba justo al otro lado de unos campos—, a menos de doscientos metros de distancia. ¿Cómo es posible que no hayan oído esa cosa tronando toda la noche?».

Durante la temporada de trampeo, los conservacionistas juegan al gato y el ratón. «Los tramperos no son tontos. A veces colocan unas cuantas varetas en sitios claramente visibles, demasiado evidentes... Supongo que, si estos desaparecen, saben que el CABS está al acecho —comentó Andreas—. A veces atan hilos muy finos, finísimos [en los lugares donde colocan las trampas] y, si los encuentran rotos, saben que alguien ha pasado por allí».

Después de dar la jornada por concluida, me quedaron un par de horas libres antes de que Andreas y yo tuviéramos que dirigirnos en la camioneta hacia el sur, para reunirnos con la policía de la base militar y sumarnos a sus patrullas nocturnas. Y me rugían las tripas del hambre. Me hospedaba en Pera Orinis, un pueblo en las montañas del centro de Chipre, a unos quince kilómetros de Nicosia, en un bonito hostal regentado por Tassos y su novia, Sara, una bióloga italiana. Las calles del viejo casco urbano de Pera son angostas, tan estrechas que la primera noche, agotado de viajar y de intentar orientarme por un laberinto de callejuelas con el ancho justo para mi pequeño coche de alquiler, rasqué el retrovisor izquierdo contra una puerta abierta mientras esquivaba, por cinco centímetros, una pared de roca a la derecha. Pero mientras paseaba a pie bajo el tenue crepúsculo, los estrechos callejones se convirtieron en acogedores desfiladeros con paredes de piedra gris claro y puertas de viviendas de madera antigua oscura con aldabas y goznes de hierro forjado. En un rincón vi a cuatro ancianos sentados alrededor de una mesita en la acera, bebiendo café frappé al son del castañeteo seco de las piezas con las que jugaban a una versión chipriota del *backgammon* llamada *tavli*; uno de aquellos caballeros, con el cabello y un denso mostacho canos, alzó la vista sin ocultar su sorpresa al verme por allí y me observó hasta que desaparecí de su vista. Tomé otra callejuela, que desembocaba en la plaza del pueblo, con la antigua iglesia del Arcángel Miguel y una escuela infantil colindante. Un padre observaba jugar a sus dos hijas pequeñas. Me sorprendió lo tranquilo que estaba todo. Mis pasos reverberaban en los grandes adoquines irregulares.

Me dejé llevar por el olfato, atraído por el olor a leña y a carne hasta una pequeña taberna que había al doblar la esquina, una única estancia con una nevera de cervezas, algunos carteles antiguos de estrellas de cine griegas y un patio exterior a la sombra. La regentaba Costas, un hombre en la treintena con el pelo corto, moreno y con gafas de pasta. Pedí *souvlaki*, trozos de cerdo a la parrilla, tomate fresco y pepino envuelto en pan pita y aderezado con zumo de limón. «Treinta minutos, amigo», me dijo. Nos habíamos conocido durante mi primera noche en el pueblo, cuando Tassos me había llevado allí a cenar a una hora tardía. Este tenía que hacer recados, de manera que Costas se sentó a hablar conmigo mientras yo daba cuenta de unos *kebabs* bien calientes. «¿Pájaros? Ah, sí, están riquísimos —me dijo después de llevar conversando conmigo una hora—. Fritos en aceite caliente. El aceite tiene que estar muy caliente. Y con sal marina. No, no… —agarró un salero, se echó sal en la mano y sacudió la cabeza con énfasis mientras la tiraba—. Solo vale la sal marina. Son sabrosísimos».

Aquella noche, mientras Costas preparaba mi pedido, su hermano me invitó a sentarme con él mientras esperaba el suyo bebiéndose una cerveza en una de las pequeñas mesas. Más reservado que su hermano pequeño, sacudía la ceniza del cigarrillo mientras me observaba con los ojos entrecerrados. Hablaba un inglés muy básico y yo no sé ni una palabra en griego, pero nos las apañamos. ¿Dónde vivo? ¿Qué tiempo hace? ¿De qué trabajo? Él es policía. «Solo delitos graves. Soy como un detective», dijo, mientras enrollaba otro fino cigarrillo. Y ¿por qué estoy en Pera? «Para ver pájaros», era la explicación más fácil y, como había ocurrido con su hermano la noche anterior, desencadenó una evocación inmediata de un plato de *ambelopoulia*. «Está muy rico. No hay muchos pájaros que ver en Chipre, ¿eh? Nos los comemos. Muchos, muchísimos». Le pregunté si le preocupaba comer tantos que acabaran desapareciendo. Me respondió con un encogimiento de hombros y una sonrisa. «Hay pocos y valen caros: ochenta euros por doce pájaros. Antes sesenta, ahora ochenta». Sacudió la cabeza: menuda tragedia. A menor oferta, mayor valía, un incremento de precio que representa un potente incentivo adicional para algunos tramperos. «Pero ¿no es ilegal la *ambelopoulia*?», le pregunté. Otro encogimiento elocuente, esta vez sin sonrisa. Debió de intuir que andaba por allí con ese buscapleitos de BirdLife, Tassos. Su comida estaba lista; se la llevó al patio para dar cuenta de ella, y esta vez no me invitó a acompañarlo.

La matanza de aves migratorias no es un problema exclusivo del Mediterráneo; cada año se matan millones de ellas de manera ilegal en la Europa nórdica y (en especial) en la región del Cáucaso. Algunas, como las aves acuáticas, mueren tanto víctimas de la caza deportiva como para acabar en la cazuela, mientras que otras, como los tordos atrapados por el pescuezo en Francia, se sacrifican estrictamente para su consumo. Las aves rapaces siguen siendo una diana en gran parte de Europa, como las cuarenta y una águilas reales de Escocia a las que se habían colocado transmisores satélite entre 2004 y 2016 y que desaparecieron sin dejar rastro, no aparecieron ni sus cuerpos ni sus dispositivos, lo cual permite intuir que alguien a quien le molesta que las águilas depreden lagópodos rojos acabó con ellas y se deshizo de sus cadáveres.

Asia, como es previsible, es una trampa mortal para muchas aves migratorias. A fin de cuentas, es probable que el motivo principal del catastrófico desplome hacia la extinción del correlimos cuchareta fuera el uso de redes y de trampas. Ahora bien, mientras que los cucharetas se han convertido en un icono internacional de la conservación, otra ave asiática, el escribano aureolado, ha caído mucho más abajo y mucho más rápido sin causar apenas revuelo.

Pariente cercano del escribano hortelano, célebre porque se consume en Francia, el escribano aureolado contaba con una inmensa área de reproducción que se extendía desde Finlandia hasta el extremo oriental de Rusia, una superficie de 15,7 millones de kilómetros cuadrados en la que anidaba en cifras incalculables; los científicos empleaban el término «superabundante» para transmitir la magnitud de su población. Los machos lucen un patrón maravilloso, con el pecho cetrino, el rostro negro y la cabeza y el manto castaños, y unos vistosos escapulares blancos; las hembras y los juveniles, como suele ocurrir, presentan un plumaje más sutil y complejo, con vetas marrones, como si se hubieran empapado en un té de azafrán. La gran mayoría de los escribanos aureolados de esta vasta zona de distribución migran cada año a través del litoral de China, donde se congregan en bandadas gigantescas y se posan por millones tanto durante sus migraciones como en los terrenos de invernada, mucho más acotados, en el Sudeste Asiático.

Las cifras de escribanos, su naturaleza gregaria y su carne, rolliza y sabrosa, los convirtió en una diana tradicional para los cazadores de aves que los consumían para subsistir, pero, en décadas recientes, conforme en China se ha ido fraguando una clase media con renta disponible y la carne salvaje se ha convertido más en un símbolo de estatus que en una mera fuente de proteínas, el ritmo de la matanza se ha vuelto hiperveloz. Como en el caso de la *ambelopoulia*, los escribanos se convirtieron en un artículo de lujo en China, donde un solo pájaro de quince centímetros alcanza el equivalente a entre treinta y cuarenta dólares estadounidenses. En 2001, los científicos calcularon que solo en la provincia de Guangdong se consumían hasta un millón de escribanos al año. La prohibición por ley de matar aves silvestres para su comercialización en China, vigente desde 1997, en la práctica se pasa por alto, y ya en 1980 se había informado de disminuciones en las poblaciones de crías de escribanos aureolados. Desde el 2000, su desplome ha sido casi universal en alcance, y aterrador en escala y rapidez. La zona de distribución de esta especie se ha contraído hacia el este en cerca de cinco mil kilómetros. Al ritmo actual, las que otrora fueron las aves terrestres más comunes en el mundo se habrán extinguido en unos pocos años. «La magnitud y la velocidad de su declive no tiene precedentes entre aves con una zona de distribución

A ESCONDIDAS DE DIOS

de un tamaño comparable, con la excepción de la paloma migratoria», advertía un equipo internacional de científicos en 2015.

A los norteamericanos, la idea de comer pájaros cantores nos resulta desconcertante y aborrecible, pero eso solo demuestra que tenemos memoria a corto plazo, ya que, tal como señalaban los autores del artículo sobre los escribanos que he mencionado, nos comimos a las palomas migratorias hasta dejarlas en el limbo. La combinación de las líneas de ferrocarril y de telégrafos permitió a los tramperos comerciales y a los traficantes localizar las colonias de palomas nómadas, diezmarlas y mandar fácilmente los pájaros a los mercados, como la vez en que se enviaron 1,8 millones de palomas para su venta desde una sola zona de nidificación en Plattsburgh, Nueva York. Las historias sobre la época de la caza para abastecer los mercados en Estados Unidos durante el siglo XIX y principios del XX suelen concentrarse en la inmensa carnicería infligida a especies cinegéticas más típicas, como los patos y los gansos, como en la leyenda del cazador solitario de Dakota del Norte que, en unas pocas horas de carnicería, mató más de trescientos kilos de anseriformes (incluidas cuarenta y seis barnaclas canadienses y treinta y siete grullas canadienses) y mantuvo el mismo ritmo durante un mes; o la de un escopetero de Long Island Sound que, en torno a 1870, mató o mutiló a ciento veintisiete porrones bastardos de una sola descarga con una gigantesca escopeta de doble barril y cuatro cañones. Los faisanes y las perdices se enviaban a toneladas por ferrocarril, como ocurrió con los cerca de treinta mil gallos de las praderas y las quince mil codornices cotuí que se despacharon desde Nebraska en 1874. Cuando las palomas salvajes y los faisanes empezaron a escasear, en las postrimerías del siglo XIX, los pistoleros y traficantes desviaron su atención hacia las aves costeras, con predilección por los zarapitos esquimales y los chorlitos dorados americanos, pero, como toda la familia de las aves costeras tiene buen sabor y cae fácilmente en las trampas, al final se disparaba a cualquier cosa con alas. Ni siquiera el tamaño pequeño servía de protección; se cazaban incluso correlimos, que apenas pesan quince gramos, y se comercializaban como «menudillas».

Ahora bien, las aves cantoras también eran un objetivo frecuente. Tal vez no exista mejor ventana para asomarse a esa época que un fabuloso libro titulado *The Market Assistant*, publicado en 1867 por un carnicero neoyorquino llamado Thomas F. de Voe, que cumple con creces lo que promete en su subtítulo: *A Brief Description of Every Article of Human Food Sold in the Public Markets of New York, Boston, Philadelphia, and Brooklyn*, es decir: «Breve descripción de todos los artículos para la alimentación humana vendidos en los mercados públicos de Nueva York, Boston, Filadelfia y Brooklyn». El autor destina varios capítulos extensos a la caza de animales salvajes, desde mapaches y mofetas hasta caribúes y borregos cimarrones, así como aves acuáticas, pavos, urogallos y aves costeras, especificando qué era habitual y qué era extraordinario encontrar en los comercios, qué tenía buen sabor y en qué temporada. Pero De Voe también hablaba con detalle de docenas de aves cantoras, desde pájaros carpinteros hasta gorriones, puestos a la venta habitualmente en los mercados de la zona este. Algunos, como los tordos arroceros o charlatanes, abundantes en temporada, se enviaban por millones a los núcleos urbanos, mientras que otros eran más esporádicos, como el gorrión costero. «Ocasionalmente se encuentra en nuestros mercados durante los meses estivales, pero su carne es bastante insulsa y tiene un ligero gusto a pescado», advertía De Voe.[21]

Solo unos cuantos pájaros merecían tal advertencia. El carpintero escapulario, que De Voe llamaba «carpintero alidorado», era «habitual en nuestros mercados en los meses de otoño, cuando engorda y su carne es sabrosa. [...] He abatido a tiros a centenares de ellos, a veces hasta veinte o treinta de un solo árbol en una tarde».[22] Las alondras eran «casi tan suculentas como las perdices, pero no tan carnosas y grandes»,[23] y recordaba haber disparado a muchas de ellas «en el vecindario de la actual calle Cuarenta y Ocho de Nueva York».[24] Entre las muchas otras aves cantoras mencionadas en *The Market Assistant* se cuentan las alondras cornudas y los bisbitas norteamericanos, los escribanos nivales («un ave blanca como la nieve [...] con mucha más enjundia y sabor en enero o febrero, cuando su carne es más admirada por el epicúreo»[25]), los pájaros carpinteros cabecirrojos («casi tan gustosos como los carpinteros alidorados, pero más pequeños»[26]), el ampelis americano («que ocasionalmente se encuentra en nuestros mercados en grandes números y cuya carne ofrece un bocado delicado y debe reservarse a los meses de otoño»[27]), los pájaros gato grises («muy pequeños, pero con una carne tierna y sabrosa»[28]), los rascadores zarceros, los juncos, los camachuelos picogruesos, el cuclillo piquinegro y el piquigualdo («su carne es bastante suave, pero tienen un cuerpo pequeño para tratarse de un pájaro de aspecto tan grande»[29]) y los pinzones colorados («muy delicados cuando se encuentran en buenas condiciones»[30]). La carne del zorzalito colirrufo, escribió, es tierna, «pero no merece la pena malgastar en ella una carga de pólvora, ni siquiera cuando uno está muerto de hambre».

De hecho, es sorprendente que, entre páginas y páginas de descripciones de las virtudes gastronómicas de las aves cantoras norteamericanas, De Voe a menudo aparque su papel como periodista objetivo para opinar en defensa de los pájaros. Tras haber destacado la delicadeza de la carne del ampelis americano, escribía: «Opino que no habría que matarlos nunca, porque seguramente acaban con más gusanos destructores que ninguna otra ave que exista».[31] Con una conciencia ecológica poco frecuente en aquellos tiempos, lamentaba que «miles de aves de especies pequeñas se maten gratuitamente por deporte o por unos pocos peniques. Estas aves masacradas, cuando están vivas, destruyen millones de insectos, moscas, gusanos, babosas, etc.».[32] Suplicaba al lector que no comprara oropéndolas de Baltimore («salvo si son para una colección»[33]) y que evitara adquirir robines en primavera, cuando se aparean para reproducirse. «Personalmente, considero que estas aves hacen más servicio al hombre vivas que muertas», argumentaba.[34]

En el plato, el zorzal robín era el patrón por el cual se medían la mayoría de los otros pájaros pequeños: apetitoso, común y relativamente barato. El arrendajo azul, por ejemplo, era bueno, pero «no tan sabroso como el zorzal»,[35] afirmaba De Voe, mientras que el carpintero escapulario «no era tan tierno como el robín».[36] Sobre este último añadía: «En nuestros mercados encontramos esta conocida ave en abundancia, y muchos miles mueren a causa de los disparos de "todo tipo" de deportistas en los meses de septiembre y octubre, cuando están gordos y ofrecen un bocado delicado».[37] En el sur del país, los zorzales robín eran un objetivo particular para la cazuela y el mercado. En el centro de Tennessee, donde se congregaban por centenares de miles en los aseladeros para pernoctar en invierno, a principios del siglo XX los cazadores formaban cuadrillas para matarlos. Mientras un hombre con una antorcha trepaba a un árbol alto, otros con palos y porras espantaban a los pajarillos dormidos, que echaban a volar; atraídos por la luz, los agarraban, los decapitaban y los metían en sacas. Una cuadrilla podía matar, fácilmente, entre trescientos y cuatrocientos zorzales en una noche, y «muchas veces, más de cien cazadores con antorchas y palos salían a trabajar» y llenaban carretas de robines muertos, anotó un observador. De hecho, la caza de zorzales robín estaba tan extendida en toda la región sur del país, donde en una serie de estados se los consideraba aves cinegéticas, que la National Association of Audubon Societies (la antecesora de la actual National Audubon Society) trabajó con profesores de la región para crear clubes en las escuelas primarias que enseñaran a tener «compasión» por los pájaros, un proyecto que derivó en el programa Junior Audubon, con un éxito asombroso.

Como Thomas de Voe había indicado, el otro pájaro cantor comercializado en masa era el tordo charlatán. En 1912, el ornitólogo de Massachusetts Edward Howe Forbush viajó al país bajo de Carolina del Sur para asistir a la matanza anual de «aves para el arroz», como se llamaba algunas veces a los charlatanes con el plumaje otoñal marrón veteado. Aquel año, solo desde la ciudad de Georgetown, se enviaron unas sesenta mil docenas, casi tres cuartos de un millón de charlatanes, escribió Forbush, «sacrificados por veinticinco centavos la docena que reciben los escopeteros y vendidos en el mercado por los entre setenta y cinco centavos y un dólar la docena que recibían los comerciantes. En el colmo de su abundancia, las aves se exportaban en grandes cantidades a los principales mercados de Nueva York, Filadelfia, París, etc., para acabar, sobre todo, en platos de gente pudiente o de sibaritas derrochadores».[38]

Unos cuantos estados ofrecían una protección fragmentaria. California impuso una veda de ocho meses a la caza de zorzales robín en 1895, si bien tal protección no existía para las demás especies, desde los tordos sargento hasta los pinzones mexicanos, presas también de los cazadores comerciales del Golden State. Hubo que aguardar a 1918, a la aprobación de la Ley del Tratado sobre Aves Migratorias, de alcance federal, para que los zorzales robín, los tordos charlatanes, el ampelis americano y muchas otras aves recibieran protección legal y para que la era de la caza comercial tocara a su fin en Norteamérica. «Una nueva ley prohíbe la caza de aves para la cazuela», anunciaba un titular del *New York Times* el 18 de agosto de aquel año. «Bajo el Tratado de Canadá, ningún ave migratoria puede ahora venderse u ofrecerse para su venta».[39] (El término «migratoria» podía inducir a error; la ley protege ahora a todas las aves norteamericanas autóctonas, con la única excepción de las especies de caza no migratorias, que están amparadas por la ley estatal, y las aves exóticas, como el gorrión común y el cisne blanco, aunque inicialmente excluía también a algunas rapaces).

Europa adoptó una senda muy distinta. Hubo pactos iniciales, como la Convención Internacional para la Protección de Aves Útiles para la Agricultura, firmada por once potencias europeas en París en 1902 y considerada el primer acuerdo multilateral para preservar la fauna silvestre, pero estos dejaban fuera a aves «nocivas», como muchas rapaces, las garzas, los córvidos y los colimbos, que no merecían protección. En Inglaterra, la mezcolanza de leyes en ocasiones contradictorias aprobadas durante la primera mitad del siglo xx fue sustituida por la Ley de Protección de Aves, que en 1954 ofreció importantes salvaguardas a una amplia variedad de aves silvestres (con las excepciones habituales para las especies «plaga», como los cuervos y las urracas). Dicho precepto quedó en gran medida reemplazado por la Ley de Fauna, Flora y Paisaje de 1981, que continúa siendo la principal para la protección de las aves en el Reino Unido. No obstante, en toda Europa, el estatuto de control es la Directiva relativa a la Conservación de las Aves Silvestres de la Unión Europea, conocida como la Directiva Aves, aprobada originalmente en 1979 y enmendada en 2009, que es la legislación ambiental más antigua de la Unión Europea.

Precisamente, fue el poder de la Directiva Aves, así como la necesidad de empezar a cumplir su mandato si quería adherirse a la Unión Europea, lo que impulsó la primera desaceleración de la caza de aves cantoras en Chipre a principios de la década del 2000. Si bien nunca hubo un *quid pro quo* declarado, es decir, una demanda pública formulada por la Unión Europea a Chipre para que controlara la caza de aves si quería convertirse en Estado miembro, se rumorea que sí se sometió a la República a fuertes presiones por la puerta de atrás. «La Comisión nunca dijo abiertamente: "Chipre no accederá [a la Unión Europea] a menos que solvente este problema —me explicó el director de BirdLife Chipre, Martin Hellicar—. Ojalá lo hubiera hecho, pero no lo hizo. Supongo que es así como funciona esto. Sin embargo, entre bambalinas, muchas fuentes nos indican que se ejerció mucha presión». Guy Shorrock, un oficial superior de investigaciones de la RSPB que empezó a participar en acciones contra la caza furtiva en Chipre en el 2000, recordaba que, en un principio, él y sus colegas contaron con cooperación plena tanto del Servicio de Caza y Fauna de la República como de las autoridades británicas en las bases. «Cuando empezó a velarse por la aplicación de la ley y, con el acceso de Chipre a la Unión Europea, se registró un descenso considerable de la caza ilegal, con una caída del orden del 70 o el 80 por ciento. Teníamos la sensación de estar avanzando en la dirección correcta».

No obstante, con el tiempo, y quizá una vez asegurada la adhesión a la Unión Europea, en 2004, con la consiguiente relajación de la presión sobre las autoridades, el trampeo repuntó. Al parecer, el efectivo escuadrón contra la caza furtiva de la República de Chipre fue desarticulado y cada vez fueron más los tramperos que se decidieron a operar a gran escala en las bases británicas, donde incluso rehicieron el paisaje para que sus operaciones resultaran mucho más efectivas. En el mismo momento en que se estaba celebrando la primera conferencia europea sobre la matanza ilegal de aves en Lárnaca, Chipre, en 2011, que concluyó con la Declaración de Lárnaca, la cual llamaba a los europeos a «adoptar un enfoque de tolerancia cero con relación a la caza ilegal, así como un papel pleno y proactivo en la lucha contra esta actividad ilegal»,[40] la masacre se recrudeció, sobre todo en la base de Decelia. Presionados por los activistas que defendían a las aves y por una opinión pública cada vez más inflamada en Inglaterra (que expresaba su indignación a través de sacas de correo llenas de peticiones y cartas de enojo remitidas al Ministerio de Defensa), y enfrentándose a la resistencia, a veces violenta, de los chipriotas a la persecución de la caza furtiva, los comandantes de la base británica se han encontrado con lo que, en ocasiones, ha sido literalmente un problema explosivo.

Me comí el *souvlaki* en la habitación, me tumbé un rato, procurando no quedarme dormido, y a las dos de la madrugada me reuní con Andreas en la oficina de BirdLife para emprender nuestro viaje a Decelia. La historia de los británicos en Chipre es larga y enmarañada. Entre 1878 y 1914, la isla fue un protectorado británico; de 1914 a 1925 fue un territorio ocupado por el ejército, y entre 1925 y 1960, periodo en el que se registró un grado de violencia creciente contra las fuerzas británicas, fue una colonia de la Corona. Incluso después de la independencia, Reino Unido retuvo el control de dos grandes bases militares, Decelia y Akrotiri, con una superficie total de doscientos sesenta kilómetros cuadrados y con sus propias jurisdicciones legales y fuerzas del orden, conocidas como Bases Aéreas Soberanas (SBA, por sus siglas en inglés). Estas SBA no encajan con la imagen mental de una base militar típica. En gran medida, no están valladas, están atravesadas por un entramado de carreteras públicas y hay varios pueblecitos chipriotas griegos esparcidos por su territorio. Técnicamente, esas poblaciones forman parte de la República, aunque sus residentes a menudo arriendan tierras a las bases para destinarlas a uso agrícola. Ello genera una situación de una porosidad insólita en términos de seguridad, sobre todo de noche, que es cuando actúan los tramperos. Es más, las bases suscitan un considerable enojo y descontento entre los chipriotas, motivo por el cual durante años el ejército británico prefirió evitar irritarlos aún más haciendo la vista gorda al problema cada vez mayor de la caza ilegal de aves.

«Las bases siempre han transitado por esa incómoda línea de saber que no son bienvenidas, de manera que evitan por todos los medios posibles enemistarse con los locales. De ahí que el tema de la caza furtiva se desatendiera completamente durante décadas», me había explicado Martin Hellicar el día anterior, mientras me ponía al corriente de la compleja situación política y de cómo la laxitud en la aplicación de las leyes en las bases había permitido el florecimiento de una forma de caza furtiva más intensa, a una escala que los conservacionistas califican de industrial, y apuntalada por el crimen organizado. Si está pensando que el botín por atrapar aves no debe de ser tan suculento como para interesar a la mafia, tenga claro que, de acuerdo con la policía de las SBA, un trampero afortunado puede ganar hasta setenta mil euros al año y que el Servicio de Caza y Fauna calcula que la industria de la *ambelopoulia* en Chipre ronda los quince millones de euros anuales. Desde que las actividades mafiosas empezaron a aumentar allí, el cabo Pyla, en la base de Decelia, se ha convertido, según me dijo Guy Shorrock, en «el agujero negro de Chipre, tal como Chipre es el agujero negro del Mediterráneo».

Durante gran parte de la última década, las ONG conservacionistas manifestaron una frustración bastante unánime por el desinterés que percibían en la policía de las SBA respecto a la aplicación de la normativa contra la caza furtiva, cosa que se traducía en que los tramperos actuaban a su antojo en sus territorios en las bases. Pero un cambio de personal, combinado con la enorme presión de la opinión pública en Reino Unido instigada por grupos conservacionistas de las aves y con cambios en la legislación aplicable en las bases (que los británicos determinan, aunque, a grandes rasgos, suele ser un reflejo de la reglamentación de la República de Chipre), habían alterado de manera drástica el panorama dos años antes de mi llegada. Desde entonces, las autoridades de la SBA de Decelia han destinado importantes dotaciones de hombres y de recursos a atajar el problema de la caza furtiva. Las autoridades de la base pueden imponer multas cuantiosas y exigir fianzas en efectivo, así como requisar los vehículos de los tramperos. Y dado que la base engloba muchos pueblecitos cuyos habitantes le arriendan tierras para destinarlas a la agricultura, dichos contratos pueden ser rescindidos si se sorprende a un arrendatario trampeando, otra potente medida disuasoria.

De ahí que Andreas y yo nos precipitáramos por la noche chipriota hacia ese agujero negro, en un momento de precaución pero también de optimismo creciente por parte de los activistas en defensa de los pájaros. A las cuatro de la madrugada, aparcó bajo unas palmeras delante de un edificio horizontal de baja altura, hecho con bloques de piedra, con cubierta de tejas naranjas y rodeado por una alta valla metálica rematada por hileras dobles de alambre de púas: era la comisaría de policía de la SBA de Decelia. Un zumbido nos franqueó el paso a través de la verja de entrada y desde allí nos escoltaron por diversos pasillos hasta el despacho del inspector, Nicos Alambritis, un fornido agente de policía chipriota con el pelo al ras y una perilla bien recortada que vestía, como todos los miembros de su equipo anticaza furtiva, una camiseta verde, pantalones de camuflaje y un chaleco táctico negro con la palabra «POLICÍA» escrita en grandes letras blancas. Los agentes iban armados únicamente con pistolas táser amarillas en una cartuchera en el cinturón, a pesar de que los tramperos suelen llevar escopetas o rifles. Saludamos con un apretón de manos al sargento de Alambritis y a dos agentes de policía. Todos eran chipriotas y habían solicitado previamente permanecer en el anonimato, ya que, como Andreas, viven y trabajan en las comunidades por las que patrullan y, en paralelo al recrudecimiento de la aplicación de la legislación contra la caza furtiva, la violencia por parte de los tramperos también se ha agravado.

La pared que había tras el escritorio de Alambritis estaba empapelada de fotografías satélite de la SBA de Decelia sobre las cuales se habían superpuesto más de cien formas geométricas verdes o rojas, la mayoría de ellas agrupadas cerca de la costa del cabo Pyla. «Esto son las acacias», indicó Alambritis, agitando la mano sobre los bloques, arboladas de una especie australiana alóctona que recibe el nombre de «acacia azul» y que los tramperos plantaron en este hábitat árido para atraer a las aves migratorias en su trayecto hacia el sur. Las plantaciones de acacias crean un inmenso bosque artificial que cubre unas ochenta hectáreas y ha suplantado a la garriga oriunda, una vegetación de matorral bajo con abundancia de flores silvestres raras, propia del litoral mediterráneo y cada vez más amenazada. Incontables kilómetros de tuberías de plástico negro serpenteaban por todo el cabo para regar los bosquecillos de acacias a partir de pozos ilegales. Cualquiera que dude de la potencia económica del comercio de la *ambelopoulia* en Chipre no tiene más que observar el esfuerzo titánico que han realizado los tramperos del cabo Pyla para rehacer el paisaje con el fin de tender redes en las que atrapar a aves cantoras para su comercio.

Y las redes son la clave. Por más eficaces que sean las varetas en

A VISTA DE PÁJARO

los jardines y en los huertos de las casas, no se prestan para cubrir la
escala de trampeo que tiene lugar en el cabo Pyla, donde los tramperos utilizan redes de niebla (ilegales, pero importadas de contrabando
en Chipre como redes «de pesca»). Las plantaciones de acacias están
atravesadas por extensos carriles conocidos en Europa como «avenidas de redes», a lo largo de los cuales pueden tenderse centenares de
metros de redes; según BirdLife, se trata del punto del Mediterráneo
donde mayor concentración de redes para cazar aves hay. Con todo,
a resultas del drástico incremento de arrestos y denuncias, las autoridades han detectado una fuerte disminución de la actividad del
trampeo en el cabo Pyla y en las bases en general. En 2017, la policía
de las SBA presentó más de ochenta denuncias por caza ilegal, cifra
que había disminuido a treinta y cinco en la primavera de 2018 y, en
el otoño de mi estancia, solo se habían producido cinco detenciones
durante las patrullas nocturnas. Ahora bien, ese endurecimiento de la
aplicación de la ley también ha suscitado cierta resistencia, en ocasiones violenta. Algunos de los integrantes del CABS han recibido disparos y sus vehículos han sido embestidos y alcanzados por balas. («Por
suerte, no había nadie dentro… por ahora», comentó Andreas). En
2017, la casa y cuatro coches propiedad de un empleado del Departamento Forestal y de su familia fueron incendiados, una bomba causó daños en la vivienda de un guardabosques y, a las tres de la madrugada, un motorista lanzó una granada de mano por encima de la
verja del patio de la comisaría de la SBA de Decelia cuya deflagración
hizo añicos los vidrios de las ventanas, esparció metralla por todas
partes y causó heridas leves a un agente que, por suerte, acababa de
entrar en el edificio. Lanzar explosivos para ajustar cuentas es un sello
distintivo de las mafias chipriotas, integradas por miembros que apor-
tan sus habilidades militares a la causa.

«El tipo que lanzó la granada sabía lo que se hacía —dijo un
agente de policía al que llamaré Yiorgos mientras salíamos de la comisaría y dejábamos atrás el punto donde se había producido la explosión—. La sostuvo en las manos mientras hacía la cuenta atrás, para
asegurarse de que estallara en el mismo momento de aterrizar». Andreas y yo nos apretujamos en la parte de atrás de la camioneta patrulla camuflada de Yiorgos con el agente Nicholas (otro pseudónimo),

que portaba una escopeta a su izquierda. Acompañábamos a uno de los diversos equipos que cubrían aquel turno. Aquella noche, hasta el momento, según nos explicó Yiorgos, solo se había detectado una operación de trampeo activa y nos mantendríamos alejados de ella, porque Guy Shorrock y un colega de la RSPB habían instalado cámaras de vigilancia camufladas en el emplazamiento con la esperanza de grabar en vídeo pruebas irrefutables para poder presentar cargos cuando la SBA hiciera las detenciones oportunas. Shorrock y su colega se habían movido con sigilo por la base con trajes de camuflaje para colocar cámaras ocultas cerca de puntos en los que se sospechaba o se sabía que actuaban los tramperos y los vídeos obtenidos habían aumentado de manera espectacular las tasas de condenas. El año previo, me comentó Shorrock, habían filmado a diecinueve tramperos con las manos en la masa, la mayoría de ellos grandes operadores establecidos. Frente a las grabaciones en vídeo, los diecinueve se habían declarado culpables. Ahora, quienes siguen trampeando llevan pasamontañas para enmascarar su identidad y usan detectores de metal para localizar las cámaras ocultas. Dado que las bases se rigen, esencialmente, por la ley británica, las cámaras de vigilancia, ubicuas en Gran Bretaña, no plantean ningún problema legal en este territorio. Shorrock aseguró que la situación es muy distinta en la República de Chipre, donde los vídeos grabados con cámaras ocultas serían inadmisibles en los tribunales. (Las filmaciones obtenidas aquel otoño, en las que se veía a un equipo de tramperos colocando redes de niebla en un huerto, extrayendo y matando a aves cantoras y rellenando después varias bolsas de la compra de plástico con sus cuerpecitos inertes, habían conseguido que a tres de los hombres les impusieran penas de prisión provisional, se les prohibiera cazar en las bases durante diez años y tuvieran que abonar cuantiosas multas, con la advertencia de prolongar su condena en prisión de manera inmediata si volvían a cogerlos cazando ilegalmente).

Avanzamos botando y dando bandazos por las carreteras secundarias llenas de baches que atravesaban la base, con Yiorgos al volante, otro conductor joven y lo bastante gallito como para disfrutar apagando los faros mientras pisaba el acelerador en una carretera llena de curvas y luego detenerse en seco en un cerro con las ventanillas bajadas, a la escucha. Los tramperos utilizan un equipo muy sencillo (un reproductor de MP3, una batería de coche, largos cables y altavoces) para hacer sonar a todo volumen los cantos grabados de currucas capirotadas, zorzales comunes y otras especies deseadas, en dirección al cielo nocturno. Las aves migratorias, cansadas tras una larga noche de vuelo, oyen esos reclamos y descienden en picado a lo que debe de sonarles como un oasis concurrido y, por ende, seguro. Cuando despunta el alba, los tramperos agarran puñados de guijarros, que a menudo transportan en sus camiones solo con este objetivo, y los lanzan contra los árboles y los arbustos, haciendo que las aves salgan despavoridas y caigan en las redes.

Los mismos reclamos grabados que atraen a las aves indican la ubicación de los tramperos a la policía, pero, parada tras parada, aquel día reinaba el silencio. «Aquí no hay ni un reclamo de codornices», dijo Nicholas. Cazar codornices migratorias, que, como las aves cantoras, vuelan desde Europa hasta África cada otoño, es legal, pero atraerlas con un reclamo no. Yiorgos puso en marcha la camioneta y encendió los faros mientras descendíamos a un valle inferior. Seguramente no éramos los únicos que teníamos los ojos y los oídos aguzados para detectar problemas. Cautelosos, los tramperos debían de observar las colinas de la base, normalmente vacías durante la noche, en busca de faros distantes o del ruido de un motor; algunos dispositivos de reclamos funcionan con control remoto, de manera que el trampero puede mantenerse a una distancia prudencial de la red y apagar el sonido si detecta indicios de presencia policial.

Estábamos muy lejos de las luces de Lárnaca, las estrellas refulgían sobre nosotros. El Can Mayor resplandecía muy alto en el cielo, con Sirio convertido en un punto brillante en su cabeza. Espantamos a una lechuza común, que echó a volar desde un viejo poste de carretera, y de vez en cuando, algún chotacabras, grises y fantasmales, revoloteaba en los haces de nuestros faros delanteros. Nos encontramos con otra patrulla, tres agentes que tampoco habían detectado nada sospechoso aquella noche. «Nos aburrimos, nos aburrimos mucho —me confesó uno de ellos—. Evidentemente, eso es bueno, pero hay días en los que no tenemos nada que hacer».

Yiorgos le dio la razón. «Ya solo quedan unos cuantos puntos en los que actúan los tramperos, y en la mayoría de ellos hemos instalado cámaras. A veces, las noches se alargan sin que pase nada. Contamos los días que faltan para que concluya la temporada de caza de la curruca».

«Pero luego comienza la temporada del zorzal», le recordó Andreas. A finales de otoño, los tramperos desvían la atención de las currucas capirotadas y otras paseriformes pequeñas, que por entonces ya han emigrado a África, y tienden sus redes para masacrar a los zorzales comunes que nidifican en el oeste de Eurasia e invernan en el Mediterráneo y Oriente Próximo. Servirlos en las comidas navideñas es otra tradición chipriota y matarlos a escopetazos es legal, pero capturarlos con redes no, y esa temporada se añade a la carga de trabajo. «El otro día mi esposa se preguntaba si algún día nos despertaríamos a la misma hora en la misma cama», se lamentó uno de los agentes.

Volvimos a separarnos, cruzamos una línea divisoria y nos desviamos de un camino de tierra para incorporarnos a una carretera pavimentada, momento en el que Yiorgos volvió a desconectar los faros. Justo cuando se apagaban, haciendo un barrido hacia la izquierda, la tenue luz residual iluminó dos vehículos, un coche y una camioneta, detenidos uno detrás del otro en el arcén, a unos cien metros de nosotros. Yiorgos encendió inmediatamente las luces otra vez, pasó junto a ellos (me pareció ver rostros en el interior del coche, iluminados por el tenue resplandor naranja de cigarrillos) y dio media vuelta aprisa mientras decía: «No me da buena espina». Y no se equivocaba: la furgoneta ya había arrancado y se alejaba de allí a toda velocidad, pero Yiorgos le barró el paso al coche, bajó con Nicholas y empezaron a interrogar a los ocupantes.

«¿Qué hacéis aquí?», preguntó Nicholas, mientras Andreas me traducía en voz baja.

«Pues estamos aquí porque… nos apetece estar aquí», respondió el conductor, el tipo de respuesta incongruente con pocas probabilidades de aplacar la desconfianza de un policía. Les indicaron a los tres tipos que salieran del coche. Nicholas comprobó su documentación mientras Yiorgos inspeccionaba el interior del vehículo, donde encontró un reclamo electrónico y altavoces. El trío alegó que estaban utilizando aquel aparato para escuchar música, cosa improbable. La posesión de los dispositivos, en sí, no constituye un delito, de manera que hubo que dejarlos ir.

«¿Crees que las redes de niebla estaban en la furgoneta?», le pregunté a Yiorgos mientras los veía marcharse.

«¿Quién sabe? Suelen esconder las redes y los postes cerca del sitio donde instalan las trampas para no llevar nada encima. Pero el nombre del conductor me resulta familiar, aunque no recuerdo si es por la caza de aves o por drogas. Tendré que verificarlo».

Para entonces se elevaba ya una tenue franja de luz por el este del horizonte. Condujimos nuevamente dando bandazos por una carretera de tierra llena de baches que ascendía bordeando el flanco de un pronunciado acantilado, dejando a nuestra espalda la bahía semicircular de Lárnaca, al oeste, mientras las últimas luces de la ciudad centelleaban bajo la penumbra. El mar estaba sereno y oscuro; intenté no caer en el cliché mediterráneo de un mar «oscuro como el vino», pero la imagen homérica le venía como anillo al dedo. Rocas de piedra caliza de color arena, erosionadas y desiguales, formaban barricadas desordenadas que resplandecían suavemente recortadas contra los matorrales, más oscuros, como si le hubieran tomado prestada algo de luz interior al incipiente amanecer.

En la cima de la montaña, el inspector Alambritis y siete u ocho agentes de policía de la SBA fumaban y charlaban, una vez finalizadas sus patrullas nocturnas. Dos de los hombres manejaban un dron a centenares de metros de altura. Resultaba invisible e inaudible, hasta que alguien me indicó dónde se encontraba. Cuando miré la pantalla del ordenador del controlador del dron caí en la cuenta de que estaba viendo a nuestro grupo a través de los infrarrojos, cada cuerpo diminuto resaltado en un blanco amarillento mientras se movía recortado sobre el azul oscuro del frío fondo. El agente que pilotaba el dron accionó un interruptor y la imagen de la cámara se amplió más y más, hasta llenar la pantalla con mi cabeza y mi torso. Volví a mirar hacia arriba, pero había perdido al dron, que volvía a resultar invisible en aquel cielo en semipenumbra. Como la RSPB con sus cámaras de vigilancia, la policía de la base ha desplegado drones con magníficos resultados; previamente, el inspector Alambritis nos había mostrado un vídeo de una calidad asombrosa (filmado con luz visible, no infrarroja) en el que se veía a un anciano a quien ya habían arrestado varias veces en el pasado por tender redes de niebla, abriendo y vaciando su única red.

«Es muy tozudo —comentó Alambritis sobre el viejo—. Uno se apiada de él, porque es así cómo lo criaron, fue su abuelo quien le enseñó. Pero lo que en aquellos tiempos era supervivencia ahora es una excusa barata: cualquiera puede comprar un pollo en el mercado. Esta vez va a acabar entre rejas». Ese riesgo, combinado con unas multas cada vez más elevadas, de hasta seis mil euros en los casos más graves, así como con la confiscación de los vehículos y la pérdida de las tierras arrendadas, finalmente ha empezado a hacer que no merezca la pena arriesgarse a cazar con trampas. En total, según indicó BirdLife Chipre más adelante, el ritmo de la caza ilegal con trampas en la isla en 2019 había caído a su nivel más bajo en diecisiete años.

Aun así, sigue siendo un tema políticamente espinoso para los británicos. Los comandantes de la base obtuvieron cierto éxito inicial eliminando los bosquecillos artificiales de acacias, pero, en octubre de 2016, enviaron a ciento cincuenta soldados a arrancar más árboles en el cabo en una operación clandestina. Alguien los detectó y las campanas de la iglesia de la cercana población de Xylofagou, un punto caliente donde se defiende la caza con trampas, empezaron a sonar a las tres de la madrugada, despertando a los habitantes, que acudieron por centenares a acosar a los soldados y los tuvieron acorralados durante seis o siete horas, en un tenso enfrentamiento. En la actualidad, las autoridades de la base confiesan que eliminar físicamente las acacias es imposible. «Lo que no puede ocurrir es que los soldados se enfrenten a la población local, porque sería calamitoso para las relaciones públicas —me comentó el jefe adjunto de policía Jon Ward, el comandante de división de la base—. Hay un núcleo duro de personas que harán cuanto esté en su mano para oponerse a nuestros avances». Ahora bien, aunque los árboles en sí estén fuera de su alcance, el suministro de agua de riego no lo está y en el año previo (oficialmente para proteger las escasas reservas de agua de Chipre), la base ha retirado muchos kilómetros de tuberías de regadío ilegales, a raíz de lo cual muchas acacias se han secado y han muerto. (La RSPB, que ha elaborado su propio mapa, cree que la base ha eliminado menos acacias de las veinte hectáreas que refieren los oficiales y muchos menos de los cien kilómetros de tuberías que aseguran desde la base, «pero lo importante es que hemos quitado un montón de canalizaciones —dijo Guy Shorrock—. Y muchas acacias están muriendo, así que resultan menos atractivas para las aves y también para los tramperos, lo cual está bien»).

En general, Shorrock, que lleva casi dos décadas lidiando con este problema, cree que el panorama es mucho más luminoso que hace solo unos años. «En 2017, ya nos costaba localizar puntos en los que colocar cámaras. Las siete ubicaciones en las que habíamos atrapado a tramperos el año anterior estaban inactivas. Es una historia de éxito en términos de conservación: centenares de miles de aves que antes no lo habrían hecho vuelan hacia África. Ahora de lo que se trata es de mantener la presión». Sin embargo, aunque la caza ilegal en las bases controladas por los británicos haya perdido intensidad, existen indicios de que ha aumentado en otros puntos de la República de Chipre, como un globo que, si se aprieta por un lado, se infla por otro. Y lo que es peor, las multas aquí por usar varetas han quedado en agua de borrajas tras los cambios en la normativa que entraron en vigor en 2017; ahora, si sorprenden a un trampero durante el momento álgido de la temporada de caza otoñal con hasta setenta y dos varetas —un umbral tradicional para calificar una operación de «pequeña escala»—, lo máximo que se lleva es una ridícula multa de doscientos euros. (Se aplican sanciones adicionales si el trampero tiene aves en su haber o si posee más de setenta y dos varetas, pero ni siquiera en conjunto constituyen un gran factor disuasorio).

«La situación en la República es realmente deprimente —comentó Shorrock—. Contaban con un escuadrón contra la caza furtiva bastante eficaz, que colaboraba codo con codo con el CABS y que había atrapado a muchos delincuentes, pero parece que no hay voluntad política para reconducir este problema».

Hacia finales de mi estancia en Chipre tuve la oportunidad de reunirme con Pantelis Hadjiyerou, el director del Servicio de Caza y Fauna de la República. Su despacho en Nicosia estaba decorado con una piel de león en una pared, que recalcó que no había cazado él, y con el pellejo de un oso pardo europeo en la otra, al que confesó complacido haber dado muerte. Me sorprendió ver un pato joyuyo disecado tras su escritorio; resulta que había cursado su doctorado en New Jersey y pasaba los fines de semana cazando en mi querido estado natal, Pennsylvania.

La principal amenaza para la fauna aviar en Chipre, me explicó, no era el trampeo, sino la urbanización, «para las aves y para todo. Y, por desgracia, no podemos hacer nada». Rechazaba mi idea de que el Servicio de Caza y Fauna hubiera reculado en sus esfuerzos por combatir la caza furtiva. Justo el día antes, me aseguró Hadjiyerou, sus agentes habían atrapado a un hombre con dos redes de niebla y un dispositivo de reclamo; en caso de condenarlo, el detenido tendría que abonar una multa de nueve mil seiscientos euros y, si no la abonaba en treinta días, puntualizó, se le sumarían cuatro mil ochocientos más. En cuanto a las reducciones en las multas, las relacionadas con el uso de redes de niebla habían aumentado y la verdadera amenaza era esa, me insistió, y no las varetas ni «los tramperos tradicionales a pequeña escala que cazan para consumo propio».

Fue una conversación civilizada aunque no especialmente cordial. Tras cuarenta y cinco minutos, le agradecí su tiempo y le formulé una última pregunta: ¿creía que alguna vez dejarían de usarse trampas para cazar aves en Chipre?

«Quizá si hubiera alguna manera de regular la caza —me respondió, un poco más animado—. Si la gente solo cazara una cuota de currucas capirotadas para su consumo, entonces la caza ilegal con trampas acabaría». Ahora, añadió, el 80 por ciento de la caza ilegal había desaparecido, pero los precios de la *ambelopoulia* se habían disparado, y eso suponía un mayor incentivo para los tramperos que seguían cazando de manera furtiva. La curruca capirotada es un ave con una población en expansión, agregó. Y es cierto: la Unión Internacional para la Conservación de la Naturaleza sitúa la población mundial de currucas capirotadas en un mínimo de cien millones, y con tendencia al alza.

«Así que no hay motivos ecológicos para no cazar algunas —continuó—. Las otras aves [que cazan los tramperos] son capturas accidentales, así que habría que dar con un método selectivo, no como las redes ni las varetas. ¿Quizá cazar con pistolas de perdigones? Pero la gente siempre querrá comer *ambelopoulia*. Si se ilegaliza, siempre habrá caza furtiva, y, para eso, es mejor cazar con armas. No creo que vaya a dejar de hacerse nunca».

Quizá Ulysses, la curruca capirotada, pueda cambiar la situación. A la mañana siguiente me encontraba en el parque de Athalassa, en Nicosia. Era un bonito día de fin de semana con cielos despejados y soplaba una ligera brisa. Las familias infestaban los caminos, empujando cochecitos o conduciendo bicis por los carriles. BirdLife Chipre había ocupado un puñado de mesas de pícnic a la sombra de los árboles con ocasión de una de sus jornadas periódicas de difusión del amor por las aves. Tassos estaba ayudando a colgar pancartas de colores mientras otros miembros del personal y voluntarios, vestidos con llamativas camisas de color azul cobalto con el logotipo de la organización, la endémica collalba de Chipre, repartían refrescos fríos gratis, cuadernos para colorear con la temática de las aves y folletos informativos. Había niños pintando pósteres de flamencos sobredimensionados o macetas para llevarse a su hogar y usarlas como casas para pájaros. Y había también adultos que lucían en la solapa chapas esmaltadas de la curruca capirotada Ulysses, la mascota de dibujos de la organización que denuncia la caza furtiva y que ha aparecido en una serie de populares vídeos animados acerca de la migración de las aves y de los peligros de la caza furtiva. Martin Hellicar y varios miembros jóvenes de su personal se encargaban de organizar el uso de los telescopios colocados a orillas del lago, alrededor de los cuales entre treinta y cuarenta adultos y críos se agolpaban en el observatorio ornitológico que se proyectaba sobre el agua. El lago lucía un aspecto un poco triste bajo el árido clima otoñal, con amplias orillas fangosas donde el nivel del agua había decrecido para dejar a la vista árboles muertos. En ciertos aspectos, podría decirse que la campaña de concienciación había sido contraproducente, porque había tal aglomeración de gente en las orillas que las aves más tímidas se habían alejado, pero aún quedaban bastantes fochas comunes, pollas de agua, cormoranes y garcetas como para que incluso quienes necesitaban mucha ayuda con los binóculos prestados pudieran verlos bien. Una hembra de aguilucho lagunero, de color marrón como la turba salvo por la corona y el manto, que tiene grises, sobrevolaba las copas de los árboles, meciéndose adelante y atrás sobre sus estilizadas alas inclinadas hacia arriba. Si alguna vez Chipre consigue desembarazarse de su reputación de ser el agujero negro de la caza furtiva en el Mediterráneo, es tan probable que lo haga a consecuencia de un cambio demográfico como de un refuerzo de la aplicación de la ley. «No creo que el trampeo desaparezca por completo nunca —me dijo Hellicar mientras observábamos a unos niños subirse a taburetes de baja altura para asomarse a los telescopios y avistar las garcetas—. Sería un objetivo demasiado ambicioso, poco realista, incluso. Nuestra esperanza es que se reduzca a tal nivel que el impacto no sea significativo. Y, en la República, nos alienta mucho lo que vemos en la generación más joven y la respuesta a nuestros programas de concienciación». A pesar del dinero que se mueve en el mercado negro, de los quince millones de euros libres de impuestos que genera la caza ilegal de aves, el atractivo de la *ambelopoulia* podría estar decayendo ya en algunos sectores, a medida que los chipriotas se vuelven más urbanos y se sienten menos atados a las tradiciones rurales. A un número creciente de ellos, la idea de pagar un precio de primera categoría por un plato de pajaritos les resulta absurda y anticuada.

Pero ¿qué pasa si cazar aves migratorias no es una tradición en declive en una sociedad cada vez más urbanizada, sino una fuente esencial de ingresos para una población rural prácticamente sin recursos? ¿Qué sucede cuando las demandas de conservación chocan de frente con las necesidades de los pobres, con el destino de toda una especie en la balanza? Para averiguarlo iba a tener que hacer un último viaje, a uno de los lugares más remotos que he visitado nunca. Allí comprobaría si una historia de matanza y redención, que incluía uno de los espectáculos migratorios más asombrosos de los que nadie había oído nunca hablar, era, como parecía ser, demasiado buena para ser verdad.

10

Eninum

Durante horas, derrapamos y circulamos dando bandazos por un camino fangoso y lleno de baches de un solo carril a través de una sierra baja, observando con nerviosismo cómo el sol descendía cada vez más tras la línea del horizonte. El boscoso macizo de Naga Hills ofrecía una imagen encantadora con aquella luz vespertina mantecosa, montes con suaves escarpes a través de los cuales fluían arroyos interconectados y ríos de rápido caudal. Pero las apariencias engañan y nos habían advertido en repetidas ocasiones que abandonáramos aquella carretera antes de anochecer, dado el riesgo de topar con bandoleros e insurgentes armados en ese rincón remoto y conflictivo del nordeste de la India, situado a escasa distancia de la frontera con Myanmar (Birmania).

No teníamos ni idea de cuánto faltaba para llegar a nuestro destino, un pueblecito llamado Pangti, ni de si conseguiríamos hacerlo antes de que cayera la noche. El camino cenagoso lleno de cráteres en el que nos encontrábamos ni siquiera aparecía en ninguno de los mapas del nordeste de la India que teníamos y, semanas antes, consultando imágenes satélite de la zona en Google Earth, solo había podido trazar su recorrido de manera esporádica y con dificultad, pues parecía jugar al escondite bajo el dosel de las copas de los árboles. Y lo que era aún peor, a nuestro alrededor, en el cielo, no se veía ni un ave, lo cual excedía la típica decepción de una excursión ornitológica fallida. Mis colegas y yo habíamos viajado hasta allí, hasta el estado de Nagaland, en busca de la supuesta mayor congregación de aves de rapiña del planeta. Yo quería ampliar mis conocimientos sobre la alarmante tragedia, en términos de conservación, que había revelado el reciente descubrimiento de uno de los espectáculos migratorios más asombrosos del mundo, y también sobre cómo, en un brevísimo espacio de tiempo, dicha tragedia se había convertido en un prodigioso éxito conservacionista. Dada la situación de las aves migratorias en todo el mundo, tenía la necesidad de escuchar una buena noticia.

A decir de todos, el cielo debería haber estado lleno de ágiles cernícalos del Amur, con alas falciformes, que hicieran aquí su pausa en una migración épica desde el este de Asia hasta el sur de África, posiblemente la más larga de las que efectúan las aves rapaces. En lugar de ello, las horas habían transcurrido sin que viéramos apenas nada en el aire, salvo unas cuantas golondrinas. «No sé qué pasa. Debería haber muchos muchos cernícalos —comentó con el ceño fruncido y gesto preocupado Abidur Rahman, un joven ornitólogo que había visitado la región el otoño anterior—. Tendríamos que estar viendo una autopista de cernícalos». Bordeábamos la represa de Doyang, un embalse hidroeléctrico en cuyas orillas las aves suelen posarse por decenas de miles. Nosotros vimos cuatro.

Había quedado claro en el mismo momento en el que habíamos entrado en Nagaland aquella mañana. Llevábamos ya horas conduciendo por Assam, un estado con cultura india que ocupa el inmenso valle del río Brahmaputra, enmarcado por el norte por las estribaciones del Himalaya, cuyos blancos picos se clavaban en el horizonte. Los conductores fueron tejiendo nuestra ruta a través de un torrente infinito de ruido y color, de personas, vehículos y ganado, de coches y ciclomotores, de bicicletas y motos, de vacas, cabras, perros, burros y carretas de bueyes, de pequeños autobuses triciclos y de *rickshaws* tradicionales tirados por hombres cimbreños. Dejamos atrás multitudes de niñas en edad escolar, a pie o en bici, ataviadas con vestidos uniformados o con saris de colores vistosos; y también de niños, con sus impecables camisas y corbatas a juego, de distintos colores según el curso, y luego una falange de adolescentes vestidas de turquesa, otro lote de amarillo limón y, más adelante, multitudes de niñitos con camisas blancas y corbatas granates. Tras un mar de muchachas con uniforme verde a cuadros apareció un convoy de chicos en bicicleta, circulando de dos en dos bajo el frío aire matinal, con sus camisas azul cobalto recién planchadas.

La frontera entre Assam y Nagaland es lo bastante inhóspita como para resultar visible desde el espacio, una línea sinuosa tan precisa como el trazado en un mapa topográfico de los contornos de la primera elevación entre las bajas llanuras de Assam —casi totalmente despejadas para dejar sitio a los arrozales— y las frondosas montañas de Nagaland. No obstante, no había necesidad de mirar el terreno: la carretera era la mejor prueba. Al salir de la población asamesa de Merapani, tras pasar por un puesto de control policial y cruzar un pequeño río, lo que había sido una carretera pavimentada perfectamente respetable a un lado del pequeño puente se convirtió en un tortuoso fangal lleno de baches en el opuesto. Sorteamos inmensos desprendimientos en puntos en los que las inundaciones provocadas por los monzones prácticamente habían engullido la calzada y apenas había espacio para nuestros neumáticos, mientras bloques de optimista asfalto colgaban en equilibrio precario sobre el vacío. Al poco nos hallamos ante un gigantesco corrimiento de tierras que había arrancado de cuajo centenares de metros de ladera, dejando una cicatriz de tierra marrón anaranjada, y había sepultado la carretera. Sin perturbarse, los lugareños se habían limitado a abrirse paso con excavadoras por la inestable zona del desprendimiento, que ahora era un atolladero de fango en medio del cual se había quedado atascado un camión de gran tamaño, tristemente escorado a babor. Cuando las mismas excavadoras que habían abierto el paso por fin lograron sacarlo de allí, un aluvión de vehículos más pequeños, el nuestro incluido, avanzó derrapando frenéticamente por el hueco en fila india, como agua vertida de una jarra, pues a nadie le apetecía permanecer ni un segundo más de lo imprescindible en aquel escenario, no fuera a ser que se produjera un nuevo desmoronamiento. A través de la ventanilla del copiloto lo único que veía era el escarpado precipicio de sesenta metros de caída. Procuré no pensar en lo cerca del fangoso borde que debían de estar nuestras ruedas.

La carretera no era lo único que cambiaba en la frontera. También habían desaparecido las señales viales en hindi y la ubicua imaginería religiosa hindú que habíamos visto por doquier en Assam. Ahora todo estaba en inglés, la lengua oficial de Nagaland, uno de los muchos aspectos mediante los cuales este estado, que durante décadas ha intentado independizarse, mantiene el desafío de ser una región no india en el seno de la India. En la misma línea, las personas que íbamos dejando atrás tenían un aspecto y una forma de vestir radicalmente distintos a las que habíamos visto hacía solo unos kilómetros, en la parte asamesa de la frontera. Los nagas son una etnia tíbeto-birmana. Allí no había saris ni hombres musulmanes con largas barbas y casquetes blancos. Muchas de las ancianas nagas vestían unas largas faldas tradicionales llamadas *mekhalas*, combinadas con blusas blancas y chales coloridos (a menudo atados alrededor de la cabeza a modo de pañoleta) cuyos estampados varían en función de la población, de la tribu y de la posición social. Pero lo más llamativo eran los hombres. Muchos de los hombres con quienes nos cruzamos, ya fueran caminando por los márgenes de la carretera, subidos de tres en tres en motos o aferrados a parachoques de camiones, iban armados, con rifles de pequeño calibre o escopetas de doble barril colgadas en bandolera.

Finalmente llegamos a Pangti, exhaustos pero aliviados, justo cuando el sol se ocultaba tras el horizonte. El pueblo, de unas quinientas viviendas, está encaramado a la cima de una ancha colina defendible, como es costumbre entre los nagas, cuyas tribus fueron cazadoras de cabelleras durante generaciones, enfrentadas de manera incesante con sus vecinas. En la actualidad, en otro giro que los distancia de los indios, los nagas son, en una mayoría abrumadora, baptistas. Nzam Tsopoe, nuestro anfitrión y el ayudante del maestro del pueblo, nos dio la bienvenida uno por uno, rodeándonos una mano entre las suyas y haciendo una leve inclinación de cabeza; él y su esposa compartirían su pequeña casa de tres habitaciones con nosotros durante toda la semana. La señora Tsopoe sacó la cena de la cocina, cuyo suelo era de tierra: un cerdo delicioso que había ahumado durante semanas sobre la lumbre, boles de arroz glutinoso y *dahl*, unas habas largas con humeante sopa de calabaza hervida. Mientras comíamos, intentamos aliviar los dolores que acusaban nuestros sufridos esqueletos tras el largo viaje.

Pero había un tema apremiante. El señor Tsopoe nos presentó a dos jóvenes, que, según nos informó, nos harían de guías por la mañana. «¿Los cernícalos están aquí? —quisimos saber—. Y ¿cuántos hay?».

«Pues… unos mil o dos mil», contestó unos de los jóvenes. Creíamos haberlo entendido mal, pero no. Lejos de las multitudes que ensombrecieran el cielo que esperábamos ver, nos indicó que apenas había aves en los dormideros. Los monzones, que normalmente finalizan en septiembre, se habían prolongado durante todo el mes de octubre, lluvia torrencial tras lluvia torrencial cada semana, y los vientos del sudoeste que los acompañan habían impedido a los cernícalos migrar desde el nordeste. Tras dos años de planificación y varias jornadas fatigosas de viaje, parecía que nuestra excursión habría sido en vano.

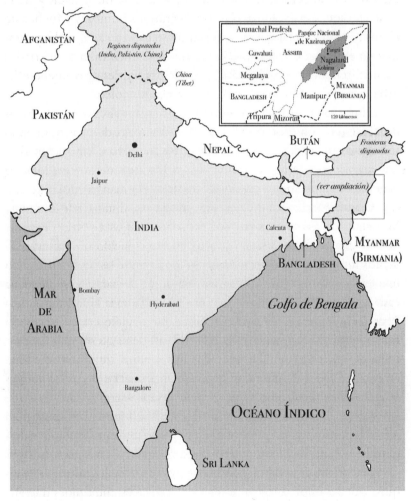

Nagaland y el nordeste de la India.

Apenas pegué ojo en toda la noche, en parte porque los nagas no utilizan colchones y sobre mi cama de tablones de madera solo había una fina manta de algodón a modo de cojín y en parte, también, porque tenía la sensación de que todo el esfuerzo invertido en llegar a Pangti había sido un enorme desperdicio.

La pandilla de amigos que viajábamos juntos nos habíamos sentido atraídos por las historias que llegaban sobre avistamientos de cernícalos del Amur en Nagaland, unas historias salidas de aquella región remota y desconocida en los años anteriores, que ahora, pensándolo bien, sonaban inverosímiles. Según se contaba, los conservacionistas habían topado con una concentración de aves rapaces de la que no se tenía noticia y que, supuestamente, podría ser la mayor del mundo, tras lo cual habían descubierto que los cazadores locales las estaban masacrando a un ritmo salvaje e insostenible. Pero, sorprendentemente, en el plazo de un año la comunidad había decidido decantarse por la protección y la conservación; los terrenos de caza se habían convertido en un santuario, los tramperos habían pasado a ser guardas forestales y de seguridad, y los lugareños se preparaban para dar la bienvenida a observadores de aves y ornitólogos.

Como averiguaríamos en días sucesivos, el esqueleto de dicha historia era, a grandes rasgos, correcto. En 2012, una conservacionista naga llamada Bano Haralu, junto con dos colegas indios, confirmó los rumores de que colonias inmensas de cernícalos del Amur habían empezado, por motivos que siguen siendo un misterio, a congregarse cada noche por centenares de miles en aseladeros abarrotados a lo largo de la represa de Doyang, en cifras que podían llegar a superar el millón solo en este valle. Y también habían descubierto que los pescadores locales extendían sus redes por encima de las copas de los árboles en los dormideros y que habían masacrado a unos ciento cuarenta mil cernícalos en poco más de una semana y media en el apogeo de la migración. Después los desplumaban y los ahumaban sobre la lumbre para conservarlos y venderlos en poblaciones más grandes a cambio de un dinero que necesitaban desesperadamente. Los perturbadores vídeos que Haralu y sus colegas grabaron, en los que se ve a tramperos arrancando a los cernícalos enredados en las redes y a niños pequeños combados bajo el peso de centenares de aves muertas o moribundas, se hicieron virales entre conservacionistas de todo el mundo, que expresaron su indignación. Destacados colectivos de protección de las aves, tanto en la India como en el extranjero, como la Sociedad de Historia Natural de Bombay y BirdLife International, se apresuraron a condenar la matanza, mientras peticiones en línea instaban al Gobierno indio a adoptar medidas y espectadores de todo el mundo contemplaban espeluznados las imágenes. «Una vez vi uno de esos gigantescos enjambres de pequeños cernícalos llegando a la población sudafricana de Cradock a pasar la noche —comentó un usuario en YouTube—. Había decenas de miles de ellos y me los quedé mirando boquiabierto. No puedo creer que los hayan masacrado así en la India. Tiene que haber un infierno especial reservado para esos capullos».

Como de costumbre, la realidad era un poco más complicada... y mucho menos simplista en términos de moralidad. De hecho, Pangti y las poblaciones vecinas, donde residían la mayoría de los tramperos, accedieron a dejar de cazar en un tiempo asombrosamente corto. En poco más de un año, las poblaciones habían hecho una transición radical con serias consecuencias económicas, renunciando a los ingresos que reportaba la venta de carne de cernícalo, en parte porque era lo correcto, en parte porque las autoridades dejaron claro que no seguirían haciendo la vista gorda a la caza ilegal y en parte, también, porque los conservacionistas les habían asegurado que el turismo podía compensarles por las pérdidas.

Sin embargo, tal como nosotros acabábamos de descubrir, el periplo hasta Pangti no era para pusilánimes, cosa que explica que la afluencia de turistas haya sido más bien escasa. Tumbado en mi cama de madera aquella noche fría y húmeda, en la oscuridad, me preguntaba: ¿qué pasa cuando gente pobre toma una decisión dolorosa esperando obtener un resultado que puede tardar años en materializarse, en el supuesto de que se acabe materializando?

La mañana siguiente, cuando nos levantamos de la cama, con los huesos entumecidos, encontramos agua caliente, café soluble y té esperándonos. Junto con Abidur y nuestros guías se hallaba mi amigo Kevin Loughlin, propietario de la agencia Wildside Nature Tours, que estaba explorando la viabilidad de organizar viajes turísticos para norteamericanos a Pangti para ver cernícalos. Para ello, Kevin necesitaba unos cuantos conejillos de Indias dispuestos a hacer de voluntarios, a saber: yo mismo, Catherine Hamilton, una pintora de aves californiana cuya participación estaba patrocinada por Zeiss Sports Optics, y los observadores de aves Peter Trueblood, también californiano, y su primo Bruce Evans, de Maryland, que llegaba con retraso debido a una pifia con el visado, pero que se nos uniría al día siguiente.

El trayecto en coche hasta el aseladero principal junto al embalse nos llevó cuarenta y cinco minutos y, dados la hora del día y el humor general, nadie tenía demasiada energía ni predisposición para hablar. En un par de ocasiones nos desconcertó el explosivo ladrido de advertencia típico de los pequeños ciervos de bosque conocidos aquí como *muntjacs*, que se ocultaban en la oscuridad. Recorrimos a pie el último medio kilómetro, también en silencio, caminando bajo altísimos carrizos y arcos de bambú. Hacía frío, soplaba una ligera brisa y no había estrellas, pero enseguida vislumbré la silueta de una torre de observación de madera de doce metros de altura recién construida para los turistas aficionados a las aves, atalaya que quedó recortada contra un cielo ligeramente más claro cuando emergimos a orillas del lago. Ascendimos hasta una plataforma techada donde apenas había espacio para todos, y allí esperamos.

Aparte del croar de las ranas y de las voces susurradas de nuestros guías desde los pies de la torre, no se oía ningún ruido, salvo un rumor seco que atribuí a la brisa entre el bambú. Pero cuando Catherine levantó los prismáticos para otear el tenebroso crepúsculo, contuvo un grito: «¡Madre mía! Mirad. ¡Mirad!».

Los prismáticos revelaron lo que nuestros ojos, a simple vista, no veían todavía: que el cielo, tenuemente iluminado, estaba repleto de decenas de miles de cernícalos que alzaban el vuelo en la penumbra, como un denso enjambre de insectos, desde su dormidero a unos cuantos centenares de metros y se expandían sobre nuestra cabeza. A medida que fue haciéndose de día, el número de aves aumentó, hasta tal punto que el susurro de sus alas pasó a ser un rugido omnipresente, como un río descendiendo con fuerza. Nadie dijo nada, pero esta vez el silencio no era de decepción, sino de sobrecogimiento.

«Vaya… pues parece que hay muchos más de mil —dije yo al fin, cuando fui capaz de articular algo—. ¿Cuántos habrá? ¿Cincuenta mil? Y eso contando solo los que están en el aire».

«Quizá el doble», aventuró Catherine en un murmullo ronco. Kevin estaba pegado al visor de su cámara, aprovechando al máximo la luz creciente; Peter se limitaba a contemplar el espectáculo, con los ojos abiertos como platos. Durante la hora siguiente, los cernícalos fueron alzando el vuelo de su aseladero en grandes mareas, envolviéndonos en un caos de alas y movimiento y volviéndose a acomodar hasta dejar el aire vacío. Entonces algo, como, por ejemplo, un cuervo picudo lanzándose en picado sobre los árboles, volvía a ponerlos en movimiento y los cernícalos hacían erupción en nuevas oleadas de decenas de miles de ejemplares, estrato tras estrato de elegantes aves con largas y estrechas alas que se arremolinaban en contra del sentido de las agujas del reloj formando torbellinos. El movimiento era hipnótico, desorientador, y varias veces me sorprendí inclinándome, de manera lenta e imperceptible, en la misma dirección que ellos, sucumbiendo a una especie de corriente empática.

He visto algunas de las congregaciones de aves rapaces más magníficas del mundo, entre ellas la migración de aves de rapiña más larga del planeta, que pasa cada otoño por la estrecha llanura litoral del estado oriental mexicano de Veracruz. Tal como he mencionado antes, no es inaudito que contadores entrenados consignen el paso de medio millón de aves en un solo día, pero estos pájaros, por numerosos que sean, suelen ser poco más que motas en el aire que surcan el nebuloso cielo tropical empujados por potentes corrientes térmicas, a alturas que quedan fuera de los límites de la vista, incluso con la ayuda de los prismáticos. Además, tampoco permanecen en un mismo sitio; de hecho, los científicos creen que algunos vuelan lo más rápido posible y que ni siquiera hacen una pausa para alimentarse en su trayecto al sur, a través de México y Centroamérica. Solo en Nagaland cantidades tan abrumadoras de rapaces se congregan durante semanas en una misma zona, originando el tipo de espectáculo total que estábamos contemplando.

Frente a nosotros, como volutas de humo elevadas por una leve brisa, columnas vaporosas de miles de cernícalos alzaban el vuelo desde otros aseladeros y se inclinaban con el viento al atrapar las primeras corrientes térmicas de la mañana. El espectáculo se prolongó durante horas. Cada vez que una nueva columna de aves despegaba nos convencíamos de que el dormidero habría quedado por fin vacío, pero, al asomarnos a la mirilla del telescopio, veíamos los árboles tan abarrotados de cernícalos posados en ellos como antes.

El cernícalo del Amur es una pequeña ave rapaz delgada, del tamaño de una paloma, algo más grande que un cernícalo americano. Los machos son grises, más oscuros por arriba y más claros por el vientre, con la cara inferior de las alas de un elegante y contrastante blanco y un toque de un rojo vivo en los muslos y las subcaudales. Las hembras y los juveniles son muy distintos, con el vientre barrado en negro y el pecho difuminado al beis, y con un característico «mostacho» en el rostro, como dicta la moda entre la mayoría de los halcones. Todas las edades y sexos tienen las patas y las garras de un intenso color carmín; de hecho, el del Amur estuvo durante largo tiempo agrupado con el cernícalo patirrojo del oeste y del centro de Eurasia, con el que guarda una gran similitud. Pero los cernícalos del Amur crían en los márgenes boscosos y en los bordes de las sabanas desde el este de China y de Corea del Norte hasta zonas de Siberia y de Mongolia, un área contigua equivalente a un tercio de Estados Unidos y desde la cual protagonizan una de las migraciones más largas entre las rapaces del mundo, cerca de trece mil kilómetros en cada trayecto que las separa del sur de África.

Algunas de las otras aves migratorias que atraviesan la India oriental toman la ruta más directa, impertérritas a los obstáculos. Como ya hemos visto, en su viaje hacia el sur del subcontinente, los ánsares indios sobrevuelan el Himalaya a altitudes que provocarían sangrados nasales, de más de siete kilómetros, y se ha detectado que los tarros canelos que toman esa misma senda, la ruta migratoria a mayor altura del mundo, vuelan a cotas solo un poco inferiores. Los cernícalos evitan esta opción glacial y privada de oxígeno desviándose hacia el este y el sur, bordeando los confines del altiplano tibetano a través de las colinas más bajas del sudeste de China, el norte del

Vietnam y Laos, y luego regresan al noroeste a través de Myanmar y se adentran en esta estrecha península de la India. Pero, tras eludir una prueba migratoria que bate récords, se enfrentan a otra aún más desalentadora, pues, al abandonar la India, atraviesan la mayor extensión de agua que cruza ninguna rapaz, sobrevolando tres mil ochocientos kilómetros del océano Índico hasta llegar a África. Las corrientes térmicas de aire caliente y las corrientes de desviación que ayudan a las rapaces en sus migraciones sobre tierra y les permiten planear durante horas y ahorrar energía, en general brillan por su ausencia en el océano, lo cual comporta que los cernícalos deban batir las alas de manera continua en su periplo transoceánico, que puede llevarles cuatro o cinco días. Si logran sobrevivir, es fundamental que repongan combustible antes de abandonar tierra firme.

De ahí que, entre finales de octubre y principios de noviembre, los cernícalos migrantes hagan una pausa durante varias semanas en Nagaland. En esa misma época del año, justo después de los monzones, se vive una gran agitación en el subsuelo, donde incontables colonias de termitas subterráneas se preparan para la estación de apareamiento. Estas no hacen aquí montículos sobre el terreno, como en otras partes de Asia o de África, sino que viven ocultas de la vista la mayor parte del año. Pero, en otoño, las termitas obreras excavan túneles hasta la superficie, por los cuales afloran billones de adultos alados fértiles de dos centímetros y medio de largo, las voladoras, que protagonizan multitudinarios vuelos de apareamiento en un aire que se llena de destellos al reflejarse el sol en sus transparentes alas. Estos insectos, ricos en grasas, son el alimento perfecto para un cernícalo insectívoro a punto de arriesgar la vida cruzando el océano, y los del Amur se atiborran.*

---

    * Estudios de investigación recientes sugieren que millones de libélulas también migran cada otoño de la India a África, lo cual permitiría a los cernícalos del Amur (así como a otras aves migratorias que recorren esta ruta, como las carracas europeas, varios abejarucos, los cucos, los alcotanes y otros cernícalos) alimentarse de estos enjambres en el trayecto. A su vez, las libélulas podrían alimentarse de billones de insectos más pequeños movidos por los vientos dominantes, una cadena alimentaria aérea aerotransportada hasta las orillas de África.

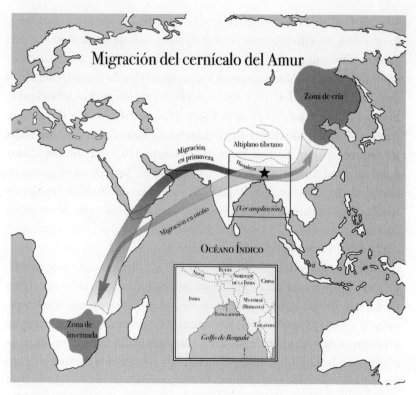

En su migración desde China, Mongolia y Rusia, sorteando el Himalaya, millones
de cernícalos del Amur se agolpan cada otoño en el nordeste de la India para alimentarse, antes de llevar a cabo la migración sobre mar abierto más larga entre las
rapaces, en su viaje hacia el sur de África.

Al parecer, los cernícalos del Amur siempre han hecho escala en el
nordeste de la India durante su migración para alimentarse de termitas, pero la finalización de la represa de Doyang, en el 2000, alteró de
manera drástica esta situación, tanto para las aves como para los habitantes de las poblaciones circundantes. Aunque los nagas viven en
comunidades en cumbres, sus campos aterrazados, huertos y arrozales
se encuentran principalmente en los valles, en el caso de Pangti, a lo
largo de la angosta llanura aluvial del río Doyang. Y si bien el embalse de dos mil quinientas hectáreas permitió electrificar la región,
también anegó muchas de esas granjas, incluidas más de ochocientas

hectáreas de tierras cultivadas por las gentes de Pangti. Los nuevos campos en las laderas de las montañas son menos productivos, a lo cual hay que sumar que los elefantes salvajes suelen pisotear las cosechas. (Algunas poblaciones han recurrido al uso de explosivos para disuadir o matar a los elefantes). Varios centenares de hombres cambiaron el campo por la pesca, pero los numerosos árboles sin talar que han quedado sepultados por el pantano les rasgan las redes. Con todo, los pescadores también han constatado algo que no habían visto antes: que los cernícalos se congregan ahora en volúmenes increíbles cada noche de invierno en pequeños bosquecillos a orillas del embalse y que luego, durante el día, se despliegan para cazar termitas y otros insectos.

Nadie sabe por qué empezaron los cernícalos a formar estos densos aseladeros nocturnos alrededor del pantano, si fue porque disfrutan de un microclima, por la proximidad al agua para beber o por las áreas de abundante caza en los alrededores. A diferencia de la mayoría de las rapaces, los cernícalos del Amur son aves muy sociables, salvo en la temporada de cría. Viajan en bandadas inmensas, a menudo acompañados de grandes números de cernícalos primilla, y en sus terrenos de invernada en el sur de África se congregan por centenares o miles cada noche en dormideros comunes. Sin embargo, las cifras reunidas en Doyang no tenían parangón en ninguna otra parte del mundo, ni tampoco se parecían en nada a lo que los nagas habían visto hasta entonces, pese a estar familiarizados con la especie desde hacía tanto tiempo. Y los nagas, con sus redes rasgadas y sus campos anegados (muchos de ellos buenos baptistas), no pudieron evitar contemplarlos como un maná celestial, en sentido literal. En 2003, los pescadores tendían sus redes monofilamento cerca de los árboles donde se posaban las aves y a través de los desfiladeros junto al lago, y al regresar a la mañana siguiente recogían centenares de cernícalos.

«La primera vez que vine fue en 2010, con unos amigos amantes de los pájaros, en el mes de abril. Fue cuando tuve la primera noticia de la masacre», recordaba Bano Haralu mientras nos servía vino (ilegal, pues Nagaland es un territorio oficialmente abstemio). Estaba ayudando al Gobierno estatal a elaborar un libro, titulado *Birds of Nagaland*. «Pero la gente nos decía que habíamos venido en mala época. Que no era temporada. Hablaban de una "cosecha enorme" de aves, de sacos y sacos llenos de pájaros. Yo les dije: "Por favor, basta de faroles, ¡no puede haber tantas aves!". En cambio, mis amigos ornitólogos pensaban que sí, que tenía que tratarse de cernícalos del Amur».

Había caído ya la noche de nuestra primera jornada y seguíamos sin procesar el espectáculo que habíamos contemplado por la mañana. Bano había planeado reunirse con nosotros a nuestra llegada, pero se había retrasado; a su hermano, que vivía en Calcuta, acababan de diagnosticarle un cáncer y ella acababa de llegar a su hogar en Dimapur, la ciudad más grande de Nagaland, situada muchas horas al este. Nos encontramos con ella en la pequeña casa de madera de la población que acoge la sede de Nagaland Wildlife and Biodiversity Conservation Trust, una organización sin ánimo de lucro fundada por la propia Bano. Dejamos fuera el frío gélido de la noche y entramos en una cálida habitación impregnada de aromas apetitosos si bien desconocidos procedentes de bandejas calientes y de cazuelas de barro que borboteaban en la pequeña cocina adjunta.

Podría decirse que Bano, que también es una naga, lleva el activismo escrito en los genes. Su padre, Thepofoorya Haralu, recibió unos de los mayores honores civiles de la India por los servicios prestados como funcionario gubernamental durante la guerra de fronteras con China, en 1962. Su madre, Lhusi, fue una de las fundadoras de la sucursal en Nagaland de la Cruz Roja india, una apasionada trabajadora social y una destacada activista que digirió el Centro de la Paz de Nagaland hasta su deceso, en 2015. Bano se educó en un colegio de monjas («Estaba lleno de monjas irlandesas», nos dijo) y luego cursó estudios de posgrado en Nueva Delhi, antes de pasar dos décadas como reputada periodista de radio y televisión y editora del diario *Eastern Mirror*, escrito en inglés. En la mitad de su cincuentena, había dejado los telediarios en 2009 y, desde entonces, se concentró en labores de conservación.

Aquellos comentarios acerca de una masacre de cernícalos se le quedaron grabados, si bien no regresó a la zona hasta al cabo de dos años, en octubre de 2012, con la intención de investigar. La acompañaban varios colegas: Ramki Sreenivasan, un fotógrafo de naturaleza afincado en Bangalore que había cofundado Conservation India hacía solo unos meses; Shashank Dalvi, un observador de aves e investigador especializado en el nordeste de la India, y Rokohebi Kuotsu, un joven naturalista naga de una población situada unos ochenta kilómetros al sur de Pangti. La primera mañana que pasaron a orillas del Doyang, quedaron estupefactos al encontrar miles de cernícalos posados hombro con hombro sobre flácidos cables eléctricos cerca del pantano. Mientras filmaban las aves, se cruzaron con dos mujeres nagas que cargaban con lo que, a simple vista, Bano pensó que eran pollos preparados para cocinar. Al mirarlos con más detenimiento, vio que se trataba de unas sesenta rapaces desplumadas. Las mujeres les explicaron que llevaban las aves al complejo situado en la base de la presa, donde se alojaban los trabajadores de la central hidroeléctrica. «Y mientras seguíamos allí, contemplando a las aves en los cables, regresaron con un segundo cargamento», añadió Bano.

Para entonces seriamente preocupados, el equipo condujo hasta Pangti. «Vimos pájaros en casi todas las casas. Era sobrecogedor». Centenares de cernícalos desplumados, ensartados en brochetas por la cabeza, colgados humeando sobre lumbres, y otros muchos centenares que se mantenían vivos en redes mosquiteras con cremallera que servían como jaulas hasta que les llegaba su hora. Atrapar y vender cernícalos, según descubrirían Bano y sus amigos al cabo de poco, era una industria artesanal universal en Pangti.

«No sabíamos por dónde empezar, qué hacer ni qué decir sin ofender a esas personas ni montar una escena», nos contó Bano. Telefonearon al comisionado del distrito instándole a emitir una orden oficial que reforzara la protección formal de las aves, el Departamento Forestal desplegó guardias para velar por su cumplimiento y se produjeron unos cuantos arrestos. Varios científicos europeos que hacían el seguimiento de uno de los primeros cernícalos del Amur equipado con un transmisor satélite estaban desesperados; las últimas comunicaciones indicaban que el ave se encontraba en la zona de Doyang. «Entre nosotros también cundió el pánico, porque por nada del mundo queríamos que ese pájaro se posara aquí. Hicimos cuanto pudimos, desmontar redes y toda la pesca. Y cuando, más tarde, el ave señaló que había abandonado estos campos de exterminio, nos dijimos: "Fantástico. Eso es algo que podemos compartir con la gente de este pueblo, decirles que ha pasado algo maravilloso. Ese cernícalo se ha salvado. Podemos comunicarle al mundo que, como esta temporada habéis dejado de cazar, esa ave ha encontrado la libertad"».

En los meses que siguieron, los conservacionistas se reunieron con las autoridades locales para explicarles la migración planetaria de los cernícalos. Además de una fundación en defensa de la fauna y la flora locales y de Conservation India, recibieron el respaldo de diversas organizaciones, entre ellas BirdLife International, la Wildlife Conservation Society, la venerable Sociedad de Historia Natural de Bombay, la Royal Society for the Protection of Birds y otras varias. Juntos pusieron en marcha clubes de concienciación ecológica para niños en Pangti y en las comunidades circundantes, entregaron «pasaportes como embajadores del Amur» a quienes se comprometían a proteger a estas aves y crearon una campaña de orgullo local al estilo de las que han conseguido proteger a especies amenazadas en otras regiones. Organizaron festivales en honor a los cernícalos, invitaron a diversos dignatarios gubernamentales a proclamar Pangti «la capital mundial de los cernícalos» mientras coros de escolares entonaban canciones escritas por ellos mismos en defensa de las aves, y repartieron entre los lugareños chapas donde se leía «Amigos del cernícalo del Amur». Asimismo, se convenció a pastores baptistas de que pregonaran sermones en defensa de los cernícalos y de que oficiaran servicios eclesiásticos especiales haciendo suyo el texto del Levítico 11:13-19: «De entre las aves tendréis por inmundas las siguientes, que no deberéis comer, pues son cosa inmunda: [...] el avestruz, la lechuza, la gaviota y toda clase de gavilanes...». Los antiguos tramperos y cazadores formaron la AFRAU (siglas de Amur Falcon Roost Area Union o Unión del Aseladero del Cernícalo del Amur), que apostó a guardias, formó a guías certificados y colaboró con los terratenientes de las zonas de los dormideros para construir torres de observación como la que habíamos visitado nosotros.

En 2013, un grupo internacional de científicos de la India y de Hungría, el último de los cuales ya trabajaba con el cernícalo patirrojo, pariente cercano del cernícalo del Amur, colaboraron con excazadores en la captura de tres ejemplares cerca del embalse, un macho adulto al que llamaron Naga y dos hembras también adultas que bautizaron como Wohka y Pangti. Una vez que se les colocaron transmisores por satélite, se rastreó a las rapaces hasta el sur de África, donde la señal de Wohka se perdió. Pero la primavera siguiente, Pangti y Naga volvieron a localizarse en distintas regiones del norte de China, en los márgenes de la Mongolia Interior, donde se instalaron a nidificar. Los cernícalos etiquetados realizaron un extraordinario periplo de ida y vuelta más de tres veces, antes de que su señal se perdiera también, lo cual no solo permitió conocer de cerca una de las mayores migraciones del mundo, sino que, además, reforzó la sensación de orgullo y propiedad entre los locales, gracias a que los periódicos de Nagaland informaron sin descanso de las últimas ubicaciones de las aves.

Nada de ello camufló el hecho de que Pangti y poblaciones vecinas como Ashaa y Sungro habían sufrido un revés económico al abandonar la caza. Hasta entonces, los lugareños podían vender cuatro cernícalos por cien rupias, explicó Bano, el equivalente a poco más de un dólar y medio estadounidense y el salario de media jornada en la región. Si pensamos que cada año se mataban unos ciento cuarenta mil cernícalos (un cálculo sin duda muy a la baja, ya que solo engloba los diez días pico de la migración), el abandono de la caza ilegal de estas aves suponía renunciar a unos tres millones y medio de rupias anuales, unos cincuenta y seis mil dólares estadounidenses, una suma enorme en una zona remota con tan escasos recursos, sobre todo porque mucha gente empleaba ese dinero para pagar la educación de sus hijos. «Es una pérdida de dinero inmensa», admitía Bano. Aun así, algunos vieron potencial para el turismo. Varias familias de Pangti invirtieron en mejoras para que sus viviendas pudieran servir como hospedaje a los visitantes. Los Tsopoe, con quienes nos alojábamos nosotros, construyeron un cuarto de baño doble de estilo occidental en su patio lateral, con retretes con descarga (que requerían la pequeña ayuda de prácticos cubos de agua, pero eran un gran paso adelante con respecto a las letrinas de hoyo típicas en la región) y una zona de aseo con suelo de tierra y un lavabo. El Wildlife Trust de India acababa de edificar una pequeña pensión para turistas en Pangti, pero todavía no estaba amueblada ni lista para ser utilizada en el momento de nuestra visita.

Una de las personas para quienes la prohibición de la caza fue un mazazo fue Nchumo Odyuo, un hombre espigado y de voz suave, vecino de los Tsopoe, un antiguo trampero que ahora participa activamente en el sindicato de protección y que nos hizo de guía principal durante nuestra estancia en Pangti. Perder el dinero de la venta de los cernícalos lo había dejado en una situación complicada, me explicó una mañana mientras contemplábamos centenares de Amures acudiendo a posarse en las perchas que bordeaban una pequeña plantación de teca a varios kilómetros del aseladero principal. Vigorosos, describían giros y piruetas en el aire, revoloteando recortados contra un cielo azul despejado, pavoneándose bajo el sol y lanzándose en picado al suelo esporádicamente para atrapar grandes mantis religiosas o saltamontes.

Nchumo y su esposa vivían con varios de sus hijos, mientras que los dos mayores estudiaban en un internado en la ciudad, la única opción para seguir formándose una vez finalizada la instrucción elemental en una población rural como Pangti. El pueblo se había quedado sin gran parte de sus mejores tierras de labranza al construirse la presa, de manera que cuando los cernícalos empezaron a congregarse allí, cazarlos se antojó una bendición del cielo. Algunos hombres y niños habían comenzado a hacerlo con tirachinas y armas, pero las redes resultaron mucho más eficaces para apresar a las aves. Los tramperos se alojaban en las pequeñas barracas de pescadores esparcidas a orillas del pantano y, a última hora de la tarde, Nchumo y los demás trepaban a árboles esbeltos cerca de los dormideros, lanzaban piedras atadas a cuerdas sobre las ramas más altas e izaban sus redes de pesca hacia el ramaje. Además, se tendían redes que cubrían los angostos desfiladeros que conducían al agua usados por los cernícalos. A la mañana siguiente, cada red de quince metros se combaba bajo el peso de ciento cincuenta o más cernícalos, que se retorcían para tratar de liberarse. Cada semana se transportaban decenas de miles de estas aves a las poblaciones, donde se desplumaban y ahumaban, y la gran mayoría se enviaba a núcleos más grandes, como Wohka, para su venta. Técnicamente, era una práctica ilegal, como la mayoría de la caza en Nagaland, aunque eso no detiene a casi nadie. Durante el tiempo que pasamos allí, fue rara la vez que me crucé con algún hombre en el bosque sin un arma o con un niño sin un tirachinas.

Sin embargo, con los cernícalos eran distintos. La atención recibida, el protagonismo en la publicidad y la intensificación repentina en la aplicación de una legislación que hasta entonces se había observado con laxitud explican que su matanza se detuviera de manera tan abrupta. «Al principio, los locales estábamos enfadados, porque el Gobierno no nos compensaba —aclaró Nchumo—. Pero poco a poco lo fuimos comprendiendo».

«¿Echas de menos cazar cernícalos?», le pregunté.

«Nosotros los llamamos *eninum*, "tortolitos", porque les gusta sentarse así, acaramelados... —me dijo, juntando mucho las manos—. Como esos de allí —añadió, señalando hacia dos cernícalos del Amur juveniles posados uno junto al otro en una percha—. Me alegro de que los cernícalos estén protegidos, pero... —Guardó silencio. Al ver que yo levantaba una ceja, rio con nerviosismo y apuntó—: ¡Me encantaría comerme uno! Están riquísimos».

A diferencia de la caza con redes, que beneficiaba a casi todo el mundo en las comunidades locales, el nuevo paradigma basado en el turismo ayuda a un segmento más reducido, me explicó Deven Mehta al día siguiente, mientras contemplábamos el vuelo matinal desde la torre de observación a orillas del lago. Deven es un investigador júnior del Wildlife Institute de la India que estudia la dieta de los cernícalos del Amur. Me mostró docenas de viales llenos de alcohol en los que ha recopilado bolas de comida regurgitada de los cernícalos que hacen escala en la zona. Más tarde tamizaría los trocitos quitinosos que componían aquellas egagrópilas desmenuzables y los examinaría bajo un microscopio de disección con la esperanza de descubrir qué más comen los cernícalos, aparte de termitas. Confesaba, de todas formas, que todavía le quedaba mucho por aprender para identificar las partes corporales de los distintos insectos.

Mientras que antes mucha gente conseguía algunos ingresos con los cernícalos, añadió Deven, los principales beneficiarios ahora son los guías como Nchumo; los terratenientes como el tío de este, Zanimo, propietario de la zona donde están situadas las torres de avistamiento, que aquella mañana nos había recibido trayéndonos unos plátanos; y familias como los Tsopoe, que contaban con suficientes ahorros para acondicionar sus viviendas como pensiones. Pangti tal vez sea la «capital de los cernícalos», como proclamaban unos carteles desgastados por el tiempo, pero la desigualdad en la comunidad representa una importante amenaza para su protección en el futuro, a juicio de Deven. E incluso con incentivos, no hay garantía de que la gente tome las mejores decisiones a largo plazo. Desde la temporada anterior, añadió Deven, Zanimo había talado árboles en los límites del bosquecillo del aseladero para sembrar plántulas de teca, una práctica agroforestal común pero que, evidentemente, podría amenazar toda la operación local si los cernícalos decidieran abandonar el dormidero de Pangti y buscar un sitio menos alterado.

Aunque esta aldea se encuentra fuera del circuito turístico, nos sorprendió gratamente constatar que no éramos los únicos visitantes. Durante nuestra estancia, varios grupos reducidos de indios procedentes de fuera de la región, en parejas o en tríos y la mayoría de ellos (a juzgar por su falta de equipo) no aficionados a la observación de aves, se dejaron caer por las torres de avistamiento. Un cineasta documentalista indio y sus amigos pasaron varios días allí, como también hizo un nutrido y entusiasta grupo de BNGBirds, un inmenso colectivo de observación de aves en línea procedente de Bangalore, en el sur de la India. Me enzarcé en una conversación con uno de sus integrantes, Ulhas Anand, y averigüé que teníamos varios amigos en común, amantes de las aves, de la época en que él había vivido en Filadelfia. «En Bangalore tenemos sitios increíbles para observar aves, zonas donde hay muchísimas, pero nada comparado con esto», me dijo, señalando hacia las multitudes de cernícalos que alzaban el vuelo desde sus perchas. Y entonces se marchó aprisa: alguien había divisado un poco frecuente alcaudón pardo en la orilla del lago y lo había alertado a gritos para que acudiera a verlo.

En la mayoría de las zonas silvestres del mundo, los conservacionistas se quejan de las carreteras, pero Bano Haralu y otros entienden que las lamentables condiciones de las calzadas de Nagaland, a menudo calificadas como las peores de la India, suponen un enorme obstáculo para la conservación y para el turismo que podría apuntalarla. «Ya veis en qué estado tenemos las carreteras —se lamentó—. Son las peores de todo el planeta. Las carreteras de Nagaland son tan malas que, según tengo entendido, se ven desde la Luna». La apoteosis de la migración de los cernícalos coincide, tras los monzones, con la apertura de temporada del Parque Nacional de Kaziranga, situado en el estado de Assam, al norte, y declarado Patrimonio Mundial de la Unesco, que atrae a turistas de todo el planeta. Y con razón: una semana después, mientras observaba la verde llanura aluvial del Kaziranga, conté cincuenta y nueve rinocerontes indios (en peligro de extinción) en un solo barrido con mis prismáticos, mientras elefantes, búfalos, jabalíes y ciervos de los pantanos salvajes pastaban en las praderas y pigargos de Pallas sobrevolaban nuestra cabeza. Combinar ambos emplazamientos sería una decisión obvia para el ecoturismo, siempre que el trayecto entre ambos fuera de un par de horas de conducción fácil por carreteras bien pavimentadas, en lugar del maratón de ocho o nueve horas que afrontan hoy los turistas y que te deja baldado.

Ahora bien, para aquellos dispuestos a hacer el viaje, las recompensas trascienden el hecho de contemplar uno de los mayores espectáculos de rapaces del mundo. Nagaland, que fue un campo de batalla durante una de las guerras de guerrillas más prolongadas en Asia, estuvo oficialmente cerrada a los forasteros (incluidos otros indios) durante décadas. Ahora el paso está menos restringido, pero, con un terreno tan escabroso y las atroces carreteras, uno aún tiene la sensación de hallarse en el fin del mundo. Las autoridades turísticas han potenciado la cultura tribal como estrategia de marketing, aprovechando los diversos festivales importantes que tienen lugar a lo largo del año en las poblaciones principales —en los que pueden verse trajes y bailes tradicionales— y que culminan con el festival Hornbill, de diez días de duración, que se celebra cada diciembre en Kisama. Los amantes de la cocina también han descubierto Nagaland y su gastronomía, que varía entre tribus nagas como los lothas, habitantes de Pangti. El *bhut jolokia* o «pimiento fantasma», con una pungencia que excede todos los gráficos de la escala Scoville, es una de las especialidades regionales, por más que Bano descartara la idea de que la cocina naga, en general, sea muy picante. Y, a decir verdad, el grado de picante de la deliciosa comida que nos prepararon los Tsopoe era modesto.

Aunque Nagaland ya no está cerrada al resto de la India, los visitantes tienen que registrarse en la policía y los rostros extraños, del tipo que sea, y sobre todo si se trata de un puñado de estadounidenses, siguen siendo una novedad, tal como constatamos una y otra vez. Tras cruzar desde Assam en nuestro primer día, nos detuvimos (tal como exige la ley) en la comisaría de policía de la primera comunidad con un tamaño considerable que hallamos en el camino. Se trataba de un edificio de tres plantas sobre un alto promontorio. Agentes de policía fuera de servicio se apiñaron en las ventanas de las plantas superiores del cuartel y se nos quedaron mirando con un desconcierto evidente mientras Abidur desaparecía en el interior con nuestros pasaportes. Tardó un largo rato en reaparecer, mientras nosotros comíamos unos tentempiés y peinábamos el cielo nublado en busca de rapaces. Finalmente oímos una moto acercarse a toda velocidad, rebotando sobre la carretera llena de baches. Un hombre compacto y musculoso, con el pelo corto y vestido con camiseta la aparcó y entró corriendo en la comisaría; habían hecho venir al comandante en su día libre para lidiar con aquella situación nueva y desconcertante de unos forasteros que pasaban por el distrito. Tras otro largo rato, Abidur regresó al fin con nuestros pasaportes, seguido por el comandante, que nos pidió sacarse unos selfis con nosotros para enseñárselos a su familia.

Aun así, sortear el tenso panorama político no siempre fue tan fácil. Cuando ya llevábamos unos cuantos días de visita, después de habernos levantado otra vez a las tres de la madrugada, encontramos un cielo encapotado y el mundo envuelto en niebla. Catherine se había resfriado y prefirió quedarse en el pueblo, una sabia decisión, ya que el vuelo matutino fue un fracaso. La niebla había dado paso primero a la llovizna y luego a una lluvia fina. Y lo que es aún peor, descubrimos que lo que habíamos creído que eran 4×4 proporcionados por nuestros contactos indios en realidad eran todoterrenos, sí, pero con tracción en las ruedas traseras y no preparados para transitar por la larga, empinada y por entonces fangosa y resbaladiza carretera que ascendía desde el embalse. Para salir de allí tuvimos que empujarlos unos cuantos metros, mientras las ruedas nos salpicaban barro, calzar tres grandes piedras detrás de los neumáticos para impedir que el vehículo volviera a caer y repetir aquel extenuante proceso una y otra vez durante más de una hora, hasta conseguir ascender lentamente hasta la cima.

Empapados y exhaustos, al final llegamos a la caseta de acogida que la AFRAU tenía junto a la carretera principal hacia Pangti, y lo que nos encontramos fue a dos docenas de soldados indios vestidos de camuflaje y un enorme camión Taka aparcado a escasa distancia, con una metralleta del calibre 50 en la parte de atrás. La sorpresa inicial de los soldados al vernos enseguida dio paso a otra ronda de selfis, mientras los sonrientes militares entregaban sus teléfonos a nuestros conductores para que nos sacaran fotos en grupo. Pero las miradas de gravedad que nos lanzaban nuestros guías de la AFRAU no casaban con sus alegres camisetas rojas a juego: el Assam Rifles, la unidad de la policía paramilitar, ha sido acusada de incontables vulneraciones de los derechos humanos en Nagaland a lo largo de los años, incluidas masacres y torturas, respaldada por una ley de 1958 que les da carta blanca para arrestar, detener o disparar prácticamente a cualquiera en cualquier circunstancia en las llamadas «zonas protegidas». Los guías de la AFRAU miraban a los soldados (y a nosotros) con gesto ceñudo.

«Chicos, quizá no deberíamos ser tan simpáticos», farfullé entre dientes, mientras continuaba aquella sesión de fotos que parecía no tener fin.

«¿Pasa algo?», preguntó Peter.

«Piensa en el ejército británico en el norte de Irlanda», respondí yo por lo bajo, y su sonrisa se esfumó. Hay mucha tensión entre ambas partes. Pese al proceso de paz de varias décadas de duración, los Rifles continúan enfrentándose a los insurgentes maoístas que se cuelan a través de la porosa frontera de Myanmar. Una o dos semanas antes de nuestra llegada, el ejército indio aseguraba haber acabado con cuarenta mili alcaudón pardo tantes que habían atravesado la frontera a solo cincuenta kilómetros de la zona que estábamos visitando.

Por fin conseguimos desembarazarnos de la situación, ansiosos por podernos lavar y desayunar algo, aunque fuera ya tan tarde. Sin embargo, cuando regresamos a casa de los Tsopoe a mediodía, esperándonos en el porche había un hombre muy esbelto de treinta y pocos años, con el pelo bien peinado y vestido con un traje gris con las arrugas de doblez marcadas y unos zapatos negros absolutamente impolutos, a pesar del barro anaranjado que rodeaba la vivienda. Junto a Catherine, que tenía expresión de nerviosismo, había sentada una tímida joven con un vestido blanco y pintalabios rojo, con el pelo perfectamente peinado y la vista gacha.

La escena se antojaba absurda. Llovía a mantas y permanecimos un momento allí plantados bajo el diluvio, pasmados. El hombre se puso en pie de un salto, me tendió la mano y me saludó con un: «Hola, ¿qué tal está?». Receloso, impaciente y un poco desconcertado, le di un solo apretón, pasé junto a él para guarecerme de la lluvia y le respondí, con aspereza: «Soy Scott, ¿quién es usted?». Mientras la expresión de Catherine pasaba a reflejar pánico, el hombre nos informó con una sonrisa tensa que formaba parte de una unidad especial de inteligencia de Kohima (nunca supimos si policial o militar) y que lo habían enviado a informar sobre unos forasteros altamente sospechosos que habían incumplido el protocolo. Aunque nos habíamos registrado en la policía a nuestra llegada, al parecer no lo habíamos hecho con la policía «correcta»; en lugar de detenernos en la primera población tras entrar en Nagaland, deberíamos habernos desviado un largo trecho hasta la capital del distrito, Wohka. Era evidente que aquel tipo no se creía las explicaciones de Catherine acerca de nuestra presencia allí —«¿Pájaros? ¿De verdad?»—, motivo por el cual se había pasado gran parte de la mañana interrogándola con una extraña mezcla de bromas amables y amenazas directas: «¿Cuál es el verdadero motivo de su presencia aquí? Quizá debería arrestarla por no haber informado a las autoridades. Ja, ja, no me haga caso, es una broma. Bueno, o no, igual sí que debería llevarla a Kohima y meterla entre rejas. Ja, ja».

Se han dado casos de occidentales que han ido a Nagaland a unirse a la insurgencia, de manera que sus sospechas podían no ser completamente infundadas. Nos pidió los pasaportes: «No, no, los de verdad no —nos dijo al vernos sacar la documentación—. Fotocopias. Solo fotocopias, por favor». Todos llevábamos múltiples copias en papel (una precaución sensata frente a robos o pérdidas), salvo Peter, cuya copia de seguridad era un escáner electrónico de su pasaporte en el ordenador portátil. No había ninguna fotocopiadora en la población ni manera de imprimir el escáner y, como es comprensible,

Peter se negó cuando el oficial le sugirió que lo acompañara hasta Kohima, cosa que le obligaría a invertir al menos un día de trayecto en cada dirección. A aquellas alturas, nuestro visitante había dejado de hacerse el graciosillo y se vivió un momento de tensión. Por algún motivo, no mostraba interés alguno en el pasaporte real de Peter y estaba empeñado en quedarse una copia. Me hallaba ya vaciando un *pendrive* para que se llevara una copia del archivo electrónico, cuando Peter abrió su propio ordenador portátil y le mostró al oficial el documento escaneado. Por motivos que solo él y los Dioses de la Burocracia alcanzarían a entender, el hombre se dio entonces inmediatamente por satisfecho. Volvieron a reaparecer las sonrisas zalameras, hubo más apretones de mano y luego él y su mujer, que no había dicho ni mu ni había establecido contacto ocular con nadie durante toda la visita, abrieron de repente un gran paraguas negro y se marcharon bajo la lluvia.

«Joder, qué cosa más rara», dijo Kevin, mientras los miraba alejarse en su coche.

«Rara y espeluznante —asintió Catherine—. Ha habido un rato en el que he pensado que cuando regresarais os enteraríais de que me habían detenido. No podéis imaginaros lo feliz que me he puesto al veros, chicos».

Teniendo en cuenta todas estas dificultades, no sorprende que tan pocos forasteros visiten las tierras interiores de los nagas. A pesar de no estar aislados del mundo (tienen un montón de teléfonos móviles y, en algunas casas de Pangti, brotan antenas de televisión por satélite como setas), los lugareños rara vez ven a forasteros. Una tarde en que soplaba una brisa que obligaba a la manga larga después de un frío y húmedo amanecer, el señor Tsopoe nos acompañó a dar un paseo por Pangti, suscitando entre los lotha con quienes nos cruzamos desde miradas tímidas hasta abrazos espontáneos. Las calles y callejuelas zigzagueaban y describían giros impredecibles, plegándose sobre sí mismas entre casas cercadas, altos muros de piedra seca y macizos de flores: orquídeas, lechos de caléndulas, begonias, coreopsis y muchas otras que convertían cada nueva esquina en una luminosa paleta de colores. Sobre los tejados metálicos había extendidas mantas y colchas para que se airearan. Hierbas, frijoles, pimientos y arroz molido se dejaban secar al sol. De las paredes de muchas viviendas colgaban calaveras de *muntjacs*, tótems de la buena suerte en la caza, y el señor Tsopoe señaló el cráneo con gruesos y cortos cuernos de un gayal, uno de los inmensos bóvidos semisalvajes que siguen habitando en las colinas de los nagas. «Con ese nos dimos un festín, ¡un banquete de Navidad para toda la familia el año pasado!», comentó con orgullo.

Había viviendas de todo tipo, desde un edificio resplandeciente de cuatro plantas que estaba construyéndose un acaudalado funcionario gubernamental hasta casas nagas tradicionales, con paredes de esteras de bambú y suelos de tierra. Una ama de casa y su madre nos invitaron a entrar en una de las últimas, no sin antes armar, como todo el mundo a quien vimos, cierto revuelo con respecto a Catherine, a quien dijeron reiteradas veces que era la primera occidental que se veía en Pangti. Un gatito nos siguió hasta el interior y se posó, maullando, junto a la lumbre humeante, sobre la cual había estantes de cestas de bambú en las que se estaban curando carnes y hortalizas con el omnipresente humo. En una pared había dispuestas una serie de ollas y sartenes impecables y, al otro lado de la estancia, había una plataforma para dormir, también de bambú tejido, y las posesiones de la familia. Fuera, la colada se agitaba con el viento sobre una tarima de bambú que se combó con nuestro peso mientras contemplábamos una vista panorámica asombrosa de los hondos y enrevesados valles y picos que rodean Pangti.

La enorme iglesia baptista blanca y verde, con su campanario, se erguía en la cima de la montaña, mientras que las iglesias católica y de la Asamblea de Dios eran considerablemente más modestas. En un origen, los nagas eran una cultura animista y se opusieron con fiereza al control de los británicos a partir de la década de 1830. El siguiente medio siglo fue especialmente violento; un estudioso ha calificado el conflicto entre los británicos y los nagas como uno de los más sangrientos de la brutal historia de Gran Bretaña en la India. Pangti no se salvó. Después de que, en 1875, una patrulla de reconocimiento fuera atacada y mataran a su comandante, el ejército británico redujo la aldea a cenizas a modo de represalia. Pero la evangelización que misioneros baptistas estadounidenses habían iniciado a mediados del siglo XIX fue avanzando y se aceleró en el XX. Irónicamente, la decisión del Gobierno indio recién independizado de expulsar a los misioneros extranjeros hizo que la tasa de conversión se disparara por las nubes, una reacción directa, según han argumentado algunos estudiosos, por parte de los nagas a los ataques gubernamentales contra parroquias y curas, en general vistos con malos ojos. La conversión generalizada de los nagas fue, en opinión de un experto, «la adhesión más masiva al cristianismo en toda Asia, seguida por la de Filipinas».[41] De hecho, Nagaland es tan peculiar que en la actualidad incluso los militantes maoístas que proceden de Myanmar son, en su mayoría, baptistas.

Algo antes, aquel mismo día, un grupo de mujeres vestidas con chales de color escarlata idénticos, anudados a la cintura o la cabeza y con *mekhalas* azul marino con tiras plateadas o carmesí entretejidas, se había reunido en casa de Tsopoe para entonar un «cántico». El arroz es un alimento básico en esta región, como en gran parte de Asia, y hay que molerlo para partir las cáscaras y convertir los granos en harina. Seis mujeres se colocaron en línea, mirándose entre sí, tres a cada lado de un mortero bajo de madera de unos dos metros de longitud, hecho a partir de un tronco tallado; en su superficie superior plana había tres cavidades hondas, cada una del tamaño de una lata de café. Una de las mujeres vertía el arroz en dichos agujeros y luego las seis levantaban pesadas manos de mortero más altas que ellas mismas y entonaban una canción rítmica en lotha mientras molían el arroz, cambiando de lado con una puntería asombrosa y una sincronización perfecta. Al final de cada canción, hacían una pausa para traspasar el arroz molido a una gran cesta triangular abierta por los lados que una de las mujeres se apoyaba en la cintura y agitaba rítmicamente de espaldas a la brisa, aventando las cáscaras y el polvo sobre una estera de bambú, también al son del cántico, rodeada de gallinas que picoteaban los granos extraviados que caían a sus pies.

Todo el mundo estaba un poco tenso y formal al inicio de aquella ceremonia. Las mujeres se habían acicalado más de lo habitual, en gran parte para honrarnos a nosotros, pero, a medida que el trabajo fue avanzando, se relajaron y empezaron a hacer bromas entre canción y canción y a beber agua en vasos desechables hechos con hojas de plátano expertamente plegadas. Una de aquellas mujeres tenía madera de artista y, una vez hubieron molido el arroz, pidió que le trajeran una desvencijada guitarra, que se dedicó a aporrear (sin ningún ritmo, pero con entusiasmo) mientras incitaba al grupo a cantar en lotha.

Sin embargo, era posible ver unos signos del pasado más tradicional de los nagas en los patios traseros de muchas viviendas: lápidas. Durante nuestro paseo por la población, nos detuvimos a leer una dedicada a Chonchio Lotha, fallecido el 13 de julio de 1947. En la lápida había grabadas celebraciones de una vida de caza peligrosa, los sencillos contornos de cinco tigres, dos leopardos y un elefante, además de seis cabezas humanas con las que se conmemoraban las habilidades bélicas del difunto. Aunque los británicos prohibieron la caza de cabelleras en 1940, la práctica continuó, al menos de manera residual, durante las décadas de 1960 y 1970, antes de acabar erradicándose por completo. Pero la reputación se mantiene e incluso hoy es posible que te miren con los ojos abiertos como platos si le dices a algún indio de cualquier otra parte del país que tienes planeado visitar la tierra «de esos retrógrados cazacabezas».

Por fin llegamos a casa de los padres del señor Tsopoe, su madre, con noventa y ocho años y ahora ciega, y su frágil pero atento padre, con ciento dos años, de los que cuida una pariente cercana. Ambos estaban sentados en sillas de plástico, disfrutando del sol que se filtraba a través de las paredes de bambú tejido de su hogar, con chales con el estampado rojo a rayas negras de la población echados sobre los hombros. «Mi padre era un magnífico cazador», dijo el señor Tsopoe varias veces para recalcarlo, mientras nos mostraba los cráneos y las cornamentas de varios de los ciervos que su progenitor había matado en el pasado. Durante la Segunda Guerra Mundial, cuando los japoneses invadieron la India, el anciano Tsopoe llevaba comida a las tropas británicas e indias, que combatieron en un sangriento asedio en Kohima, unos sesenta y cinco kilómetros al sudoeste. (Algunos nagas participaron de manera mucho más directa en la batalla y no pude evitar preguntarme si algunas de las cabezas que habíamos visto grabadas en aquella lápida corresponderían a japoneses... o quizá incluso a británicos, puesto que los nagas apoyaron al Japón imperial, considerándolo una estrategia para lograr su independencia). El señor Tsopoe salió de un rincón de la casa con la lanza artesanal de su padre, de dos metros y medio de largo y con una punta pulida (y aun endiabladamente afilada) en forma de hoja. Además de para cazar, los nagas utilizaban esas lanzas en la guerra, junto con unas espadas con la punta cuadrada parecidas a machetes llamadas *daos*. El anciano, que no había dejado de sonreír durante las presentaciones, se puso muy serio de repente y agarró la lanza con ambas manos para demostrarnos cómo se usaba, mientras su hijo nos señalaba las cicatrices blancas que le habían quedado a su padre en la mano derecha tras enfrentarse a un tigre que lo había atacado en el bosque hacía muchos años.

Un ataque como aquel sería improbable hoy. Apenas quedan ya tigres en Nagaland, si bien alguna vez se ve a algún ejemplar solitario procedente de las poblaciones más seguras de Assam, al norte, o de Myanmar, en el sudeste. Así ocurrió en 2016, cuando un tigre mató a una vaca y a dos cerdos en las montañas cerca de la frontera con Assam, tras lo cual los lugareños le dieron caza y acabaron con él a tiros. La tarde que quedamos con Bano en las oficinas de la organización proconservación, se nos unió un grupo de jóvenes biólogos de la sucursal india de Wildlife Conservation Society que estaban llevando a cabo estudios sobre mamíferos en Nagaland. Hasta entonces, los resultados habían sido bastante agoreros, nos dijeron; la caza había acabado con gran parte de la fauna y, aunque quedaban unos cuantos *muntjacs* y elefantes, los pobladores de los alrededores de Pangti les habían dicho que hacía más de quince años que no veían a ningún tigre por allí. Pero los tiempos están cambiando, sentenció Bano; ha entrado en vigor una veda de caza por temporadas de seis meses y, además, se han prohibido las pistolas de aire (aunque vimos a muchos niños con tirachinas de caucho y no pudimos evitar constatar la escasez de aves cantoras, sobre todo en las proximidades de las poblaciones).

Incluso la exuberante naturaleza de los bosques de Nagaland es engañosa. Es cierto que, en comparación con gran parte de la India, Nagaland está cubierta por espectaculares extensiones arboladas, con pocos claros destinados a la agricultura a gran escala, como los infinitos campos de arroz que habíamos visto en Assam. Pero no tardamos en advertir que, en esencia, todos los bosques que veíamos eran jóvenes, arbustivos, de sucesión temprana; la ausencia de bosques viejos y maduros era total, y, en teoría, hay pocas reservas protegidas en el estado, en comparación con los inmensos parques y reservas de estados próximos como Assam y Arunachal Pradesh. En lugar de ello, los bosques exhibían los efectos de generaciones de práctica de una agricultura a pequeña escala, de roza y quema constante, una técnica conocida localmente como *jhum*. Asimismo, había incontables plantaciones de teca que, a la distancia, parecen bosques, pero que, en realidad, son monocultivos que se cosechan cuando los árboles tienen solo unas pocas décadas. Si bien Bano cree que el *jhum* es una táctica sostenible si se practica a la manera tradicional, dejando largos periodos entre la roza y la siembra, esos intervalos de barbecho son cada vez más cortos y, entre el *jhum* y la rotación constante de las plantaciones de teca, no parecían quedar bosques maduros que funcionaran de manera natural. Si a ello le sumamos la manía de los nagas de disparar a todo lo que se menea, la abundancia de cernícalos en la zona y el éxito de los locales en su protección resultan aún más asombrosos.

Pese a que el mayor espectáculo en Pangti era cuando las aves alzaban el vuelo por la mañana, en nuestra última tarde regresamos al aseladero al anochecer, con la esperanza de ver a los cernícalos llegar para pasar la noche. Un cielo azul pálido y neblinoso y un horizonte bordeado por algodonosas nubes de cúmulo nos acompañaban mientras descendíamos a pie por las montañas y nos internábamos en lo que quedaba de valle sin inundar, entre carrizos en cuyas puntas había posadas tarabillas, unas regordetas aves cantoras que descienden del Himalaya hasta aquí para invernar y cuyos machos lucen un plumaje de motas marrones cuando no están en época reproductiva. Otros pájaros revoloteaban bajo la luz crepuscular: cimitarras cejiblancas, desgarbadas y pardas como cuitlacoches; parejas de bulbules cafres, de color negro carbón con una manchita roja bajo la cola; y bandadas de hiperactivos abanicos ventrigualdos, con una cabeza redonda, una larga cola y un antifaz negro en un rostro de color amarillo limón. Avanzamos por senderos abiertos entre la densa vegetación, los caminos trillados por los elefantes salvajes, quizá los mismos que habíamos escuchado barritando en la orilla opuesta del pantano aquella mañana.

Esta vez subimos a otra torre de observación, más retirada del lago, pero con una perspectiva amplia y despejada sobre los carrizales y los arbustos que cubrían la mayor parte de la llanura. A nuestra espalda estaban las pequeñas cabañas de cañizo de pescadores donde en el pasado los tramperos se hospedaban durante la migración de los cernícalos, ahora convertidas en casetas para los guardas de la AFRAU. Unos cuarenta y cinco minutos después de ponerse el sol, empezaron a llegar cernícalos, centenares de aves en un solo minuto, luego miles, una capa de movimiento contra la franja menguante de luz anaranjada y purpúrea que se extendía sobre el horizonte, por el oeste. Nos encontrábamos cerca de la convergencia de una magnífica afluencia de alas y movimiento procedente de todos los puntos cardinales, como un agujero negro que lo atraía todo hacia sí. Los cernícalos volaban batiendo lánguidamente las alas, con suavidad, en su mayoría planeando hacia sus perchas en los árboles. Un silencio casi fantasmal reemplazaba ahora al ruido estremecedor de la mañana, cuando decenas de miles de alas se despertaban. Al poco, las siluetas de la cordillera, en la distancia, quedaron engullidas por la oscuridad, reemplazadas por las luces de poblaciones distantes que centelleaban en las cumbres de las montañas. Y, aun así, el número de cernícalos seguía aumentando.

Por ahora, los cernícalos están salvados, no solo en Pangti, sino en todo Nagaland, donde los conservacionistas no tenían constancia de que se hubiera cazado ni una sola ave en las últimas temporadas de migración. A medida que el interés por el cernícalo del Amur se propaga por todo el nordeste de la India han ido apareciendo informes de otros aseladeros importantes en estados vecinos como Assam y Manipur, donde también se han puesto en marcha acciones locales para acabar con la caza y proteger y celebrar a estas rapaces. En Nagaland, otras poblaciones disputan a Pangti el título de «capital del cernícalo», alegando acoger concentraciones igual de impresionantes. El turismo aumenta de manera paulatina, tal como comprobamos, aunque Kevin planificó regresar al otoño siguiente con un amplio grupo de estadounidenses (y con colchones para las camas) con vistas a apuntalar este incipiente sector.

La intensidad del vuelo no hizo sino aumentar con la oscuridad, con una luna casi llena sobre nuestra cabeza. El disco blanco titilaba trémulo tras los torrentes de siluetas negras mientras incontables cernícalos acudían a posarse en sus perchas, con la barriga llena y atraídos por su instinto hacia la siguiente parada en un viaje planetario, un viaje que, al menos allí, al menos por ahora y al menos para esta preciada especie, no es tan peligroso como lo era hace solo unos años.

Epílogo

La una de la madrugada es temprano para cualquiera, pero en verano, en el centro de Alaska, al menos uno no tiene la sensación de que sea plena noche. A esa hora, el cielo es de un pálido color grisáceo y hay luz ambiental suficiente para leer a simple vista. En esta época del año, esa es la máxima oscuridad que se alcanzará en la zona. Y nos fue de ayuda cuando mis amigos y yo salimos dando traspiés de nuestras habitaciones en la residencia de Toklat, a medio camino de la carretera de grava de ciento cuarenta y cinco kilómetros que biseca el Parque Nacional Denali y, frotándonos aún el sueño de los ojos, nos servimos café, preparamos el desayuno y nos hicimos los bocadillos para la jornada de trabajo que nos esperaba. Estábamos en el octavo día de una temporada sobre el terreno de dos semanas y nos aguardaba un largo trayecto en coche.

Habían transcurrido cinco años desde que pusimos en marcha nuestro estudio sobre las aves migratorias en el Denali, cinco años desde aquel ataque de la osa gris que había aterrorizado tanto a mi colega Iain Stenhouse como al resto de nosotros. En el ínterin, nuestro equipo había topado con muchos integrantes de la fauna del parque, desde alces y renos hasta muchos más osos, pero lo más significativo es que habíamos conseguido entender mucho mejor cómo las conexiones migratorias que irradian desde esta parte de Alaska enlazan el Denali, mediante los periplos de sus aves, con el resto del mundo: había chingolos zorrunos que migraban a Georgia, reinitas estriadas que viajaban a la Amazonia, zorzalitos de Swainson que llegaban a Bolivia y paíños de Wilson volando a Centroamérica.

Aun así, aquel verano estaba siendo extraño. La mala suerte parecía perseguirnos. Habíamos pasado más de una semana intentando recapturar mosquiteros boreales, unas esbeltas aves cantoras con un pelaje entre parduzco y verdoso, las cejas beis y un trino metálico e intermitente que repiquetea como una metralleta, *sit-sit-sit-sit-sit-sit-sit-sit*. Se trata de una especie con raíces en el Viejo Continente que cría solo en el centro y en el oeste de Alaska e inverna en algún punto del Sudeste Asiático, seguramente en Borneo o en las Filipinas, pero nadie la había seguido nunca fuera de sus zonas de reproducción ni había recuperado allí un ejemplar de Alaska anillado. La primera mañana, justo después de empezar a tender las redes, habíamos apresado a uno de los quince pájaros a los que les habíamos colocado geolocalizadores el verano anterior, pero en los siete días que siguieron recorrimos metódicamente todo el valle extendiendo redes y haciendo sonar los reclamos cada cien metros durante kilómetros, cubriendo el hábitat de sauces con una retícula precisa de puntos donde atrapar a aves, y regresamos invariablemente con las manos vacías. Entiéndaseme: sí que capturamos a docenas y docenas de mosquiteros boreales, pero a ningún otro al que hubiéramos etiquetado. Los mosquiteros estaban desperdigados, se movían por todas partes, sin dar muestras de la fidelidad al lugar que se espera de las aves cantoras.

Quizá la culpa fuera del tiempo. Alaska se asaba bajo la ola de calor más extrema de toda su historia; en Anchorage se habían alcanzado los 32 °C por primera vez desde que se tenía registro, y la situación se prolongaba, día abrasador tras día abrasador. El calor ponía la guinda a un año, o a varios años, de un comportamiento extraño en el clima de la región. El invierno previo, los mares de Bering y de Chukotka habían presentado temperaturas hasta 20 °C más cálidas de lo normal y las banquisas se habían derretido meses antes, cosa que había incitado a un experto en meteorología a afirmar que los océanos que rodeaban el estado parecían «caldo».[42] Al margen de si el chiste malo era buscado o no, estaba en lo cierto. Incluso en la cordillera de Alaska, donde trabajábamos a altitudes de mil doscientos metros, el calor era sofocante, y aún lo agravaba más el denso humo de los incendios forestales que ardían en todo el estado, incluido uno en los alrededores de Fairbanks que amenazaba la casa de la directora de nuestro proyecto, Carol McIntyre. Durante dos semanas, ella y su esposo vivieron bajo una alarma de evacuación de nivel dos, lo cual significaba que tenían que estar preparados para dejar su casa al primer aviso. En lugar de trabajar con nosotros en el parque, Ray y ella se habían dedicado a sacar sus pertenencias de la vivienda, a buscar un refugio temporal para sus perros de trineo, a abrir cortafuegos y a desbrozar la maleza, todo ello mientras contemplaban con nerviosismo cómo dotaciones de bomberos llevaban a cabo operaciones para atajar las llamas y se vertía agua con avionetas para impedir que el fuego, que ya había arrasado más de cuatro mil hectáreas, alcanzara su vecindario.

A causa del calor, no habíamos visto la cantidad de animales que esperábamos ver. El ciclo de la liebre americana estaba en pleno auge, con docenas de ejemplares por kilómetro a lo largo de la carretera al alba, mordisqueando el cloruro cálcico que el servicio del parque utiliza para intentar aposentar las polvaredas que levantan los autobuses turísticos al circular. Y como el número de liebres iba en aumento, también ocurría lo mismo con sus principales depredadores, los linces, con varios de los cuales habíamos tropezado. Pero, por lo demás, habíamos visto poca cosa: apenas osos y algún que otro rebaño de carneros de Dall en lo alto de las colinas. El calor había llevado a un pequeño rebaño de renos hasta el campamento de Toklat, donde, entre cobertizos de mantenimiento, cabañas y otros alojamientos para el personal del Servicio de Parques Nacionales, habían hallado cierto alivio frente al bochorno. Siempre mirábamos a ambos lados al salir del porche de la residencia, porque a los renos les gustaba descansar a la sombra de los edificios y en más de una ocasión habíamos espantado a un par de ellos, que habían huido despavoridos haciendo resonar sus pezuñas. En aquella parte del mundo, la aparición repentina de un animal grande, marrón y de movimientos rápidos hace que se te dispare el corazón.

En nuestro primer día sobre el terreno, una mañana fría y lluviosa justo antes de que diera comienzo la ola de calor, nos habíamos tropezado con un alce inmenso que andaba buscando comida entre los sauces y había descendido por un despeñadero solo unos metros por debajo de nosotros. Estaba justo en el punto adonde nos dirigíamos, así que nos sentimos afortunados de verlo, pues cada año en Alaska estos animales hieren a más personas que los osos. En lugar de bajar, disfrutamos de una perspectiva desde una distancia prudencial que nos permitió contemplar a uno de los alces más grandes que he visto en varias décadas de trabajo en Alaska, con sus astas aterciopeladas a medio crecer pero ya de más de un metro y medio de punta a punta. Solo la joroba del magnífico ejemplar, su cuello y su cabeza asomaban por encima de los arbustos verdes grisáceos, que él destrozaba al arrancar a bocados hojas de sauce, cuyo difuso reverso blanco resplandecía. Daba la sensación de que el alce se arrostraba contra el oleaje, olas oceánicas gigantes de color verde que rompían con su embate y se desparramaban sobre su espalda. Luego dio unos cuantos pasos más y desapareció, engullido por la maleza como si se hubiera zambullido en ella. «¿Cómo puede algo tan grande desaparecer sin más?», musitó mi amigo George Gress.

Aquello nos sirvió de recordatorio de lo poco que en realidad veíamos cuando estábamos entre la espesura. «Odio hacer esto», musitó Iain en voz baja mientras ambos nos desviábamos del lugar por donde se había ido el alce y, separándonos de George y de Tucker, tomábamos otra dirección para empezar a colocar redes en una nueva sección transversal. Los enmarañados sauces se elevaban sobre nuestra cabeza, con sus retorcidos troncos entrecruzados raspándonos los gemelos y abrazándonos los tobillos a cada paso. Cada pocos metros, gritábamos, para hacer saber a los alces, a los osos o a cualquier cosa más grande y más peligrosa que nos acercábamos. Era lo único que podíamos hacer, además de asegurarnos de que el impermeable no nos impedía acceder al espray para ahuyentar osos que llevábamos colgado de las caderas, en cartucheras de fácil acceso.

Iain nunca se había repuesto del todo de aquel encontronazo tan de cerca con la osa y su osezno que habíamos experimentado cinco años atrás, aquel primer invierno en el que andábamos anillando aves en el Denali. En ocasiones, tenía la sensación de que los osos le tenían manía, aunque no había pruebas que la sustentaran. El verano siguiente, por ejemplo, mientras trabajábamos en la misma zona donde se había producido la carga, nos habíamos encontrado con la que con toda probabilidad fuera la misma osa y su por entonces ya crecido osezno. Iain, Carol y yo estábamos arrodillados alrededor de un toldo plegado en la empapada tundra, anillando a una reinita estriada que acabábamos de capturar, cuando Carol volvió la cabeza de repente. «¡Osos!», dijo, y sigo sin saber cómo intuyó su presencia, aunque supongo que más de treinta años trabajando en un paisaje poblado por osos pardos afila el instinto. Porque, en efecto, allí estaban, a doscientos metros de distancia, avanzando aprisa hacia nosotros, con la cabeza gacha, con ese balanceo al caminar tan peculiar que emplean los osos grandes para salvar distancias. Los osos del Denali reciben el nombre de «pardos del Toklat» y tienen un pelaje de un característico color rubio paja. Aquellos dos resplandecían bajo el sol matutino como si fueran de oro, con su rostro y extremidades inferiores de un tono marrón chocolate. Solté la reinita, echamos rápidamente las mochilas al centro del toldo y, por indicación de Carol, lo recogimos juntando las esquinas, como si fuera una saca de regalos de Papá Noel, y lo transportamos medio a rastras medio en volandas, con todo el material dentro, hasta la camioneta, que se encontraba a varios centenares de metros, tundra a través, y en ángulo recto desde el lugar por el que se aproximaban los osos.

«No corráis, no corráis», nos dijo Carol varias veces mientras nos abríamos camino rápidamente entre la maleza.

«No estoy corriendo», respondí irritado por los nervios.

«Hablaba sola», replicó Carol. Los osos se hallaban ahora a escasos cien metros de distancia. Al llegar a una ladera, giraron, descendieron en ángulo y, maldita sea, volvieron a cruzarse en nuestro camino, aunque parecían no haberse percatado de nuestra presencia. Nuestras trayectorias convergían rápidamente y no teníamos más alternativa que correr hacia la camioneta, a la que llegamos poco antes de que los osos cruzaran la carretera quince o veinte metros por delante de nosotros. El osezno se detuvo en medio del camino de grava y se volvió para mirarnos una sola vez, pero la hembra se limitó a ignorarnos.

«¿Lo habéis visto? —preguntó Iain con su acento de Glasgow—. No me quitaba el ojo de encima».

No habíamos tenido otros tropiezos parecidos durante aquella calurosa temporada de incendios. Aquella misma mañana, mientras conducíamos hacia el este, por fin vimos unos cuantos osos, una hembra y dos oseznos crecidos a solo unos metros de la carretera en Sable Pass, pero nos hallábamos protegidos en nuestro vehículo y pudimos disfrutar de su presencia sin más. Hacía más frío que la semana previa, 4 °C, según indicaba el termómetro del salpicadero de la furgoneta. Eran las tres de la madrugada, poco antes del amanecer, cuando llegamos a nuestro lugar de estudio, un riachuelo llamado Hogan Creek que serpentea a través de un angosto barranco de sauces y abetos. Quedaba aún un poco de bruma en el húmedo y gélido ambiente y notaba los dedos doloridos por el frío mientras montaba los postes metálicos y extendía cuatro o cinco redes de niebla a lo largo de un par de centenares de metros de bosque de matorral. Entonces accionamos las grabaciones, el trino parecido a un aullido agudo de perro de una reinita estriada en algunas de las redes y las zumbadoras notas aflautadas de un zorzalito carigrís en otras. El año anterior, nuestro equipo había anillado a varios ejemplares de ambas especies en aquel mismo punto; si habían sobrevivido a la larga migración y regresaban a los mismos territorios, los atraparíamos y desvelaríamos los secretos de su largo viaje.

No tardamos demasiado en hacerlo. En menos de media hora habíamos atrapado a tres reinitas y a un zorzalito, por desgracia, todos sin anillar. La mayoría de las aves cantoras son bastante fieles a sus zonas de nidificación de año en año, pero no es una regla de oro y pueden cambiar de territorio. Nuestra mala suerte parecía destinada a continuar. Una hora después, arrancamos las estacas y desplazamos las redes aguas abajo... y dio resultado. El chillido de emoción de Iain no fue por la excelsa belleza de la reinita macho que acababa de atrapar: blanca, con elegantes galones negros superpuestos que creaban largos patrones veteados en sus flancos y lomo, con el píleo negro, responsable de que también se la conozca como «reinita gorrinegra», y con negras marcas de bigote. Su grito se debía, exclusivamente, a que el pájaro llevaba un pequeño geolocalizador negro en el lomo. Al poco habíamos atrapado a otras dos reinitas con geolocalizadores en la misma red, las dos a la vez, pues venían persiguiéndose, y luego a un zorzalito con un GPS que resultó ser un tesoro: un macho que habíamos marcado en 2015, el año del Oso, cuyo geolocalizador habíamos recuperado al año siguiente y que habíamos vuelto a recapturar en el territorio en 2017. Al verano siguiente regresó a Hogan Creek por cuarta vez, de manera que le colocamos uno de los nuevos localizadores GPS, y ahora, tras nuestro quinto encuentro, obtendríamos una imagen mucho más precisa de sus periplos.

Tras una semana de redes vacías y esperanzas truncadas, volvimos a animarnos, más aún cuando aquella noche Emily conectó el GPS del zorzalito carigrís a su ordenador y la larga historia de los últimos diez meses del pájaro se desenrolló de punta a punta del globo terráqueo de Google Earth en la pantalla, como una luminosa línea gris que recorría el planeta. El zorzalito había permanecido en el Denali a principios de septiembre el año previo, pero, a mediados de mes, ya había emprendido el vuelo, según revelaba su paso por Whitehorse, en el Yukón. Sobrevoló las montañas Cassiar, en la Columbia Británica, sorteó el borde norte de las praderas de Canadá y el 5 de octubre se hallaba cerca de Akeley, Minnesota, a orillas de un lago con el evocador nombre de Tenth Crow Wing, la «décima ala del cuervo». Diez días después, el zorzalito descansaba en una arboleda a orillas del río Ohio, en la punta oeste de Kentucky; tres días más tarde se hallaba en las pantanosas tierras bajas junto al río Big Black, en el condado de Yazoo, Mississippi. Y una semana después, tras haber cruzado el golfo de México y el oeste del Caribe, se encontraba en la selva de la provincia de Veraguas, en Panamá. Desde allí viró al este y siguió el istmo hasta Sudamérica, luego dobló al sudeste y finalmente llegó a sus territorios de invernada en el remoto Parque Nacional de la Serranía de La Neblina, en Venezuela, el 30 de noviembre. Pese a haber recorrido diez mil quinientos kilómetros por el aire, el zorzalito parecía haber pasado los cuatro meses y medio siguientes en una parcela de jungla de solo veinticinco hectáreas de extensión, antes de poner de nuevo rumbo al norte a mediados de abril.

No sabría decir qué fue más emocionante, si la ilusión de podernos asomar a este viaje hemisférico hasta entonces desconocido y revelado con un grado de detalle extraordinario; la gratitud hacia aquel pájaro en concreto, que, una y otra vez, durante cinco años nos había proporcionado una ventana para saber qué lleva haciendo su especie desde hace eones, o la absoluta estupefacción de comprobar que un animal tan pequeño y de apariencia tan frágil puede unir, con tantos kilómetros y durante tantos años, una vasta extensión de tundra en el extremo norte del planeta con la húmeda jungla de un rincón igual de remoto en los trópicos, así como todas las tierras y anchos mares que las separan.

O tal vez fuera… reverencia. Sí, eso era: reverencia por una criatura que, a pesar de todos los obstáculos que nuestra especie le ha puesto en el camino, continúa teniendo fe en el viento y en el lejano horizonte, en sus genes y en las estaciones del año. Reverencia por una resistencia y una tenacidad que quedan fuera de mi alcance y que ni siquiera acabo de entender del todo, pero que me dejan sin aliento cuando las tengo delante. Reverencia por aquel pájaro extraordinario y por miles de millones de aves que, como él, obedeciendo ritmos ancestrales, entretejen lugares hostigados y diseminados por el mundo entero en un todo sin costuras mediante el sencillo acto de volar. Que así sea por siempre.

Agradecimientos

Aunque investigar y escribir este libro me ha llevado muchos años, sus raíces se remontan a algunos de mis primeros recuerdos y a la atracción que he sentido durante toda la vida por las aves y su migración, una atracción que, aunque no la entendieran del todo, mis padres, como mínimo, alentaron.

Como siempre, estoy profundamente agradecido al santuario de Hawk Mountain, en Pennsylvania, por prender la chispa de mi interés en las migraciones cuando no era más que un niño lleno de asombro, y por permitirme adentrarme en el mundo de la investigación sobre las migraciones, hace tres años, como anillador voluntario de aves rapaces. Desde entonces he intentado saldar mi deuda aportando mi pequeño granito de arena. Los miembros del personal del santuario no solo se han convertido en buenos amigos, sino en recursos inacabables con una paciencia infinita para responder a mis incontables preguntas. Vaya mi gratitud especial a la Universidad de Kutztown por, a través de su asociación con Hawk Mountain, ofrecerme acceso en línea a publicaciones científicas, lo cual de otra manera supondría un desafío importante para un escritor sin afiliación institucional.

Peter Marra, que en el pasado trabajó en el Smithsonian Migratory Bird Center y actualmente es director de la Georgetown Environment Initiative en la Georgetown University, ha sido para mí, desde hace largo tiempo, un recurso valioso para conocer múltiples aspectos sobre la investigación y la ecología de las aves migratorias. Me siento particularmente agradecido a él y a Ken Rosenberg, del Cornell Lab of Ornithology, por permitirme consultar por anticipado su investigación sobre el declive de las poblaciones aviares continentales, así como por la sugerencia inicial de Pete del especial interés que podía revestir hacer un seguimiento de la labor que el Smithsonian estaba llevando a cabo con la reinita de Kirtland; en efecto, lo fue. Nathan Cooper y su equipo, tanto en las Bahamas como en Míchigan, me demostraron una hospitalidad maravillosa pese a estar extenuados la mayor parte del tiempo.

En China, me gustaría dar las gracias, en particular, al profesor Zhengwang Zhang y a Wei-pan Lei, de la Universidad Normal de Pekín, por ayudarme a organizar mi visita al mar Amarillo. Theunis Piersma y sus colegas de la Global Flyway Network (Chris Hassell, Matthew Slaymaker, Adrian Boyle y Katherine Leung) fueron unos anfitriones maravillosos en Nanpu. Gracias a Jianbin Shi, Rose Nui y Kathy Wang, del Paulson Institute, por su ayuda logística en Jiangsu, donde Jing Li, Ziyou Yang, Zhang Lin, Chen Tengyi y Dongming Li fueron sensacionales compañeros sobre el terreno. Gracias a Terry Townsend, de Birding Beijing, por compartir conmigo sus conocimientos sobre la conservación en China. Wendy y Hank Paulson demostraron una enorme generosidad con su tiempo y su larga experiencia trabajando en temas de conservación en China, y les agradezco especialmente que encontraran un hueco para unirse a nosotros sobre el terreno.

Quiero agradecer a Keith Bildstein, ahora retirado del santuario de Hawk Mountain, la ayuda que me prestó inicialmente para organizar mis viajes a Nagaland, y también al destacado experto en aves rapaces Bill Clark. Asad Rahmani, exdirector de la Sociedad de Historia Natural de Bombay, fue un contacto crucial y de enorme valor. Gracias a mi buen amigo Kevin Loughlin, de Wildside Nature Tours, por aceptar la idea de organizar una aventura en busca de cernícalos del Amur y hacerla realidad salvando infinidad de obstáculos. Queremos expresar nuestro agradecimiento general a Zeiss Sports Optics por financiar la participación de Catherine Hamilton y por proveer al equipo el material óptico necesario. Mi más sentido agradecimiento a Amit Sankhala, de Encounters India, por ocuparse de la logística de gran parte del viaje, incluidos los vehículos y los conductores, y a nuestro guía, Abidur Rahman, de Jungle Travels India, cuyo buen talante no flaqueó en ningún momento. Gracias en particular a la familia Tsopoe y a los habitantes de Pangti, en especial a Nchumo Odyuo y a su familia, por su calidez y su hospitalidad y por ofrecernos una ventana para conocer la cultura naga.Y, sobre todo, mi más sincero agradecimiento a Bano Haralu por su ayuda en los dos años que nos llevó organizar la visita y por encontrar tiempo para reunirse con nosotros en Pangti en un momento en el que bregaba con una seria situación médica familiar.

Fue pura casualidad tropezar con Chris Vennum, de la Colorado State University, en la conferencia de la Raptor Research Foundation y que me pusiera al corriente de las recientes noticias sobre los busardos chapulineros en Butte Valley. Gracias a Chris Briggs, del Hamilton College, al legendario Pete Bloom y a Melissa Hunt por su ayuda y hospitalidad durante mi estancia allí, y a Brian Woodbridge por aceptarme hace más de veinte años, cuando le pedí unirme a su trabajo sobre el terreno en Argentina durante aquella crisis inicial con los pesticidas.

Mi buen amigo Ben Olewine IV me puso en contacto con Bird-Life International, donde Jim Lawrence (BirdLife Reino Unido) me ayudó tanto con el tema de la caza ilegal de aves como con los cernícalos del Amur en Nagaland. Barend van Gemerden y Willem van den Bossche, de BirdLife Países Bajos, me cedieron generosamente su tiempo para ayudarme a comprender el espeluznante alcance de la caza furtiva en toda Europa, en el Mediterráneo y en Oriente Próximo, y me pusieron en contacto con personas sobre el terreno, en particular con Tassos Shialis y Martin Hellicar, de BirdLife Chipre. Siento una gratitud especial hacia «Andreas», de esta misma organización, por dejarme acompañarlos a él y a Roger Little en sus batidas, y a Jon Ward, el jefe adjunto de la policía de la Base Aérea Soberana, por permitirme incrustarme a sus agentes en sus patrullas.

Nunca dejaré de sentirme en deuda con mi agente de toda la vida, Peter Matson, de Sterling Lord Literistic. Ha sido un placer trabajar en este proyecto con John Glusman, vicepresidente y editor en jefe, y con Helen Thomaides, redactora, en W. W. Norton. Les agradezco su paciencia por un periodo de gestación más largo de lo habitual.

No alcanzo a entender cómo mi mujer, Amy, sigue soportándome. Pero lo hace, y es la cosa por la que estoy más agradecido.

Han aparecido previamente versiones de algunas de estas historias en diversas publicaciones. Varios elementos del prefacio vieron la luz en *Bird Watcher's Digest*, mientras que algunos aspectos de los capítulos 1, 3, 4, 7 y 10 se publicaron en la obra *Living Bird* de Cornell. Una versión muy condensada del capítulo 5 se publicó en *Audubon*. Quiero expresar mi gratitud a Dawn Hewitt y a mi llorado y buen amigo Bill Thompson III, de *BWD*; a Gus Axelson, de *Living Bird*, y al equipo editorial de *Audubon* por su ayuda y apoyo.

Referencias

Las obras citadas directamente en el texto de cada capítulo se han documentado en notas mientras que las referenciadas en la redacción se consignan como una breve bibliografía.

1. CUCHARETAS

1. Nicola Crockford, citada en: Benjamin Graham, «A Boon for Birds. Once Overlooked, China's Mudflats Gain Protections», en Mongabay. com, 11 de mayo de 2018, <https://news.mongabay.com/2018/05/a-boon-for-birds-once-overlooked-chinas-mudflats-gain-protections/>.
2. BirdLife International, «*Calidris pygmaea* (amended version of 2017 assessment)», The IUCN Red List of Threatened Species 2017, e.T22 693452A117520594, <http://dx.doi.org/10.2305/IUCN.UK.2017-3. RLTS.T22693452A117520594.en>.
3. Debbie Pain, Baz Hughes, Evgeny Syroechkovskiy, *et al.*, «Saving the Spoon-billed Sandpiper. A Conservation Update», *British Birds*, n.° 111 (junio de 2018), p. 333.

Battley, Phil F., Theunis Piersma, Maurine W. Dietz, *et al.*, «Empirical Evidence for Differential Organ Reductions During Trans-oceanic Bird Flight», *Proceedings of the Royal Society of London B. Biological Sciences*, vol. 267, n.° 1.439 (2000), pp. 191-195.
Bijleveld, Allert I., Robert B. MacCurdy, Ying-Chi Chan, *et al.*, «Understanding Spatial Distributions. Negative Density-dependence in Prey Causes Predators to Trade-off Prey Quantity with Quality», *Proceedings of the Royal Society of London B. Biological Sciences*, n.° 1.828 (2016), 20151557.

Brown, Stephen, Cheri Gratto-Trevor, Ron Porter, *et al.*, «Migratory Connectivity of Semipalmated Sandpipers and Implications for Conservation», *Condor*, vol. 119, n.° 2 (2017), pp. 207-224.

Gill, Robert E., T. Lee Tibbitts, David C. Douglas, *et al.*, «Extreme Endurance Flights by Landbirds Crossing the Pacific Ocean. Ecological Corridor Rather Than Barrier?», *Proceedings of the Royal Society of London B. Biological Sciences*, vol. 276, n.° 1.656 (2009), pp. 447-457.

Gupta, Alok, «China Land Reclamation Ban Revives Migratory Birds' Habitat», 2 de febrero de 2018, China Global Television Network, <https://news.cgtn.com/news/3049544f30677a6333566d54/share_p.html>.

International Union for the Conservation of Nature, *IUCN World Heritage Evaluations 2019*, Gland (Suiza), International Union for the Conservation of Nature, 2019.

McKinnon, John, Yvonne I. Yerkuil y Nicholas Murray, «IUCN Situation Analysis on East and Southeast Asian Intertidal Habitats, with Particular Reference to the Yellow Sea (including the Bohai Sea)», Gland (Suiza), International Union for the Conservation of Nature, 2012.

Melville, David S., Ying Chen y Zhijun Ma, «Shorebirds Along the Yellow Sea Coast of China Face an Uncertain Future— A Review of Threats», *Emu-Austral Ornithology*, vol. 116, n.° 2 (2016), pp. 100-110.

Murray, Nicholas J., Robert S. Clemens, Stuart R. Phinn, *et al.*, «Tracking the Rapid Loss of Tidal Wetlands in the Yellow Sea», *Frontiers in Ecology and the Environment*, vol. 12, n.° 5 (2014), pp. 267-272.

Piersma, Theunis, «Why Marathon Migrants Get Away with High Metabolic Ceilings. Towards an Ecology of Physiological Restraint», *Journal of Experimental Biology*, vol. 214, n.° 2 (2011), pp. 295-302.

Stroud, D. A., A. Baker, D. E. Blanco, *et al.*, «The Conservation and Population Status of the World's Waders at the Turn of the Millennium», en *Waterbirds Around the World*, eds. G. C. Boere, C. A. Galbraith y D. A. Stroud, Edimburgo (Reino Unido), The Stationery Office, 2007, pp. 643-648.

Zoeckler, Christoph, Alison E. Beresford, Gillian Bunting, *et al.*, «The Winter Distribution of the Spoon-billed Sandpiper *Calidris pygmaeus*», *Bird Conservation International*, vol. 26, n.° 4 (2016), pp. 476-489.

Zoeckler, Christoph, Evgeny E. Syroechkovskiy y Philip W. Atkinson, «Rapid and Continued Population Decline in the Spoon-billed Sandpiper *Eurynorhynchus pygmeus* Indicates Imminent Extinction Unless Conservation Action is Taken», *Bird Conservation International*, vol. 20, n.° 2 (2010), pp. 95-111.

2. Salto cuántico

4. Christopher G. Guglielmo, «Move that Fatty Acid. Fuel Selection and Transport in Migratory Birds and Bats», *Integrated and Comparative Biology*, n.° 50 (2010), p. 336.
5. Paul Bartell y Ashli Moore, «Avian Migration. The Ultimate Red-eye Flight», *New Scientist*, n.° 101 (2013), p. 52.
6. Klaus Schulten, citado en Ed Yong, «How Birds See Magnetic Fields. An Interview with Klaus Schulten», 24 de noviembre de 2010, <https:// www.nationalgeographic.com/science/phenomena/2010/11/24/ how-birds-see-magnetic-fields-an-interview-with-klaus-schulten. html>.
7. P. J. Hore y Henrik Mouritsen, «The Radical-pair Mechanism of Magnetoreception», *Annual Review of Biophysics*, n.° 45 (2016), p. 332.
8. Dmitry Kishkinev, Nikita Chernetsov, Dominik Heyers y Henrik Mouritsen, «Migratory Reed Warblers Need Intact Trigeminal Nerves to Correct for a 1,000 km Eastward Displacement», *PLoS One*, vol. 8, n.° 6 (2013), e65847, p. 1.
9. Tyson L. Hedrick, Cécile Pichot y Emmanuel De Margerie, «Gliding for a Free Lunch. Biomechanics of Foraging Flight in Common Swifts (*Apus apus*)», *Journal of Experimental Biology*, vol. 221, n.° 22 (2018), jeb186270, p. 1.

Bairlein, Franz, «How to Get Fat. Nutritional Mechanisms of Seasonal Fat Accumulation in Migratory Songbirds», *Naturwissenschaften*, vol. 89, n.° 1 (2002), pp. 1-10.
Barkan, Shay, Yoram Yom-Tov y Anat Barnea, «Exploring the Relationship Between Brain Plasticity, Migratory Lifestyle, and Social Structure in Birds», *Frontiers in Neuroscience*, n.° 11 (2017), p. 139.
—, «A Possible Relation Between New Neuronal Recruitment and Migratory Behavior in *Acrocephalus* Warblers», *Developmental Neurobiology*, vol. 74, n.° 12 (2014), pp. 1.194-1.209.
Biebach, H., «Is Water or Energy Crucial for Trans-Sahara Migrants?», *Proceedings International Ornithological Congress*, n.° 19 (1990), pp. 773-779.
Chernetsov, Nikita, Alexander Pakhomov, Dmitry Kobylkov, *et al.*, «Migratory Eurasian Reed Warblers Can Use Magnetic Declination to Solve the Longitude Problem», *Current Biology*, vol. 27, n.° 17 (2017), pp. 2.647-2.651.

Edelman, Nathaniel B., Tanja Fritz, Simon Nimpf, *et al.*, «No Evidence for Intracellular Magnetite in Putative Vertebrate Magnetoreceptors Identified by Magnetic Screening», *Proceedings of the National Academy of Sciences*, vol. 112, n.° 1 (2015), pp. 262-267.

Einfeldt, Anthony L., y Jason A. Addison, «Anthropocene Invasion of an Ecosystem Engineer. Resolving the History of *Corophium volutator* (Amphipoda: Corophiidae) in the North Atlantic», *Biological Journal of the Linnean Society*, vol. 115, n.° 2 (2015), pp. 288-304.

Elbein, Asher, «Some Birds Are Better Off with Weak Immune Systems», *New York Times*, 26 de junio de 2018, D6.

Fuchs, T., A. Haney, T. J. Jechura, *et al.*, «Daytime Naps in Night-migrating Birds. Behavioural Adaptation to Seasonal Sleep Deprivation in the Swainson's thrush, *Catharus ustulatus*», *Animal Behaviour*, vol. 72, n.° 4 (2006), pp. 951-958.

Gerson, Alexander R., «Avian Osmoregulation in Flight. Unique Metabolic Adaptations Present Novel Challenges», *The FASEB Journal*, vol. 30, n.° 1, suplemento (2016), p. 976.1.

—, «Environmental Physiology of Flight in Migratory Birds», tesis doctoral, University of Western Ontario, 2012.

—, y Christopher Guglielmo, «Flight at Low Ambient Humidity Increases Protein Catabolism in Migratory Birds», *Science*, vol. 333, n.° 6.048 (2011), pp. 1.434-1.436.

Gill, Robert E., Jr., Theunis Piersma, Gary Hufford, *et al.*, «Crossing the Ultimate Ecological Barrier. Evidence for an 11,000-km-long Nonstop Flight from Alaska to New Zealand and Eastern Australia by Bartailed Godwits», *The Condor*, vol. 107, n.° 1 (2005), pp. 1-20.

Guglielmo, Christopher G., «Obese Super Athletes. Fat-fueled Migration in Birds and Bats», *Journal of Experimental Biology*, vol. 221, suplemento 1 (2018), jeb165753.

Hawkes, Lucy A., Sivananinthaperumal Balachandran, Nyambayar Batbayar, *et al.*, «The trans-Himalayan Flights of Bar-headed Geese (*Anser indicus*)», *Proceedings of the National Academy of Sciences*, vol. 108, n.° 23 (2011), pp. 9.516-9.519.

Hawkes, Lucy A., Beverley Chua, David C. Douglas, *et al.*, «The Paradox of Extreme High-altitude Migration in Bar-headed Geese *Anser indicus*», *Proceedings of the Royal Society of London B*, n.° 280 (2013), 20122114, <http://dx.doi.org/10.1098/rspb.2012.2114>.

Hedenström, Anders, Gabriel Norevik, Kajsa Warfvinge, *et al.*, «Annual 10-month Aerial Life Phase in the Common Swift *Apus apus*», *Current Biology*, vol. 26, n.° 22 (2016), pp. 3.066-3.070.

Hua, Ning, Theunis Piersma y Zhijun Ma, «Three-phase Fuel Deposition in a Long-distance Migrant, the Red Knot (*Calidris canutus piersmai*), Before the Flight to High Arctic Breeding Grounds», *PLoS One*, vol. 8, n.° 4 (2013), e62551.

Jones, Stephanie G., Elliott M. Paletz, William H. Obermeyer, *et al.*, «Seasonal Influences on Sleep and Executive Function in the Migratory White-crowned Sparrow (*Zonotrichia leucophrys gambelii*)», *BMC Neuroscience*, n.° 11 (2010).

Landys, Mēta M., Theunis Piersma, G. Henk Visser, *et al.*, «Water Balance During Real and Simulated Long-distance Migratory Flight in the Bar-tailed Godwit», *The Condor*, vol. 102, n.° 3 (2000), pp. 645-652.

Lesku, John A., Niels C. Rattenborg, Mihai Valcu, *et al.*, «Adaptive Sleep Loss in Polygynous Pectoral Sandpipers», *Science*, vol. 337, n.° 6.102 (2012), pp. 1.654-1.658.

Liechti, Felix, Willem Witvliet, Roger Weber y Erich Bachler, «First Evidence of a 200-day Non-stop Flight in a Bird», *Nature Communications*, n.° 4 (2013), p. 2.554.

Lockley, Ronald M., «Non-stop Flight and Migration in the Common Swift *Apus apus*», *Ostrich*, vol. 40, n.° S1 (1969), pp. 265-269.

Maillet, Dominique, y Jean-Michel Weber, «Relationship Between n-3 PUFA Content and Energy Metabolism in the Flight Muscles of a Migrating Shorebird. Evidence for Natural Doping», *Journal of Experimental Biology*, vol. 210, n.° 3 (2007), pp. 413-420.

McWilliams, Scott R., Christopher Guglielmo, Barbara Pierce y Marcel Klaassen, «Flying, Fasting, and Feeding in Birds During Migration. A Nutritional and Physiological Ecology Perspective», *Journal of Avian Biology*, vol. 35, n.° 5 (2004), pp. 377-393.

Nießner, Christine, Susanne Denzau, Katrin Stapput, *et al.*, «Magnetoreception. Activated Cryptochrome 1a Concurs with Magnetic Orientation in Birds», *Journal of The Royal Society Interface*, vol.10, n.° 88 (2013), 20130638.

O'Connor, Emily A., Charlie K. Cornwallis, Dennis Hasselquist, *et al.*, «The Evolution of Immunity in Relation to Colonization and Migration», *Nature Ecology & Evolution*, vol. 2, n.° 5 (2018), p. 841.

Piersma, Theunis, «Phenotypic Flexibility During Migration. Optimization of Organ Size Contingent on the Risks and Rewards of Fueling and Flight?», *Journal of Avian Biology* (1998), pp. 511-520.

—, y Robert E. Gill, Jr., «Guts Don't Fly. Small Digestive Organs in Obese Bar-tailed Godwits», *The Auk* (1998), pp. 196-203.

—, Gudmundur A. Gudmundsson y Kristjan Lilliendahl, «Rapid Changes in the Size of Different Functional Organ and Muscle Groups During Refueling in a Long-distance Migrating Shorebird», *Physiological and Biochemical Zoology*, vol. 72, n.° 4 (1999), pp. 405-415.

—, Renee van Aelst, Karin Kurk, *et al.*, «A New Pressure Sensory Mechanism for Prey Detection in Birds. The Use of Principles of Seabed Dynamics?», *Proceedings of the Royal Society of London B. Biological Sciences*, n.° 265 (1998), pp. 1.377-1.383.

Rattenborg, Niels C., «Sleeping on the Wing», *Interface Focus*, vol. 7, n.° 1 (2017), 20160082.

—, Bryson Voirin, Sebastian M. Cruz, *et al.*, «Evidence That Birds Sleep in Mid-flight», *Nature Communications*, n.° 7 (2016), 12468.

Ritz, Thorsten, Salih Adem y Klaus Schulten, «A Model for Photoreceptor-based Magnetoreception in Birds», *Biophysical Journal*, n.° 78 (2000), pp. 707-718.

Schulten, Klaus, Charles E. Swenberg y Albert Weller, «A Biomagnetic Sensory Mechanism Based on Magnetic Field Modulated Coherent Electron Spin Motion», *Zeitschrift für Physikalische Chemie*, vol. 111, n.° 1 (1978), pp. 1-5.

Scott, Graham R., Lucy A. Hawkes, Peter B. Frappell, *et al.*, «How Bar-headed Geese Fly Over the Himalayas», *Physiology*, vol. 30, n.° 2 (2015), pp. 107-115.

Tamaki, Masako, Ji Won Bang, Takeo Watanabe y Yuka Sasaki, «Night Watch in One Brain Hemisphere in Sleep Associated with the First-Night Effect in Humans», *Current Biology*, n.° 26 (2016), pp. 1.190-1.194.

Treiber, Christoph Daniel, Marion Claudia Salzer, Johannes Riegler, *et al.*, «Clusters of Iron-rich Cells in the Upper Beak of Pigeons are Macrophages Not Magnetosensitive Neurons», *Nature*, vol. 484, n.° 7.394 (2012), p. 367.

Viegas, Iván, Pedro M. Araújo, Afonso D. Rocha, *et al.*, «Metabolic Plasticity for Subcutaneous Fat Accumulation in a Long-distance Migratory Bird Traced by ^2H_2O», *Journal of Experimental Biology*, vol. 220, n.° 6 (2017), pp. 1.072-1.078.

Wallraff, Hans G., y Meinrat O. Andreae, «Spatial Gradients in Ratios of Atmospheric Trace Gases. A Study Stimulated by Experiments on Bird Navigation», *Tellus B. Chemical and Physical Meteorology*, vol. 52, n.° 4 (2000), pp. 1.138-1.157.

Weber, Jean-Michel, «The Physiology of Long-distance Migration. Extending the Limits of Endurance Metabolism», *Journal of Experimental Biology*, vol. 212, n.° 5 (2009), pp. 593-597.

Weimerskirch, Henri, Charles Bishop, Tiphaine Jeanniard-du-Dot, *et al.*,

«Frigate Birds Track Atmospheric Conditions Over Monthslong Trans-oceanic Flights», *Science*, vol. 353, n.° 6.294 (2016), pp. 74-78.

Wiltschko, Wolfgang, y Roswitha Wiltschko, «Magnetic Orientation in Birds», *Journal of Experimental Biology*, vol. 199, n.° 1 (1996), pp. 29-38.

Winger, Benjamin M., F. Keith Barker y Richard H. Ree, «Temperate Origins of Long-distance Seasonal Migration in New World Songbirds», *Proceedings of the National Academy of Sciences*, vol. 111, n.° 33 (2014), pp. 12.115-12.120.

Zink, Robert M., y Aubrey S. Gardner, «Glaciation as a Migratory Switch», *Science Advances*, vol. 3, n.° 9 (2017), e1603133.

3. ANTES SE CREÍA QUE...

10. Ronald M. Lockley, «Non-stop Flight and Migration in the Common Swift *Apus apus*», *Ostrich*, vol. 40, n.° S1 (1969), p. 265.

11. Christopher M. Tonra, citado en Ben Guarino, «Songbird Migration Finds a Tiny, Vulnerable Winter Range», *Washington Post*, 21 de junio de 2019, <https://www.washingtonpost.com/science/songbird-migra tion-study-finds-a-tiny-vulnerable-winter-range/2019/06/20/1bf fa6fe-92cb-11e9-b570-6416efdc0803_story.html>.

Anders, Angela D., John Faaborg y Frank R. Thompson III, «Postfledging Dispersal, Habitat Use, and Home-range Size of Juvenile Wood Thrushes», *The Auk*, vol. 115, n.° 2 (1998), pp. 349-358.

Delmore, Kira E., James W. Fox y Darren E. Irwin, «Dramatic Intraspecific Differences in Migratory Routes, Stopover Sites, and Wintering Areas, Revealed Using Light-level Geolocators», *Proceedings of the Royal Society B. Biological Sciences*, vol. 279, n.° 1.747 (2012), pp. 4.582-4.589.

Delmore, Kira E., y Darren E. Irwin, «Hybrid Songbirds Employ Intermediate Routes in a Migratory Divide», *Ecology Letters*, vol. 17, n.° 10 (2014), pp. 1.211-1.218.

DeLuca, William V., Bradley K. Woodworth, Stuart A. Mackenzie, *et al.*, «A Boreal Songbird's 20,000 km Migration Across North America and the Atlantic Ocean», *Ecology* (2019), e02651.

Finch, Tom, Philip Saunders, Jesus Miguel Aviles, *et al.*, «A Pan-European, Multipopulation Assessment of Migratory Connectivity in a Near-threatened Migrant Bird», *Diversity and Distributions*, vol. 21, n.° 9 (2015), pp. 1.051-1.062.

Haddad, Nick M., Lars A. Brudvig, Jean Clobert, *et al.*, «Habitat Fragmentation and its Lasting Impact on Earth's Ecosystems», *Science Advances*, vol. 1, n.° 2 (2015), e1500052.

Hahn, Steffen, Valentin Amrhein, Pavel Zehtindijev y Felix Liechti, «Strong Migratory Connectivity and Seasonally Shifting Isotopic Niches in Geographically Separated Populations of a Long-distance Migrating Songbird», *Oecologia*, vol. 173, n.° 4 (2013), pp. 1.217-1.225.

Hallworth, Michael T., y Peter P. Marra, «Miniaturized GPS Tags Identify Non-breeding Territories of a Small Breeding Migratory Songbird», *Scientific Reports*, n.° 5 (2015), 11069.

Hallworth, Michael T., T. Scott Sillett, Steven L. Van Wilgenburg, *et al.*, «Migratory Connectivity of a Neotropical Migratory Songbird Revealed by Archival Light-level Geolocators», *Ecological Applications*, vol. 25, n.° 2 (2015), pp. 336-347.

Koleček, Jaroslav, Petr Procházka, Naglaa El-Arabany, *et al.*, «Cross-continental Migratory Connectivity and Spatiotemporal Migratory Patterns in the Great Reed Warbler», *Journal of Avian Biology*, vol. 47, n.° 6 (2016), pp. 756-767.

Lemke, Hilger W., Maja Tarka, Raymond H. G. Klaassen, *et al.*, «Annual Cycle and Migration Strategies of a Trans-Saharan Migratory Songbird. A Geolocator Study in the Great Reed Warbler», *PLoS One*, vol. 8, n.° 10 (2013), e79209.

Pagen, Rich W., Frank R. Thompson III y Dirk E. Burhans, «Breeding and Post-breeding Habitat Use by Forest Migrant Songbirds in the Missouri Ozarks», *The Condor*, vol. 102, n.° 4 (2000), pp. 738-747.

Priestley, Kent, «Virginia's Wild Coast», *Nature Conservancy*, diciembre de 2014 – enero de 2015, <https://www.nature.org/magazine/archives/virginias-wild-coast-1.xml>.

Rivera, J. H. Vega, J. H. Rappole, W. J. McShea y C. A. Haas, «Wood Thrush Postfledging Movements and Habitat Use in Northern Virginia», *The Condor*, vol. 100, n.° 1 (1998), pp. 69-78.

Rohwer, Sievert, Luke K. Butler y D. R. Froehlich, «Ecology and Demography of East-West Differences in Molt Scheduling of Neotropical Migrant Passerines», en *Birds of Two Worlds. The Ecology and Evolution of Migration*, eds. Russell Greenberg y Peter P. Marra, Baltimore, Johns Hopkins University Press, 2005, pp. 87-105.

Rohwer, Sievert, Keith A. Hobson y Vanya G. Rohwer, «Migratory Double Breeding in Neotropical Migrant Birds», *Proceedings of the National Academy of Sciences*, vol. 106, n.° 45 (2009), pp. 19.050-19.055.

Stanley, Calandra Q., Emily A. McKinnon, Kevin C. Fraser, *et al.*, «Connectivity of Wood Thrush Breeding, Wintering, and Migration Sites Based on Range-wide Tracking», *Conservation Biology*, vol. 29, n.° 1 (2015), pp. 164-174.

Tonra, Christopher M., Michael T. Hallworth, Than J. Boves, *et al.*, «Concentration of a Widespread Breeding Population in a Few Critically Important Nonbreeding Areas. Migratory Connectivity in the Prothonotary Warbler», *Condor* (2019), <https://doi.org/10.1093/condor/duz019>.

Vitz, Andrew C., y Amanda D. Rodewald, «Can Regenerating Clearcuts Benefit Mature-forest Songbirds? An Examination of Post-breeding Ecology», *Biological Conservation*, vol. 127, n.° 4 (2006), pp. 477-486.

Watts, Bryan D., Fletcher M. Smith y Barry R. Truitt, «Leaving Patterns of Whimbrels Using a Terminal Spring Staging Area», *Wader Study*, n.° 124 (2017), pp. 141-146.

Watts, Bryan D., y Barry R. Truitt, «Decline of Whimbrels Within a Mid-Atlantic Staging Area (1994-2009)», *Waterbirds*, vol. 34, n.° 3 (2011), pp. 347-351.

4. MACRODATOS, MACROPROBLEMAS

12. Memorándum de la Comisión Federal de Comunicaciones FCC-18-161 (15 de noviembre de 2018), p. 13.

13. Kennth V. Rosenberg, Adriaan M. Dokter, Peter J. Blancher, *et al.*, «Decline of the North American Avifauna», *Science*, vol. 366, n.° 6.461 (2019), pp. 120-124.

14. Ibíd.

15. Benoit Fontaine, citado en «'Catastrophe' as France's Bird Population Collapses Due to Pesticides», *The Guardian*, 20 de marzo de 2018, <https://www.theguardian.com/world/2018/mar/21/catastrophe-as-frances-bird-population-collapses-due-to-pesticides>.

Cabrera-Cruz, Sergio A., Jaclyn A. Smolinsky y Jeffrey J. Buler, «Light Pollution is Greatest Within Migration Passage Areas for Nocturnally-migrating Birds Around the World», *Scientific Reports*, vol. 8, n.° 1 (2018), p. 3.261.

Cohen, Emily B., Clark R. Rushing, Frank R. Moore, *et al.*, «The Strength of Migratory Connectivity for Birds En Route to Breeding Through the Gulf of Mexico», *Ecography*, vol. 42, n.° 4 (2019), pp. 658-669.

Golet, Gregory H., Candace Low, Simon Avery, *et al.*, «Using Ricelands to Provide Temporary Shorebird Habitat During Migration», *Ecological Applications*, vol. 28, n.° 2 (2018), pp. 409-426.

Hausheer, Justine E., «Bumper-Crop Birds. Pop-Up Wetlands Are a Success in California», *Cool Green Science*, 29 de enero de 2018, <https://blog.nature.org/science/2018/01/29/bumper-crop-birds-pop-up-wetlands-are-a-success-in-california/>.

Horton, Kyle G., Cecilia Nilsson, Benjamin M. van Doren, *et al.*, «Bright Lights in the Big Cities. Migratory Birds' Exposure to Artificial Light», *Frontiers in Ecology and the Environment*, vol. 17, n.° 4 (2019), pp. 209-214.

Horton, Kyle G., Benjamin M. van Doren, Frank A. La Sorte, *et al.*, «Holding Steady. Little Change in Intensity or Timing of Bird Migration Over the Gulf of Mexico», *Global Change Biology*, vol. 25, n.° 3 (2019), pp. 1.106-1.118.

Inger, Richard, Richard Gregory, James P. Duffy, *et al.*, «Common European Birds are Declining Rapidly While Less Abundant Species' Numbers are Rising», *Ecology Letters*, vol. 18, n.° 1 (2015), pp. 28-36.

La Sorte, Frank A., Daniel Fink, Jeffrey J. Buler, Andrew Farnsworth y Sergio A. Cabrera-Cruz, «Seasonal Associations with Urban Light Pollution for Nocturnally Migrating Bird Populations», *Global Change Biology*, vol. 23, n.° 11 (2017), pp. 4.609-4.619.

Lin, Tsung-Yu, Kevin Winner, Garrett Bernstein, *et al.*, «MistNet. Measuring Historical Bird Migration in the U.S. Using Archived Weather Radar Data and Convolutional Neural Networks», *Methods in Ecology and Evolution* (2019), pp. 1-15, <https://doi.org/10.1111/2041 210X.13280>.

McLaren, James D., Jeffrey J. Buler, Tim Schreckengost, *et al.*, «Artificial Light at Night Confounds Broad-scale Habitat Use by Migrating Birds», *Ecology Letters*, vol. 21, n.° 3 (2018), pp. 356-364.

Powell, Hugh, «eBird and a Hundred Million Points of Light», *Living Bird*, n.° 1 (2015), <https://www.allaboutbirds.org/a-hundred-million-points-of-light/>.

Reif, Jiří, y Zdeněk Vermouzek, «Collapse of Farmland Bird Populations in an Eastern European Country Following its EU Accession», *Conservation Letters*, vol. 12, n.° 1 (2019), e12585.

Reynolds, Mark D., Brian L. Sullivan, Eric Hallstein, *et al.*, «Dynamic Conservation for Migratory Species», *Science Advances*, vol. 3, n.° 8 (2017), e1700707.

Sullivan, Brian L., Jocelyn L. Aycrigg, Jessie H. Barry, *et al.*, «The eBird Enterprise. An Integrated Approach to Development and Application of Citizen Science», *Biological Conservation*, n.° 169 (2014), pp. 31-40.

Sullivan, Brian L., Christopher L. Wood, Marshall J. Iliff, *et al.*, «eBird. A Citizen-based Bird Observation Network in the Biological Sciences», *Biological Conservation*, vol. 142, n.° 10 (2009), pp. 2.282-2.292.

Van Doren, Benjamin M., Kyle G. Horton, Adriaan M. Dokter, *et al.*, «High-intensity Urban Light Installation Dramatically Alters Nocturnal Bird Migration», *Proceedings of the National Academy of Sciences*, vol. 114, n.° 42 (2017), pp. 11.175-11.180.

Watson, Matthew J., David R. Wilson y Daniel J. Mennill, «Anthropogenic Light is Associated with Increased Vocal Activity by Nocturnally Migrating Birds», *Condor*, vol. 118, n.° 2 (2016), pp. 338-344.

Zuckerberg, Benjamin, Daniel Fink, Frank A. La Sorte, *et al.*, «Novel Seasonal Land Cover Associations for Eastern North American Forest Birds Identified Through Dynamic Species Distribution Modelling», *Diversity and Distributions*, vol. 22, n.° 6 (2016), pp. 717-730.

5. VESTIGIOS

Angelier, Frédéric, Christopher M. Tonra, Rebecca L. Holberton y Peter P. Marra, «Short-term Changes in Body Condition in Relation to Habitat and Rainfall Abundance in American Redstarts *Setophaga ruticilla* During the Non-breeding Season», *Journal of Avian Biology*, vol. 42, n.° 4 (2011), pp. 335-341.

Bearhop, Stuart, Geoff M. Hilton, Stephen C. Votier y Susan Waldron, «Stable Isotope Ratios Indicate That Body Condition in Migrating Passerines is Influenced by Winter Habitat», *Proceedings of the Royal Society of London B. Biological Sciences*, n.° 271, suplemento 4 (2004), pp. S215-S218.

Conklin, Jesse R., y Phil F. Battley, «Carry-over Effects and Compensation. Late Arrival on Non-breeding Grounds Affects Wing Moult But Not Plumage or Schedules of Departing Bar-tailed Godwits *Limosa lapponica baueri*», *Journal of Avian Biology*, vol. 43, n.° 3 (2012), pp. 252-263.

Cooper, Nathan W., Michael T. Hallworth y Peter P. Marra, «Light-level Geolocation Reveals Wintering Distribution, Migration Routes, and Primary Stopover Locations of an Endangered Long-distance Migratory Songbird», *Journal of Avian Biology*, vol. 48, n.° 2 (2017), pp. 209-219.

Cooper, Nathan W., Thomas W. Sherry y Peter P. Marra, «Experimental Reduction of Winter Food Decreases Body Condition and Delays Migration in a Long-distance Migratory Bird», *Ecology*, vol. 96, n.° 7 (2015), pp. 1.933-1.942.

Finch, Tom, James W. Pearce- Higgins, D. I. Leech y Karl L. Evans, «Carry-over Effects from Passage Regions are More Important Than Breeding Climate in Determining the Breeding Phenology and Performance of Three Avian Migrants of Conservation Concern», *Biodiversity and Conservation*, vol. 23, n.° 10 (2014), pp. 2.427-2.444.

Gamble, Douglas W., y Scott Curtis, «Caribbean Precipitation. Review, Model and Prospect», *Progress in Physical Geography*, vol. 32, n.° 3 (2008), pp. 265-276.

Gunnarsson, Tomas Gretar, Jennifer A. Gill, Jason Newton, *et al.*, «Seasonal Matching of Habitat Quality and Fitness in a Migratory Bird», *Proceedings of the Royal Society of London B. Biological Sciences*, n.° 272 (2005), pp. 2.319-2.323.

Marra, Peter P., Keith A. Hobson y Richard T. Holmes, «Linking Winter and Summer Events in a Migratory Bird by Using Stable-carbon Isotopes», *Science*, vol. 282, n.° 5.395 (1998), pp. 1.884-1.886.

Marra, Peter P., y Richard T. Holmes, «Consequences of Dominance-mediated Habitat Segregation in American Redstarts During the Non-breeding Season», *The Auk*, vol. 118, n.° 1 (2001), pp. 92-104.

Norris, D. Ryan, Peter P. Marra, T. Kurt Kyser, *et al.*, «Tropical Winter Habitat Limits Reproductive Success on the Temperate Breeding Grounds in a Migratory Bird», *Proceedings of the Royal Society of London B. Biological Sciences*, vol. 271, n.° 1.534 (2004), pp. 59-64.

Ockendon, Nancy, Dave Leech y James W. Pearce-Higgins, «Climatic Effects on Breeding Grounds are More Important Drivers of Breeding Phenology in Migrant Birds than Carry-over Effects from Wintering Grounds», *Biology Letters*, vol. 9, n.° 6 (2013), 20130669.

Rhiney, Kevon, «Geographies of Caribbean Vulnerability in a Changing Climate. Issues and Trends», *Geography Compass*, vol. 9, n.° 3 (2015), pp. 97-114.

Rockwell, Sarah M., Joseph M. Wunderle, T. Scott Sillett, *et al.*, «Seasonal Survival Estimation for a Long-distance Migratory Bird and the Influence of Winter Precipitation», *Oecologia*, vol. 183, n.° 3 (2017), pp. 715-726.

Schamber, Jason L., James S. Sedinger y David H. Ward, «Carry-over Effects of Winter Location Contribute to Variation in Timing of Nest Initiation and Clutch Size in Black Brant (*Branta bernicla nigricans*)», *The Auk*, vol. 129, n.° 2 (2012), pp. 205-210.

Senner, Nathan R., Wesley M. Hochachka, James W. Fox y Vsevolod Afanasyev, «An Exception to the Rule. Carry-over Effects Do Not Accumulate in a Longdistance Migratory Bird», *PLoS One*, vol. 9, n.° 2 (2014), e86588.

Sorensen, Marjorie C., J. Mark Hipfner, T. Kurt Kyser y D. Ryan Norris, «Carry-over Effects in a Pacific Seabird. Stable Isotope Evidence that Pre-breeding Diet Quality Influences Reproductive Success», *Journal of Animal Ecology*, vol. 78, n.° 2 (2009), pp. 460-467.

Studds, Colin E., y Peter P. Marra, «Nonbreeding Habitat Occupancy and Population Processes. An Upgrade Experiment with a Migratory Bird», *Ecology*, vol. 86, n.° 9 (2005), pp. 2.380-2.385.

Wunderle, Joseph M., Jr., y Wayne J. Arendt, «The Plight of Migrant Birds Wintering in the Caribbean. Rainfall Effects in the Annual Cycle», *Forests*, vol. 8, n.° 4 (2017), p. 115.

Wunderle, Joseph M., Jr., Dave Currie, Eileen H. Helmer, *et al.*, «Kirtland's Warblers in Anthropogenically Disturbed Early-successional Habitats on Eleuthera, the Bahamas», *Condor*, vol. 112, n.° 1 (2010), pp. 123-137.

Wunderle, Joseph M., Jr., Patricia K. Lebow, Jennifer D. White, *et al.*, «Sex and Age Differences in Site Fidelity, Food Resource Tracking, and Body Condition of Wintering Kirtland's Warblers (*Setophaga kirtlandii*) in the Bahamas», *Ornithological Monographs*, vol. 80, n.° 2.014 (2014), pp. 1-62.

Zwarts, Leo, Rob G. Bijlsma, Jan van der Kamp y Eddy Wymenga, *Living on the Edge. Wetlands and Birds in a Changing Sahel*, Zeist (Países Bajos), KNNV Publishing, 2009.

6. Cambios en el calendario

16. Susan M. Haig, Sean P. Murphy, John H. Matthews, *et al.*, «Climate-Altered Wetlands Challenge Waterbird Use and Migratory Connectivity in Arid Landscapes», *Scientific Reports*, vol. 9, n.° 1 (2019), p. 6.

17. Christiaan Both y Marcel E. Visser, «Adjustment to Climate Change is Constrained by Arrival Date in a Long-distance Migrant Bird», *Nature*, vol. 411, n.° 6.835 (2001), p. 296.

Andres, Brad A., Cheri Gratto-Trevor, Peter Hicklin, *et al.*, «Status of the Semipalmated Sandpiper», *Waterbirds*, vol. 35, n.° 1 (2012), pp. 146-149.

Bearhop, Stuart, Wolfgang Fiedler, Robert W. Furness, *et al.*, «Assortative Mating as a Mechanism for Rapid Evolution of a Migratory Divide», *Science*, vol. 310, n.° 5.747 (2005), pp. 502-504.

Bilodeau, Frédéric, Gilles Gauthier y Dominique Berteaux, «The Effect of Snow Cover on Lemming Population Cycles in the Canadian High Arctic», *Oecologia*, vol. 172, n.° 4 (2013), pp. 1.007-1.016.

Chambers, Lynda E., Res Altwegg, Christophe Barbraud, *et al.*, «Phenological Changes in the Southern Hemisphere», *PloS one*, vol. 8, n.° 10 (2013), e75514.

Chambers, Lynda E., Linda J. Beaumont e Irene L. Hudson, «Continental Scale Analysis of Bird Migration Timing. Influences of Climate and Life History Traits—a Generalized Mixture Model Clustering and Discriminant Approach», *International Journal of Biometeorology*, vol. 58, n.° 6 (2014), pp. 1.147-1.162.

Corkery, C. Anne, Erica Nol y Laura Mckinnon, «No Effects of Asynchrony Between Hatching and Peak Food Availability on Chick Growth in Semipalmated Plovers (*Charadrius semipalmatus*) near Churchill, Manitoba», *Polar Biology*, vol. 42, n.° 3 (2019), pp. 593-601.

Cornulier, Thomas, Nigel G. Yoccoz, Vincent Bretagnolle, *et al.*, «Europewide Dampening of Population Cycles in Keystone Herbivores», *Science*, vol. 340, n.° 6.128 (2013), pp. 63-66.

Eggleston, Jack, y Jason Pope, *Land Subsidence and Relative Sea-level Rise in the Southern Chesapeake Bay Region*, US Geological Survey Circular 1392, Reston (Vancouver), US Geological Survey, 2013, <http://dx.doi.org/10.3133/cir1392>.

Fischer, Hubertus, Katrin J. Meissner, Alan C. Mix, *et al.*, «Palaeoclimate Constraints on the Impact of 2 C Anthropogenic Warming and Beyond», *Nature Geoscience*, vol. 11, n.° 7 (2018), p. 474.

Ge, Quansheng, Huanjiong Wang, This Rutishauser y Junhu Dai, «Phenological Response to Climate Change in China. A Meta-analysis», *Global Change Biology*, vol. 21, n.° 1 (2015), pp. 265-274.

Helm, Barbara, Benjamin M. van Doren, Dieter Hoffmann y Ute Hoffmann, «Evolutionary Response to Climate Change in Migratory Pied Flycatchers», *Current Biology* (2019), <https://doi.org/10.1016/j.cub.2019.08.072>.

Hiemer, Dieter, Volker Salewski, Wolfgang Fiedler, *et al.*, «First Tracks of Individual Blackcaps Suggest a Complex Migration Pattern», *Journal of Ornithology*, vol. 159, n.° 1 (2018), pp. 205-210.

Ims, Rolf A., John-Andre Henden y Siw T. Killengreen, «Collapsing Population Cycles», *Trends in Ecology and Evolution*, vol. 23, n.° 2 (2008), pp. 79-86.

Iverson, Samuel A., H. Grant Gilchrist, Paul A. Smith, *et al.*, «Longer Ice-free Seasons Increase the Risk of Nest Depredation by Polar Bears for Colonial Breeding Birds in the Canadian Arctic», *Proceedings of the Royal Society B. Biological Sciences*, vol. 281, n.° 1.779 (2014), 20133128.

Kobori, Hiromi, Takuya Kamamoto, Hayashi Nomura, *et al.*, «The Effects of Climate Change on the Phenology of Winter Birds in Yokohama, Japan», *Ecological Research*, vol. 27, n.° 1 (2012), pp. 173-180.

Kwon, Eunbi, Emily L. Weiser, Richard B. Lanctot, *et al.*, «Geographic Variation in the Intensity of Warming and Phenological Mismatch Between Arctic Shorebirds and Invertebrates», *Ecological Monographs* (2019), e01383.

Lameris, Thomas K., Henk P. van der Jeugd, Gotz Eichhorn, *et al.*, «Arctic Geese Tune Migration to a Warming Climate But Still Suffer From a Phenological Mismatch», *Current Biology*, vol. 28, n.° 15 (2018), pp. 2.467-2.473.

Langham, Gary M., Justin G. Schuetz, Trisha Distler, *et al.*, «Conservation Status of North American Birds in the Face of Future Climate Change», *PloS One*, vol. 10, n.° 9 (2015), e0135350.

La Sorte, Frank A., y Daniel Fink, «Projected Changes in Prevailing Winds for Transatlantic Migratory Birds Under Global Warming», *Journal of Animal Ecology*, vol. 86, n.° 2 (2017), pp. 273-284.

La Sorte, Frank A., Daniel Fink, Wesley M. Hochachka, *et al.*, «The Role of Atmospheric Conditions in the Seasonal Dynamics of North American Migration Flyways», *Journal of Biogeography*, vol. 41, n.° 9 (2014), pp. 1.685-1.696.

La Sorte, Frank A., Daniel Fink y Alison Johnston, «Time of Emergence of Novel Climates for North American Migratory Bird Populations», *Ecography* (2019).

La Sorte, Frank A., Wesley M. Hochachka, Andrew Farnsworth, *et al.*, «The Implications of Mid-latitude Climate Extremes for North American Migratory Bird Populations», *Ecosphere*, vol. 7, n.° 3 (2016), e01261.

La Sorte, Frank A., Kyle G. Horton, Cecilia Nilsson y Adriaan M. Dokter, «Projected Changes in Wind Assistance Under Climate Change for Nocturnally Migrating Bird Populations», *Global change biology*, vol. 25, n.° 2 (2019), pp. 589-601.

Layton-Matthews, Kate, Brage Bremset Hansen, Vidar Grotan, *et al.*, «Contrasting Consequences of Climate Change for Migratory Geese. Predation, Density Dependence and Carryover Effects Offset Benefits of High-Arctic Warming», *Global Change Biology* (2019).

Lehikoinen, Esa, y Tim H. Sparks, «Changes in Migration», en *Effects of Climate Change on Birds*, eds. Anders Pape Moller, Wolfgang Fiedler y Peter Berthold, Oxford y Nueva York, Oxford University Press, 2010, pp. 89-112.

Lewis, Kristy, y Carlo Buontempo, «Climate Impacts in the Sahel and West Africa. The Role of Climate Science in Policy Making», *West African Papers*, n.° 2, París, OECD Publishing, 2016, <http://dx.doi.org/10.1787/5jlsmktwjcd0-en>.

Marra, Peter P., Charles M. Francis, Robert S. Mulvihill y Frank R. Moore,

«The Influence of Climate on the Timing and Rate of Spring Bird Migration», *Oecologia*, vol. 142, n.° 2 (2005), pp. 307-315.

Mettler, Raeann, H. Martin Schaefer, Nikita Chernetsov, *et al.*, «Contrasting Patterns of Genetic Differentiation Among Blackcaps (*Sylvia atricapilla*) with Divergent Migratory Orientations in Europe», *PLoS One*, vol. 8, n.° 11 (2013), e81365.

Møller, Anders Pape, Diego Rubolini y Esa Lehikoinen, «Populations of Migratory Bird Species That Did Not Show a Phenological Response to Climate Change are Declining», *Proceedings of the National Academy of Sciences*, vol. 105, n.° 42 (2008), pp. 16.195-16.200.

Monerie, Paul-Arthur, Michela Biasutti y Pascal Roucou, «On the Projected Increase of Sahel Rainfall During the Late Rainy Season», *International Journal of Climatology*, vol. 36, n.° 13 (2016), pp. 4.373-4.383.

Newson, Stuart E., Nick J. Moran, Andy J. Musgrove, *et al.*, «Long-term Changes in the Migration Phenology of U.K. Breeding Birds Detected by Large-scale Citizen Science Recording Schemes», *Ibis*, vol. 158, n.° 3 (2016), pp. 481-495.

Prop, Jouke, Jon Aars, Bard-Jorgen Bardsen, *et al.*, «Climate Change and the Increasing Impact of Polar Bears on Bird Populations», *Frontiers in Ecology and Evolution*, n.° 3 (2015), p. 33.

Samplonius, Jelmer M., y Christiaan Both, «Climate Change May Affect Fatal Competition Between Two Bird Species», *Current Biology*, vol. 29, n.° 2 (2019), pp. 327-331.

Senner, Nathan R., «One Species But Two Patterns. Populations of the Hudsonian Godwit (*Limosa haemastica*) Differ in Spring Migration Timing», *The Auk*, vol. 129, n.° 4 (2012), pp. 670-682.

—, Maria Stager y Brett K. Sandercock, «Ecological Mismatches Are Moderated by Local Conditions for Two Populations of a Long-distance Migratory Bird», *Oikos*, vol. 126, n.° 1 (2017), pp. 61-72.

—, Mo A. Verhoeven, José M. Abad-Gómez, *et al.*, «High Migratory Survival and Highly Variable Migratory Behavior in Black-Tailed Godwits», *Frontiers in Ecology and Evolution*, n.° 7 (2019), p. 96.

—, Mo A. Verhoeven, José M. Abad-Gómez, *et al.*, «When Siberia Came to the Netherlands. The Response of Continental Blacktailed Godwits to a Rare Spring Weather Event», *Journal of Animal Ecology*, vol. 84, n.° 5 (2015), pp. 1.164-1.176.

Stange, Erik E., Matthew P. Ayres y James A. Bess, «Concordant Population Dynamics of Lepidoptera Herbivores in a Forest Ecosystem», *Ecography*, vol. 34, n.° 5 (2011), pp. 772-779.

Tarka, Maja, Bengt Hansson y Dennis Hasselquist, «Selection and Evolutionary Potential of Spring Arrival Phenology in Males and Females of a Migratory Songbird», *Journal of Evolutionary Biology*, vol. 28, n.° 5 (2015), pp. 1.024-1.038.

Van Gils, Jan A., Simeon Lisovski, Tamar Lok, *et al.*, «Body Shrinkage Due to Arctic Warming Reduces Red Knot Fitness in Tropical Wintering Range», *Science*, vol. 352, n.° 6.287 (2016), pp. 819-821.

Weeks, Brian C., David E. Willard, Aspen A. Ellis, *et al.*, «Shared Morphological Consequences of Global Warming in North American Migratory Birds», *Ecology Letters* (2019), <https://doi.org/10.1111/ele.13434>.

7. Aguiluchos, el retorno

Anderson, Dick, Roxie Anderson, Mike Bradbury, *et al.*, *California Swainson's Hawk Inventory, 2005-2006, 2005 Progress Report*, Sacramento, California Department of Fish and Game, 2005.

Battistone, Carrie, Jenny Marr, Todd Gardner y Dan Gifford, *Status Review. Swainson's Hawk (Buteo swainsoni) in California*, Sacramento, California Department of Fish and Wildlife, 2016.

Bechard, M. J., C. S. Houston, J. H. Saransola y A. S. England, «Swainson's Hawk (*Buteo swainsoni*), version 2.0», en *The Birds of North America*, ed. A. F. Poole, Cornell Lab of Ornithology, Ithaca (Nueva York), 2010, <https://doi.org/10.2173/bna.265>.

Bedsworth, Louise, Dan Cayan, Guido Franco, *et al.*, *Statewide Summary Report, California's Fourth Climate Change Assessment*, Sacramento, California Governor's Office of Planning and Research, Scripps Institution of Oceanography, California Energy Commission, and California Public Utilities Commission, 2018, n.° SUM-CCCA4-2018-013.

Bloom, Peter H., *The Status of the Swainson's Hawk in California, 1979*, Federal Aid in Wildlife Restoration, Proyecto W-54-R-12, Nongame Wildlife, Investment Job Final Report 11-8.0, Sacramento, California Department of Fish and Game, 1980.

Huning, Laurie S., y Amir AghaKouchak, «Mountain Snowpack Response to Different Levels of Warming», *Proceedings of the National Academy of Sciences*, n.° 115.43 (2018), pp. 10.932-10.937.

Snyder, Robin E., y Stephen P. Ellner, «Pluck or Luck. Does Trait Variation or Chance Drive Variation in Lifetime Reproductive Success?», *American Naturalist*, vol. 191, n.° 4 (2018), pp. E90-E107.

Whisson, D. A., S. B. Orloff y D. L. Lancaster, «Alfalfa Yield Loss from Belding's Ground Squirrels», *Wildlife Society Bulletin*, n.° 27 (1999), pp. 178-183.

8. MÁS ALLÁ DE LA BARRERA

18. Scott A. Shaffer, Yann Tremblay, Henri Weimerskirch, *et al.*, «Migratory Shearwaters Integrate Oceanic Resources Across the Pacific Ocean in an Endless Summer», *Proceedings of the National Academy of Sciences*, vol. 103, n.° 34 (2006), pp. 12.799-12.802.

Bolton, Mark, Andrea L. Smith, Elena Gómez-Díaz, *et al.*, «Monteiro's Storm-petrel *Oceanodroma monteiroi*. A New Species from the Azores», *Ibis*, vol. 150, n.° 4 (2008), pp. 717-727.

Brown, S., C. Duncan, J. Chardine y M. Howe, «Red-necked Phalarope Research, Monitoring, and Conservation Plan for the Northeastern U.S. and Maritimes Canada», Manomet (Massachusetts), Manomet Center for Conservation Sciences, versión 1 (2005), <https://whsrn.org/wp-content/uploads/2019/02/conservationplan_rnph_v1.1_2010.pdf>.

Caravaggi, Anthony, Richard J. Cuthbert, Peter G. Ryan, *et al.*, «The Impacts of Introduced House Mice on the Breeding Success of Nesting Seabirds on Gough Island», *Ibis*, vol. 161, n.° 3 (2019), pp. 648-661.

Dias, Maria P., José P. Granadeiro y Paulo Catry, «Do Seabirds Differ from Other Migrants in Their Travel Arrangements? On Route Strategies of Cory's Shearwater During its Trans-equatorial Journey», *PLoS One*, vol. 7, n.° 11 (2012), e49376.

Dilley, Ben J., Delia Davies, Alexander L. Bond y Peter G. Ryan, «Effects of Mouse Predation on Burrowing Petrel Chicks at Gough Island», *Antarctic Science*, vol. 27, n.° 6 (2015), pp. 543-553.

Duncan, Charles D., «The Migration of Red-necked Phalaropes. Ecological Mysteries and Conservation Concerns», *Bird Observer*, vol. 23, n.° 4 (1996), pp. 200-207.

Ebersole, Rene, «How Intrepid Biologists Brought Balance Back to the Aleutian Islands», *Atlas Obscura*, 6 de agosto de 2019, <https://www.atlasobscura.com/articles/fox-extermination-aleutian-islands-alaska>.

Friesen, V. L., A. L. Smith, E. Gómez-Díaz, *et al.*, «Sympatric Speciation by Allochrony in a Seabird», *Proceedings of the National Academy of Sciences*, vol. 104, n.° 47 (2007), pp. 18.589-18.594.

Getz, J. E., J. H. Norris y J. A. Wheeler, *Conservation Action Plan for the Black-*

capped Petrel (Pterodroma hasitata), International Black-capped Petrel Conservation Group, 2012, <https://www.birdscaribbean.org/wp-content/uploads/2015/BCPEWG/PlanFinal.pdf>.

Hedd, April, William A. Montevecchi, Helen Otley, et al., «Trans-equatorial Migration and Habitat Use by Sooty Shearwaters Puffinus griseus from the South Atlantic During the Nonbreeding Season», Marine Ecology Progress Series, n.° 449 (2012), pp. 277-290.

Holmes, Nick D., Dena R. Spatz, Steffen Oppel, et al., «Globally Important Islands Where Eradicating Invasive Mammals Will Benefit Highly Threatened Vertebrates», PloS One, vol. 14, n.° 3 (2019), e0212128.

Howell, Steve N. G., Petrels, Albatrosses and Storm-Petrels of North America, Princeton (New Jersey) y Oxford, Princeton University Press, 2012.

—, Ian Lewington y Will Russell, Rare Birds of North America, Princeton (New Jersey) y Oxford, Princeton University Press, 2014.

Hunnewell, Robin W., Antony W. Diamond y Stephen C. Brown, «Estimating the Migratory Stopover Abundance of Phalaropes in the Outer Bay of Fundy, Canada», Avian Conservation and Ecology, vol. 11, n.° 2 (2016), p. 11.

Marris, Emma, «Large Island Declared Rat-free in Biggest Removal Success», National Geographic, 9 de mayo de 2018, <https://news.natio nalgeographic.com/2018/05/south-georgia-island-rat-free-animals-spd/>.

Newman, Jamie, Darren Scott, Corey Bragg, et al., «Estimating Regional Population Size and Annual Harvest Intensity of the Sooty Shearwater in New Zealand», New Zealand Journal of Zoology, vol. 36, n.° 3 (2009), pp. 307-323.

Nisbet, Ian C. T., y Richard R. Veit, «An Explanation for the Population Crash of Red-necked Phalaropes Phalaropus lobatus Staging in the Bay of Fundy in the 1980s», Marine Ornithology, n.° 43 (2015), pp. 119-121.

Pollet, Ingrid L., April Hedd, Philip D. Taylor, et al., «Migratory Movements and Wintering Areas of Leach's Storm-Petrels Tracked Using Geolocators», Journal of Field Ornithology, vol. 85, n.° 3 (2014), pp. 321-328.

Reynolds, John D., «Mating System and Nesting Biology of the Red-necked Phalarope Phalaropus lobatus. What Constrains Polyandry?», Ibis, n.° 129 (1987), pp. 225-242.

Rubega, M. A., D. Schamel y D. M. Tracy, «Red-necked Phalarope (Phalaropus lobatus), version 2.0», en The Birds of North America, eds. A. F. Poole y F. B. Gill, Ithaca (Nueva York), Cornell Lab of Ornithology, 2000, <https://doi.org/10.2173/bna.538>.

Ryan, Peter G., Karen Bourgeois, Sylvain Dromzee y Ben J. Dilley, «The

Occurrence of Two Bill Morphs of Prions *Pachyptila vittata* on Gough Island», *Polar Biology*, vol. 37, n.° 5 (2014), pp. 727-735.

Silva, Mauro F., Andrea L. Smith, Vicki L. Friesen, *et al.*, «Mechanisms of Global Diversification in the Marine Species Madeiran Storm-petrel *Oceanodroma castro* and Monteiro's Storm-petrel *O. monteiroi*. Insights From a Multi-locus Approach», *Molecular Phylogenetics and Evolution*, n.° 98 (2016), pp. 314-323.

Silva, Monica C., Rafael Matias, Vania Ferreira, *et al.*, «Searching for a Breeding Population of Swinhoe's Storm-petrel at Selvagem Grande, NE Atlantic, with a Molecular Characterization of Occurring Birds and Relationships within the Hydrobatinae», *Journal of Ornithology*, vol. 157, n.° 1 (2016), pp. 117-123.

Smith, Malcolm, Mark Bolton, David J. Okill, *et al.*, «Geolocator Tagging Reveals Pacific Migration of Red-necked Phalarope *Phalaropus lobatus* Breeding in Scotland», *Ibis*, vol. 156, n.° 4 (2014), pp. 870-873.

Weimerskirch, Henri, Karine Delord, Audrey Guitteaud, *et al.*, «Extreme Variation in Migration Strategies Between and Within Wandering Albatross Populations During their Sabbatical Year, and Their Fitness Consequences», *Scientific Reports*, n.° 5 (2015), p. 8.853.

Wong, Sarah N. P., Robert A. Ronconi y Carina Gjerdrum, «Autumn At-sea Distribution and Abundance of Phalaropes *Phalaropus* and Other Seabirds in the Lower Bay of Fundy, Canada», *Marine Ornithology*, n.° 46 (2018), pp. 1-10.

9. A ESCONDIDAS DE DIOS

19. Anthony Bourdain, *Medium Raw*, Nueva York, HarperCollins, 2010, p. XIII [hay trad. al cast.: *En crudo. La cara oculta de la gastronomía* (trad. de Marta Pino Moreno), Barcelona, RBA Libros, 2012].

20. Ibíd., p. XV.

21. Thomas F. de Voe, *The Market Assistant*, Nueva York, Hurd and Houghton, 1867, p. 168.

22. Ibíd., pp. 175-176.

23. Ibíd., p. 175.

24. Ibíd.

25. Ibíd., p. 176.

26. Ibíd.

27. Ibíd., p. 178.

28. Ibíd.

29. Ibíd.
30. Ibíd., p. 178.
31. Ibíd., p. 146.
32. Ibíd., p. 176.
33. Ibíd., p. 175.
34. Ibíd., p. 177.
35. Ibíd., p. 175.
36. Ibíd.
37. P. P. Claxton, citado en T. Gilbert Pearson, «The Robin», *Bird-Lore*, vol. 11, n.º 5 (1 de octubre de 1910), p. 208.
38. Edward Howe Forbush, *Birds of Massachusetts and Other New England States*, vol. 2, Norwood (Massachusetts), Norwood Press, 1927, p. 417.
39. *New York Times*, 18 de agosto de 1918, p. 14.
40. Declaración de Lárnaca, 7 de julio de 2011, <http://www.moi.gov.cy/moi/wildlife/wildlife_new.nsf/web22gr/F5BC37B27C945EBCC-22578410043F43F/$file/LarnacaDeclaration.pdf>.

Andreou, Eva, «Cypriot and Bases Authorities Slammed by Anti-poaching NGOs», *Cyprus Mail*, 7 de julio de 2017, <https://cyprus-mail.com/2017/07/20/cypriot-bases-authorities-slammed-anti-poaching-ngos/?hilite=%27poaching%27>.
Anon, «Explosion Outside Dhekelia Police Station», *Cyprus Mail*, 13 de junio de 2017, <https://cyprus-mail.com/2017/06/13/explosion-outside-dhekelia-police-station/#disqusthread>.
—, «Illegal Bird Trapping Begins to Fall», *KNEWS*, 6 de marzo de 2018, <https://knews.kathimerini.com.cy/en/news/illegal-bird-trapping-begins-to-fall>.
—, «The New Protection of Birds Act», *British Birds*, n.º 12 (diciembre de 1954), pp. 409-413.
Bicha, Karel D., «Spring Shooting. An Issue in the Mississippi Flyway, 1887-1913», *Journal of Sport History*, n.º 5 (verano de 1978), pp. 65-74.
BirdLife International, *A Best Practice Guide for Monitoring Illegal Killing and Taking of Birds*, Cambridge (Reino Unido), BirdLife International, 2015.
Brochet, Anne-Laure, Willem van den Bossche, Sharif Jbour, *et al.*, «Preliminary Assessment of the Scope and Scale of Illegal Killing and Taking of Birds in the Mediterranean», *Bird Conservation International*, vol. 26, n.º 1 (2016), pp. 1-28.
Brochet, Anne-Laure, Willem van Den Bossche, Victoria R. Jones, *et al.*, «Illegal Killing and Taking of Birds in Europe Outside the Mediterra-

nean. Assessing the Scope and Scale of a Complex Issue», *Bird Conservation International* (2017), pp. 1-31.

Day, Albert M., *North American Waterfowl*, Nueva York y Harrisburg (Pennsylvania), Stackpole and Heck, 1949.

Eason, Perri, Basem Rabia y Omar Attum, «Hunting of Migratory Birds in North Sinai, Egypt», *Bird Conservation International*, vol. 26, n.° 1 (2016), pp. 39-51.

Unión Europea, «Directiva 2009/147/EC del Parlamento Europeo y del Consejo de 30 de noviembre de 2009 relativa a la conservación de las aves silvestres», *Diario Oficial L* 20, 26 de enero de 2010, pp. 7-25.

Franzen, Jonathan, «Emptying the Skies», *The New Yorker*, 26 de julio de 2010, <https://www.newyorker.com/magazine/2010/07/26/emptying-the-skies>.

Greenberg, Joel, *A Feathered River Across the Sky*, Nueva York, Bloomsbury, 2014.

Grinnell, Joseph, Harold Child Bryant y Tracy Irwin Storer, *The Game Birds of California*, Berkeley, University of California Press, 1918.

Hajiloizis, Mario, «Up to 300 British Soldiers 'Trapped' by Xylofagou Residents», *SigmaLive*, 20 de octubre de 2016, <https://www.sigmalive.com/en/news/local/149580/up-to-300-british-soldiers-trapped-by-xylofagou-residents>.

Jenkins, Heather M., Christos Mammides y Aidan Keane, «Exploring Differences in Stakeholders' Perceptions of Illegal Bird Trapping in Cyprus», *Journal of Ethnobiology and Ethnomedicine*, vol. 13, n.° 1 (2017), pp. 67-77.

Jiguet, Frédéric, Alexandre Robert, Romain Lorrilliere, *et al.*, «Unravelling Migration Connectivity Reveals Unsustainable Hunting of the Declining Ortolan Bunting», *Science Advances*, vol. 5, n.° 5 (2019), eaau2642.

Kamp, Johannes, Steffen Oppel, Alexandr A. Ananin, *et al.*, «Global Population Collapse in a Superabundant Migratory Bird and Illegal Trapping in China», *Conservation Biology*, vol. 29, n.° 6 (2015), pp. 1.684-1.694.

Mark, Philip, «Xylofagou Residents Stop British Soldiers from Cutting Trees», *Cyprus Mail*, 20 de octubre de 2016, <https://cyprus-mail.com/old/2016/10/20/stop-soldiers-from-cutting-trees/>.

McLaughlin, Kelly, «Police Officer Injured in Explosion at British Military Base in Cyprus as Police Open Criminal Investigation», *Daily Mail*, 13 de junio de 2017, <https://www.dailymail.co.uk/news/article-4598670/Small-blast-British-station-Cyprus-criminal-motive-seen.html>.

Paterniti, Michael, «The Last Meal», *Esquire*, n.° 129, mayo de 1998, pp. 112-117.

Psyllides, George, «Cyprus a Bird 'Trapper's Treasure Island,' According to Survey», *Cyprus Mail*, 21 de agosto de 2015, <https://cyprus-mail.com/old/2015/08/21/cyprus-a-bird-trappers-treasure-island-accord ing-to-survey/>.

Shialis,Tassos, «Update on Illegal BirdTrapping Activity in Cyprus», *BirdLife Cyprus*, marzo de 2018, <https://www.impel-esix.eu/wp-content/up loads/sites/2/2018/07/BirdLife-CyprusSpring-2017-trapping-report-Finalfor-public-use.pdf>.

United States Entomological Commission, Alpheus Spring Packard, Charles Valentine Riley y Cyrus Thomas, *First Annual Report of the United States Entomological Commission for the Year 1877. Relating to the Rocky Mountain Locust and the Best Methods of Preventing Its Injuries and of Guarding Against Its Invasions, in Pursuance of an Appropriation Made by Congress for this Purpose*, Washington, D. C., US Government Printing Office, 1878.

10. ENINUM

41. Richard M. Eaton, «Comparative History as World History. Religious Conversion in Modern India», *Journal of World History*, n.º 8 (1997), p. 245.

Anderson, R. Charles, «Do Dragonflies Migrate Across the Western Indian Ocean?», *Journal of Tropical Ecology*, vol. 25, n.º 4 (2009), pp. 347-358.

Anon, «From Slaughter to Spectacle—Education Inspires Locals to Love Amur Falcon», *BirdLife International*, 29 de enero de 2018, <https://www.birdlife.org/worldwide/news/slaughter-spectacle-education-inspires-locals-love-amur-falcon>.

Banerjee,Ananda, «The Flight of the Amur Falcon», *LiveMINT*, 29 de octubre de 2013, <https://www.livemint.com/Politics/34X8t639wd F1PPhlOuhBlJ/The-flight-of-the-Amur-Falcon.html>.

Barpujari, S. K., «Survey Operations in the Naga Hills in the Nineteenth Century and Naga Opposition Towards Survey», *Proceedings of the Indian History Congress*, n.º 39 (1978), pp. 660-670.

Baruth, Sanjib, «Confronting Constructionism. Ending India's Naga War», *Journal of Peace Research*, vol. 40 (2003), pp. 321-338.

Chaise, Charles, «Nagaland in Transition», *India International Centre Quarterly*, vol. 32 (2005), pp. 253-264.

Das, N. K., «Naga Peace Parlays. Sociological Reflections and a Plea for Pragmatism», *Economic and Political Weekly*, n.º 46 (2011), pp. 70-77.

Dixon, Andrew, Nyambayar Batbayar y Gankhuyag Purev-Ochir, «Autumn Migration of an Amur Falcon *Falco amurensis* from Mongolia to the Indian Ocean Tracked by Satellite», *Forktail*, n.° 27 (2011), pp. 86-89.

Glancey, Jonathan, *Nagaland*, Londres, Faber and Faber, 2011.

Kumar, Braj Bihari, *Naga Identity*, Nueva Delhi, Concept Publishing, 2005.

Parr, N., S. Bearhop, D. Douglas, *et al.*, «High Altitude Flights by Ruddy Shelduck *Tadorna ferruginea* During Trans-Himalayan Migrations», *Journal of Avian Biology*, n.° 48 (2017), pp. 1.310-1.315.

Sinha, Neha, «A Hunting Community in Nagaland Takes Steps Toward Conservation», *New York Times*, 3 de enero de 2014, <https://india.blogs.nytimes.com/2014/01/03/a-hunting-community-in-naga land-takes-steps-toward-conservation/>.

Symes, Craig T., y Stephan Woodborne, «Migratory Connectivity and Conservation of the Amur Falcon *Falco amurensis*. A Stable Isotope Perspective», *Bird Conservation International*, n.° 20 (2010), pp. 134-148.

Thomas, John, *Evangelizing the Nation*, Londres y Nueva York, Routledge, 2016.

Epílogo

42. Rick Thoman, citado en Susie Cagle, «Baked Alaska», *The Guardian*, 3 de julio de 2019, <https://www.theguardian.com/us-news/2019/jul/02/alaska-heat-wildfires-climate-change>.

Índice alfabético

Los números de página en *cursiva* remiten a los mapas.

abejaruco, 336, 337, 373n
ácidos grasos omega-3 y omega-6, 90
adaptaciones fisiológicas, 81-82, 87-94,
    véanse también órganos internos; re-
    servas de grasas; tejido muscular
AFRAU (Amur Falcon Roost Area
    Union), 378, 385, 393
agachadiza americana, 118
agricultura de monocultivo, 243
águila
    americana, 223
    pescadora, 300n
    real, 18, 32, 269, 341
aguilucho, 268, 288
aguja, *véanse también* aguja colinegra;
    aguja colipinta; aguja de mar
    alimentación, 68
    ciclos de ganancia de peso, 90-91
    con transmisores satélite, 53
    consumo de energía, 300
aguja colinegra, 46, 60-63
    y cambio climático, 242
aguja colipinta, 82-86
    equilibrio en el agua, 88
    mapa de rutas migratorias, *85*
    población en declive, 46
    vuelos sin paradas, 55, 83
    y efectos de arrastre, 211-212
aguja de mar
    población en declive, 49

y cambio climático, 239-241, *240*
y efectos de arrastre, 210, 239, 241
Aigner, Karine, 165
ajuste isostático glacial, 224
Alambritis, Nicos, 351, 356
albatros, 300, 301-302
    ahumado, 302
    de las Antípodas, 321
    de Laysan, 302
    de Tristán, 302, 320, 321
albuferas, 58, 59, 60, 65
Aleutianas, islas, 41, 317-318-323, 324
Alleger, Todd, 112, 113, 116
ambelopoulia, 327, 341, 342, 350, 351,
    359, 360, 361
American Bird Conservancy, 265, 316
American Birding Association, 296
Anand, Ulhas, 382
Andreas, 325, 331-339, 349, 350-352,
    355, 405
Andres, Brad, 140
anillado, *véase también* anillas de colores
    de albatros de Laysan, 302
    de ánades reales, 13, 119
    de busardos chapulineros, 263, 266,
        269, 282-283
    de colibríes, 31, 255-258, 260
    de lechuzas norteñas, 31
    de rapaces, 18-19
    de zorzalitos carigrises, 13, 17

de zorzalitos de Swainson, 119
en la costa de Alabama, 155
limitaciones, 120
anillado con anillas de colores
de aves costeras, 56-58, 73
de busardos chapulineros, 263, 273,
276, 282
de furnáridos, 123-124
de reinitas de Kirtland, 196, 214
de zarapitos trinadores, 139
Antípodas, islas, 302
apareamiento selectivo, 259
aprendizaje automático
eliminación de la señal de las precipitaciones, 159
reclamos nocturnos, 162
archibebe
moteado, 46, 55, 65
patigualdo chico, 118, 139
ardillas terrestres
como presa de rapaces, 279, 280, 282
envenenamiento por plomo por co-
merlas como carroña, 279n
área de invernada, *véase también* efectos
de arrastre
diferencias en las mismas especies,
26
y cambio climático, 188, 205
y variación genética, 219
Argentina, busardos chapulineros en,
262, 263-270, 287-288
Audubon, John James, 27
Auer, Tom, 183
aumento del nivel del mar
en la costa este de Virginia, 223-224
en los Outer Banks, 291
y hábitat de la reinita de Kirtland,
218, 220, 225
y humedales en el litoral, 227
Australia, desajuste estacional, 237
aves acuáticas
anillado, 119
incrementos poblacionales, 176

migraciones de muda, 125
patos, 48, 98, 176
aves cantoras
adaptaciones del sueño, 100
cazadas para el mercado estadounidense, 344-346
desarrollo cerebral para cantar, 101
efectos de arrastre en la cría en Europa, 204
ingeridas en China, 342
ingeridas en Europa, 327-329
muda de plumas a finales de verano,
125
y complejidad de los bosques, 130-
131
y deforestación tropical, 23, 25
y fragmentación de los bosques, 23,
123-124
aves costeras, *véase también* costa del mar
Amarillo
caza, 46, 47, 49, 73, 78, 139-140
consumo de energía, 300
cría, 301-302
deportista de élite, 51, 53
desratización, 317, 321
distancia anual de vuelo, 21-22, 300,
301
empresas de excursiones de avistamiento de aves pelágicas, 293-294,
296
estrategias de supervivencia mar
adentro, 51
glándulas salinas, 51
islas de cría en el Atlántico, 302-305,
303, 313
más de 320 especies en todo el mundo, 53
misterios de las aves migratorias, 292-
293
pérdida acusada de población, 48,
175-176
rastreo mediante Motus, 118
sitios de parada, 39, 51, 133-134

taxonomía controvertida, 313-317
y caza en el pasado para el mercado estadounidense, 343
y desaparición de humedales en el litoral, 49
y los humedales de la Gran Cuenca, 228-229
aves de pastizal, 23, 176, 178
avoceta común, 61

Bahamas, *véase también* reinita de Kirtland
mapa, *193*
reinita azulada, 202
Barkan, Shay, 102
barnacla carinegra, 203
Bednarz, Jim, 30
Bierregaard, Rob, 300n
biodispersión, 157, 182
biodiversidad y fragmentación del hábitat, 123
Bird Banding Lab, organismo federal, 155, 257
BirdCast, 158, 159, 165, 174
BirdLife International
matanza de aves en el Mediterráneo, 327, 329-330
socio local en Chipre, 325, 331-334, 335, 338, 341, 347-348, 352
y cernícalos del Amur, 368-369, 378
BirdReturns, 169
Birds Canadá, 115, 119
BirdVox, proyecto, 164
Bloom, Pete, 269-274, 276, 281
BNGBirds en Bangalore, 382
Bohai, bahía de, 41, 51, 60, 66
bosques
deforestación tropical, 23, 25, 121, 129, 147
fragmentación, 23, 122, 125, 128-129
hábitat de sucesión temprana, 125, 128-129, 132
pérdida de complejidad estructural, 128

restauración de la complejidad, 130-132
Both, Christiaan, 234
Bourdain, Anthony, 329
Boyd, Amelia, 274
Boyle, Adrian, 57, 58
Breeding Bird Survey, 175, 229
Briggs, Chris, 273-274, 276-278, 286-288
Brinker, Dave, 112, 115, 248
Brinkley, Ned, 134, 141
búho/lechuza
búho común, 95
búho moteado del norte, 269
búho nival, 32, 247-253
lechuza norteña, 31, 114, 248
Buler, Jeff, 159, 160, 161, 170, 172
busardo chapulinero, *véase también* Butte Valley
anillado, 263, 266, 269, 282
ardillas como presa, 279, 280
en Argentina, 262, 263-270, 287-288
variaciones de color, 277-278
Butte Valley, 261-264, 269, 270, *272*

cabo Pyla, Chipre, 331, *333*, 350, 351, 352
CABS (Committee Against Bird Slaughter), 330, 334-336, 339, 352, 358
cahow (petrel de las Bermudas), 301
Caird, Steve, 199, 207, 216
cambio climático, *véanse también* aumento del nivel del mar; desajuste estacional;
adelanto de la primavera, 233
barnaclas cariblancas, 238
descenso de las temperaturas en algunas regiones, 225-226, 241, 253
evaluación general de los impactos en las aves migratorias, 226
evolución en respuesta a, 31-32, 219-220, 244-245, 255-256, 259-260

manifestaciones, 225
más allá de Europa y de Norteamérica, 237
modificación de las rutas migratorias y de las zonas de invernada, 188, 205, 219-220, 255-256, 259-260
negacionistas, 184-185, 226
plasticidad fenotípica, 244-246
precipitaciones
proyecciones climáticas, 231
y agujas de mar, 239-242
y búhos nivales, 251-253
y cambios en el paisaje, 226-230
y conservación de las aves migratorias, 225
y cría de aves costeras, 49
y flexibilidad conductual, 242-245
y papamoscas cerrojillo, 233-235
y recursos hídricos, 286
y reducción del tamaño corporal, 227, 246
y variaciones genéticas, 219, 257, 259
campo magnético terrestre, 20, 103, 104, 106
Canavelli, Sonia, 268
candelo oliváceo, 122, 230
Caofeidian, marismas de, 50, *52*
carbonero
común, 235n
hipocampo, 101
Careys, 312
Carlos de Inglaterra, príncipe, 330
carraca europea, 147
Cat Island, Bahamas, 189, 190, 194, 198, 202, 212, 213, 215-218, 220
caza de aves, 341-347, *véase también* caza de aves cantoras en Chipre
de aves de costa, 45-46, 47, 49, 73, 139-140, 343
de cernícalos del Amur, 368-369, 375
de correlimos cucharetas, 45, 341
de patos, 176

caza de aves cantoras en Chipre, *véase también ambelopoulia*
con redes de niebla, 326, 327, 330, 335, 338, 352, 353-355, 359
con varetas, 327, 330, 335-339, 351, 358-359
en bases militares británicas, 331, 348-350
Celebroña, isla, 304
Center for Conservation Biology (CCB), 134-135, 137, 139
cerebro aviar, 100-102
sin afectación por largos vuelos, 54
sueño unihemisférico, 82, 98, 109
y oxígeno en sangre, 93
cernícalo del Amur
aseladeros en Nagaland, 364, 368, 370-371, 375, 391-394
caza en Pangti, 368-369, 380-381
conservación, 368-369, 377-382, 392
descripción, 372
dieta, 374, 381
migración, 364, 372, *374*
zonas de cría, 372
charlatán, 344, 346
charrán ártico, 21-22
Chen Tengyi, 69
China, *véase también* mar Amarillo
desajuste estacional, 237
masacre de escribanos aureolados, 341-342
Chipre, 333, *véase también* caza de aves cantoras en Chipre
propuesta de anexión a la Unión Europea, 331, 347-348
situación política, 325-326
chorlitejo
mongol chico, 69
semipalmeado, 242
chotacabras de la Carolina, 151
Christmas Bird Count, 175, 229
CMH (complejo mayor de histocompatibilidad), 278

colibrí
anillado, 31, 255-258, 260
colibrí rufo, 219, 255-258, 260
con radiotransmisores, 115
nuevas rutas migratorias, 31, 255-258, 260
colirrojo
americano, 200-202, 208n
común, 208n
colisiones con edificios, 154
Committee Against Bird Slaughter, véase CABS
complejos de especies, 313-315
conciencia espacial e hipocampo, 101-102
cóndor de California, 270-271
conectividad migratoria, 26-27, 33, 142-149
de pardelas de la isla Celebroña, 305
conservación
al borde de la catástrofe, 154
de cernícalos del Amur, 368-369, 377-382, 392-394
de correlimos cucharetas, 66, 72-73, 77
de zonas urbanizadas, 173
en Europa, 177
uso de radares, 157-158, 160
y cambio climático, 224
y caza de aves cantoras en Chipre, 358
y costa del mar Amarillo, 43, 46-47, 66, 71, 76, 78
y eBird, 168-170
y fragmentación forestal, 24
y protección de hábitats, 48-49
y restauración de hábitats, 160, 173, 178
y zonas de parada, 147-148
zonas de parada importantes, 160-161
Conservation India, 377, 378
consumo de oxígeno, 91-93

contaminación lumínica, 171-174
Convenio de Ramsar sobre humedales, 49
Cooper, Nathan, 188-191, 194-201, 204-207, 212-214, 216-219
corazón aviar, 86, 93
Corea del Sur, pérdida de humedales, 56
Corey, Ed, 294
Cornell Lab of Ornithology, 127, 131, 158, 159, 163-165, 167, 170, 173, 175, 179-181, 205, 209, 230, 231
Corophium, 90
correlimos, *véanse también* correlimos cuchareta; correlimos gordo; correlimos semipalmeado
andarríos del Terek, 46, 69
común, 38, 44, 49, 69
de Alaska, 49, 239
de rabadilla blanca, 118
falcinelo, 65, 69
grande, 46, 55, 56, 64
menudillo, 118, 343
pectoral, 139
rastreo con Motus, 118
zarapitín, 46, 48, 51, 59, 60
correlimos cuchareta, 44-48
acciones de conservación, 66, 73, 77
caza, 45-46, 341
mapa de las áreas de cría y de invernada, 72
y marismas de Tiaozini, 70-71, 72-74
correlimos gordo
adaptaciones fisiológicas, 87, 88-89
canción de exhibición, 79
caza, 139
en la costa del mar Amarillo, 55, 60, 66
órganos sensoriales en el pico, 68
rastreo con Motus, 118-119
subespecie *piersmai*, 51, 57, 59, 87
y cambio climático, 246
correlimos menudos, 38, 44, 51, 52, 68, 69

correlimos semipalmeado
caza, 139-140
en la red Motus, 116
migración, 53
y ácidos grasos omega-3, 90
y desajuste estacional, 241-242
costa del mar Amarillo, *véanse también*
bahía de Bohai; correlimos cuchareta;
marismas de Dongling; marismas de
Tiaozini Nanpu
amenazas para las aves costeras, 49-50
como zona de parada, 37-41
dependencia humana, 47, 71
lugares Patrimonio Mundial de la
Unesco, 66, 71, 76, 78
pérdida de hábitat, 43, 46, 55-56
programas de conservación, 43, 46-
47, 49, 65-66, 71, 78
reconstrucción de órganos y tejidos, 87
viajes épicos antes de la llegada, 53
y aumento del nivel del mar, 227
y reclamación, 46-47, 55-56
costas, 340
cría/reproducción, *véase también* efectos
de arrastre
de aves pelágicas, 301-302
poliándrica secuencial, 307
poligínica, 233, 307
segunda nidada en un mismo verano,
126, 236
criptocromo, 20, 105-107
Cry1a, 106, 107
curruca capirotada
aumento poblacional, 236
caza ilegal, 354, 359
híbridos de subespecies, 146
nuevas rutas migratorias, 219, 259-260

Dalvi, Shashank, 377
datos masivos/Big Data, 153-154, *véase
también* radar Doppler
pérdida poblacional de aves norteamericanas, 175-177

y anillado, 155
y contaminación lumínica urbana,
173-174
Davies, Ian, 179, 180-185
De Voe, Thomas F., 344, 345, 346
Declaración de Lárnaca, 348
deforestación tropical, 23, 25, 121, 129,
147
depredadores apicales, 23
desajuste estacional, 233-242, *véase también* efectos de arrastre
adaptación, 241-246
definición, 233
desajuste fenológico, 234
diablotín, 300, 301
Directiva relativa a la Conservación de
las Aves Silvestres de la Unión Europea («Directiva Aves»), 347
distancia volada en un año por aves costeras, 22, 300, 301
Dockrill, Craig, 304
Drew (Bingrun Zhu), 60
Ducks Unlimited, 176
Duncan, Charles, 308

eBird, 165-170, 179, 181, 183
y cambio climático, 230, 232
y modelación climática, 205
edad glacial
y reinita de Kirtland, 191
y rutas migratorias, 145n
efectos de arrastre
definición, 199
en especies no aviares, 204
excepciones, 209-212
peligros durante la migración, 206
y agujas colipintas, 211
y agujas de mar, 210, 239, 241
y colirrojos americanos, 200-201
y el África subsahariana, 204, 207-
208, 236
y precipitaciones, 199, 205, 206, 208,
209, 225, 237

y reinitas de Kirtland, 187-188, 190, 199, 202, 204-206, 218

empresas de excursiones de avistamiento de aves pelágicas, 297

energía, *véase también* reservas de grasa
uso por parte de las aves costeras, 300
uso por parte de las aves pelágicas, 300
y canibalización de tejidos, 54
y oxígeno en sangre, 93

eninum, 381, *véase también* cernícalo del Amur

entrelazamiento cuántico, 19-20

envenenamiento con plomo, 279n

equilibrio en el agua durante la migración, 88

escribano
aureolado, 341-342
hortelano, 341

espartina, 78, 223

especialización del hábitat de la reinita de Kirtland, 191

especies de bosque, 23, 122

estado poblacional de las aves, 174-177

etapas serales, 128, 129

etiquetas GPS de archivo, 144, *véase también* rastreo por GPS

Evans, Bill, 162

Evans, Bruce, 370

evolución
en respuesta al cambio climático, 31-32, 219-220, 244-245, 255-256, 259-260
y origen de la migración, 94

falaropo picofino, 307-312, *311*

Fantasy Birding, 167n

Farnsworth, Andrew, 158, 159-161, 163, 164, 173, 174

Fink, Daniel, 170-171

Finley, Karen, 281

Fondo Mundial para la Naturaleza, 57

Forbush, Edward Howe, 346

Fort Morgan, Alabama, 151, 152, 154, 155, 257

Fox, Chris, 195, 196, 199, 207

fragata, 96-97, 98-99, 109

Francia, consumo culinario de aves cantoras, 329

Franzen, Jonathan, 335

Fraser, estuario del río, 49

Fundy, bahía de, 90, 222, 308, 310, *311*

furnáridos
y complejidad de los bosques, 122, 123, 127, 131
y conectividad migratoria, 144
y poblaciones regionales, 26

Galápagos, islas, 95, 98

gansos y barnaclas
ánsar indio, 91-93, 372
barnacla, 238
barnacla canadiense, 28
efectos de arrastre, 199, 202
migración de muda, 125

garceta grande, 160

Gauthreaux, Sidney A., Jr., 157

gavilán, *véase también* busardo chapulinero; cernícalos del Amur
añapero boreal, 118
halcón peregrino, 263, 273
ratonero de cola roja, 29, 30, 114

geolocalizadores, *véase también* rastreo por GPS
distancias récord registradas, 21
en agujas de mar, 210
en búhos, 30
en falaropos picofino, 310, *311*
en mosquiteros boreales, 396
en pardelas sombrías, 306
en reinitas de Kirtland, 190
en reinitas estriadas, 400
en vencejos reales, 108
en zorzalitos carigrises, 13, 14, 17
fotosensibles, 144, 190
limitaciones, 143, 190

tecnología, 14, 17
y conectividad migratoria, 143-144, 148
Gerson, Alex, 89
Gill, Robert, Jr., 83
glándulas salinas, 54
Global Flyway Network, 56, 57, 64, 65
Goldstein, Mike, 268
Golfo, corriente del, 292, 293, 295, 297, 301, 311
sargazo, 306
golondrina
común, 117, 120
rabadilla canela, 118
Goodrich, Laurie, 123
Google Earth, coches con cámara, 168n
gorrión
chingolo gorgiblanco, 90
sabanero pálido, 230
Gough, isla de, 302, 303, 304, 320, 321, 323
grabaciones de reclamos en vuelo, 161-165
Grandmont, François-Xavier, 181
Grandmont, Thierry, 181
Gress, George, 398
Grimsby, Tucker, 148
Grinnell, Joseph, 243, 244

hábitat urbano, 118, 171, 173
hábitats generalistas en problemas, 176-177
Hadjiyerou, Pantelis, 358
Hamilton, Catherine, 370, 404
Haralu, Bano, 368, 375-378, 382, 405
Haralu, Lhusi, 376
Haralu, Thepofoorya, 376
Hassell, Chris, 56-58, 59, 62
Hatteras, 291-293, 297, 299, 306, 315
Hawadax, 324
Hellicar, Martin, 348, 349, 360-361
híbridos de subespecies, 146
hipocampo, 101-102

hipótesis
del «escape de patógenos», 94
del «origen norteño», 94
Hobson, Keith, 200
Holmes, Richard, 200
Horton, Kyle, 159, 173
Howell, Steve N. G., 315
Hubbard Brook Experimental Forest, 235
humedales
de la Gran Cuenca, 228
en el litoral, véanse aves costeras; costa del mar Amarillo
Hummer/Bird Study Group, 155
Hunt, Melissa, 283
huracán Katrina, 160

imágenes por satélite de alta definición, 160
incendio del lago Mack, 194
insectívoros aéreos, 109, 119-120
insectos
diversidad en Norteamérica, 235
libélulas, 32, 115
mariposas monarca, 32, 115, 118
migratorios, 32, 115
orugas, 233, 235
poblaciones en declive, 177
termitas como alimento de los cerní-calos del Amur, 373
y agricultura monocultivo, 243
y desajuste estacional, 233, 236, 238, 241, 245
instinto codificado de migrar, 36, 103, 146, 219, 256, 259
inversión de los roles sexuales en los fa-laropos, 307-308
isótopos
en busardos chapulineros, 287
y efectos de arrastre, 200, 203, 205
y zonas de invernada de las currucas capirotadas, 258
isótopos de carbono, 201, véase también isótopos

Italia, consumo culinario de aves cantoras, 328

Jamaica, 201, 205
Japón, desajuste estacional en, 237
junco, hipocampo, 101

Key, John, 323
Kirtland, Jared, 191
Kuotsu, Rokohebi, 377

La Sorte, Frank, 230, 232
Lanusse, Agustin, 265, 267
Larkin, Jeff, 130-131
lemmings, 252-253
Leung, Katherine, 57, 64-65
Ley de Protección de Aves Migratorias, 346-347
Li, Dongming, 70, 71
Li, Jing, 38, 44, 46, 47, 67, 70, 73-76
libélulas
    alimento de aves, 373n
    dotadas con radiotransmisores, 32, 115
Lin, Zhang, 37-38, 44, 46, 74, 75, 76, 78
lista de especies en peligro de extinción, inclusión de la reinita de Kirtland, 194
Little, Roger, 332, 334, 336-338
Living on the Edge (Zwarts), 208
Living on the Wind (Weidensaul), 18, 31, 123, 155
Lockley, Ronald, 111
Loughlin, Kevin, 369-370, 387, 393
Lowery, George, Jr., 156
luces urbanas, 171-174
lugares de parada, 40
    como objetivos de conservación, 147-148
    costa este de Virginia, 134
    identificados con radar, 160-161, 169
    muy desconocidos, 26-27

pérdida, 25
revelados mediante eBird, 168
revelados mediante los datos masivos, 153-154
y efectos de arrastre, 211
Mackenzie, Stu, 115
Macquarie, isla, 322
magnetita en la cabeza de las aves, 19, 107
Malvinas, islas, 303, 304-306, 322
mamíferos alóctonos en islas, 323-324, véanse también ratas; ratones
mar Amarillo
    mapa, 52
    vertidos de petróleo, 58
mareas, 221-222
Marión, isla, 321, 323
mariposas monarca, 32, 115
marismas de Dongling, 39, 46-47, 51, 52, 74-76, 79
Marra, Peter, 177, 185, 200, 203, 204, 206, 233
Martin, Jenny, 247
Masters, Frank, 114
McIntyre, Carol, 14, 32, 397, 399
Mehta, Deven, 381-382
Merlin, software de identificación de aves, 159
metabolismo en vuelos largos, 54, 81-82, véase también adaptaciones fisiológicas
metadatos en eBird, 166
México, golfo de
    como eslabón migratorio crítico, 147, 153-153, 154-155
    migración de rapaces a través de Veracruz, 184, 371
    rastreo con radar Doppler, 159, 175
    y datos en eBird, 170
    y hábitats sorprendentemente valiosos, 155-156
microbiota de la reinita de Kirtland, 196, 198, 218

migración
  inversa, 180
  simétrica, 259
migraciones de muda, 125
MistNet, 159
Mitterrand, François, 329
monitorización de migraciones con audio, 162-165
monocrotofós, 265, 267
Moore, Fred, 152
morfo del busardo chapulinero, 277-278
mosquitero común, 236
muda, 57, 125, 211-212, 280
Musk, Elon, 174

Nagaland, 363-366, *367*, *véase también* cernícalo del Amur
  aislamiento, 387
  espectáculo único de rapaces, 371
  historia, 389
  turismo, 369, 381-383, 393
ñandú, 266
nanoetiquetas, 115
  en reinitas de Kirtland, 190, 196, 199
Nanpu, 50, 51, 54, 57-58, 62-64, 65, 70, 79
  salinas de, 50, 59-60
National Audubon Society, 131, 165, 230, 346
Nature Conservancy (TNC), 133, 134, 135, 169, 317
nervio trigeminal, 108
Newfield, Nancy, 256
NEXRAD, sistema de radares Doppler, 157-159
Nueva York, instalación en recuerdo de las víctimas del 11-S *Tribute in Light*, 172
Nueva Zelanda y eliminación de especies alóctonas, 321
Numenius, 135

O'Connor, Emily, 94
Odyuo, Nchumo, 380-381
ojos de las aves y orientación, 19-20, 106
órganos internos
  expansión o encogimiento, según necesidad, 54, 81, 83, 86, 188
  metabolizados para producir agua, 89
orientación en las aves, 102, 103-108, 171, *véase también* orientación magnética
orientación magnética, 103-108, *véase también* orientación en las aves
orugas, pico estacional de, 233, 235
oso
  gris, 16, 18, 395, 399
  polar, 238
Outer Banks, 291-293, *297*, 301, 306
ovarios, 81

págalo subantártico, 304
paíños
  como tubinares, 300
  de Grant, 314
  de las Galápagos, 95
  de Madeira, 313
  de Monteiro, 313
  de Swinhoe's, 298
  de Wilson, 312
paloma migratoria, 176, 343
pandemia del coronavirus, 323
Pangti, 363, 366, *véase también* cernícalo del Amur; Nagaland
  desplazamientos interiores, 387-388
  turismo, 369, 382-384
papamoscas cerrojillo, 232-235, 237, 242, 245
pardela
  atlántica, 315
  capirotada, 303
  cenicienta, 315
  chica de Cabo Verde, 314
  como tubinar, 300

de Audubon, 306, 314
de Barolo, 314-315
de Cabo Verde, 315
de Tasmania, 298
en la isla de Gough, 302
pardela sombría, 21, 304-306
Parque Nacional Denali, 11-18, 32, 145, 148, 395, 398
reinita estriada, 15, 142, 399, 400
partición de recursos, 68
patos
ánade real, 13, 98, 119
caza, 176
Patrimonio Mundial de la Unesco, reconocimiento como, 66, 71, 76, 78, 383
Patteson, Brian, 293-294, 296-298, 301, 311, 315, 316
Paulson, Henry M., Jr., 46, 64, 67
Paulson, Wendy, 46, 47, 64, 67, 70, 76
Paulson Institute, 46, 64, 69
peces voladores, 98, 295
Peel, Justin, 213, 214-215
pérdida de hábitat, véase también bosques
al borde de la catástrofe, 154
en la costa del mar Amarillo, 41, 46, 55-56
en zonas de reproducción templadas, 25
tropicales, 23, 25, 121, 123, 129
pérdida poblacional de especies de aves introducidas, 175-176, 177
pesticidas
y aves rapaces, 176
y busardos chapulineros, 265, 268, 269, 273, 284
y pérdidas poblacionales de aves, 154
y pérdidas poblacionales de insectos, 177
petirrojo, 17, 31
petrel
antillano, 299-301, 315-317
de cabeza parda, 302-303, 320

de las Bermudas (cahow), 301
de Tahití, 297, 299
gigante, 304
Whiskey Tango Foxtrot, 315
prión, 302, 320
pingüino
de penacho amarillo, 302
papúa, 304
plasticidad fenotípica, 244-246
Phillips, Laura, 12, 15-18
picogrueso pechirrosado, 145, 155
Piersma, Theunis
investigación pionera de las aves costeras, 51, 53-55, 57
y agujas colinegras, 60, 62
y agujas colipintas, 55, 84, 88
y canto del correlimos gordo, 79
y encogimiento corporal del correlimos gordo, 245
y fisiología del correlimos gordo, 68, 87
y fisiología del correlimos grande, 54
y Leo Zwarts, 207
y política de conservación, 65
piersmai, subespecie del correlimos gordo, 51, 56, 59, 87
pinzón
de Darwin, 96
de los cactos, 96
piquero
de Nazca, 95
de patas azules, 95
de patas rojas, 95
planeo, 99, 109, 266, 393
planeo dinámico, 299-300, 300n
pardela oscura, 305
plataforma continental, 292, 299, 301
playero siberiano, 70
Poitier, Sidney, 189
precipitaciones, véase también sequía
en zonas de invernada, 200, 204, 209, 218, 236
y cambio climático, 225

priones
de MacGillivray, 302
en la isla de Gough, 302, 320
programa de humedales temporales, 169
protección legal de las aves
en Europa, 347-348
en Norteamérica, 346-347

quelea común, 312

rabijunco etéreo, 95
radar, *véase* radar Doppler
radar Doppler, 34-35, 153, 157-161
criba de aves en los sitios web canadienses, 181, 182-183
y luces urbanas, 172-173
y pérdida poblacional de aves norteamericanas, 175, 185
y zonas de parada, 160-161
radiotransmisores, *véanse también* Sistema de Monitoreo de Vida Silvestre Motus; transmisores por satélite
con energía solar, 112, 250
en búhos nivales, 32
en colibríes, 115
en halcones migratorios, 30
en juveniles, 126
miniaturizados, 112
nanoetiquetas, 115, 190, 196
receptores manuales, 111-112, 113-114
Rahman, Abidur, 364, 384, 404
rapaces, *véanse también* busardos chapulineros; cernícalo del Amur
águila pescadora, 300n
anillado, 18-19
añapero boreal, 118
gavilán de cola roja, 29, 30, 114
halcón peregrino, 263, 273
inmensa migración a través de Veracruz, 184
planeo dinámico, 300n

repunte de poblaciones, 176
santuario de Hawk Mountain, 29
rascón
de manglar, 222, 224
de Virginia, 118
rastreo con GPS, *véase también* geolocalizadores
con etiquetas de archivo, 144
de águilas pescadoras, 300
de fragatas, 97
de la red Motus, 115
de movimientos de búhos, 31
de zorzalitos carigrises, 401-402
Rata, isla, 324
ratas, 317-319, 321-324
ratones, 319-322
Rattenborg, Neils, 98, 100
reclamos en vuelo nocturno, 161-165
red de telefonía móvil y envío de localizaciones por GPS, 32
Red Hemisférica de Reservas para Aves Playeras (WHSRN), 49
redes activas, 337, 351
redes de niebla
en Denali, 12, 18, 400
en la costa de Alabama, 151, 154
flotantes, para atrapar aves marinas, 316
y reinitas de Kirtland, 195-196
y tramperos de aves cantoras, 327, 330, 335, 339, 351, 353-356, 359
Refugio Nacional de Vida Silvestre Great Thicket, 84, 132, 292
reinita, *véanse también* curruca capirotada; reinita de Kirtland
alidorada, 127, 130
azulada, 203
carricero común, 101-102, 108, 143
carricero tordal, 244
cerúlea, 130
de Tennessee, 118
de Wilson, 15
dorsiverde, 119

estriada, 15, 142-143, 399, 400
mosquitero boreal, 396
mosquitero musical, 88
palmera, 203
protonaria, 148
reinita de Kirtland, 187-199, 212-220
efectos de arrastre, 187-188, 190, 199, 202, 204-206, 218
mapa de migraciones, *193*
microbiota, 196, 199
nanoetiquetas, 190, 196, 199
y aumento del nivel del mar, 218, 220
zona de invernada en potencial expansión, 219-220
Reserva de la Costa de Virginia, 133
reservas de grasas, 88-91
acumulación entre la nidificación y la migración, 125
acumulación previa a la migración, 20, 55
adaptaciones celulares para la metabolización, 89
contenido en ácidos grasos omega-3 y omega-6, 90
de las agujas colipintas, 84
de las pardelas sombrías, 305
de los correlimos gordos, 55, 87
de los correlimos grandes, 53-54
de los zarapitos trinadores, 135
oscilación sin consecuencias adversas, 90-91
quema eficiente por parte de las aves, 88
Rockwell, Sarah, 204-205
Rohrbaugh, Ron, 127-130, 132
Royal Society for the Protection of Birds (RSPB), 330, 332, 333, 348, 353, 356, 357
Ruffed Grouse Society, 131
ruiseñor, 144
Ruta Migratoria de Asia Oriental-Australasia (EAAF), 41, *42*, 59, 62, 67, 70, 73

rutas migratorias
muy desconocidas, 26
y cambio climático, 219-220, 255-256, 259-260

sacos aéreos, 92-93
Saemangeum, malecón de, *52*, 56
Sahel
y cambio climático, 229
y éxito reproductivo en Europa, 204, 207-208
y sequía, 148, 208, 225, 229, 236
y zona de parada crítica, 147-148
San Lorenzo, ría, 178-185, *180*
San Pedro, isla de (Georgia del Sur), 322
santuario de Hawk Mountain, 29-30
Sargent, Bob, 155, 257
Sargent, Martha, 155
SBA (Base Aérea Soberana) en Chipre, 349-353, 356
Schulten, Klaus, 105, 107
segregación de hábitats, 201
Senner, Nathan, 209-212, 239, 241-243
Senner, Stan, 209, 239
sensor de aleteo, 109
sequía
en California, 169
en el Sahel, 148, 207, 225, 229, 236
y cambio climático, 225
Servicio de Parques Nacionales de Estados Unidos, 134
Servicio de Pesca y Vida Silvestre de Estados Unidos
y búho moteado del norte, 269
y caza de aves costeras, 140
y erradicación de ratas, 317, 318, 324
y hábitat forestal, 132
y la costa este de Virginia, 134
y parada en la Costa Este de Estados Unidos, 161
Shialis, Tassos, 331, 339, 341, 360
Shorrock, Guy, 348, 350, 353, 358
Sibley, David Allen, 195, 317, 319, 323

Sistema de Monitoreo de Vida Silvestre
Motus, 115-120, 190
y reinitas de Kirtland, 196
sistema inmunitario
diversidad de genes en aves migratorias, 93-94
y morfos, 278
sistema respiratorio aviar, 93
Slaymaker, Matt, 57, 65
Smith, Macklin, 296, 298, 299
Smith, Matt, 167n
Smithsonian Migratory Bird Center,
144, 175, 177, 200
SNOWstorm, proyecto, 32, 249, 251
SpaceX, 174
Sreenivasan, Ramki, 376
Starlink, 174
Stenhouse, Iain, 13, 16, 17, 22, 395, 399
sueño
adaptaciones, 20, 82, 97-100
de las aves cantoras, 100
de las aves costeras, 51
de las fragatas, 96-98
unihemisférico, 20, 82, 98
sueño REM (movimiento rápido del
ojo), 99
Sutherland, Kate, 294, 295, 299, 312,
314, 316
Swiderski, Jim, 194

Tadoussac, Quebec, 178-185, *180*
tarro canelo, 91, 372
tecnología, 112, *véanse también* datos
masivos/Big Data; geolocalizadores;
monitorización de migraciones con
audio; radar Doppler; radiotransmisores; rastreo con GPS; transmisores
por satélite
tejido muscular
aumentado para la migración, 20, 83,
87, 217
canibalizado para obtener energía, 54,
88-89

canibalizado tras un invierno crudo,
188
en la eficiencia del intercambio de
oxígeno, 93
para las semanas iniciales de la época
de cría, 55
reforzado por los ácidos grasos ome-
ga-3 y omega-6, 90
y efectos de arrastre, 202
Tengteng, 69
termitas, alimento del cernícalo del
Amur, 373
testículos, 81
The Market Assistant (De Voe), 344-345
Theunis, *véase* Piersma, Theunis
Tiaozini, marismas de, *52*, 67-74, 78
TNC, *véase* Nature Conservancy (TNC)
Tomeo, David, 13, 16
tordo cabecicafé, 23, 122, 123, 192
tórtola europea, 102
Townsend, Terry, 64-65
trampas bal-chatri, 266, 281, 283
transmisores vía satélite, *véanse también*
radiotransmisores; rastreo por GPS
desventajas, 14, 53, 115
en águilas reales, 341
en agujas colipintas, 82
en busardos chapulineros, 262-263,
267, 286
en cernícalos del Amur, 377, 379
en correlimos cucharета, 72
en fragatas, 98
en pardelas sombrías, 305
en petreles antillanos, 301, 316-317
en zarapitos trinadores, 135-139
Tres Gargantas, presa de las, 43
Tristán de Acuña, 302, 320
Trueblood, Peter, 370, 385, 387
Truitt, Barry, 135-136, 139, 141
Tsopoe, Nzam, 366, 379, 382, 385, 387,
390
tubinares, 300

Ulysses, la curruca capirotada, 360
Unión Europea
    adhesión de Chipre, 331, 347-348
    declives en aves de tierras agrícolas, 177
    Directiva relativa a la Conservación de las Aves Silvestres de la Unión Europea («Directiva Aves»), 330, 347
Unión Internacional para la Conservación de la Naturaleza (UICN), 43, 45, 359

Valle Central de California, 168, 262
Vancouver, BC, 49
varetas, 327, 330, 335-339, 351, 358-359
vencejo, 108-110, 111
    común, 109, 111
    de chimenea, 109
    de Vaux, 109
    negro, 109
    pálido, 109
    rastreo con Motus, 119
    real, 108-110
Vennum, Chris, 261, 269, 274-276, 279-283
vireo
    de Cassin, 125
    ojirrojo, 161
Visser, Marcel, 234
vuelo a alta altitud, 91-93
vuelvepiedras común, 38, 48, 61

Waldrop, Cassandra, 213, 214-215
Ward, Jon, 357
Watts, Bryan, 134, 136-137, 139, 140, 141, 221-224
Wells, Jeff, 162n
White, Gilbert, 111
Wilke, Alexandra (Alex), 134, 141
Williams, Emily, 148, 149, 401
Wingate, David, 301
Woodbridge, Brian, 263-265, 269, 270, 273

zampullín cuellinegro, 228
zarapito esquimal, 135, 343
zarapito trinador, 135-141, 221
    caza, 139-140
    mapa de migración en bucle, 138
Zhang, Zhengwang, 57, 64-65
Zhu, Bingrun, 60, 62-63, 67, 82
zonas de parada, 39n
zorzal mustelino
    como especie de bosque, 23, 122
    en zonas urbanas, 171
    radioetiquetado de juveniles, 126
    traslado de las crías a bosques jóvenes, 128-129
    y complejidad forestal, 130-132
    y conectividad migratoria, 146
    zona de invernada, 26
zorzalito, véanse también zorzal mustelino; zorzalito carigrís; zorzalito de Swainson
    caza para el consumo, 330, 339, 345
    fragmentación de los bosques, 23, 122
    rastreo con Motus, 116-117
zorzalito carigrís, 12-14, 17, 35-36
    datos obtenidos con registradores GPS, 400
    en Denali, 12-14, 18, 32, 399
    y edad glacial, 145n
    y red Motus, 117
zorzalitos de Swainson
    anillado, 119
    en Denali, 15
    híbridos de subespecies, 146
    metabolismo, 88-89
    reclamos en vuelo, 162
    vistos en la red Motus, 118
    y conectividad migratoria, 145, 147-148
Zwarts, Leo, 207-208

«Para viajar lejos no hay mejor nave que un libro».

EMILY DICKINSON

Gracias por tu lectura de este libro.

En **penguinlibros.club** encontrarás las mejores recomendaciones de lectura.

Únete a nuestra comunidad y viaja con nosotros.

penguinlibros.club

Penguin
Random House
Grupo Editorial

penguinlibros